The Formation Mechanism and
Implementation Path of Harmonious Labor Relations in
CHINA'S NEW
EMPLOYMENT FORMS

中国新就业形态和谐劳动关系的形成机制与实现路径

李长江 ◎ 著

图书在版编目(CIP)数据

中国新就业形态和谐劳动关系的形成机制与实现路径/李长江著. —— 北京：北京大学出版社，2025.2
　ISBN 978-7-301-35024-9

Ⅰ.①中… Ⅱ.①李… Ⅲ.①劳动就业-研究-中国②劳动关系-研究-中国　Ⅳ.①D669.2②F249.26

中国国家版本馆 CIP 数据核字(2024)第 088766 号

书　　　　名	中国新就业形态和谐劳动关系的形成机制与实现路径 ZHONGGUO XINJIUYE XINGTAI HEXIE LAODONG GUANXI DE XINGCHENG JIZHI YU SHIXIAN LUJING
著作责任者	李长江　著
策 划 编 辑	王显超
责 任 编 辑	翟　源
标 准 书 号	ISBN 978-7-301-35024-9
出 版 发 行	北京大学出版社
地　　　址	北京市海淀区成府路 205 号　100871
网　　　址	http://www.pup.cn　新浪微博：@北京大学出版社
电 子 邮 箱	编辑部 pup6@pup.cn　总编室 zpup@pup.cn
电　　　话	邮购部 010-62752015　发行部 010-62750672 编辑部 010-62750667
印 刷 者	三河市北燕印装有限公司
经 销 者	新华书店 787 毫米×1092 毫米　16 开本　18.5 印张　447 千字 2025 年 2 月第 1 版　2025 年 2 月第 1 次印刷
定　　　价	128.00 元

未经许可，不得以任何方式复制或抄袭本书之部分或全部内容。
版权所有，侵权必究
举报电话： 010-62752024　电子邮箱：　fd@pup.cn
图书如有印装质量问题，请与出版部联系，电话： 010-62756370

国家社会科学基金资助

项 目 名 称：中国新就业形态和谐劳动关系的形成机制与实现路径研究
项 目 编 号：20BGL142
结题证书号：20230997
项目组成员：李长江　浙江师范大学经济与管理学院
　　　　　　肖金萍　浙江师范大学经济与管理学院
　　　　　　谌　昱　浙江师范大学行知学院
　　　　　　罗素清　浙江师范大学经济与管理学院
　　　　　　董富华　浙江师范大学经济与管理学院
　　　　　　黄惠青　浙江师范大学经济与管理学院
　　　　　　王　媛　浙江师范大学经济与管理学院
　　　　　　谢无限　浙江师范大学经济与管理学院
　　　　　　聂聪瑞　浙江师范大学经济与管理学院

前　言

一

随着智能手机、网络搜索、手机地图、移动支付、移动定位、人工智能、智能识别、云技术、大数据分析、精算、5G、物联网等网络信息产品和技术的迅猛发展、相互融合，新产业、新业态、新模式蓬勃发展，催生出新就业形态。网络信息技术推动了大众创业、万众创新，"互联网＋"行业不断产生。智能匹配、垂直交互、即时在线让连接效率大幅提升，使得经济的便捷成为可能。互联网与传统行业的深度融合，使得社会资源配置不断优化和集成创新，形成了更广泛的以互联网为基础设施和实现工具的经济新形态——零工经济、分享经济、共享经济、平台经济、数字经济。网络信息技术对工业时代的资源自制方式与配置方式产生了颠覆性的影响，信息的来源、信息的载体、信息的集成、信息的传播渠道、信息流的方向与驱动力都将被改写。零工经济、分享经济、共享经济、平台经济、数字经济，改变了人与服务之间的连接方式，改变了人们的生活方式，改变了组织、业务、能力的边界，使得商业运营、公共服务和社会治理的逻辑都发生了重大改变。零工经济等经济新形态降低了交易成本、信任成本、供给成本、服务成本，社会资源被充分利用，盈余技能、闲暇时间、闲置资源被重新赋予价值，经济发展的新形态不断创新和涌现。零工经济等经济新形态如雨后春笋，不断发芽、成长、发展、壮大。网约车司机、网约配送员、家政服务、房屋分享、智慧分享、金融分享、淘宝店或微商等新经济、新业态、新模式正快速融入人们的生产和生活当中。

零工经济、分享经济、共享经济、平台经济、数字经济等新技术、新业态、新模式的组织形式也在不断创新，平台自雇型、平台服务型、平台共享型的劳动力组织方式相继出现。新就业形态劳动者的组织方式、就业方式、生活方式相比传统就业形态已经发生了深刻变化，劳动者的择业观念和职业选择机制相比工业化时代也发生了重大变化。实际表明，新就业形态已经成为新生代就业的重要渠道，并将成为未来劳动力市场的"新常态"。依据中国国家信息中心分享经济研究中心、阿里巴巴达摩院、滴滴政策研究院、美团研究院、中国互联网络信息中心等机构的不完全统计（国家和地方政府的统计机构没有这方面的统计数据），新就业形态直接的全职劳动者群体数量已经超过了8000万人，约占劳动力总数的10％以上，间接参与的群体数量更多，两项合计已经超过2亿人，可见，新就业形态劳动者群体数量十分庞大，而且与日俱增。新就业形态劳动者群体的类型也多种多样：一是从事的行业多种多样，如外卖、快递、网约车、代驾、网络直播、在线教育培训，等等；二是劳动者群体的身份类型多种多样。根据户籍和居住地分类，新就业形态劳动者群体的身份主要有四种类型：第一种类型是具有外地农村户口而在当地城镇就业和居住的劳动者;第二种类型是具有当地农村户口而在当地城镇就业和居住的劳动者,其中也有部分劳动者工作之后返回当地农村居住,属于当地农村的居民;第三种类型是具有外地城镇户口而在当地城镇就业和居住的劳动者;第四种类型是具有当地城镇户口而在当地城镇就业和居住的劳动者。

随着大数据、移动互联网、云计算、人工智能等信息技术不断与人们的生产和生活的各个方面加速融合,随着网络信息技术不断与现实产业和新产业的加速融合,新就业形态的形式也将不断创新,新就业形态的劳动者群体数量继续扩大,不仅吸引着新生代农民工加入,而且,大学生群体也纷纷加入,其数量不断扩大。新生代农民工和新生代大学生已经成为新就业形态劳动者群体中重要的新生力量来源。

二

由于社会管理、组织管理、个人管理跟不上新就业形态发展的步伐,以及劳动者职业选择观念的深刻变化,新就业形态发展过程中的许多问题不断暴露,有些问题还相当严重,尤其是新就业形态的劳动关系问题。所有这些问题已经引起各界的广泛关注。新就业形态不同劳动关系主体的利益诉求各有不同,呈现多元化、多样化、差异化的新特征,而且,社会各界对新就业形态劳动关系管理存在不同认识,一时难以统一,致使新就业形态劳动关系问题日趋复杂化。新就业形态劳动关系的主要问题包括:劳动者的劳动定额、劳动标准、工伤赔偿等非常不规范;利益分配不公平,收入不稳定;劳动合同和社会保险缺少制度约束,传统劳动法规体系规制作用有限;劳动者流动性大,当家作主的民主管理权益被侵蚀;劳动者多数游离于工会之外,维权难,集体协商无法开展。当前,新就业形态劳动者的当家作主制度不仅出现了"空转",而且出现了劳动者合法权利严重被侵蚀,甚至被剥脱的现象,突出表现在以下"六个无":一是"无权"参加职工代表大会,民主管理权利和文化教育权利被剥脱,因为绝大部分劳动者没有签订劳动合同,不是职工身份;二是"无缘"参加工会集体协商,民主协商权利被剥脱,因为绝大部分劳动者没有参加工会组织,不是工会会员;三是"无望"参加企业劳资自治,收益权利被剥脱,因为新就业形态中存在"资强劳弱"现象,劳动者是弱势群体,存在不平等现象;四是"无门"进入城镇职工的社会保障体系,自由权利被剥脱,因为存在户籍限制和非职工身份;五是"无力"参加农村的基层自治,参政议政权利被剥脱,如户口在农村但在城镇工作和居住的劳动者,即使每天在城镇工作之后回到农村居住的劳动者,因早出晚归亦无力参加参政议政,有心无力;六是"无法"参加城镇的基层自治,参政议政权利被剥脱,如工作在城镇但户口在农村的劳动者,即使具有当地城镇户口并在当地城镇工作和居住的劳动者,因早出晚归,参政议政也是有心无力。这些制度缺陷严重制约了新就业形态劳动者行使当家作主的权利,使其无法享受平等就业的合法权益,严重影响新就业形态和谐劳动关系的构建和可持续健康发展。新就业形态劳动者借助互联网开展工作和交流,一旦遭遇激烈的劳资矛盾,网上传播速度快,极易引发群体性事件,危害社会和谐稳定。

三

为了促进新就业形态可持续健康发展，保障新就业形态劳动者合法的劳动权益，党中央、国务院高度重视，既加强了多方面的顶层设计，也提出了许多"既鼓励又审慎监管"的利好支持政策。

2015年，党的十八届五中全会作出"加强对灵活就业、新就业形态的支持"重要指示，"新就业形态"这个概念首次被提出。2016至2023年连续八年的政府工作报告都提出要积极发展新就业形态（有时称为新业态）。2019年，国务院又专门出台了《国务院关于进一步做好稳就业工作的意见》，强调"支持灵活就业和新就业形态""明确灵活就业、新就业形态人员劳动用工、就业服务、权益保障办法，启动新就业形态人员职业伤害保障试点"。2020年两会期间，习近平总书记强调发展新就业形态"要顺势而为，要补齐短板"。2020年7月，国家发展改革委、中央网信办、工业和信息化部、教育部、人力资源和社会保障部、交通运输部、农业农村部、商务部、文化和旅游部、国家卫生健康委、国资委、市场监管总局、国家医疗保障局等13个部门联合出台了《关于支持新业态新模式健康发展激活消费市场带动扩大就业的意见》，提出"推动'互联网＋'和大数据、平台经济等迈向新阶段，以重大项目为抓手创造新的需求，培育新的就业形态"。党的二十大报告进一步明确支持和规范发展新就业形态。

就业是民生之本。新就业形态的快速发展，吸纳了大量的就业群体，符合中国的政治环境、经济环境、社会环境的发展方向，契合了中国的政治走向。党的十八大报告和党的十九大报告都明确指出：就业是最大的民生，要坚持就业优先战略和积极就业政策，实现更高质量和更充分就业，即充分的就业机会、公平的就业环境、良好的就业能力、合理的就业结构以及和谐的劳动关系。党的二十大报告进一步指出：要实施就业优先战略，强化就业优先政策，健全就业公共服务体系，加强困难群体就业兜底帮扶，消除影响平等就业的不合理限制和就业歧视，使人人都有通过勤奋劳动实现自身发展的机会。

习近平总书记强调，要加强灵活就业和新就业形态劳动者权益保障；要健全人民当家作主制度体系，扩大人民有序政治参与，保证人民依法实行民主选举、民主协商、民主决策、民主管理、民主监督；要加强人民当家作主制度保障，拓展民主渠道，丰富民主形式，发挥人民群众积极性、主动性、创造性，巩固和发展生动活泼、安定团结的政治局面。习近平总书记指出，保障职工权益是我国社会主义制度的根本要求，是党和国家的神圣职责，也是发挥广大职工群众积极性、主动性、创造性最重要、最基础的工作；强调要健全党政主导的维权服务机制，完善政府、工会、企业共同参与的协商协调机制，健全劳动法律法规体系，为维护工人阶级和广大劳动群众合法权益提供法律和制度保障。党的二十大报告明确指出，全过程人民民主是社会主义民主政治的本质属性，是最广泛、最真实、最管用的民主。必须坚定不移走中国特色社会主义政治发展道路，坚持党的领导、人民当家作主、依法治国有机统一。

党的二十大报告旗帜鲜明地提出了中国式现代化战略："从现在起，中国共产党的中心任务就是团结带领全国各族人民全面建成社会主义现代化强国、实现第二个百年奋斗目标，以中国式现代化全面推进中华民族伟大复兴……中国式现代化，是中国共产党领导的社会主义现代化，既有各国现代化的共同特征，更有基于自己国情的中国特色。"中国式现代化是人口规模巨大的现代化，是全体人民共同富裕的现代化，是物质文明和精神文明相协调的现代化，是人与自然和谐共生的现代化，是走和平发展道路的现代化。党的二十大报告中指出，中国式现代化的本质要求是：坚持中国共产党领导，坚持中国特色社会主义，实现高质量发展，发展全过程人民民主，丰富人民精神世界，实现全体人民共同富裕，促进人与自然和谐共生，推动构建人类命运共同体，创造人类文明新形态。人民美好生活的需要日益广泛，不仅对物质文化生活提出了更高要求，在民主、法治、公平、正义、安全、环境等方面的要求也日益增长。当前，广大新就业形态劳动者对维护自身权益、实现全面发展的需求更加迫切、愿望更加强烈。新就业形态劳动者同其他劳动群体一样，都期盼实现更高质量的就业、更公平合理的收入、更充分的社会保障、更安全友好的优美工作环境、更切实的民主权利、更丰富的精神文化生活、更加体面的工作，从而更加自信地追求共同富裕目标。

习近平总书记重要的指示精神以及党中央、国务院的顶层设计对指导我国社会经济发展和广大劳动者追求富裕的生活提供了根本遵循和行动指南，对指导新就业形态可持续健康发展以及广大新就业形态劳动者劳动权益保障提供了根本遵循。各级地方政府在党中央、国务院的指导下相继出台了支持政策和实施办法，对具体指导新就业形态可持续健康发展和新就业形态劳动者劳动权益保障，也发挥了重要的作用。

四

劳动是人类社会生存和社会文明进步的基础性活动，全世界大多数人正在用主要精力从事"工作"，并将"工作"作为主要收入来源。劳动关系是社会关系中最基本、最重要的关系之一，是社会生产和生活中人们相互之间最重要的联系方式。劳动关系对劳动者、企业和整个社会有着深刻的影响。对劳动者来说，工作条件、工作性质、福利待遇，将决定他们的生活水平、个人发展机会、个人的尊严、自我认同感和身心健康；对企业来说，员工的工作绩效、忠诚度、工资福利水平都是影响生产效率、劳动成本、生产质量的重要因素，甚至还会最终影响企业的生存和发展；对整个社会而言，劳动关系会影响经济增长、通货膨胀和失业状况、社会财富和社会收入的总量和分配，并进一步影响全体社会成员的生活质量。劳动关系是否和谐，事关职工和企业的切身利益，事关经济发展与社会和谐稳定，构建和谐劳动关系对社会稳定具有重要意义。

劳动关系学是研究劳动关系存在和运行的一般规律的学科。对劳动关系的研究有静态和动态两种方式。劳动关系的存在，主要是从静态角度来研究劳动关系；劳动关系的运行则是从动态的角度来研究劳动关系。不管是静态还是动态，只是方法上的区别，实际上，静态的劳动关系和动态的劳动关系是不可分割的。劳动关系作为一种社会存在是一种历史过程，劳动关系学对于劳动关系的研究就是把握这种历史过程是如何实现的。劳动关系学是将劳动关系作为一个系统来研究的，是将劳动关系看成是社会中的一个子系统，而不是一个孤立的社会现象，这种系统论的研究方法是劳动关系学的重要分析方法和分析框架。劳动关系系统就是现代社会大系统中以劳动为基本关系所构成的子系统。劳动关系系统的研究主要涉及劳动关系内部矛盾与外部环境如何构成一个有机的系统网络，以及这一系统网络通过何种规则和程序才能实现良性运行。探求和寻找劳动关系系统运行的规则和规律，是劳动关系学作为一门社会科学学科的最终学术追求。

但是，单纯从劳动关系学科来研究企业的劳动关系问题并不现实，也无法完全做到。劳动关系学科所关注的核心问题是公平和发言权，然而，企业劳动关系所面临的并不仅仅是公平和发言权的问题，还有其他日益显现的棘手问题，如稳定的报酬、职业兴趣、平等、自由、幸福、工作与生活的平衡，等等，而这些问题是其他学科所关注的核心问题。劳动关系问题已经不仅仅是企业内部的问题，它与人的全面发展、社会的进步、人类的文明都休戚相关。在中国现在的社会制度下，社会保障与劳动关系相捆绑，劳动关系是否建立决定了劳动者是否享有相应的社会保障权益，确定劳动关系的基本逻辑又在于劳动者权益保障，劳动关系与社会保障的相互关系处理正是人力资源管理学科要解决的重要内容。因此，未来对新就业形态劳动者的研究可以考虑从不同学科进行交叉融合探讨，形成跨学科、跨议题的比较研究。本质上，构建企业和谐劳动关系是多学科的共同目标，研究企业的劳动关系问题就需要整合多学科的研究视角和研究方法，就需要应用多学科交叉融合的理论进行分析和探讨，唯此才能提出符合企业实践和社会发展要求的解决对策。譬如需要整合人力资源管理学科的效率效果理论、职业兴趣理论，需要整合社会学的平等理论，需要整合法学的公平公正理论，需要整合积极心理学的幸福与健康、爱与情感理论，需要整合文化人类学的工作与生活平衡理论。

五

新就业形态的劳动关系已经成为中国社会生产关系的重要组成部分，加强对中国新就业形态劳动关系的研究越来越重要。新就业形态劳动者群体数量巨大，劳动者的类型众多，而且，新就业形态的劳动关系也复杂多样，面临的矛盾和问题与传统就业形态的劳动关系不尽相同，各种矛盾和问题日益严峻，对社会安定团结的政治局面构成极大威胁。中国政府对此高度重视，出台了指导意见和实施办法。同样，世界上其他国家的新就业形态发展也带来了各种劳资矛盾和问题，各国政府对此也高度重视，采取了相应的管理对策。当然，各国对新就业形态劳动关系的管理政策千差万别，差异巨大，之所以如此，主要原因在于各国的政治、经济、社会、文化等各方面的制度不同，以及新就业形态发展水平的不同。

纵观新就业形态的发展历史，可以追溯到20世纪七八十年代，但与互联网信息技术真正融合的新就业形态是21世纪初期才发展起来的，此后不断壮大。中国新就业形态的发展虽然晚于发达国家，但是，中国新就业形态发展的势头、发展的潜力、发展的前景都优于其他国家。解决中国新就业形态劳动关系所面临的矛盾和问题，可以借鉴发达国家的治理经验，但必须基于中国的实践情况采取相应措施，必须符合中国式现代化战略，必须符合中国式全过程人民民主的路线。当然，解决中国新就业形态劳动关系所面临的矛盾和问题，也需要在观念上、政策上进行大胆创新，积累经验，尽可能为其他国家新就业形态的劳动关系管理提供中国方案、中国智慧。由此可见，对中国新就业形态劳动关系进行深入分析和探索，是一项前沿性研究课题，具有重要的理论意义和现实意义，其应用前景广阔。

目 录

第一章 网络信息技术对新就业形态劳动关系的影响

第一节 网络信息技术催生新就业形态不断地产生 …………………… 001
 一、网络信息技术催生新经济模式 …………………………………… 002
 二、新就业形态发展中的劳动变革 …………………………………… 008
第二节 网络信息技术影响新就业形态的劳动关系 …………………… 011
 一、网络信息技术加剧就业形势转变 ………………………………… 011
 二、网络信息技术诱致新的就业观念 ………………………………… 012
 三、新就业形态劳动关系暴露的问题 ………………………………… 015

第二章 新就业形态和谐劳动关系的文献研究综述

第一节 新就业形态劳动关系的特征与类型 …………………………… 019
 一、新就业形态劳动关系的特征 ……………………………………… 019
 二、新就业形态劳动关系的类型 ……………………………………… 021
第二节 新就业形态劳动者的社会保障体系 …………………………… 025
 一、新就业形态劳动者缺乏社会保障的原因 ………………………… 025
 二、新就业形态劳动者的社会保障如何创新 ………………………… 026
第三节 新就业形态劳动关系管理的法律法规 ………………………… 028
 一、传统劳动相关法律法规规制力的有限性 ………………………… 028
 二、传统劳动相关法律法规的修订和补充 …………………………… 029
 三、新就业形态劳动关系界定的重新立法 …………………………… 029
 四、中国政府的做法 …………………………………………………… 030
 五、欧美国家的做法 …………………………………………………… 031
第四节 新就业形态劳动关系中的工会组织制度 ……………………… 035
 一、新就业形态劳动者加入工会的困难性 …………………………… 035
 二、新就业形态劳动者加入工会的必要性 …………………………… 036
 三、新就业形态劳动者加入工会组织的途径 ………………………… 037
 四、维护新就业形态劳动者劳动权益的措施 ………………………… 038
第五节 新就业形态劳动关系中的政府治理行为 ……………………… 038
 一、政府治理行为的路径依赖 ………………………………………… 038
 二、政府治理行为的指导方向 ………………………………………… 039
第六节 新就业形态劳动者的就业观念和职业选择机制 ……………… 039
 一、幸福感 ……………………………………………………………… 040
 二、平等意识 …………………………………………………………… 040

三、时间自由 ··· 040
　　四、自主意识 ··· 041
　　五、创业意识 ··· 041
第七节　新就业形态劳动者的劳动权益保障 ·· 041
　　一、新就业形态劳动者劳动权益保障的实际意义 ································· 042
　　二、新就业形态劳动者劳动权益保障的平台责任 ································· 042
　　三、新就业形态劳动者劳动权益的结构内容 ······································ 042
　　四、新就业形态劳动者劳动权益保障的对策建议 ································· 043

第三章　中国新就业形态和谐劳动关系的研究假设

第一节　概念界定 ·· 045
　　一、新就业形态 ·· 045
　　二、和谐劳动关系 ··· 046
　　三、劳动关系满意度 ·· 046
　　四、就业目的 ··· 047
　　五、劳动关系主体协调力 ·· 048
第二节　研究假设 ·· 050
　　一、就业目的平衡与劳动关系满意度的假设 ···································· 050
　　二、全面需求管理与劳动关系满意度的假设 ···································· 051
　　三、协调机制联动与劳动关系满意度的假设 ···································· 051

第四章　中国新就业形态和谐劳动关系的调查量表设计

第一节　调查的基本情况 ··· 053
　　一、量表设计原则 ··· 053
　　二、调查的地点 ··· 054
　　三、调查的方式 ··· 054
　　四、调查的时间 ··· 054
第二节　和谐劳动关系影响因素的调查量表设计 ···································· 055
　　一、薪酬福利 ··· 055
　　二、社会保障 ··· 055
　　三、就业环境 ··· 056
　　四、权益保护 ··· 057
　　五、技能开发 ··· 057
　　六、心理契约 ··· 058
　　七、工作时间 ··· 058
　　八、劳动合同 ··· 059
　　九、工作安全 ··· 060
　　十、考核机制 ··· 061
第三节　就业目的的调查量表设计 ·· 061
　　一、公平 ·· 061

| 二、报酬 ………………………………………………………… 062
| 三、发言权 ……………………………………………………… 063
| 四、平等 ………………………………………………………… 064
| 五、职业兴趣 …………………………………………………… 065
| 第四节 劳动关系协调机制的调查量表设计 ………………………… 065
| 一、员工自制力 ………………………………………………… 065
| 二、企业管理力 ………………………………………………… 066
| 三、工会协商力 ………………………………………………… 066
| 四、政府指导力 ………………………………………………… 067
| 五、社会监督力 ………………………………………………… 068
| 第五节 劳动关系满意度的调查量表设计 …………………………… 068

第五章 中国新就业形态和谐劳动关系的实证分析

| 第一节 调查样本描述性统计 ………………………………………… 070
| 一、有效数据 …………………………………………………… 070
| 二、样本特征 …………………………………………………… 070
| 第二节 调查量表的信度分析 ………………………………………… 072
| 一、量表各个维度的信度系数 ………………………………… 072
| 二、量表维度的题项调整过程 ………………………………… 073
| 第三节 调查量表的效度分析 ………………………………………… 076
| 一、内容效度 …………………………………………………… 076
| 二、结构效度 …………………………………………………… 088
| 三、收敛效度 …………………………………………………… 093
| 四、区分效度 …………………………………………………… 096
| 第四节 中国新就业形态劳动者劳动关系满意度的现状分析 ……… 098
| 一、劳动者总群体的劳动关系满意度情况 …………………… 098
| 二、不同性别的劳动关系满意度差异情况 …………………… 098
| 三、专、兼职的劳动关系满意度差异情况 …………………… 100
| 四、不同学历的劳动关系满意度差异情况 …………………… 103
| 五、不同年龄的劳动关系满意度差异情况 …………………… 106
| 六、不同工龄的劳动关系满意度差异情况 …………………… 111
| 七、不同行业的劳动关系满意度差异情况 …………………… 115
| 第五节 中国新就业形态和谐劳动关系影响因素的差异性分析 …… 127
| 一、整个群体情形 ……………………………………………… 128
| 二、不同群体情形 ……………………………………………… 130
| 第六节 中国新就业形态劳动者就业目的的差异性分析 …………… 186
| 一、整个群体情形 ……………………………………………… 186
| 二、不同群体情形 ……………………………………………… 187
| 第七节 中国新就业形态劳动关系主体协调力的差异性分析 ……… 203
| 一、整个群体的差异性 ………………………………………… 203

二、员工自制力的差异性 ·· 205
第八节　中国新就业形态劳动关系满意度的回归分析 ··· 209
　　一、和谐劳动关系影响因素与劳动关系满意度的回归分析 ···························· 209
　　二、劳动关系主体协调力与劳动关系满意度的回归分析 ······························· 214
　　三、劳动者就业目的与劳动关系满意度的回归分析 ······································ 217
第九节　中国新就业形态劳动关系满意度的路径系数分析 ··································· 219
　　一、和谐劳动关系影响因素对劳动关系满意度的路径系数分析 ···················· 220
　　二、劳动关系主体协调力对劳动关系满意度的路径系数分析 ······················· 227
　　三、劳动者就业目的对劳动关系满意度的路径系数分析 ······························· 232
第十节　和谐劳动关系影响因素对就业目的的影响分析 ······································ 237
　　一、模型的拟合度 ·· 237
　　二、路径系数分析 ·· 237

第六章　中国新就业形态和谐劳动关系的形成机制

第一节　新就业形态劳动者的行为产生过程 ·· 241
　　一、行为的一般过程 ·· 241
　　二、新就业形态劳动者的行为过程 ·· 242
第二节　新就业形态和谐劳动关系的形成机制 ·· 243
　　一、持续的动机性行为的形成机制 ·· 244
　　二、新就业形态和谐劳动关系形成机制的一般规律 ·· 244

第七章　中国新就业形态和谐劳动关系的实现路径

第一节　劳动者提升维护劳动权益的自我调适力 ·· 247
　　一、知晓企业的管理规矩，谨慎选择心仪的职业 ·· 247
　　二、确定合理的有效需求，明确自己的优势需求 ·· 248
　　三、认清当前的就业形势，调整自己的就业期望 ·· 248
　　四、选择正常的诉求渠道，维护合法的劳动权益 ·· 248
第二节　社会民间力量提升劳动权益保障的监督力 ·· 249
　　一、鼓励社会民间团体和组织的发展，提高社会监督力 ································ 249
　　二、社会民间团体和组织要正确地呼应劳动者的诉求 ···································· 250
　　三、社会民间团体和组织要完善运营管理模式与制度 ···································· 250
第三节　政府职能部门提升劳动权益保障的指导力 ·· 251
　　一、规范界定和明确新就业形态劳动者劳动权益 ·· 251
　　二、加快推进新就业形态劳动关系相关立法进程 ·· 252
　　三、积极指导网上社会保险体系的管理制度建设 ·· 253
　　四、指导和监督平台企业执行劳动法律法规制度 ·· 254
第四节　工会提升维护劳动权益和民主管理的协商力 ·· 255
　　一、改革工会组织制度，创新企业网上工会平台 ·· 256
　　二、搭建工会基层社区，创建企业工会的新模式 ·· 256
　　三、拓展现有工会作用，服务新就业形态劳动者 ·· 257

四、全总和省总工会指导企业完善民主管理制度 …………………… 257
第五节　平台企业提升执行劳动法规制度的管理力 ………………… 258
　　一、构建平台企业劳动者命运共同体的组织文化 …………………… 258
　　二、落实劳动管理法规，保障劳动者的劳动权益 …………………… 259
　　三、改善员工的劳动条件，保障员工的工作安全 …………………… 260
　　四、加强员工的教育培训，提升员工的技能素养 …………………… 260
　　五、完善利益分配的制度，丰富员工的薪酬福利 …………………… 261
　　六、健全和规范劳动标准，实施人性化考核机制 …………………… 261

附　件 ……………………………………………………………………… 263

参考文献 …………………………………………………………………… 268

结语和致谢 ………………………………………………………………… 281

第一章

网络信息技术对新就业形态劳动关系的影响

社会新经济形式的产生与发展、社会经济结构的调整与完善,无不与技术创新紧密相关。18世纪五六十年代开始的第一次工业革命(蒸汽时代),促进了纺织工业、煤炭工业等新兴产业的发展;19世纪70年代开始的第二次工业革命(电气时代),促进了电力工业、汽车制造、飞机制造、石油化工、钢铁工业等新兴产业的发展;20世纪四五十年代开始的第三次工业革命(信息时代),促进了原子能工业、宇航工业、信息产业、生物工程等新兴产业的发展。历史上三次工业革命都催生了不同产业的发展和进步,衍生了不同的产业关系和劳动力结构,当然,也制造了不同的劳资矛盾。网络信息技术的发展虽然还没有体现出第四次工业革命独有的特征,但其对传统就业模式的改造力度——产生新的就业形态,工作任务碎片化、流程化并且互联网化——不亚于前三次工业革命所引起的就业结构的变化程度。新就业形态的劳动关系已经出现了与传统就业形态显著不同的特征。至今,全世界还没有一个国家完全应用前三次工业革命所建立的劳动相关法律法规体系管理好新就业形态的劳动关系,新就业形态劳动关系管理的制度和管理规范仍在探索中,还没有形成共识。由此可见,网络信息技术对新就业形态劳动关系的影响是巨大的,不是局部性的影响,而是世界性的影响,这种影响结果是否会推动第四次工业革命的到来,值得关注和观望。

第一节 网络信息技术催生新就业形态不断地产生

智能手机、网络搜索、手机地图、移动支付、移动定位、人工智能、智能识别、云技术、大数据分析、5G、物联网等众多网络信息技术和产品的发展,推动了大众创业、万众创新,"互联网+传统行业"纷纷出现。即时在线、垂直交互、智能匹配让连接的效率大幅提升,使得经济与便捷成为可能。互联网与传统行业的深度融合,使得社会资源配置不断优化和集成创新,形成了更广泛的以互联网为基础设施和实现工具的经济发展新形态——互联网+分享经济、互联网+共享经济。网络信息技术对工业时代的资源自制方式与配置方式产生了颠覆性的影响,信息的来源、信息的载体、信息的集成、信息的传播渠道、信息流的方向与驱动力都将被改写。互联网+分享经济、互联网+共享经济,改变了人与服务之间的连接方式,改变了人们的生活方式,改变了业务、组织、能力的边界,使得无论是商业运营还是社会治理、公共服务的逻辑都发生了重大改变。互联网+分享经济、互联网+共享经济,降低了服务成本、供给成本、交易成本、信任成本,社会资源被充分利用,闲暇时间、闲置资源、盈余技能被重新赋予价值,经济发展新形态不断涌现。互联网、社交媒体、智能手机和移动应用程序的全球外联服务已经成为平台经济的巨大推动力。我们现在看到的是一个基于数字平台及其算法的商业模式,可以将这样的数字平台和算法看作驱动21世纪虚拟大工厂的"隐形发动机"。算法、网络和人工智能正不断催生新的商业模式,使这些潜在趋势在我们的工业世界变得司空见惯。

一、网络信息技术催生新经济模式

技术变革在不断改变世界,未来的工作会是什么样子？技术变革将给工人和他们的工作带来怎样的改变？这种改变将如何转变对技能的需求：哪些技能终将被淘汰,又有哪些技能变得不可或缺？人类未来的生存会更美好,还是更糟糕？每一次技术变革都会导致这些问题反复出现,却没有唯一的解答。当前所面临的网络信息技术引发的新经济商业模式——平台经济、共享经济、分享经济、零工经济、数字经济的出现,导致人们对上述问题的回答莫衷一是。世界上不同国家对这种新经济商业模式的监管大多持"审慎监管"态度。

第一批蒸汽机走进工厂,开启了世界上第一次工业革命。机械化与工厂制,大幅提升了劳动生产率,增加了国家财富,但是,这一过程也曾经伴随着许多社会冲突和激烈讨论,讨论的问题主要聚焦在工作条件是否得到改善,工作是否会被取代,未来工作结构如何变化等主题上。"各种机械改进的趋势"表明,技术变革对工作和就业产生着直接或间接影响。一方面倾向于让工作更加轻松、高效和多产,提升工作质量；另一方面降低生产率的相对量,改变工作结构,加大工作强度,以及"技术剥夺"。换句话说,通过减少部分工人的技术工作来创造更多的净就业率,机器越多,工作岗位越多,传统工人被淘汰,"新兴"工人人数不断增长。当然,这个过程同时也意味着增加了"新兴"工人的工作强度(道格林等,2020)。当今,面临着人工智能、机器人和建立在网络信息技术和算法基础之上的平台经济全面发展,我们会再次见证历次工业革命所经历的就业结构、工作替代、技能退化和工作强度的影响吗？这场21世纪新工业革命引起的经济文化地震会颠覆成千上万的工作者以及技术工人的生活吗？

在21世纪之前的工业化世界,涌现了庞大的企业集团和工厂,将工业机械化和自动化推向了高潮,集中了数以千万计的工人。随着网络信息技术和大数据算法技术的发展,当今社会正面临前所未有的新的数字商业模式——数字经济、平台经济、分享经济、共享经济、零工经济,这些商业模式的创新正在引起社会各方面的深刻变革,使工业发展从此摆脱了地理的桎梏,也摆脱了劳动力和资本的限制。

网络信息技术的发展为新就业形态的兴起提供了技术支撑,催生了数字经济的众多形式。数字经济已经成为支撑中国经济和社会发展的重要组成部分,并渗透到中国社会发展的各个方面。张成刚(2020)认为,大数据和大数据分析、云计算和其他平台技术、移动解决方案和基于位置的服务、社交媒体和其他协作应用、互联设备和物联网(IoT)、人工智能和机器学习及虚拟现实等数字技术的出现,为建立和创造数字商业模式提供了技术基础。通过应用上述一项或几项技术,数字时代的颠覆者们从成本价值、体验价值、平台价值三个方面创造出了全新的数字商业模式。谢富胜等(2019)认为,随着云计算、大数据、物联网、机器学习等数字技术体系的发展,各种基于互联网的商业模式和产业形态重组了社会生产与再生产的各个过程。以数字化、智能化和网络化为核心特征,人类社会正迎来新一轮工业革命。新经济形式影响的广度和深度已经无法准确测度,但是其对中国社会的影响力将无限放大。世界各国对新经济形式的发展都给予了极大关注和重视,并制定各种政策支持新经济形式的规范性、扩张性、健康性、持续性的发展。

基于网络信息技术和大数据算法技术,合同外包、加盟店、子公司、分公司、分包商链条、众包工人、自由职业者等市场主体和自然人组成新的商业模式,进行价值链共创。这不仅引起市场劳动力结构的深刻变化,导致劳动力市场不断分裂,传统商业模式下的劳动力大幅减少,数字劳动力迅速增加,而且也改变了传统企业依靠资本集中的扩张模式,轻而易举地实现公司与公司之间在全球范围内的分工与协作。与 20 世纪"大企业"模式下动辄拥有几十万名雇员的公司大相径庭,如今的公司已经成为协调控制中心,非常灵活地运用各种资源。数字化浪潮推动下快速扩张的正是这种商业模式,其形式就是人们所熟知的零工经济、分享经济、共享经济、平台经济和数字经济。

当然,在网络信息技术环境下要严格区分零工经济、分享经济、共享经济、平台经济和数字经济等五种经济模式是困难的,因为它们的内涵有重叠部分,你中有我,我中有你。只有确定了研究方向、研究重点和参照对象,五种经济模式才可能被区分。谢富胜等(2019)认为,学者们分别基于不同的视角,以"零工经济""分享经济""共享经济""平台经济""数字经济"等新的经济范畴加以概括和分析。

1. 零工经济

零工经济是相对具有固定工作定额的工作而言的一种经济模式。对比分享经济、共享经济、平台经济和数字经济四种经济模式,零工经济的发展历史最早。零工经济模式可分为传统零工经济模式和现代零工经济模式。

传统零工经济模式的历史,可追溯到第一次工业革命时期,当时,随着工厂制的推行,农民除了干农活,还可以在附近的工厂打零工。中国的传统零工经济模式的历史可追溯到 20 世纪七八十年代的改革开放初期,大量的家庭作坊兴起,当地农民和无业群体可以选择在家庭作坊打零工。伴随改革开放的深入,东南沿海地区的乡镇企业异军突起,但技术和设备都很欠缺,于是,政府和企业就从本地退休的技术工人或者从上海、南京、苏州等城市的工厂和科研机构中聘请工程师,解决技术难题,提升产品质量,这些人被称为"星期日工程师"。到了 20 世纪 90 年代,许多企业事业单位开始大量雇用临时工,这部分劳动者所从事的工作模式也属于零工经济模式的内容。也有学者认为,"零工经济"(Gig Economy)中的"零工"(gig)一词,起源于 20 世纪初的美国,最初指"雇用音乐家演奏的某一特定曲目或仅持续一晚的演出",后来被用于指为完成某一特定任务的非正式计件工作(Friedman,2014)。

现代零工经济模式是区别于"朝九晚五"的具有固定工作时间、固定工作任务、固定工作地点的传统就业模式的一种工作时间短、工作时间自由、灵活的新经济形式。劳动者利用互联网和移动技术提供劳务,快速匹配供需双方的需求。谢富胜等(2019)认为,互联网时代的"零工经济",系指数量众多的劳动者作为"独立承包人",通过互联网企业的中介自主地提供计件工作的经济形式。

零工经济是共享经济(下文将阐述其内涵和发展历史)的一种重要的组成形式,是人力资源的一种新型分配形式。零工经济是由工作任务不多的自由职业者所构成的经济模式,利用移动技术和互联网快速匹配市场中的供需双方,主要包括经应用程序接洽的按需工作和群体工作两种形式。网络信息技术的发展推动全球现代零工经济的兴起,现代零工经济形式的经济在全球经济总量中的占比日益扩大,就业人数不断增多,零工经济这种新业态正席卷全球。数据显示，2020年在美国和欧洲，有10%到15%的适龄工作人口通过打零工谋生，还有10%到15%的人把打零工作为主业之外的副业，实际参与人数超过1.6亿人（曹佳，2020）。2022年，据人力资源和社会保障部公布的数据，中国灵活就业从业人员规模为2亿人左右。[1]

2. 分享经济

分享经济模式，最直接的内涵就是把闲置的资源（包括劳动能力、财产、物品、时间、信息）分享给其他人，从而使闲置的资源创造新的价值。分享经济模式可区分为传统的分享经济模式（分享经济1.0）和现代分享经济模式（分享经济2.0）。传统的分享经济模式是简单的借助关系，主要靠人工集聚资源、匹配供需。一般通过熟人社交人际传播，分享范围较窄，而且要素有限，行业局限，其最早的历史可追溯到农耕时期的自然人之间的互帮互助。银行的传统业务就属于传统的分享经济模式。现代分享经济模式，却是随着网络信息技术的进步才兴起并不断发展壮大。现代分享经济模式是指将社会海量的、分散的、闲置性的资源平台化和协同化的集聚、复用与供需匹配，从而实现社会与经济价值创新的新形态。现在大家所谈论的分享经济，主要指现代分享经济模式。现代分享经济模式，对用户而言主要在移动互联网平台实现，依靠数据驱动，对社交网络有充分的运用，甚至自身就具有社交属性，传播速度快，分享范围广，具有明显的规模效应、协同效应，而且要素集聚，跨界生态性强。

现代分享经济模式主要包括五个类型。一是通过关注周边发生的新鲜事，再以新奇视角的方式随时随地向公众进行分享，如微博模式。微博是基于用户关系的信息获取、分享及传播平台，用户可以通过各种客户端组建个人分享社区。微博式短博客，通过"私信"发送消息，实现一对一的传播——点对点的传播，通过"关注"实现1对N，即点对面的传播，通过"转发"实现N对N，即裂变式传播。因此，微博的传播优势明显，能够实现即时性、群体性、广泛性的传播，具有自媒体性的传播优势。二是通过兴趣、休闲、炫耀，把心情和私密进行分享，如微信和Facebook，这种分享模式被称为社交模式。微信是我国最大的移动社交互动平台。用户通过微信平台能够实时分享文字、图片和音视频，传播的形式和内容不断丰富，大大地提高了沟通的效率。微信社交融QQ好友、手机通讯录及"附近的人"三种渠道为一体，使得在微信平台上进行沟通的社交群体不断拓展，扩大了交友范围，并且可以实现虚拟社交圈和现实社交圈的融合。微信平台上的社交营销，正是瞄准"虚拟社交圈和现实社交圈的融合模式"，实现点对点及点对面的圈子营销，因而受到了无数商家青睐。Facebook则是一个帮助用户与现实生活中的同事、朋友及周围的人保持联系并分享生活体验的社交工具。Facebook也是美国排名第一的照片分享站点，用户通过分享图片，发布链接和视频，增进对朋友的了解。Facebook的显著优势是用户绝大多数是实名制。因此，通过对Facebook上的用户行为数据进行细分，可以实现更精准的广告投放。社交式商业模式其实就是开放平台＋朋友圈，利用社交平台，以用户交流和关注点为基本，从个人在社交媒体里面的信息足迹和人际关系链出发，把线下产品或服务推广巧妙融入社交互动商业平台，形成"口碑营销"，并利用社交互动商业平台的几何数级传播形式激发更多群体关注，创造更好的品牌价值，提升产品的

---

[1] 中华人民共和国人力资源和社会保障部.2021年度人力资源和社会保障事业发展统计公报 ttp://www.mohrss.gov.cn/SYrlzyhshbzb/zwgk/szrs/tjgb/202206/t20220607_452104.html

销量。三是通过生活经历、履历，把心得向特定群体进行分享，如 Pinterest、蘑菇街，简称攻略式。Pinterest 是基于兴趣图谱展开群体分享的模式。随着互联网的发展，人们越来越喜欢看图片而不喜欢阅读大段的文字，同时，人们也越来越喜欢收藏图片。正是基于用户看图片和收藏图片的需求，Pinterest 创新了用户上传、浏览、分享和收藏等一系列功能，激发了用户的需求，拓展了查看图片和收藏图片用户的交流圈。同样，蘑菇街作为一家导购网站是基于消费体验而把时尚女性聚集到一起。蘑菇街的发展愿景是要融合时尚社区和电子商务，做女性的时尚导购平台。蘑菇街的核心是分享经济，把用户个人喜欢的分享到蘑菇街转化为公众资源，引导其他用户消费。四是通过技术、实物、服务等资源，向需求人群提供资源共享，如 Uber、滴滴打车等，简称资源式。Uber，源于美国的打车软件鼻祖，除了提供专车叫车服务，还打造公益性拼车服务平台，让闲置资源以执行任务的方式不断地流动起来，甚至不需要有一台完全属于自己的 Uber 汽车。五是通过基于特定区域、特定兴趣向特定群体进行经历、经验和心得的分享，并把特定资源进行共享，即模式三和模式四的组合模式，简称达人社交混合式（或达人式），如 Rover。Rover 总部位于美国西雅图的宠物在线托管信息平台，通过这个平台，爱狗人士可以找到照顾和暂时收养爱宠的人士。Rover 已经拥有上万名经过认证的"宠物保姆"。

分享经济的来临成就了种种商业模式，其迅速发展，也势将带来商业、技术和服务方面的变革。人们开始逐渐放弃传统的商品购买方式和服务，转而在互联网上寻找更加方便、高效、价格低廉的商品来满足自己的需求。

3. 共享经济

共享是一种古老的人与人之间相处合作的方式，在早期研究中，共享也是一种分配方式的体现。Price(1975)把共享界定为"一种物品或服务的分配行为，即通过一定的安排，实现对物的高效利用"。牛津高阶汉英双解词典（2016）也认为共享是一种在两人或多人之间针对物的分配形式。但作为一种今天的经济现象，共享经济早已远离人类学中共享的概念(Habibi 等,2017)，共享是非互惠行为，但共享经济却是以盈利为目的的商业行为，将自己的闲置资源分享他人的目的是获利。共享经济（Sharing Economy）作为一个新生事物，其内涵就如同其在经济实践中的表现形式一样处于不断的变化中，导致学者们和各国政府分别使用不同的名词来指代共享经济，如协同消费（Collaborative Consumption）、零工经济（Gig Economy）、使用权经济（Access Economy）、点对点经济（Peer-to-Peer Economy）、协同经济（Collaborative Economy）等（朱格峰,2021）。学界普遍认为这一理论是由伊利诺伊大学社会学教授琼·斯潘思（Joe L. Spaeth）和美国得克萨斯大学社会学教授马科斯·费尔逊（Marcus Felson）于 1978 年最早共同提出的。在他们的理论中，协同消费被定义为"与一个或多个人共同消费经济产品或服务"（Felson, Spaeth, 1978）。2015 年，"共享经济（Sharing Economy）"一词作为词条被收录到牛津英语词典。Botsman(2015)认为，这是共享经济被普遍接受的标志，并首次在学术研究中使用"Sharing Economy"概念。

共享经济与分享经济的英文都是 Sharing Economy，严格对它们进行区分有一定难度。如果仅仅从分享自己私人的闲置资源但并不寻求获利目的的角度分析，共享经济就是分享经济，但如果以获利为主要目的，则这种经济模式就是现代意义上的共享经济，就是现代的分享经济而不是传统的分享经济。中国国家信息中心（国家电子政务外网管理中心）自 2018 年以来每年都发布共享经济报告，如《中国共享经济发展报告（2022）》，但是,2018年之前,该报告的题目是《中国分享经济发展报告(2017)》。可见,中国国家信息中心(国家电子政务外网管理中心)基于经济总量统计角度,将分享经济修改为共享经济是有依据的。2000年之后,随着互联网web2.0时代的到来,各种网络虚拟社区、BBS、论坛开始出现,用户在网络空间上开始向陌生人表达观点、分享信息,但网络社区以匿名为主,社区上的分享形式主要局限在信息分享或者用户提供内容(User Generated Content,UGC),并不涉及任何实物的交割,大多数时候也并不带来任何金钱的报酬,这样的经济模式是分享经济模式。2010年前后,随着Uber、Airbnb等一系列实物共享平台的出现,共享开始从纯粹的无偿分享、信息分享,走向以获得一定报酬为主要目的,这样的基于陌生人且有物品使用权暂时转移的经济模式可称为共享经济模式,也就是现代的分享经济模式。闫宇平(2021)认为,共享经济早在20世纪七八十年代就出现了,在2008年国际金融危机之后才被广泛传播和接受,有时也被称为点对点经济、按需经济、使用权经济等。在我国相关文献中,有的称其为分享经济,有的称其为共享经济。在中央部委以上正式文件中,党的十九大之前使用分享经济,之后使用共享经济(闫宇平,2021)。

随着互联网技术的推广和社交网络生态的日益成熟,共享经济作为全新的经济形态,在移动网络、大数据等新技术的发展与推动下异军突起,基于社交网络的商品共享和服务交易等新型商业模式层出不穷,共享经济在交通运输行业快速发展的同时,正不断向住宿、食品、时尚、消费电子以及更加广泛的服务业扩展(程宣梅等,2023),共享经济已成为我国经济发展的重要支柱,为众多的劳动者提供了大量的就业机会和新的工作模式(张成刚,2018)。在北京、广州、杭州等多个城市,继共享单车、共享汽车之后,共享充电宝、共享篮球、共享雨伞等共享经济新形态不断涌现,并成为新一轮资本蜂拥的"风口"。在第十三届全国人民代表大会第三次会议记者会上,李克强总理指出,现在新业态蓬勃发展,大概有1亿人就业。而在这近1亿人的就业规模中,以共享经济平台网约工为代表的新就业形态群体占八成以上。2019年,我国有共享经济网约工7800万人,占城镇就业人口的18%,占全国数字经济就业人口的四成以上,占全国各类新业态劳动者的八成以上,已经并越来越成为一支规模巨大的新就业形态劳动大军(闫宇平,2021)。《中国共享经济发展报告(2021)》中的数据显示,共享经济中的服务提供者约为8400万人,同比增长约7.7%;平台企业员工数约631万人,同比增长约1.3%。[1]

4. 平台经济

从技术角度看,20世纪70年代微处理器的关键性发展引发了20世纪八九十年代更具决定性的创新,那就是互联网在世纪之交呈指数级的增长——1991年的全球互联网用户只有500万人,如今已超过了40亿人,互联网的普及加上多种其他创新,形成了"集群":网络、智能手机、平板电脑、物联网、移动应用、社交媒体等。这一新创新集群还参与改造了商业模式与生产流程,同时创造了"新企业"。一种新的商业模式应运而生,这就是平台经济。

在百度百科上,平台经济的定义是:一种基于数字技术,由数据驱动、平台支撑、网络协同的经济活动单元所构成的新经济系统,是基于数字平台的各种经济关系的总称。以数字化的互联网平台作为媒介,将需求方和供给方通过平台进行连接,而平台

---

[1] 国家信息中心分享经济研究中心. 中国共享经济发展报告(2021)[R/OL]. (2021-02-19)[2021-05-13]. https://www.ndrc.gov.cn/xxgk/jd/wsdwhfz/202102/t20210222_1267536.html.

本身并不生产任何产品,其仅仅是促成各方的交易,从中赚取适当的差价从而获得收益。曹佳(2020)认为,平台的本质就是一种虚拟或真实的交易场所,是市场的具化。平台经济的出现正在重构人类的工作、交往、价值创造和分配方式、产品和服务的消费模式。

由于互联网经济的发展和技术创新迭代,全球平台经济呈现迅猛发展的态势。平台经济的发展催生了新型的互联网平台用工关系,网约车司机、外卖骑手等新就业形态从业人员大量涌入。平台经济的快速发展为零工经济提供生长土壤,推动零工就业规模化发展。帕克等(2021)认为,现代平台公司,利用数字技术,大幅度扩展了平台的覆盖范围、速度、便捷性,并提升了平台的效率。互联网及其相关的技术赋予了现代平台公司颠覆传统商业模式的惊人能力,其方式常常不可预料……平台的兴起也有潜在的危害,在税收政策、经济适用住房、公共安全、经济公平、数据隐私、劳动者权益等方面都会产生潜在的影响。运营劳动者平台的企业通常选择将其系统描述为专门从事将劳动者与服务需求进行匹配的中介机构。企业注册申请工作的人是独立承包人,平台对于其所匹配的交互双边的生产者和消费者都只承担极少的法律(或道德)责任。由于监管者负责保护工作者的福利,所以从监管者的角度来看,平台企业的这种态度有待商榷。因此,劳动者平台的发展过程中需要密切注意这方面的法规变化。虽然政府机关和法官在挑战商业惯例的态度和意愿方面有所差异,但是大多数对那些完全为了避免公司承担员工福利责任而设计的就业模式持怀疑态度。而且,现实中一些独立承包人可以在一天之内使用多个平台,使得政府机关难以准确地获得劳动力和失业数据,而这些数据反过来在经济和政治政策的辩论中发挥着重要作用,就业平台继续发展,这将成为一个日益重要的问题(帕克等,2021)。习近平总书记在中央财经委员会第九次会议上强调,"我国平台经济发展正处在关键时期,要着眼长远、兼顾当前,补齐短板、强化弱项,营造创新环境,解决突出矛盾和问题,推动平台经济规范健康持续发展。"

前文所述的现代零工经济、现代分享经济和共享经济都是建立在网络信息技术的基础上发展壮大的,尤其是平台企业建立的互联网平台为零工经济、现代分享经济和共享经济提供了运行条件,如果没有互联网平台,现代零工经济、现代分享经济和共享经济都将无法实现。所以,现代零工经济、现代分享经济、共享经济与平台经济密不可分,"你中有我,我中有你",只有根据研究视角和参照对象不同才可能对它们进行相应的区分。

5. 数字经济

按照中国国家统计局的《数字经济及其核心产业统计分类(2021)》的文件中的定义:"数字经济是指以数据资源作为关键生产要素、以现代信息网络作为重要载体、以信息通信技术的有效使用作为效率提升和经济结构优化的重要推动力的一系列经济活动。"[1] 传统经济以实体为基础,而数字经济的本质是经济的数字化,以数字为基础。数字经济改变了经济的基础结构,根本在于生产方式的大变革,即数字化生产(钱志新,2018)。马述忠和郭继文(2020)认为,移动互联网、人工智能、大数据、云计算等数字技术的飞速发展和广泛渗透,使得数字经济成为世界经济动能转换、结构优化、效益提升的新引擎,得到了各国的普遍重视,纷纷出台数字发展战略、规划或议程,以紧抓这一机遇。数字经济是

---

1 数字经济及其核心产业统计分类(2021)[EB/OL].(2021-06-03). http://www.stats.gov.cn/xxgk/tjbz/gjtjbz/202106/t20210603_1818135.html。

一种新型经济模式,正在世界范围内蓬勃兴起,成为推动经济发展的新力量。数字经济既是创新发展的时代潮流,也是历史前进的大势所趋,数字经济发展的红利将成为世界各国人民的福利。《全球数字经济白皮书(2022年)》中的数据显示,2021年中国数字经济规模达到 7.1 万亿美元,仅次于美国(15.3 万亿美元),居世界第二位。[1]《中国数字经济发展报告(2022年)》中的数据显示,2021年中国数字经济占 GDP 的比重为 39.8%,同比名义增长 16.2%,高于同期 GDP 名义增速 3.4 个百分点,数字经济在国民经济中的地位更加稳固,支撑作用更加明显。[2]

智能柔性生产线、多类产品智能"混产"、智能浇灌机、采摘机器人、智慧物流、远程操控矿山作业、无人港口、出行网约车、远程办公和在家"云办公"、手机点外卖、在线求医问诊、面试机器人、数字贸易、数字政府、智慧教育、快捷电子支付、网上商城、团购外卖、共享单车等纷纷涌现,随着数字经济快速发展,数字经济融入日常生产、生活的应用场景不断扩大。数字经济产业链正在形成,人工智能、区块链、云计算、大数据等技术正在推动我国经济社会各领域的网络化和智能化,数字产业化发展势头良好,产业数字化发展规模不断扩大,相关的产业链正在加快形成。建立在互联网和数字技术基础上的新经济催生了多种非正规、不稳定的新就业形态。目前,我国数字平台就业率为全国劳动就业总量的 9.7%,远高于许多国家,而且全职者多、经济依赖型劳动者多(周畅,2020)。

当然,数字经济的发展也面临安全风险问题,需要警惕。例如,余钧和范柏乃(2021)认为,伴随着数字经济发展壮大,安全风险问题日益严峻复杂,成为影响浙江数字经济可持续高质量发展的重要因素。需要居安思危,建立健全数字经济安全风险的治理机制,提高数字经济安全风险的治理能力。信息基础设施安全风险、关键核心技术安全风险、数据信息运行安全风险、数字经济产业安全风险和数字经济市场安全风险,是数字经济发展所面临的五大安全风险,所以,"需要加强对数字经济安全风险治理的统筹规划,尽快建立健全数字经济安全风险预警机制,支持网络安全技术研发升级与推广应用,加快推进国产自主可控替代计划,加大数字经济安全领域违法的执法力度,提升数字经济市场主体的安全意识和能力。"(余钧、范柏乃,2021)

数字经济模式,也将与实体经济模式加速融合,形成各种经济发展的新形态。上文所述的零工经济、分享经济、共享经济、平台经济,就是数字经济与实体经济融合产生的新的经济模式,它们也是建立在数字技术基础上的新经济模式。从数字技术所涉及的领域看,数字经济模式更广,涵盖零工经济、分享经济、共享经济、平台经济。

综上所述,零工经济、分享经济、共享经济、平台经济、数字经济等五种新经济模式的关系是"你中有我,我中有你",它们都是网络信息技术催生的新经济模式,必将催生更多的新就业形态。

二、新就业形态发展中的劳动变革

随着零工经济、分享经济、共享经济、平台经济和数字经济的快速发展,吸引了越来

---

[1] 中国信通院.全球数字经济发展白皮书(2022年)[R/OL].[2022-12-07]. http://www.caict.ac.cn/kxyj/qwfb/bps/202212/P020221207397428021671.pdf

[2] 中国信通院.中国数字经济发展报告(2022年)[R/OL].[2022-07-08]. http://www.caict.ac.cn/kxyj/qwfb/bps/202207/P020220729609949023295.pdf

越多的劳动者参与其中,选择自己喜欢而能作为的新就业形态岗位。当然,网络信息技术也改变了新就业形态的劳动条件、劳动过程和劳动利益分配,以及劳动价值观、伦理观、人生观和世界观,带来了各方面的巨大变革。由于个人管理、组织管理和社会管理都还来不及适应和调整,网络信息技术催生的新就业形态在发展过程也暴露出许多社会问题和矛盾,尤其是新就业形态劳动关系面临诸多难题和障碍。这些问题、矛盾、难题和障碍已经引起社会各界的广泛关注。本小节重点概述新就业形态发展所引起的劳动变革。

1. 劳动的社会经济环境发生变革

网络信息技术的发展催生了众多的新就业形态,也促进了经济结构的转型升级,从而导致了社会经济环境发生巨大转变,创造了大量的新就业形态就业岗位。经济合作与发展组织(Organization for Economic Co-operation and Development,OECD)指出:如果企业越来越向灵活的网络靠拢,它就能越来越方便地(再)分配资源,增大或缩减规模,进入和退出包括国际市场在内的各类市场。这可能会影响到更加广泛的企业环境和市场动态,以及外来企业和市场从事工作的形式。谢富胜等(2019)认为,随着云计算、大数据、物联网、机器学习等数字技术体系的发展,各种基于互联网的商业模式和产业形态重组了社会生产与再生产的各个过程。以数字化、智能化和网络化为核心特征,人类社会正迎来新一轮工业革命。吴清军等(2019)认为,从长远来看,人工智能会带来电商行业整体经济效益的增长,为行业总体带来更多的就业机会。当然,基于网络信息技术的新就业形态快速发展过程中,社会的伦理、价值观等方面也在随之不断变化,社会问题开始显现。佟新(2022)认为,平台经济中的共享理念并没有释放解放劳动者反而使劳动者产生新的异化,新的劳动关系、劳动伦理、劳动保障等问题层出不穷。平台劳动者要为不确定的自由付出更高的代价,无论是物质世界上还是精神与情感世界上。

2. 劳动的政治环境发生变革

新就业形态的快速发展所带来的社会经济问题以及劳动领域中的各种矛盾,已经引起了国家层面和各级政府的注意,尽管不同国家对此的重视程度不一样,纠错的力度也不一样。Connelly(2004)认为,新就业形态的出现可能是革命性的巨大转折,整个人类社会都在观望、研究、判断其发展趋势以及对现有劳动力市场、现有规制秩序的冲击。新就业形态的出现对现有的监管机制、法律体系、保障机制等都带来了巨大挑战。谭海波、王英伟(2018)认为,基于分享经济理念下的新业态却在以"井喷式"速度发展导致了传统管控型监管理念与分享经济运行不相适应以及政府监管制度滞后于分享经济模式的问题,进而导致政府对分享经济监管缺位、越位、错位现象的发生。

针对新就业形态领域中的不同问题,不同国家的处理态度并不完全一样,大体上有三种。第一种是出台政策时左右摇摆,有时予以支持,有时又加以限制。这个城市选择了禁止,而周边地区却选择默许。譬如,加拿大多伦多市与安大略省对待Uber的不同态度。第二种是明确支持新就业形态的发展。譬如,澳大利亚悉尼政府2015年采用政府主导、企业运营的模式推进汽车分享,并将"汽车使用分享"计划作为城市发展规划"悉尼2030"的一个重要内容。再如,韩国政府对共享经济企业实施政府认证程序,并对有突出贡献的企业给予资金支持和宣传帮助,还对相关法律法规进行调整以适应共享经济的发展。第三种是创新公共政策以适应新就业形态的发展。譬如,美国加州公共事业委员会为 Uber、Lyft、Sidcar 等提供网络约车的公司专门创设了"交通网络公司"(Transportation Network Companies，TNC）[1]，加强了网络约车的规范管理，维护了劳动者的合法权益（张成刚，2018）。

3．劳动的平台企业环境发生变革

传统商业模式下企业是一个实实在在的工作场所，是劳动者赖以生存和展现自我能力的工作场所，是多数劳动者的终身依靠，然而，基于网络信息技术环境下的平台企业却无法让劳动者终身依恋，平台企业对劳动者来说只是概念上的有，今天在这个平台企业接单，明天在那个平台企业接单，因此，对新就业形态劳动者来说，劳动的工作环境发生了巨大变革。帕克等（2021）认为，平台革命中简单的管道格局（指传统的商业模式——笔者注）被转变成一种复杂的关系，供应商、顾客以及平台本身都进入了一个多变的关系网中。在平台世界里，不同的用户———些是供应商，一些是顾客，还有一些是在不同的时间分别扮演不同角色的人——利用平台的资源与其他人进行连接和互动。在这个过程中，他们交换、消费，有时共同创造了某些价值。区别于从供应商到顾客的单向流动，平台世界里的价值在不同的地点以不同的形式被创造、改变、交换和使用。帕克等的研究也指出了平台能打败传统商业模式的原因：一是平台借助规模化消除了守门人（gate keeper，即传统商业模式的管理团队——笔者注），从而使得其规模化更加有效；二是平台开发了价值创造的新来源，即来自共享经济模式下的供给众筹和产品（服务）的无边界的更大规模的消费倾向，并致力于积极的网络效应，使得价值创造源源不断；三是平台企业借助基于数据的工具创造了社群反馈回路（community feedback loops）。所有的平台都有一套相同的基础平台基因——它们都是为了创造生产者和顾客的匹配以及促进他们间的交互，不论交换的产品是什么。道格林等（2020）认为，平台企业为了提高生产率和利润而采用的科技对于就业与劳动的影响日益浮现：在供大于求的劳动力市场上，平台方能够把报酬压低，导致平台工作的个人得到的报酬严重不足甚至微薄，更有甚者没有报酬；工作强度不断变大，这点在平台工作者身上有所体现，因为他们受到系统算法及其指定工作节奏的自动控制，亦即受到系统算法驱动的市场控制；一项工作被分割成无数小任务，分配给大批的服务提供者（众包劳动者），这些人没有任何谈判能力；"碎片劳动者"亦无集体协议可言，他们没有自助组织，许多人并非工会会员，缺失集体关系；职位和工作结构发生变革，技术娴熟的"专业"劳动力被缺乏技术的零散工人，甚至很多情况下被业余人员所替代；工作条件不断恶化，通过剥夺工人们已经过时的技能和知识，使他们的技能不断退化，丧失学习周期。赵放和刘雨佳（2020）认为：平台企业通过人工智能形成动态化的人机关系一体化，使劳动关系极不稳定；平台企业通过数据环境和人工智能影响劳动者的技术条件、市场和权力关系，加深"资强劳弱"问题；平台企业通过人工智能分配工作任务而有别于传统的工作场所的任务安排，改变了劳动者的共同价值观。

4．劳动的方式方法发生变化

正是由于新就业形态劳动者的工作环境发生了巨大的变化，从而劳动者的劳动方式方法也发生了根本性改变，尤其是劳动的组织方式和劳动的管理方式发生了巨大变化。欧洲改善生活与工作条件基金会对新就业形态的组织方式进行了分类，具体包括：雇用分担（employee sharing）、岗位分担（job sharing）、临时管理工作、临时工作（casual

---

[1] 在美国加州境内，通过互联网应用或平台连接乘客和私家车主，提供交通服务的法人公司、合伙企业、个体或其他形式的企业组织。美国加州通过成立交通网络公司，既确立了劳动者的法律地位，也解决了劳动者社会保障费用的缴纳问题。

work)、基于信息和通信技术的移动工作(ICT－based mobile work)、基于凭证的工作(voucher－based work)、组合工作(portfolio work)、众包就业、合作就业(张成刚,2018)。闫宇平等(2021)认为,新就业形态的组织方式发生巨大变革,譬如:用工主体的平台性、轻资产化;就业主体的原子性、重资产化;用工方式的高弹性、社会化;就业方式的网约性、非标准化;用工管理上的"重绩效轻责任"非均衡性;就业关系的去劳动关系化。虽然,表面上新就业形态企业与劳动者的关系呈现网络化,没有传统就业形态下的紧密的组织联系,但是,新就业形态企业对劳动者有实质性的组织管理。吴清军和李贞(2018)认为,劳动者在平台上接单和工作,可以自由决定工作时间、地点、休息休假,甚至能够决定劳动供给与薪资水平,劳动者拥有工作自主性,但是当劳动者在平台上工作时,平台对在线工作过程的控制变得更强,也更具隐蔽性。平台通过消费者的星级评分机制、激励机制和监督机制对劳动者的工作时间、工作方式、工作环境等工作过程内容进行了实质性控制。

总之,网络信息技术的创新与进步,催生了类型各异的新就业形态,促进了经济结构的转型,促进了社会经济的发展,促进了劳动相关领域的巨大变革。当然,新就业形态发展过程中也暴露了许多新的社会问题,尤其是劳资矛盾和劳动者的劳动权益保障方面的问题。所有这些新的变化、矛盾和问题,都应得到重视,而且要辩证地对待新就业形态的进步与发展、矛盾与问题。但是,任何变革与发展,其最终的目的应该满足人自身发展的要求,新就业形态的发展与变革最终也应该满足人自身发展的要求。帕克等(2021)指出,平台革命确实正以许多有意义的和令人兴奋的方式改变我们的世界,但有一点,平台革命不会改变科技、商业和整个经济体系需要服务的终极目标。所有这些人类构想的目标应该是释放个人潜能和建设一个每个人都能过上富足、充实、有创意和多彩生活的社会。这取决于我们所有人:商界领袖、专业人士、劳动人民、决策者、教育工作者和普通人发挥我们的作用以确保平台革命使我们更接近这一目标。

第二节　网络信息技术影响新就业形态的劳动关系

网络信息技术的发展与进步,日益创造新的经济模式,零工经济、分享经济、共享经济、平台经济、数字经济等不同的经济模式应运而生并不断发展壮大,引发劳动相关领域的环境和劳动的方式方法发生根本性的变革,并引起了劳动关系的重大转变。新就业形态劳动关系已经呈现出许多与传统就业形态不同的特征,劳动关系类型纷繁复杂。网络信息技术对新就业形态劳动关系的巨大影响将不亚于前三次工业革命所带来的影响。

一、网络信息技术加剧就业形势转变

一是传统就业需求人数减少。网络信息技术的发展,促进了生产制造型企业的机械化、自动化、信息化和互联网化,人工智能、云存储、云计算、智能算法、万物互联的趋势日益明显。同时,网络信息技术也在改造农业、农村产业结构和生产流程,传统第三产业的服务流程也不断信息化、互联网化。在此背景下,生产制造型企业、农业和农村产业、传统的第三产业等对劳动者的需求数量越来越少,正规就业的机会也将越来越少。

二是新增就业人数不断增加。包括大学毕业生、退役军人、进城的农民工、周期性失业人群、就业困难人群、劳动迁移人群,近几年新增的就业总人数已经超过1500万人。根据中国人力资源和社会保障部的统计,政府每年通过就业相关政策支持和解决的就业人数大概在1100万人,约200万~300万就业人数无法得到就业相关政策的支持。[1] 因此,新增劳动人群的就业压力巨大。

三是网络信息技术使用困难的就业人数不少。部分就业人群难以适应网络信息技术所改造的就业岗位。截至2022年8月,中国网民规模达到10.51亿人,手机网民规模达到10.47亿人,互联网普及率达74.4%。[2] 但是,新增就业人群中仍有一部分人群不会使用网络信息技术,尤其是50岁以上年长的劳动群体。这部分劳动者将成为网络信息技术环境下主要的就业困难人群。

二、网络信息技术诱致新的就业观念

网络信息技术的发展衍生了劳动者新的就业观念,新生代员工的择业观和职业选择机制正在发生根本性的变化,主要体现在以下几个方面。

(一)追求工作自由的就业观念

中国人的传统观念中,稳定性高的正规就业是人们所崇尚的,但是随着社会的发展,越来越多的人开始向往更加自由的就业方式,尤其是新生代的年轻人。在发达的市场经济国家中,不少人认为工作不是为了生存而是为了实现自我价值,让自己的生活更加充实。现代中国的劳动者群体中,也有不少的劳动者不像传统的劳动者一样把工作作为生存的唯一途径,他们追求个性化的发展,不会让工作束缚自己的自由。这部分人当中,既有家庭相对富裕的群体,也有家庭相对不宽裕的群体,既有年轻人群体,也有中青年群体。

传统就业模式下,劳动者也崇尚自由,希望摆脱以往固定、传统的就业模式,但是,由于生活开销压力大、自由办公条件不具备,社会发展条件所限,劳动者只能在固定的场所工作。随着网络信息技术的发展,为劳动者自由办公创造了条件,移动办公成为现实,虽然也有工作定额的考核和奖励,但是,在网络工作环境下工作时间更加自由和灵活。传统就业模式下,同事之间、与管理者之间,抬头不见低头见,总有一种压力感和压迫感。网络工作环境下,劳动者很少会遭受来自同事们的压力感和来自管理者的压迫感,自己的工作自己做主。不仅如此,网络工作环境下,劳动者有更多自由时间从事私人活动,包括提高工作技能、创作艺术作品、培养自己的业余爱好等。

(二)工作—生活平衡的就业观念

生活费用的开支、子女的抚养教育、人情世故的维系等,都迫使劳动者要倍加辛勤工作,积累更多的财富冲抵不断升高的开销,无暇顾及个人的生活。传统就业观念认为,工作与个人生活是一种零和游戏中两个相互竞争的要素,一方的增加必然意味着另一方的减少。

---

[1] 数据来源于中华人民共和国人力资源和社会保障部网站 http://www.mohrss.gov.cn/

[2] 数据来源于中国互联网信息中心网站——第50次《中国互联网络发展状况统计报告》http://www.cnnic.net.cn/n4/2022/0914/c88-10226.html

进入21世纪的新时代,随着生活水平的提高,在全面建成小康社会之后,人们对生活开销有了重新的认识,不再为了生活开销而发愁,不再为了生活压力而四处奔波。随着网络信息技术的发展,尤其是互联网的发展,使得社会信息不再闭塞,人们随时随地可以接收到外界不同的信息。同时,人们兴趣爱好日益丰富,娱乐项目不断增多,更重要的是,人们不仅对物质生活有更高品质的追求,而且对精神生活也有更高质量的追求。对于一个有抱负的人来说,良好的工作是正常私人生活的必要而非充分条件,也就是说,工作并不是个人生活的全部,追求更高质量的私人生活已经成为许多劳动者个人生活的重要组成部分。追求工作有质量和追求生活有品质已经成为人们向往美好生活的两个重要方面,而非孰重孰轻。一个成功的职业生涯是个人美好生活的必要条件,但不是充分条件:一位经理人也许会与家人和朋友在一起,但这并不意味着他或她是一个好家长、好配偶或好伴侣。无论是工作狂还是成功的囚徒(前者试图通过工作逃避生活,而后者只不过是热爱工作及工作带来的回报而已——笔者注)都回避了他们的私人生活,无法获得美好生活。因此,在任何情况下用工作压力来为家庭问题辩解是站不住脚的(郑梭南等,2014)。

网络信息技术的发展,为人们追求工作-生活平衡创造了条件。智能终端(手机、平板电脑、AI产品等智能办公设备)、互联网、全球定位系统、系统算法、元宇宙、物联网等,为人们移动办公提供了可能性。共享聘用的人力资源管理制度——共享员工制度,为人们碎片化工作的合作创造了可行性。平台企业的发展及其将工作流程互联化,为不同的劳动者在不同时空、不同地点合作完成相关联的工作创造了现实工作场景。人们应用网络信息技术提高了工作效率,节省的时间可用于规划个人生活。所以,网络信息技术的发展,催生人们新的就业观念,产生了对工作-生活平衡的追求。这个就业观念是传统就业模式下人们所向往的就业心愿,当今已经成为现实。工作-生活平衡的就业观念是历史发展的必要结果。互联网和人工智能让人们可以在不同工作任务和不同身份之间自由切换,拥有全新的多元的工作体验,并可以从辛苦工作转向工作与生活的平衡与融合,从事更有趣且更有意义的工作,享受更幸福且更有意义的生活。

(三)展现自我个性的就业观念

新就业形态劳动者中25岁以下群体占比达53.9%,30岁以下的群体占比达78.3%,35岁以下的群体占比达86.6%,由此可见,新就业形态劳动者以年轻人为主。

曾经家喻户晓的"世界那么大,我想去看看",鲜明地道出了现代年轻人的辞职理由有多奇葩,这也折射出现代年轻人新的就业观念。类似这样有个性的辞职理由层出不穷,如"我要带老婆去贝加尔湖拍婚纱,这是她一直的心愿,到了我这样的年纪就会明白,老婆才是最重要的。""公司没有寒暑假,我不想干了。""胃不好,消化不了领导画的饼。""你这点钱,我很难帮你办事啊。"等等。概括来说,现代年轻人辞职的理由主要有五个方面。一是嫌工资低。工资是每个人都会关注的问题,年轻人也不例外。过低的工资,往往让劳动者对未来感觉不到希望。一旦工资和付出不成正比,劳动者就会有离职的想法。二是跟同事相处不愉快。工作生活中,跟同事产生分歧或者小摩擦是不可避免,如果处理不好,就会尴尬,甚至记仇,如果经常处于这样的环境下,劳动者怎么静下心来工作呢。三是对工作不喜欢。很多时候,一份工作,往往会影响一个人的心情,如果你打心底就不喜欢这份工作,就算工资待遇有多高,环境有多好,你也干得不起劲,久而久之就可能会对工作产生厌恶情绪。为了摆脱这样的工作环境,劳动者难免会辞职。四是工作压力大,任务重。在这个快节奏的时代,长期的重压,往往会压得人喘不过气来。这时候如果不能很好地调节自己的压力,很容易影响自己的身心健康,时间一长,定然不可能坚持下去。五是领导太过严厉。工作过程中领导过于严厉,对于年轻人来说往往会适得其反,在领导看来很正常,但在年轻人看来就是对他的侮辱,就是故意这样,久而久之现代年轻人就会心生怨念,不辞职才怪呢。

随着时代的变迁,现在 90 后、00 后对于工作的态度也发生了转变,在工作岗位中,他们并不像 70 后、80 后那样对工作长久地保持热情,而是只要遇到问题就辞职,不开心就辞职,自己不喜欢就辞职。对自我个性的追求,是他们这些年轻人的一个重要职业选择机制,也是管理者值得重视的一个新就业观念。

(四)维护平等权利的就业观念

对工作压迫感的憎恶,是现代年轻人主动辞职的一个重要理由。现代年轻人个性鲜明,自我意识强,个人主义突出,表达个人的观点也比较主动。同时,现代年轻人也不容易被领导,对来自领导者的管理压力有抵触情绪。

现代年轻人个性突出,但有时无法适应工作集体氛围。现代年轻人不够世故也不够圆滑,情商不高,却十分敏感,喜欢热闹,但讨厌人群。一边压抑着消极的情绪,一边努力让自己看起来活泼开朗、积极向上。

现代年轻人也不能被忽视,无论同事之间还是上下级之间。现代年轻人希望对方看得见自己,把自己放在心上,需要得到重视。他们是家庭中的独生子女,成长过程中获得了无数的关爱、关注、重视。步入职场后,他们认为受关爱、受关注、受重视是一个基本要求,是一种很自然的现象,如果自己得不到关爱、关注和重视,就认为自己被忽视,对他们来说简直无法接受。

此外,现代年轻人从小就懂得用《中华人民共和国未成年人保护法》来保护自己。随着学龄的增长,学习过的或者知道的法律法规越来越多,他们的维权意识不断增强。工作中,现代年轻人会积极主动行使自己的合法权利。譬如工作中领导者要提供机会让现代年轻人充分表达自己的观点,如果不让他们发表看法,领导者再好的管理思想和要求,他们也不会认同,因为领导者没有听取他们的意见,没有尊重他们的权利。

现代年轻人虽然个性突出,但是心理比较脆弱,他们无法理解也无法接受领导者的强势管理。领导者既要认同现代年轻人的个性特点,又要尊重他们的民主权利。对平等权利的追求已经成为他们的工作动机之一。

(五)选择自由职业的就业观念

网络信息技术的发展,推动全球产业和行业的更新和迭代,新的职业和新的岗位不断产生。随着"两不愁三保障"[1]的落地落根,中国的绝对贫困问题得到了彻底解决,中国已经全面进入小康社会,掀起了中国式现代化建设新高潮,人们的生活水平显著提高。在此背景下,劳动者的职业选择机制正悄然发生变化,就业观念不断更新,其中对自由职业的追求已经成为许多劳动者重要的就业方向。譬如,一些大学生毕业后选择创业,一些在职人士主动辞职下海创业。以创业带动就业,一直是中国政府积极鼓励的就业方向。对自由职业的追求,是一种历史的必然趋势,也是符合社会进步的方向。

同时,有些职业的业态特征适合自由职业,如记者、自由撰稿人、律师、软件设计者、

---

[1] "两不愁"即不愁吃、不愁穿,"三保障"即义务教育、基本医疗、住房安全有保障。

艺术工作者等,这些职业因其独立性和技术性完全适合新就业形态的特征。网络信息技术的发展将推动更多的职业呈现新就业形态的特征。网络信息技术的发展也将改造更多传统职业的工作流程,使工作流程更加碎片化和流程化,并通过互联网进行协作,呈现新就业形态的特征。不同的劳动者可以在自己喜欢的时间、地点完成相关流程的工作任务。所以,自由职业的发展空间巨大,未来众多职业将走向互联网化,选择自由职业的劳动者群体数量将越来越庞大,并将成为中国劳动力市场中的主力军。

三、新就业形态劳动关系暴露的问题

网络信息技术催生类型众多的新就业形态,诱致新的就业观念,并且导致有别于传统就业形态的新的劳动关系(实际上是一种劳务关系)。在世界百年未有之大变局和疫情大流行阶段,新就业形态的作用日益显现,对中国经济的贡献度越来越大,在"稳就业、保民生"中发挥了功不可没的作用,解决了大量就业人群的就业问题。随着网络信息技术与生产行业、生活服务行业加速融合,新就业形态未来的发展将更加迅猛,吸纳更多的劳动者。面对这种新的发展形势,人们的择业观念正在发生转变,已不仅仅限于寻找固定职业、固定岗位、固定工作地点、固定工作时间、收入稳定的工种,自由择业、兴趣使然、争取更多的空余时间、平衡家庭与工作,成为新就业形态劳动者的新价值追求。更重要的是,新就业形态的发展为劳动者提供了更加公平、更加平等、更加自由的择业机会。正因如此,新就业形态的劳动关系必然有别于传统就业形态的劳动关系,当然也面临着诸多新的问题。

(一)劳动关系日益多样化、复杂化

当前,新就业形态劳动者的劳动关系呈现多样性特征,最显见的表现形式是新就业形态的多类型的劳务关系。这些劳务关系,并非传统就业形态中的雇佣关系,也不是传统就业形态中的非标准的雇佣关系,而是非雇佣关系,如承揽关系、挂靠关系、众包关系、租赁关系、劳务合作关系等。即使部分新就业形态企业与劳动者签订了劳动合同,建立了标准的雇佣关系,如顺风、曹曹专车等,但是,由于经营成本比竞争对手高,顺风、曹曹专车的经营业务量不断缩水,也正在考虑将现有的雇佣关系转变为非雇佣关系。也有部分新就业形态企业用工形式是劳务派遣、劳务共享形式,这种用工形式下的劳动者虽然与原工作单位签订了劳动合同,但是与新就业形态企业只有劳务关系。也有劳动者不仅与一家新就业形态企业签订劳务合作关系,而且,同时与另一家甚至多家新就业形态企业签订劳务合作关系。所以,新就业形态的劳动关系呈现出多样化特征,劳动关系复杂多样。

(二)传统劳动法律法规规制力有限

当前,新就业形态劳动关系是一种非雇佣关系,这种劳动关系并不受中国传统的劳动相关法律法规的规制。譬如,《中华人民共和国劳动法》《中华人民共和国劳动合同法》《中华人民共和国劳动合同法实施条例》《最高人民法院关于审理劳动争议案件适用法律问题的解释(一)》《中华人民共和国劳动争议调解仲裁法》《劳动人事争议仲裁办案规则》《最低工资规定》《工资支付暂行规定》《关于工资总额组成的规定》《职工带薪年休假条例》《中华人民共和国就业促进法》(2015年修正)《中华人民共和国社会保险法》(2018年修正)《工伤保险条例》(2010年修订)《人力资源社会保障部 最高人民法院关于劳动人事

争议仲裁与诉讼衔接有关问题的意见（一）》以及地方政府制定的劳动相关法律法规，等等，都是以雇用劳动关系为前提的，对非雇用劳动关系没有直接指导意义，只能参考借鉴。法院在判决新就业形态劳资冲突时往往综合劳务事实的后果、现有法律法规相关规定和社会影响，最终作出裁决，而不是把现有的劳动相关法律法规作为唯一裁决依据。

（三）社会保障体系出现新的空白点

传统就业形态下劳动者与用人单位签订了劳动合同或集体劳动合同，用人单位必须为劳动者支付社会保障各项费用，包括养老保险、医疗保障、失业保险、工伤保险、生育险、公积金，即"五险一金"，目前一些用人单位还为劳动者支付"职业年金"和"长期护理险"。当然，也有一些用人单位只为劳动者交纳养老保险、医疗保险、工伤保险。尽管如此，传统就业形态中，劳动合同与社会保障是一对孪生兄弟，签订了劳动合同就应该交纳社会保险，而要交纳社会保险就需要签订劳动合同，这就是所谓的劳动关系的"二分法"——有劳动关系的情形和无劳动关系的情形。当前新就业形态劳动者绝大部分并没有与用人单位签订劳动合同，而是劳务合作协议，用人单位以劳务合作协议为借口，不为劳动者缴纳社会保险，用人单位制定的劳务合作协议明确提出用人单位不承担交纳社会保险的责任。另外，新就业形态劳动者职业流动率高，或者说自由择业、自由择岗缘故，劳动者经常变换用人单位，不是专门为一个用人单位提供劳务，导致社会保险无法交纳。中国的社会保险转移接续也需要用人单位开具证明，而新就业形态企业并不会为劳动者开具这样的证明。现实中，新就业形态劳动者也不会因为用人单位不为自己交纳社会保险而拒绝提供劳务。对新就业形态劳动者要不要签订劳动合同以及与此有关的社会保险费用要不要支付，政府并没有提出明确的指导政策，也没有强制要求新就业形态企业要与劳动者签订劳动合同和支付社会保险费用，政府仅仅鼓励新就业形态企业或其服务的商家与劳动者签订劳动合同并支付社会保险相关费用。譬如，2021年7月，人力资源和社会保障部等八部门联合发布的《关于维护新就业形态劳动者劳动保障权益的指导意见》提出："符合确立劳动关系情形的，企业应当依法与劳动者订立劳动合同。不完全符合确立劳动关系情形但企业对劳动者进行劳动管理的，指导企业与劳动者订立书面协议，合理确定企业与劳动者的权利义务。""对采取外包等其他合作用工方式，劳动者权益受到损害的，平台企业依法承担相应责任"。这意味着在现行劳动关系中确立了"有劳动关系""无劳动关系"两种情形外还有"不完全符合确立劳动关系情形"的第三类劳动关系。《关于维护新就业形态劳动者劳动保障权益的指导意见》也明确提出：无论平台经营企业采用哪种用工模式，都应该对新就业形态劳动者承担一定的雇主责任。尽管如此，绝大部分的平台经营企业没有与劳动者签订劳动合同，双方只是签订劳务合作协议，属于第三类劳动关系情形。而且，签订的劳务合作协议中并没有突出雇主的相应责任。除了工伤保险外，其他保险基本没有，而且，工伤保险也只是一种商业保险。譬如，外卖送餐员每个月定期支付的3元保险费。所以，新就业形态劳动者的社会保险实际上没有全覆盖，存在许多空白点。新就业形态劳动者的社会保险，无论在理论研究上还是实际操作上都存在许多不足之处，需要学术界和实践界加强研究，以探讨符合第三类劳动关系的社会保险制度体系。

（四）劳动标准和劳动定额缺失规范

传统就业形态中具有相应的劳动标准和劳动定额，如每日8小时和一周40小时的工作时间、基本工资和基本工作量、劳动安全卫生标准、工作条件、劳动保险标准、劳动合同标准、劳动报酬标准、劳动效率、女工和未成年工保护等。然而，新就业形态中并没有这样的规定，更没有涉及劳动者休假权益的相关规定，如法定假日、带薪休假、产假等。劳动者与用人单位之间的关系纯粹是一种劳务合作关系，劳动者提供了劳务，用人单位就给予业绩奖金，至于日工作时间、周工作时间、劳动保险标准、劳动合同标准、劳动报酬标准、女工和未成年工保护、休假权益等方面，用人单位都不会考虑，也不愿考虑。在劳动者的劳务考核方面，用人单位却通过规定每日最低在线工作时间和最低任务量对劳动者进行严格管控，如果劳动者多次没有达到用人单位的这些要求，劳动者将被平台解约。劳动者被平台解约后也没有任何反驳的机会。不同行业的新就业形态都缺少劳动基准和劳动定额的规范管理制度和管理规定，即使是同一行业的不同新就业形态企业，如美团和饿了么，也没有统一的劳务最低标准。不同行业的新就业形态企业、同一行业的新就业形态企业的劳动标准和劳动定额各不相同，完全游离于现有的劳动标准和劳动定额的管理规范。政府虽然从宏观上提出要对新就业形态"审慎监管"，但是，对这种完全游离于现有的劳动标准和劳动定额的劳务情形政府该出手时就应出手。唯如此，既可以消除垄断，鼓励合法竞争，又可以保护新就业形态劳动者的合法权益，更重要的是，可以促进新就业形态可持续健康发展，促进社会和谐。

（五）利益分配机制呈现"资强劳弱"

利益分配机制，是任何类型劳动关系必须面对的核心问题，解决好了有利于和谐劳动关系的建立，否则，即使其他方面满足了劳动者的要求，也很难构建和谐劳动关系。按单计酬、最低在线时间规定或者最低任务单、超单奖励，未完成任务单扣款、未在规定时间内完成任务单罚款，这种简单的、没有人情味的利益分配机制，就是新就业形态企业维系与劳动者之间的劳务关系的根本手段，甚至是唯一手段，而且，这种利益分配机制是由新就业形态企业单方面制定，劳动者没有任何话语权，必须完全同意，照单接受，否则就不能入职，即使入职了也随时被平台拉黑。这种利益分配机制鲜明地暴露了"资强劳弱"的特性。当然，这种利益分配机制也呈现出利益分配的及时性、可期待性、灵活性和短期激励性特征，对劳动者具有一定的吸引力。新就业形态企业充分利用这种利益分配机制强有力地控制着劳动者。可想而知，这种利益分配机制是无法建立长期的稳定的劳动关系，更难建立和谐的劳动关系。许多新就业形态劳动者入职时兴高采烈，工作期间却怨声载道，到了离职时毫不留情关闭平台App而且不留下只言片语，正是劳动者深受这种利益分配机制重创的鲜明写照。

（六）员工分布零散，难于集体协商

《中国工会章程》明确指出，中国工会是中国共产党领导的职工自愿结合的工人阶级群众组织。凡在中国境内的企业、事业、机关单位中以工资收入为主要生活来源的体力劳动者和脑力劳动者，不分民族、种族、性别、职业、宗教信仰、教育程度，承认工会章程，都可加入工会为会员。中国工会以忠诚党的事业、竭诚服务职工为己任，坚持组织起来、切实维权的工作方针，坚持以职工为本、主动依法科学维权的维权观，促进完善社会主义劳动法律，维护职工的经济、政治、文化和社会权利，参与协调劳动关系和社会利益关系，推动构建和谐劳动关系，促进经济高质量发展和社会的长期稳定，维护工人阶级和工会组织的团结统一，为构建社会主义和谐社会作贡献。

首先，新就业形态劳动者并不是以工资收入而是以计件工资作为劳务报酬的薪酬形式。其次，绝大部分新就业形态劳动者并没有通过与用人单位签订劳动合同建立劳动关系。再次,新就业形态劳动者工作地点分散,不仅员工彼此之间交流少,员工与用人单位管理者交流更少,而且,新就业形态劳动者工作岗位流动率高,离职率高。最后,新就业形态劳动者也没有强烈愿望自愿加入工会。所以,要把新就业形态劳动者组织起来本身就有一定难度,更不用说把他们吸引到工会组织中来。虽然,近几年政府鼓励新就业形态企业建立工会,或者责令地方政府通过各种形式把新就业形态劳动者组织起来,但是,效果并不很明显。《关于维护新就业形态劳动者劳动保障权益的指导意见》提出,要督促企业制定、修订平台进入退出、订单分配、抽成比例等直接涉及劳动者权益的制度规则和平台算法,充分听取工会或劳动者代表的意见建议;要指导企业建立健全劳动者申诉机制,保障劳动者的申诉得到及时回应和客观公正处理。全国总工会也下发文件,提出探索适应货车司机、网约车司机、快递员、外卖配送员等不同职业特点的建会入会方式,积极与行业协会、头部企业或企业代表组织开展协商。根据已经公布的劳资冲突案例(无论是单个劳动者的个案还是行业性的集体冲突案例),工会都很难参与其中,集体维权步履维艰。

综上所述,网络信息技术催生了类型众多的新就业形态,劳动的环境和劳动方式方法都发生重大变革,就业形势急剧变化,劳动者的就业观念日益趋于个性化、自主化,劳动者对平等、公平、自由和职业兴趣的追求没有像今天这样狂热和执着。然而,由于诸多原因,包括个人管理、组织管理和社会管理等对新就业形态发展有一个适应、调整、创新、再适应的过程,新就业形态劳动关系领域的矛盾和问题不断暴露,对此,包括政府、企业界、民间团队、学术界等社会各界都给予关注和重视,从不同角度出谋划策、献计献策。

第二章

新就业形态和谐劳动关系的文献研究综述

"新就业形态"这个概念虽然是在2015年党的十八届五中全会公报中首次出现,但对新就业形态劳动关系的研究可以追溯到21世纪初期。至今,新就业形态劳动关系的研究成果越来越丰富,国家和地方政府的指导意见和实施办法相继出台,一定程度上缓和了新就业形态的劳动关系。但是,由于新就业形态涉及的行业众多,劳动关系类型纷繁复杂,无论是政府层面的管理措施还是学术界的研究对策,都仍然是指导性的、建议性的,对新就业形态和谐劳动关系的研究还有很大的空间,需要社会各界凝聚智慧,探究共识。

本章主要从七个方面对新就业形态和谐劳动关系的相关研究进行综述,包括新就业形态劳动关系的特征与类型、新就业形态劳动者的社会保障体系、新就业形态劳动关系的法律法规、新就业形态劳动关系中的工会组织、新就业形态劳动关系中的政府作为、新就业形态劳动者的就业观念和职业选择机制、新就业形态劳动者的劳动权益保障。

第一节 新就业形态劳动关系的特征与类型

新就业形态劳动关系的特征是指新就业形态劳动者提供劳务时劳动组织、劳动方式方法、劳动报酬等方面所体现出的形式与标志。新就业形态劳动关系类型是指新就业形态劳动者与平台企业或者平台服务的商家之间雇佣关系的类型。新就业形态劳动关系的类型是新就业形态劳动关系特征的重要内容之一。随着网络信息技术的发展及与实体经济的深度整合,推动新就业形态快速发展,催生了不同类型的劳动关系,表现出了不同的特征。由于各方面的原因,新就业形态劳动关系呈现复杂化、多样化和互联化的特征,劳动关系的问题不断暴露,对此,许多学者展开了对新就业形态劳动关系类型、特征等方面的多角度研究,提出了许多有见解的研究成果。研究视角不一样,观点不一样,再加上新就业形态类型和特征的复杂性,所以,有关新就业形态劳动关系的类型和特征的研究成果非常丰富,莫衷一是。

一、新就业形态劳动关系的特征

对新就业形态劳动关系的特征进行探讨和分析,有助于揭示新就业形态劳动关系的本质特点,更有助于发现构建新就业形态和谐劳动关系的有效对策。学者们在这个方面的研究观点如下。

1. 新就业形态劳动关系非常复杂

新就业形态类型众多,涉及不同行业,劳动者群体数量日益增加,劳动的组织形式、劳动的方式方法、劳动报酬等都有巨大差异。最直观的表现是劳动者的工作模式日益不稳定，工作机会和薪酬的不稳定，兼职劳动者、临时工和自雇者的比例不断上升，这些现象、矛盾和冲突已成为世界关注的新热点。[1] 仲琦和车红霞（2019）认为，新就业形态中出现了一些无法用传统的劳动法理论来解释的现象，如当事人具有选择合同形式的权利，无法区分主业和副业，雇主责任也不明确。韩文龙和刘璐（2020）认为，无论是泛雇佣关系化还是去劳动关系化都增加了就业的不稳定性风险，加剧了数字劳动者在劳资关系地位中的弱势。

随着网络信息技术不断地与实体经济融合，平台技术的商品化应用，平台经济的崛起改变了以传统劳动法律意义上的正规雇用方式为主的劳动关系特征，诸多与劳动关系治理的新议题浮出水面，并引发了激烈的争论。这种争论集中在两个方面：一是劳动者与平台的关系是否属于劳动关系（苏晖阳，2020；王天玉，2020）。二是劳动者的劳动权益缺乏保障（范围，2019）。政府、劳动者和平台企业到底应如何承担责任？特别是社会保障、工伤补偿和就业保障等方面都需要明确，即使新就业形态劳动关系的特征越来越复杂。

2. 新就业形态有去劳动关系化的倾向

有一种学术观点认为，新就业形态有去劳动关系化的特征，也就是说，新就业形态劳动者与平台企业或者平台服务的商家之间没有劳动关系。任欢（2021）认为，新就业形态群体具有组织方式平台化、工作机会互联网化、工作时间碎片化、流动性强、组织程度偏低等特征外，还有就业契约去劳动关系化的特征。文军和刘雨婷（2021）认为，平台数字劳动关系有泛雇佣关系化与去劳动关系化。纪雯雯和赖德胜（2016）认为，平台从业者与平台之间没有法律上的劳动契约关系。闫宇平（2021）认为，共享经济领域有突出的去劳动关系化现象，即共享经济平台企业很少且越来越规避与网约工建立劳动合同关系，而且认为这种去劳动关系化现象将带来的"羊群效应"——外包企业去劳动关系化，也会给其他领域带来传导和示范效应。当然，这些观点并不代表学者们认同去劳动关系化，而是表达了他们的一种担忧。如果新就业形态去劳动关系化越来越严重，将不是一件好事，不仅对劳动者劳动权益的保护不力，而且也会动摇其他领域的劳动法律基础，需要警惕。

3. 新就业形态劳动关系的具体特征

虽然有学者认为新就业形态有去劳动关系化的倾向，但并不表明这种去劳动关系化是一种趋势，许多学者结合新就业形态的实际和劳动者的过程从不同角度对新就业形态劳动关系的特征进行了提炼和概括。这方面的研究成果也相当丰富，对深入了解新就业形态劳动关系的特点具有较大的参考价值。

对新就业形态劳动关系的特征，不同的学者进行不同的归纳总结，尽管有一定的差异，总体上是围绕劳动组织形式、劳动方式方法、劳动时间和劳动任务安排等方面进行提炼。譬如，陈微波（2016）认为共享经济背景下的劳动关系模式呈现出三个特征：一是基于价值基础的合作模式；二是趋于弹性化、多重化和开放性，呈现出不稳定的特征；三是呈现出一种较为松散的、疏离的状态，表现虚拟性特征。陶志勇（2018）认为新就业形态

---

[1] 世界银行.2019 世界发展报告——工作性质的变革[R]. http://www.worldbank.org/content/dam/wdr/2019/WDR-2019-CHINESE.pdf,2019 年 5 月 15 日。

呈现出劳动关系灵活化、工作碎片化、工作安排去组织化的特征,既不同于传统标准劳动关系,也不同于一般的劳务合同关系的非全日制灵活就业。王娟(2019)认为新就业形态的雇佣关系呈现弹性化、虚拟化、多重化特征。严妮等(2020)认为,与传统的标准雇用形式相比,互联网平台经济使公司边界和劳动关系模糊化,从业者就业更加灵活、独立和自主,就业遵从度降低,工作场所和时间弹性化,收入来源多元化,离散度提高、稳定性弱化。李晓华(2021)认为新就业形态呈现出工作时间更具弹性,工作场所更具灵活性,工作内容更具多样性等新的特征。莫荣和鲍春雷(2021)认为新就业形态呈现出就业形式多元化、组织方式平台化、工作安排任务化、用工管理数字化、兼职工作便利化、用工关系复杂化等特点。

二、新就业形态劳动关系的类型

从上面分析可知,新就业形态劳动关系的特征非常复杂,更有学者认为新就业形态有去劳动关系化的倾向,因此,要总结和归纳新就业形态劳动关系类型就更加复杂和困难。尽管如此,学术界还是尝试对新就业形态劳动关系进行了分类,提出了有建设性和学术参考意义的研究观点。

(一)新就业形态劳动关系认定的复杂性和困难

新就业形态劳动关系的特征纷繁复杂,而传统劳动相关法律法规又存在规制力有限性,导致新就业形态劳动关系认定困难。学者们对其展开了热烈的讨论和分析。林嘉(2021)认为,新就业形态在工作时间、工作地点、管理模式等方面区别于典型劳动关系,导致法律关系的定性模糊,从业者与平台之间究竟是劳动关系还是合作关系,或者是介于两者之间的第三种关系,这成为争论的焦点。邓雪和曾新宇(2020)认为,受人工智能等技术驱动的平台化市场组织将在企业与员工之间发挥重要链接作用,使得人类劳动的从属性呈现弱化趋势,劳动关系的认定面临着重大的挑战。

2015年美国加州劳动委员会(California Labor Commissioner's Office)就判定优步(Uber)平台与网约车司机有雇佣关系;2015年加州北区地方法院在道格拉斯·奥康纳(Douglas O'Connor)案的判决中,并未对二者之间的关系做出明确判断,但在2018年7月,纽约州失业保险上诉委员会(New York State Unemployment Insurance Appeal Board)又判定网约车司机为优步公司正式雇员。英国劳动法庭在2016年阿斯拉姆(Y. Aslam)、法勒(J. Farrar)诉讼案中,直接判定优步公司与网约车司机为雇佣关系。然而,英国就业上诉法庭(Employment Appeal Tribunal)2017年7月裁定:优步公司与司机之间虽非雇佣关系,但网约车司机可享受雇员待遇,应被视为"员工"。

同样,由于没有明确的法律规定,中国不同地区、不同的劳动争议裁审(劳动争议仲裁、司法审判等)环节界定标准不一,类似的案件会也出现不同的裁审结果。劳动争议仲裁机构认定平台企业与新就业形态就业者之间没有劳动关系,但法院判定双方有劳动关系,如2015年上海乐快信息技术有限公司"好厨师"平台与劳务提供者的劳动争议案。劳动争议仲裁机构裁定双方有劳动关系,但是法院认为双方不符合劳动关系特征,如2014年上海盈信物流有限公司与劳务提供者的劳动争议案件(张宪民、严波,2017)。2015年2月,北京市第一中级人民法院判决e代驾服务公司与代驾司机之间没有劳动关系,而2018年6月,北京市海淀区人民法院判决快递公司与快递员之间构成劳动关系,快递员享有劳动关系中劳动者的权益。从这些司法判定结果分析,目前在政策和法律上认定互联网平台劳动者身份仍有较大争议(吴清军等,2019)。

(二)新就业形态劳动关系的主要类型

尽管新就业劳动关系的认定比较复杂,在司法实践中有不同的判例,许多学者仍根据自己研究的视角和观察提出了不同的看法。

1. 主张标准化的雇佣关系

常凯(2016)认为,互联网经济并没有改变劳动与资本之间的关系,虽然雇佣关系和合作关系在互联网经济中都有,但雇佣关系仍然是基本的用工形式。2019年,常凯进一步分析了相应的依据并指出,判定用工关系的性质标准,主要是看这一关系是否具有从属性,即由一方控制劳动过程还是由双方共同控制劳动过程。尽管新的用工关系在形式上和表面上具有灵活化、多样化和自主化的特点,但实际情况是表面的松散管理掩饰着内在的严格控制,形式上的独立自主实质上则是劳动从属,名义上是权利平等,现实中则是失衡关系,用工双方并非两个平等独立的主体。那种认为互联网经济中用工颠覆了传统劳动关系的观点,仅仅是注意了形式的变化而忽略了实质的存在,是雇主推脱自己义务的一种托词(常凯,郑小静,2019)。闻效仪(2018)也认为,在平台经济背景下,即便劳动者对应着多个雇主,但依然还是一种管理关系和人身关系。杨浩楠(2022)提出,新就业形态劳动关系认定标准理应在坚持组织从属性要件的同时合理兼顾经济从属性要件。他认为,新业态、新模式的新型用工关系有着较强的经济从属性。

Lain Campbell和Robin Price(2016)、Kate Minter(2017)等学者也都认为互联网平台与劳动者有雇佣关系。他们认为,尽管劳动者享有一定的工作自由,但是平台拥有控制权,劳动者在劳动过程中必须接受平台的工作指令,接受平台对劳动者的劳动过程与劳动结果的监管和控制。

2015年加州劳动委员会分别从工作量、工作方式和方法、工作监督方式、工作时间及其他因素五个方面作出了认证,认为网约车司机的工作属于平台业务的一部分,并且司机在接单过程中要接受平台的指令,最终判决优步公司与网约车司机有雇佣关系。加州法院判决的理由有五个方面:第一关于工作量,优步公司在员工手册中规定了接单的比例,如果乘客发出请求而被司机拒绝都会记录在案,作为平台是否终止司机合同的依据;第二关于工作方式和方法,平台的要求并不仅仅是建议司机的着装,已经有证据显示,有司机因为未能符合着装要求而被终止合同;第三关于工作的监督方式,优步的乘客被要求给司机的打分,司机的每一次承运都会受到顾客的监督,并且这种监督是为了平台公司的利益,因为平台公司将使用评分的排名来决定哪些司机会被解除;第四关于工作时间,司机工作灵活,但仅靠时间上的灵活性并不能排除雇佣关系的存在;第五其他因素,法院还考察了其他因素,比如司机一般都拥有自己的车辆并可以雇佣其他司机以自己的名义驾驶,但是法院同样也认为,这些因素的重要性非常模糊(chen等)。

因此,关于新就业形态劳动关系认定为雇佣关系的观点,既有学者们的研究结论,也有司法判例。当然,笔者并不认为这种观点就是最佳的,标准化的雇佣关系仅仅是新就业形态多种劳动关系类型中的一种形式,并不是唯一的正确类型。

2. 主张非雇佣关系

另一种观点认为,新就业形态劳动关系是一种劳务合作关系,或者说是劳务承揽关系,劳动者是独立承包人。譬如,依托于某个专业领域、细分市场的自由职业者,如市场策划人、自由撰稿人、自由艺人、专职家教等。这种类型劳动者在劳动过程中完全是独立自主的,并不受平台企业或平台服务的商家的过程管理,平台企业或平台服务的商家对其只是规定完成任务的截止时间和产品(服务)质量。再譬如,依托于某些特殊群体的自由职业者,即依据相同的兴趣爱好、相似的职业等组成分享交流群,群成员在相互信任的基础上进行分享,进而获得收益的就业者,如"罗辑思维"[1]"章鱼 TV"[2]等品牌都是利用粉丝群体形成的社群。这类劳动者的劳动过程完全独立自主,平台企业仅仅为其提供共享服务,收取一定的佣金。这类劳动者工作自由度高,许多人的工资收入水平也比较高,但这类劳动者与平台签订的合作协议缺失法律保障,政府监管非常困难。

道格林等(2020)认为,19 世纪和 20 世纪,人们以为机械化会消除雇主雇用工人的必要性,但到了 21 世纪,逐步将这一前景推向现实的却并非机器人,而是平台,虽然它们不会导致人类劳动的消失,但是却正在消除雇佣关系。它们时时刻刻都需要熟练工人,但这些工人却没有成为雇员,而是按照劳务合同工作。平台不仅仅要彻底抛弃过去的雇佣关系,而且要让劳动和社会保障法无立足之地。Harris 和 Krueger(2015)认为,劳动者在平台上接单和工作,拥有工作自主性。劳动者可以自由决定工作时间、地点、休息休假,甚至能够决定劳动供给与薪资水平;平台企业也没有开除、解雇劳动者的权利。所以互联网平台与劳动者之间的关系属于业务承揽关系,劳动者也并非长期雇用的雇员,而是独立合同工(independent contractor)。持这种观点的还有 Aloisi(2016)、Brown(2016)、Kurin(2017)等。

冯向楠和詹婧(2019)认为,平台骑手拥有电动车等生产资料,决定是否上线或是否接单,拥有很高的自主性,因而不具有劳动关系的特征,亦不具备劳动的从属性,平台和骑手双方在承认彼此之间的非雇佣关系上逐渐达成了"共识"。文军和刘雨婷(2021)认为,许多平台在建立和登记时是以信息服务、数据提供、科技为主要业务的,平台与数字劳动者之间不符合劳动提供与企业业务的相关性这一"劳动关系"认定标准。

虽然新就业形态劳动者的劳动方式方法与传统雇佣关系条件下的劳动方式方法具有较大的区别,劳动者也具有相当大的自主权利,但是,将新就业形态劳动者的组织形式完全认定为非雇佣关系或者是民事关系,劳动者被认定为独立承包人,劳动者与平台之间的关系仅仅是业务往来关系,这样的推论值得进一步商榷。从劳动者的劳动实际情况分析,平台企业或平台服务的商家对劳动者还是有一定的管理权利,包括激励、约束、惩罚等方面,所以,平台企业或平台服务的商家与劳动者之间并不完全是一种非雇佣关系或者是一种民事关系。当然,也不能因平台企业或平台服务的商家有一定的管理权力,就轻易地断定平台企业和平台服务的商家与劳动者之间关系就是雇佣关系。这种类型的劳动关系需要进一步细分类型,梳理哪些是纯粹的民事关系,哪些还具有一定程度被管理的劳动关系。

---

[1] 《罗辑思维》是一档知识类脱口秀视频节目,主讲人为罗振宇,2012 年开播,在优酷、喜马拉雅等平台上播放,在互联网经济、创业创新、社会历史等领域制造了大量现象级话题。

[2] 章鱼 TV 是全国最大的原创互联网体育直播平台。由个人申请加入,只要粉丝足够多,就可以拿到高额报酬。

3. 主张标准化雇佣关系与非雇佣关系之间的中间状态

根据新就业形态劳动关系的特征,既不能完全认定平台企业或平台服务的商家与劳动者之间的关系为雇佣关系,又不能完全认定平台企业或平台服务的商家与劳动者之间的关系为非雇佣关系,那么,认定新就业形态劳动关系为雇佣关系与非雇佣关系之间的中间状态的第三种观点就很自然地被提出来了。

第三种观点是由劳动经济学者Krueger和劳动法学者Harris等人提出的。他们认为优步平台与司机之间既不是长期的雇佣关系,也不是完全的承揽关系,而是一种分享经济商业模式下新型的组织关系。独立承揽人和雇员都无法界定优步平台上司机的法律身份,美国的劳动法也无法对互联网平台与司机之间的法律关系进行清晰的界定,所以他们提出了一个新的概念——"独立工人"(independent workers)[1]——来界定司机的法律身份。优步平台上的司机,既不是雇用组织的雇员,也不是自雇者,而是拥有一定工作自主权的独立劳动者(Harris & Krueger, 2015; Hall & Krueger, 2018)。

我国学者江峰和刘文华也曾提出了一个新概念,即边界型民事雇佣关系,这个概念与Krueger和Harris提出的独立工人的概念具有相似之处。江峰、刘文华(2017)认为,平台从业者多平台就业的特征事实上是跨越了不同平台的边界,形成"跨组织的员工共享"和"跨员工的组织共享"两种形态。平台型企业的交易成本发生了结构性的变化,导致该类企业组织与边界出现了离散化与无界化的特征,因此,从法律属性上应将互联网平台用工关系界定为一种边界型民事雇佣关系。

无论是独立工人的劳动关系还是边界型民事雇佣关系,都表达了劳动者与平台企业或平台服务的商家之间有一定的身份联系,有一定程度的被管理的关系,这种身份联系既不是完全意义的组织从属性,但也不是民事关系下的完全意义的独立性。当前,这种身份联系缺少劳动相关法律法规的依据,而应用《中华人民共和国民法典》来处理劳动者与平台企业或平台服务的商家之间的矛盾,似乎又不太恰当,对处于弱势地位的劳动者不太公平。所以,第三种观点也需要进一步深入研究,尤其第三种观点提出的中间身份认定的法律依据,特别是劳动者的劳动权益管理规范需要更加深入地研究。

4. 主张多种劳动关系类型

由于新就业形态所涉及的行业越来越多,平台企业的运营模式复杂多样,平台企业或平台服务的商家与劳动者之间的关系必然纷繁复杂,无法应用统一的法律法规标准进行认定。对此,学术界也提出了相应的研究观点。纪雯雯和赖德胜(2016)指出,新就业形态劳动关系复杂,至少有四种类型:一是标准的劳动关系;二是非标准化劳动关系;三是民事关系;四是无法认定的劳动关系。孟泉(2020)指出,新就业形态劳动关系主要包括正式签订劳动合同的劳动关系模式、劳务派遣模式、业务外包模式、业务承揽模式、业务众包模式和合作模式等模式。

我国政府为了促进新就业形态可持续发展,切实维护新就业形态劳动者的权益保障,也高度重视新就业形态劳动关系的和谐稳定,出台了相应的指导意见和实施办法。

2016年,交通运输部、工业和信息化部等七部委发布的《网络预约出租汽车经营服务管理暂行办法》第十八条规定:网约车平台公司应当保证提供服务的驾驶员具有合法从

---

[1] 独立承包人,不是工人,独立承包人与平台企业之间是民事关系,非雇佣关系;而独立工人,是一种非标准化的雇佣关系,可以享受一定的劳动权益。

业资格,按照有关法律法规规定,根据工作时长、服务频次等特点,与驾驶员签订多种形式的劳动合同或者协议,明确双方的权利和义务。该办法指出了网约车与平台公司有多种劳动关系类型。

2021年,《人力资源社会保障部、国家发展改革委、交通运输部、应急部、市场监管总局、国家医保局、最高人民法院、全国总工会关于维护新就业形态劳动者劳动保障权益的指导意见》(人社部发〔2021〕56号)中指出,符合确立劳动关系情形的,企业应当依法与劳动者订立劳动合同。不完全符合确立劳动关系情形但企业对劳动者进行劳动管理的,指导企业与劳动者订立书面协议,合理确定企业与劳动者的权利义务。个人依托平台自主开展经营活动、从事自由职业等,按照民事法律调整双方的权利义务。该指导意见提出了三种类型的新就业形态劳动关系。

由此可见,新就业形态的劳动关系确实是一个非常复杂的现实问题,在目前政策和法律背景下对其进行明确认定是一个非常棘手的难题,需要社会各界汇集智慧进一步探究更具指导意义或更具操作性的战略决策和战术对策。

第二节 新就业形态劳动者的社会保障体系

我国城镇职工的社会保障体系与劳动关系紧密联系,具有雇佣关系的劳动者才享有个人与单位共同承担的社会保障,而那些不具有雇佣关系的劳动者,只能享有自愿承担的社会保障,不能进入城镇职工的社会保障体系。当前,新就业形态劳动者绝大部分不具有雇佣关系,所以,新就业形态劳动者无法进入城镇职工的社会保障体系,但是,新就业形态劳动者所面临的许多问题却是源于这个现状。林嘉(2021)认为,新就业形态面临用工关系性质难以认定,平台、代理商、从业者三方关系复杂多变,缺乏必要劳动基准保护导致职业风险激增,社会保险缺位等劳动法律保障短板。朱婉芬(2019)认为,目前关于新业态灵活就业人员的权益保障研究仍然较少,且主要集中在工伤保险方面,而劳动者的权益保障还体现在包括社会保险权在内的个别劳权和集体劳权。新业态灵活就业人员的劳动者权益保障已经成为未来研究新趋势。因此,需要加强对新就业形态劳动者社会保障的研究。关于这个研究视角,学者们的主要观点如下所述。

一、新就业形态劳动者缺乏社会保障的原因

1. 新就业形态劳动者缺乏参加社会保障的意愿

新就业形态劳动者为了眼前的可支配收入,不愿意缴纳个人应承担的社会保障费用。胡乐明(2021)认为,目前新就业形态人员中有部分灵活就业人员已参加社会保险,大部分没有参加社会保险,特别是青年群体和农村进城务工群体,缺乏长远打算,主动参加社会保险意愿不强。

2. 新就业形态劳动者的劳动关系难以认定

中国劳动关系的界定使用的是"二分法",具有雇佣关系的劳动者才能进入城镇职工的社会保障体系。这种制度对界定新就业形态劳动者的劳动关系有非常严重的缺陷,因为,绝大部分新就业形态劳动者没有签订劳动合同,而只是签订了劳务协议。丁晓东

(2018)认为,平台经济带来的冲击的根源在于劳动关系全有或全无的认定。张成刚(2020)认为,现行的中国劳动法律制度不适合新就业形态,根源在于中国劳动法的二分法,要么将劳动者与某个组织的关系视为劳动关系,要么完全否认劳动关系。莫荣和鲍春雷(2021)认为,当前国家社会保险体系主要是参照正规就业设计,特别是城镇职工社保体系明显是"单位关联型",由单位缴费和个人缴费构成,零工从业人员只能以个人身份参加社保,个人承担更高的缴费比例。很多地区对于灵活就业人员参加社保、享受社保补贴,还没有开放户籍限制,成为非本地户籍灵活就业人员参保的主要障碍。对于灵活就业人员失业保险和工伤保险,目前还缺少制度设计。

3. 平台企业为了降低成本、逃避社会责任

企业之所以可以存在,其中一个最大的原因在于企业比单个人具有成本优势和效率优势,降低成本是企业考虑的重要因素之一,这也是新就业形态企业不愿意帮助劳动者缴纳社会保险的重要原因。蓝定香、朱琦和王晋(2021)认为,"算法之困"与"无社保之忧"等问题让外卖骑手无异于在缺乏安全保障的道路上集体"裸奔"。这种现象在绝大部分新就业形态劳动者身上随处可见。互联网平台企业构建的用工灵活且轻劳动成本的商业模式阻碍了平台企业自觉履行企业社会责任的可能性,动力不足。持该观点的典型是优步总裁的意见:如我司将承担大笔额外支出补偿司机,包括工资和劳动工时法所规定的相关费用,员工福利、社会保险、税款和罚款等,这样的重新分类可能会迫使我们彻底改变商业模式。即使一些新就业形态企业为员工办理了工伤保险,也不是正常意义的社会保险,而是一种补充性的商业保险,企业同样没有承担应有的社会责任。王显勇和夏晴(2018)认为,现行置于劳动法框架之内的社会保险并不是真正的社会保险,只是一种劳动保险,将不具有劳动关系的就业人员排除在保险制度系统外是一种制度歧视,违反公平正义理念。石艳和刘晋祎(2022)认为,部分平台为相关灵活就业人员购买了商业保险,但是,从保险的内容来看,商业保险主要是以人身意外保险和第三者责任险为主,并不能产生与工伤保险、失业保险、生育保险等同等效益的效能。

二、新就业形态劳动者的社会保障如何创新

如何将新就业形态劳动者纳入正规的社会保障体系中,或者建立一套专门针对新就业形态劳动者的社会保障体系,都是非常棘手的难题,社会实践界及不同学者都持有不同的见解,至今政府部门也没有明确的意见,这些问题成为政府部门的"烫手山芋"。其中原因众多,如户籍制度限制、劳动者个人意愿、平台企业的动力、政府作为等,更重要的一个原因是新就业形态劳动者的劳动关系认定至今没有明确的法律依据,而要动摇现行的立法基础是相当困难的。在此背景下,许多学者展开各方面的探讨,进行了多角度的研究,提出了许多参考建议,主要观点如下。

1. 建立和完善新就业形态劳动者的社会保障体系的必要性

中国的社会保障体系是随着社会的进步才逐步发展和不断完善,但是,存在的问题也不少。虽然养老保险和医疗保险具有一定的强制性,参保的人数在全国基本实现全覆盖,但是,失业保险、工伤保险、生育险及未来的长期护理险并不是强制性的,许多劳动者的养老保险和医疗保险也并没有纳入城镇职工的社会保险体系之中,而是在城乡居民的社会保障体系之中,新就业形态劳动者当中绝大部分人就是这样的情形,因此,建立和完

善新就业形态劳动者的社会保障体系就显得非常必要。关博(2019)认为,要深入推进劳动用工和社会保障制度供给侧结构性改革,在社会保障政策体系方面,建议确保新就业形态劳动者平等参保权利,提高社会保障施保的灵活程度,为新就业形态劳动者提供更加丰富的保障选择。孟泉(2021)认为,应基于当前,不纠结平台与网约工到底是不是劳动关系的问题,而是以问题为导向,尽快解决新就业形态劳动者的社会保险制度化问题。林嘉(2021)建议制定新就业形态下劳动权益保护立法,创新改革社会保险制度,并充分发挥社会软法的助推作用。

2. 新就业形态劳动者的社会保障体系如何构建

构建新就业形态劳动者的社会保障体系,是一个复杂的社会问题,也是一个复杂的管理难题,涉及的领域比较广,涉及的群体数量也比较大,但是,只要去实践、去尝试,总能探出新路径,也只有这样才能破局。涂伟(2021)认为,将过去没有被社保覆盖的平台从业者或者直接纳入现行体系之下,或者为其设定专门的社保体系。这两种方式在某些领域、行业、群体中都可以试行,或者尝试中间路径,即将部分的社会保险纳入现行的体系之下,部分的社会保险进行专门的重建。

另外,要充分利用网络信息技术,构建"网上社保",既可以解决传统社会保险转移接续困难的问题,又可以解决当下新就业形态劳动者的社会保险难以征缴的问题。纪雯雯和赖德胜(2016)认为,要完善适应新就业形态特点的保险政策,借助平台 App 为灵活就业人员提供社保服务,向灵活就业、新就业形态人员宣传就业、社保相关政策,引导平台就业者积极参保。陶志勇(2018)认为,建立针对平台工作交易特点的特别社保系统,实时掌握平台工作交易,实时按单抽取一定比例的费用,用于劳动者的社会保障。社保缴费不应强调雇主概念,也不一定按月缴纳,可以出台按季或年缴纳的政策。王娟(2019)认为,要探索适应灵活就业人员的用工和社会保障方式,打破以用人单位为主体的社会保障参与渠道,增加劳动者直接参与社会保障的模式,加快建设"网上社保",鼓励"互联网+"社保,为新就业形态从业者参保及社保转移接续提供便利。朱婉芬(2019)认为,建立健全适应就业形态新变化的社保服务体系,加快"互联网+公共服务"建设,利用网络信息技术,设立线上线下相结合的新就业形态从业人员管理服务组织或自我管理平台,使新形态就业创业人员通过手机 App 就能够方便快捷地获取就业岗位信息、培训信息,得到职业指导,参加职业培训和课程学习,申领就业补贴、培训补贴、社保补贴,缴纳社保费、转移接续社保关系、申领社保待遇、得到政策咨询服务等。

3. 将新就业形态劳动者的社会保险转化为平台企业的社会责任

将劳动者的社会保险转化为平台企业的社会责任,是一条值得推广的做法。魏永奇(2022)认为,无论是否认定新就业形态劳动者与平台之间的劳动关系,都可借鉴侵权责任法中的用工责任。对于新就业形态劳动者可参照《中华人民共和国社会保险法》中针对城乡居民社会保护的方法,从"职工社会保险"转向"劳动者社会保险",省去认定劳动关系的问题。本项目研究团队认为,要让平台企业承担这样的社会责任具有相当大的难度。第一,平台企业不可能主动承担,需要政府出台管理制度加以规范,但是,如果强制这样推行,平台企业的可持续发展可能会受到影响,最终不利于社会的发展。第二,平台企业要承担这样的社会责任,需要建立相应的社会伦理,或者说,形成相应的社会文化,而要形成这样的社会文化需要一个漫长的过程。第三,哪些社会保险应纳入平台企业的社会责任当中需要进行充分的认证。不能将劳动者所有的社会保险都纳入平台企业的社会责任当中,只有与平台企业用工直接关联的并且与劳动者应该享有的劳动权益相关的社会保险才能纳入。第四,劳动者的劳动权益本身就是一个内涵很广的概念,而且是不断发展的概念,要清晰界定劳动权益需要更多的智慧和深入的研究。关于如何保障新就业形态劳动者的劳动权益,在后文中将进行专门的综述。

此外,也有学者提出参照美国的"跨越式健康"计划。美国优步公司中49%的独立合同人的医疗保险是由另一份工作的雇主或由配偶或其他家庭成员的工作所提供的,这种"跨越式健康"计划帮助了独立合同人选择适合的保险服务(纪雯雯、赖德胜,2016)。但是,本项目研究团队认为这种保险制度并不符合中国的实际。

第三节 新就业形态劳动关系管理的法律法规

要构建新就业形态和谐劳动关系,无法回避的研究视角是对劳动相关法律法规的分析和探讨,这是全世界各国学者所面对的共同课题。这方面的研究成果非常多,莫衷一是,至今也没有形成一个具有普遍参考价值的统一的做法。林嘉(2021)认为,新就业形态用工关系的法律调整,是纳入现行劳动法律体系规范,还是针对新业态用工关系另行立法,抑或是保持现状,通过双方意思自治设定权利义务,再由法院进行个案衡量,这是一个立法政策选择的问题。世界上各个国家或地区都根据各自国家的情况、地区的发展要求提出相应对策建议,不同国家和地区各自尝试自己的新做法。劳动相关法律法规视角的研究,学者的观点主要体现在以下几个方面。

一、传统劳动相关法律法规规制力的有限性

随着新就业形态的快速发展,其劳动关系问题不断暴露,尤其是现行劳动相关法律法规的制度缺陷问题。传统劳动相关法律法规对新就业形态劳动关系缺乏制约性,其规制力有限。

我国的《关于确立劳动关系有关事项的通知》(劳社部发〔2005〕12号)第一条规定,用人单位招用劳动者未订立书面劳动合同,但同时具备下列情形的,劳动关系成立:(一)用人单位和劳动者符合法律、法规规定的主体资格;(二)用人单位依法制定的各项劳动规章制度适用于劳动者,劳动者受用人单位的劳动管理,从事用人单位安排的有报酬的劳动;(三)劳动者提供的劳动是用人单位业务的组成部分。在确认事实劳动关系时,除劳资双方需要符合主体资格条件之外,其他条件均强调用人单位与劳动者之间具有紧密的从属性,而在新就业形态用工冲击传统从属性理论的情况下,这些规定中的判断方法存在诸多适用"盲区",势必对劳动法律法规的适用提出挑战。Mäntymäki 等(2019)和韦杰(2023)认为,平台用工模式使得传统从属性判断标准难以判断新就业形态的劳动关系。魏永奇(2022)认为,基于工作时间作为认定标准的人格属性不适用于所有类型劳动者,基于有报酬的经济从属性不适用于所有类型劳动者。互联网技术的发展使兼职劳动的就业范围扩大,新就业形态劳动者较传统劳动者具有更强的自主性和灵活性,可以以"线下+线上"非全日制兼职的模式参与平台经济,也可以以全日制的模式参与。李志错(2022)认为,以平台用工为代表的新型灵活用工模式,有意识地针对传统从属性判断

标准编织了一套包含隐蔽权力、转变权威、变更外部标志等新组织形态面纱,使得传统从属性判断标准日益难以做出判断。涂伟(2021)认为,新就业形态自兴起之时就对现行劳动法律提出了严峻的挑战。莫荣和鲍春雷(2021)认为,由于新就业形态从业者未建立正式劳动关系,或者被掩盖和规避了劳动关系,劳动监察部门无法对其进行执法,法治治理面临着诸多困境。同时,受制于就业人员复杂化和多元化的雇用方式以及相对不固定的工作场所与工作时间,对平台型灵活就业的劳动条件的监察实际上也有较大难度。再根据目前劳动法律法规,劳动争议调解仲裁部门仅能受理法律规范了的非全日制用工,但若没有具体用人单位,则这类群体所涉纠纷并不在仲裁处理范围,仲裁不予受理。田思路和刘兆光(2020)指出,人工智能下我国新型劳动关系还有待认定和保护,应针对新型劳动关系从属性弱化的特点,对劳动法进行调整,以最大限度地保护所有劳动者。

对于是何原因导致了互联网平台用工劳动关系难以判定,学界存在不同观点。丁晓东(2018)认为,平台经济带来的冲击的根源在于劳动关系全有或全无的认定。袁文全、徐新鹏(2018)认为,基于互联网平台的劳动力供给实质上是以民事关系掩盖雇佣关系,以非标准劳动关系掩盖标准劳动关系。谢增毅(2018)认为,因为工业化时代建立的传统劳动关系概念和判定理论与互联网平台用工不适。王天玉(2019)认为,目前劳动关系从属性并未过时,平台用工虽有创新但未完全脱离既有劳动给付方式,应区分义务属性适用不同规制。班小辉(2019)认为,应当灵活地理解劳动关系从属性特征,以合同履行事实为依据综合考虑多种指示性因素进行判断。

二、传统劳动相关法律法规的修订和补充

针对新就业形态劳动关系所面临的难于认定的困局,国内外一些学者提出在现行的劳动相关法律法规的基础上进行修订和补充。Berg等(2018)认为,建立在工业化大生产基础上的劳动法律体系在应对新就业形态带来的挑战时需要进行改革和创新。日本学者仲琦,车红霞(2019)认为,新就业形态劳动者对修订"家内劳动法"的呼声较高,修订现行劳动法,使"非典型就业形态"逐渐转变为"典型就业形态"。我国也有不少学者主张在现行的劳动相关法律法规的基础上进行修订和补充。李晓华(2021)认为,要根据新就业形态劳动关系的新变化,及时补齐法律短板,规范劳动关系,切实加强对劳动者合法权益的保护,让人民群众更好分享数字经济发展成果。陶志勇(2018)认为,鉴于新就业形态用工是从非全日制用工等灵活就业人员中分离出来的,可以考虑在保持《中华人民共和国劳动合同法》总体立法框架不变的前提下作一微调,在其特别规定中再增加一项内容,即增设"新就业形态用工"的特别规定,为这类人员提供一个更为合理的保护框架,规范报酬支付形式、支付周期、支付日期,引导用工双方平等协商服务价格、提成比例、劳动报酬,并在劳动合同或协议中予以明确。可以在不突破劳动关系认定标准的基础上,将新就业形态用工纳入集体劳动法的保障范畴。

三、新就业形态劳动关系界定的重新立法

也有学者认为,在现行的劳动相关法律法规的基础上进行修订和补充容易动摇传统经济模式下的立法基础,还不如对新就业形态劳动关系界定进行重新立法。张成刚

(2020)认为,现行的中国劳动法律制度不适合新就业形态,根源在于中国劳动法的二分法,要么将劳动者与某个组织的关系视为劳动关系,要么完全否认劳动关系。将所有工人和平台运营公司之间的关系定义为劳动关系,将给平台运营公司带来不公平的负担,如果将工人与平台运营公司之间的关系简单视为非劳动关系,则对工人权利保护不足。肖巍(2019)认为,建立"互联网+"新型劳动关系的一个迫切要求就是制定针对不同领域不同工作的专门劳动法规,以保证协调和处理有关纠纷时有法可依。涂伟(2021)认为,要为平台从业人员单独设计一套基本劳动者权益保障制度。王全兴、唐伟森(2016)和王天玉(2017)都认为,政府应研究出台专门适用于新就业形态劳动者权益保障的相关法律制度,保护具有特殊性的新兴群体的底线利益。袁赛(2017)认为,平台从业者的基本劳动权益应包括劳动标准、工伤福利、补偿金等方面。

四、中国政府的做法

无论是对现行劳动相关法律法规进行修订补充还是重新立法,都会面临立法基础的动摇风险,因此,国家层面目前并没有急于对现行劳动相关法律法规进行修订补充,也没有重新立法,而是就专门行业领域制定相关的管理办法或指导性意见。全国各地根据国家层面的管理办法或指导意见制定相应的具体措施。

2016年7月,交通运输部、工业和信息化部等七部委颁布了《网络预约出租汽车经营服务管理暂行办法》,明确规定了网约车平台公司应当按照有关法律法规规定,根据工作时长、服务频次等特点,与驾驶员签订多种形式的劳动合同或者协议,明确双方的权利和义务。

2019年11月5日,浙江省人力资源和社会保障厅发布了《浙江省人力资源和社会保障厅关于优化新业态劳动用工服务的指导意见》,该指导意见允许新业态企业采用灵活多样的劳动用工方式,认可互联网平台企业与新业态从业人员签订民事协议。

2021年1月19日,宁波市人力资源和社会保障局根据《浙江省人力资源和社会保障厅关于优化新业态劳动用工服务的指导意见》制定了《宁波市优化新业态劳动用工服务实施办法(暂行)》。该实施办法遵循包容审慎、"双维护"、分类施策、协同治理的基本原则,旨在持续激发新业态用工的活力。该实施办法同样允许建立灵活多样的劳动关系或使用多样化用工方式,并规定新业态企业通过劳务外包、加盟协作和其他合作关系等形式,与新业态从业人员签订民事协议的,应当合理确定企业、从业人员、合作单位的权利和义务,并明确相应法律责任的承担及纠纷处理途径。

2018年7月18日,广东省高级人民法院、广东省劳动人事争议仲裁委员会《关于劳动人事争议仲裁与诉讼衔接若干意见》(粤高法发〔2018〕2号)第二条规定:网络平台经营者与相关从业人员之间的用工关系性质,原则上按约定处理。如双方属于自负盈亏的承包关系或已订立经营合同、投资合同等,建立了风险共担、利益共享的分配机制的,不应认定双方有劳动关系。实际履行与约定不一致或双方未约定的,以实际履行情况认定。该意见充分尊重了劳资双方达成合同的合意,允许劳资双方就具体的用工形式进行约定。

2018年8月15日,重庆市高级人民法院等六部门《关于审理劳动争议案件适用法律问题的会议纪要(四)》中第8条指出:外卖平台公司与外卖人员之间既有可能存在劳动关系,也有可能不存在劳动关系,应当根据劳动关系的认定标准,并结合具体案情进行认定。

2020年5月9日,江西省高级人民法院、江西省人力资源和社会保障厅印发《关于办理劳动争议案件若干问题的解答(试行)》的通知,其中第1条明确:网络平台经营者与相关从业人员之间订立书面劳动合同并按劳动合同履行的,认定为劳动关系;双方订立承包、租赁、联营等合同,并建立营运风险共担、利益共享分配机制的,按双方约定执行,不应认定双方有劳动关系。实际履行与约定不一致或双方未约定的,以实际履行情况认定。双方未签订书面劳动合同的,依据《关于确立劳动关系有关事项的通知》的有关规定,根据劳动者的工作时长、工作频次、工作场所、报酬结算、劳动工具等,企业对劳动者的监督管理程度、惩戒措施等因素综合认定是否有劳动关系。

2021年7月16日,人力资源和社会保障部等八部委联合发布了《关于维护新就业形态劳动者劳动保障权益的指导意见》,要求符合劳动关系情形的应当订立劳动合同。

纵观国家层面和各地的管理办法或指导意见,都没有对新就业形态劳动关系进一步阐述具体的认定标准,对新就业形态劳动者与平台企业是否有确切的劳动合同关系要根据具体的个案情形确定。在司法实践中,既没有确切的劳动合同关系的判例,也没有无劳动合同关系的判例,所以,我国大部分新就业形态劳动者的权益保障仍然存在较大风险,需要在劳动相关法律法规方面进行深入探索和分析。

五、欧美国家的做法

(一)欧美国家的总体要求

欧洲劳动法在传统上也采用了自雇人员一劳动者的二分法,并由欧盟法院(Court of Justice)在欧盟层面对劳动者的判定标准进行了界定。欧盟法院认为,劳动关系的本质特征是"个人在某个特定时间内为另一主体提供服务并接受其指挥,作为回报以获取报酬的关系"。在判例中,欧盟法院逐渐形成了三个劳动关系认定标准,具体包括:有从属关系(subordination relationship)、工作的性质(the nature of work)和工作的有偿性(the presence of a remuneration)(O'Brien 等,2015)。这三个认定标准对劳动者具有重要影响,如果在个案中最终认定有劳动关系,那么该劳动者就应当适用欧盟层面劳动和社会保障法设定的最低标准。

虽然平台从业者的劳动关系认定问题在欧洲也引发了较大的社会争议,但欧盟层面并没有对现行的劳动关系认定标准进行调整,而是维持了欧盟法院确立的上述三项认定标准。为了回应自雇者和劳动者的传统区分标准如何适用于平台经济的背景,欧盟委员会于2016年2月提出了具有指导性而非法令性的《欧盟分享经济指南》。[1] 在该指南第2.4节"共享经济中的自雇者与劳动者"中,欧盟具体阐述了对共享经济下劳动关系认定标准的建议,主张互联网平台与平台从业人员之间是否有劳动关系的问题需要基于个案进行分析,同时考虑平台和服务提供者的关系特征,以及相关工作任务的履行情况。该指南对平台就业下如何判断是否有劳动关系作出了以下三项说明。

---

[1] A European Agenda For The Collaborative Economy[EB/OL]. https://www.europarl.europa.eu/regdata/etudes/brie/2016/593510/eprs_bri(2016)593510_en.pdf.

第一,从属关系。如果要满足从属原则,服务提供者必须在分享平台的指挥下工作,平台决定工作行为的选择、报酬、工作条件。譬如,服务提供者与平台签订合同登录分享平台时,服务提供者并不能自由决定需要提供何种服务,以何种方式提供,因此双方应该判定有从属关系。当分享平台仅仅是收取用户的预存金并将其支付给服务提供者,则此时分享平台并不是报酬的决定者。

第二,工作的性质。如果要满足工作性质的原则,服务提供者必须是为了追求有效率、真正的有经济价值的活动。本原则设立的初衷是为了区分因条件所限而找不到长期稳定工作的劳动者(欧盟法院认可的真正的劳动者)和为了骗取一国社会福利而在欧盟国家内部短暂流动的移民工(不是劳动者)。该原则主要把劳动者工作的初衷作为劳动关系是否存在的依据。

第三,支付报酬。报酬原则主要是用来区分志愿者和劳动者。当服务提供者没有收取任何报酬,或者收取的报酬只是补偿了活动的成本,就不满足报酬原则。

(二)欧美主要国家的具体做法

1. 奥地利

新工作形式下的劳动者既没有受到雇用也不是自雇者。二元化的传统就业观在理解平台工作方面明显水土不服。奥地利目前还无法确定是否为这类工作制定第三种就业地位。另外两条道路似乎值得探索:一条是将现有法律适用范围扩大到平台就业;另一条是移植有关劳务派遣的现有法律。奥地利传统的集体劳动关系体系亦无法适用于平台经济,但新商业模式中雇主不负责任的现象已经引起关注。在不久的将来,奥地利将针对"小规模"自雇者研究制定能与集体协议相提并论的新法律。

2. 比利时

目前,比利时的平台工作者被认为属于自雇者,自雇的劳动者无法接受劳动法律提供的保护,所从事的工作亦不在社会保障范围之内。平台经济在比利时还主要停留在媒体、政界和学界的讨论层面。比利时中右翼政府的态度偏向于推动数字平台发展,并通过《德克罗法案》和经济振兴法采取了一系列措施,旨在促进新经济形式的发展。

3. 法国

法国公共当局2016年8月8日出台了《埃尔霍姆里法案》,这是世界上首个专门立法规范平台就业的法案,法国成为世界上第一个针对平台就业立法的国家。该法案为劳动和社会保障立法带来了全新的变化。在社会保障方面,该法案以组织(也就是平台)的社会责任而非雇主的法定责任为基础,尤其颠覆了由商业保险理赔工伤事故和职业疾病的观念。该法案将平台工作者放在了与自雇者同等的地位,并首次明确了其享有与雇员相似的集体权益,包括结社自由、集体行动的权利和集体谈判权。法国立法者发现可以用社会责任这一理念,保证平台得以延续使用自雇者的商业模式,同时以此换取平台承认劳动者的个人和集体权益。这一做法的目的是避免滥用,也减少因重新认定雇佣关系性质而产生的法律纠纷(道格林等,2020)。

4. 意大利

平台企业在意大利没有独立的身份编码,是根据意大利已有行业进行分类,采用与传统企业相同的编码。在意大利,雇佣合同分很多种类,除了所谓的标准雇佣合同,即无固定期限全职合同之外,还有按照固定期限合同或兼职合同工作的劳动者、间歇工作者、劳务派遣工人、劳务凭单工人、临时工、持续协调劳动者和增值税劳动者等雇佣合同形式。平台方因而可以挑选最适合自己的雇佣合同形式。意大利尚未出台全国范围内规范平台工作者的法律框架。鉴于平台工作者在各地所遭遇的境况,意大利的各地方当局和工会已经出手干预,以确保平台工作者享有一定的社会权利。譬如,意大利的拉齐奥大区 2019 年 3 月通过了《迪马约提案》,为"数字劳动者"引入了若干项权利,包括卫生和安全、培训、工伤事故保险、生育险、第三者责任险、最低工资标准、可用性津贴、对工作条件的知情权及应知晓算法和评价系统的运作情况。这部法律还引入了注册机制,平台企业注册后可领取"公平商业"标签。意大利的皮埃蒙特大区 2018 年 6 月出台了《皮埃蒙特提案》,规范了"数字劳动者"的相关权利,包括确保劳动者对工作条件的知情权、保障公平薪资、禁止按件计酬、保障工会就算法问题展开谈判和劳动者下线的权利、对工作时间作出规定、禁止歧视及与数据保护相关的规定。另外,该提案对意大利《民法典》第 2094 条中雇用合同的概念作了拓展,规定劳动者只要通过应用软件或其他程序接收订单,就可以被视作雇员(道格林等,2020)。

5. 荷兰

根据荷兰现行法律,平台工作者不是雇员,而是自雇服务的提供者,自雇服务的提供者没有雇佣关系,劳动法只能为其提供部分保护。但是,在司法实践中荷兰的阿姆斯特州却有将平台工作者判定为雇员的个案。2018 年 7 月 23 日荷兰的阿姆斯特丹一审法院关于户户送雇佣关系的裁决,将外卖骑手判决为"独立合同工",但是,2019 年 1 月 15 日,同样来自阿姆斯特丹的一审法院,却作出了相反的判决,认定外卖骑手为"雇员"(道格林等,2020)。在社会保障方面,除了个人支付的"全民强制性的医疗保险"和由税收支付的基本养老金(适用于所有在荷兰居住的个人)外,其他社会保障,只有处于常规雇佣关系的人才能得到,而自雇服务的提供者得不到。自雇服务的提供者也不享有结社自由、集体谈判权和集体行动权。总之,荷兰在对待平台工作者的各方面权益方面,诸事均不明确,目前的劳动法无法应对平台工作所带来的挑战,又很难找到可以解决问题的妥协之策。

6. 罗马尼亚

罗马尼亚的 IT 产业比较发达,位居世界前列,获认证的 IT 专家人数在欧洲排名第一,在世界排名第六。但是,目前罗马尼亚没有任何有关平台工作者的人数、收入、与工作报酬有关的争议、可能遭受的歧视或对工作者人格尊严的侵犯等信息的官方统计数据,因为,平台工作者、平台的劳务合作者和自由职业等大多在家工作,所以,他们是"隐形的"。平台工作者在罗马尼亚没有享受到任何具体的保护措施,他们不在政府法规/立法的管辖范围之内。在社会保障方面,平台工作者必须缴纳医疗保险和养老基金。作为自雇者,他们可以自愿投保失业保险。每个有劳动收入的劳动者都可以享受生育保障和产假,缴纳所得税的劳动者还可以享受育儿假。平台工作者没有结社自由,不享有雇员身份,没有集体行动权和集体谈判权,他们被工会所忽视。

7. 西班牙

西班牙至今未对平台工作者的身份问题作出明确一致的回应。虽然西班牙劳动法是以两种传统的工作方式为基础的,即受雇或自雇,但该法在 2007 年又引入了第三种身份,即弱溶剂依赖型自雇者。第三种身份的确立旨在为那些在劳动力市场上没有稳定收入的自雇者提供一定的保护,可以参加社会保险,履行纳税义务,也可以通过谈判为其提供集体协议,因为平台工作者多数加入了自主性组织,也会得到工会的支持,享有集体相关权益。西班牙的司法实践中也有同案不同判例的现象。目前西班牙在零工经济的司法实践中对外卖骑手身份案件作出了5次裁决,其中3次判决认定骑手为劳动者,2次判决认定骑手是自雇人员,其中有两起案件涉及同一家外卖公司,但两家法院对这家公司的骑手身份判定问题作出了完全不同的裁决(道格林等,2020)。

8. 瑞士

从制度角度来看,瑞士是一个联邦制国家,联邦和州有高度的直接民主制。对待平台工作者的权益方面,不在联邦中央政府的一般立法权限范围之内,而在于各个州的权限范围,因此,平台经济的各种影响在瑞士没有统一且集中化的应对。瑞士也没有劳动法典,其劳动法规分散在许多私法和公法中。瑞士劳动法相当宽松,没有工作时间的法定限制,没有最低工资,可以自由终止合同,不存在不正当解雇的撤回,也没有让被解雇员工复职的权利。在社会保险项目资格、能够享受的社会保险类型和承担缴费义务方面,雇员和自雇者的身份具有决定作用,个体和公司承担的责任差异较大。到目前为止,瑞士还没有发生过平台工作者的集体争议。瑞士各州在平台工作者诉讼案的判例中倾向于将平台工作者界定为"雇员"。

9. 英国

英国的劳动法基本上是经典的二元法,即分为劳动法所涵盖的关系和不属于劳动法范围的关系,而且英国劳动法修改的一个趋势是有选择地放开对劳动力市场各部分的管制。英国的平台工作者常常被平台企业界定为自雇者,虽然英国法官在一些平台工作者的诉讼案的判例中差异很大,或判断为雇员或判断为自雇者,也难以改变平台工作者的自雇者身份。在社会保险项目资格、能够享受的社会保险类型和承担缴费义务方面,雇员和自雇者的身份具有决定作用,个体和公司承担的责任差异较大。在产业行动和集体谈判方面,英国仍然对工作的集体监管持反对态度,更不用说在平台经济中实施集体监管了。

10. 美国

可以肯定的是,美国是平台经济的最早发源地,原因在于美国的网络信息技术在世界上是最发达的,以及微软、苹果、Facebook、ebay、Uber、Airbnb、户户送、亚马孙等科技型企业的发展及其在平台上的广泛应用。但是,平台工作者不受美国《国家劳动关系法》保护,既没有集体谈判权和社会福利,也没有加班工资或最低工资的规定。美国各州的法律也不尽相同,对平台工作者身份界定,各个州的差异极大,一般情况下,美国的平台工作者与平台企业之间被认为没有雇佣关系,平台工作者被看作是独立承包商。

2013年8月,美国加州网约车司机针对优步向加州地方法院提出正式诉讼,内容主要涉及优步公司不合理侵占司机收入、错将司机归类为独立合同工等六项诉讼请求。这是世界上首起针对平台就业的劳动争议案件,但由于法官无法做出明确判断,该案件最终以双方和解结案。加州地方法院并未对网约车司机的身份问题做出实质性判断(柯振兴,2019)。但是,2015年6月,美国加州劳动委员会在另一起优步与专车司机之间争议案件时裁定优步与专车司机之间是雇佣关系,认为优步对专车交易的使用规则、监督规则、验收规则等每个环节都进行了控制,属于雇佣关系。关于是否限制优步在当地的发展,美国纽约州起初是完全赞成,但是迫于经济的压力还是放弃了限制措施。2015年7月,纽约市议会计划对是否限制优步在当地的扩张进行投票,但投票前夕纽约市长宣布放弃限制优步在纽约的扩张计划,使优步在美国暂时稳住阵脚(唐镰等,2016)。

为了界定平台工作者的雇员身份,美国加州议会在2019年5月通过了具有里程碑意义的ABS法案,于2020年1月1日执行。ABS法案规定,企业要将某些工人分类为独立承包商时将受到更严格的限制。ABS法案对独立承包商身份认定提出了一个新的三因素测试,即除非雇主能同时证明以下三种情况,否则将被认定为劳动关系:①雇员从事的工作不受雇主控制;②雇员从事的工作并非企业的日常经营活动组成部分;③雇员独立地从事个人工作。ABS法案是由美国加州最高法院首次提出的,也是世界上明确对平台工作者身份进行测试的第一个法案(道格林等,2020)。在2004年至2018年间,美国有38个州在不同程度上采用了该标准(Pearce Ⅱ等,2018)。早在2016年,约瑟夫·肯尼迪(Joseph V. Kennedy)就提出要在法律上发展新的检验方法来重新确认劳动力市场中劳动者的身份(Aloisi,2016)。ABS测试就是确认劳动者身份的一个新方法。

为了应对日益复杂的互联网平台的劳动关系,美国的田纳西州在2020年也启用新的劳动关系认定指标,该认定指标使用20个因素测试法对独立承包商进行分类认定,具体包括:①是否接受指令;②是否参加培训;③是否将工作整合进企业业务;④是否亲自履行;⑤是否伴随雇用、监督、支付行为;⑥是否是持续的关系;⑦是否设定工作时间;⑧是否有全职的要求;⑨是否在雇主提供的经营场所工作;⑩是否按照操作步骤工作;⑪是否需要向雇主报告工作情况;⑫是否支付周期以小时、周、月计算;⑬是否定期支付差旅费;⑭是否配给生产工具;⑮是否投资部分办公设备;⑯是否需承担经营风险;⑰是否为多家公司服务;⑱是否对公众开放服务;⑲是否罚款;⑳是否可随时终止合同关系(柯振兴,2019)。

从美国田纳西州新的认定指标看,平台工作者被认定为雇员的要求比较多,相对于加州ABS法案的测试更加复杂。美国是自由市场经济最发达国家之一,无论联邦、州政府还是个人都信奉和热衷于个人自由主义至上的理念,要对以个人自由主义为基础的法律法规进行修改或者新增基于集体主义的法律法规是相当困难的。

第四节 新就业形态劳动关系中的工会组织制度

众所周知,工会是集体谈判的代表者、职工权益的维护者、民主管理的参与者。工会对构建和谐的劳动关系发挥着重要的作用,但是,在新就业形态和谐劳动关系的构建中,工会的作用并没有得到有效发挥。对此,许多学者开展了大量的研究,提出了许多有益的建议。

一、新就业形态劳动者加入工会的困难性

《中华人民共和国工会法》(以下简称工会法)规定:在中国境内的企业、事业单位、机关、社会组织(以下统称用人单位)中以工资收入为主要生活来源的劳动者,不分民族、种族、性别、职业、宗教信仰、教育程度,都有依法参加和组织工会的权利。工会法明确规定工会是中国共产党领导的职工自愿结合的工人阶级群众组织。工会法第十一条规定,用人单位有会员二十五人以上的,应当建立基层工会委员会。这表明建立工会组织的主体是企业、事业单位、机关、社会组织,而非其他,职工个人或非正规部门就业者想组建工

会,基本上是受理无门的。当前,新就业形态劳动者是雇员还是自由职业者还没有得到相关法律法规的准确界定,新就业形态劳动者的人数统计还没有哪个部门牵头进行准确统计。工会法的立法初衷是与正规就业和标准用工相适应的,但对于身份模糊的新就业形态从业人员参加或组织工会是不适用的,所以,新就业形态劳动者加入工会肯定存在许多难点和痛点。徐新鹏和袁文全(2023)认为,平台劳动者中尚未出现有组织的集体力量。闫宇平(2021)认为,当前新就业形态从业者参加或组织工会有三个限制性条件:一是就业部门的限制。能够参加和组织工会的劳动者应当就业于企业、事业单位及机关。也就是说,只有在正规部门中就业的劳动者才有主体权利,隐形地排除了通过互联网平台实现就业的非正规部门的劳动者。二是收入性质的限制。通过互联网平台实现就业的劳动者获得的收入可称为"劳动收入",但很难被称为"工资收入",因为并没有用人单位给他们发放工资。三是劳动关系的限制。与用人单位建立劳动关系是劳动者加入工会的一般原则,会员关系需随劳动关系建立和流转。任欢(2021)认为,新就业形态劳动者入会面临诸多困难,比如部分新就业形态劳动者劳动关系不清晰不明确、新就业形态劳动者分散流动的就业方式与工会属地化组建和管理为主的传统方式不适应等。张成刚和冯丽君(2019)认为,传统就业中,劳动者可以依靠工会和集体劳动关系作为保障自身权益的重要支持力量。但在新就业形态快速发展趋势下,平台从业者中尚未出现有组织的集体力量,集体劳动关系与工会组织缺位。同时,由于平台从业者异质性强、工作时间分散、工作场所不集中等特点,传统工会和集体劳动关系以传统方式在互联网平台发挥作用比较困难。

二、新就业形态劳动者加入工会的必要性

与传统经济模式下的劳动者相比较,新就业形态劳动者最大的不同之处是自主劳动、分散劳动。新就业形态劳动者虽然有劳动领域的片区划分,但没有形成完全意义的集体组织,只能算作是松散的非正式组织,也没有管理者与被管理者之分。对于分散化的劳动者来说,保护劳动者的集体协商权是保护他们个体利益的一条重要路径(Fenwich 等,2010)。吴清军等(2019)认为,在未来劳工政策改革中应重点保护劳动者的集体协商权。谢建社和谢宇(2023)认为,要推进平台与劳动者共建共治共享的社会治理格局的形成。

2018年10月29日,习近平总书记在同全国总工会新一届领导班子成员集体谈话时强调,工会要通过多种有效方式,把快递员、送餐员、卡车司机等灵活就业群体、各类平台就业群体吸引过来、组织起来、稳固下来,使工会成为他们愿意依靠的组织。[1] 2021年7月16日人力资源社会保障部、国家发展改革委等八部委联合发布《关于维护新就业形态劳动者劳动保障权益的指导意见》(人社部发〔2021〕56号),落实习近平总书记的重要指示精神。该指导意见要求加快制定出台相关指导性文件,对建立平台企业工会组织和新就业形态劳动者入会予以引导和规范,积极探索适应货车司机、网约车司机、快递员、外卖配送员等不同职业特点的建会入会方式,通过单独建会、联合建会、行业建会、区域建会等多种方式扩大工会组织覆盖面,最大限度吸引新就业形态劳动者加入

---

[1] 中华全国总工会有关负责人就《关于切实维护新就业形态劳动者劳动保障权益的意见》答记者问[EB/OL]http://acftu.people.com.cn/n1/2021/0720/c67502-32163130.html,2021-07-29.

工会。[1]

三、新就业形态劳动者加入工会组织的途径

允许新就业形态劳动者加入工会组织，需要革新工会的管理制度，创新入会的管理方法，并且创新以重点人群入会为抓手的工作机制。

针对新就业形态劳动者如何加入工会，欧盟国家已经创新了工会的组建形式。欧盟国家的工会主要进行了两种方式的改革。第一，将平台从业人员纳入到行业集体合同的覆盖范围，典型国家包括意大利、德国等。在意大利，物流部门的集体协议可以涵盖配送员，根据该集体协议，配送员可以参加工作条件的集体谈判。德国建筑业则允许工会所涵盖的部门（建筑和工程、建材、建筑清洁、设施管理、园艺、林业和农业）如果雇用了平台工作者，也可以将其包括在集体协议中。[2]第二，创新平台工人组织方式解决劳动者的代表性问题。西班牙的外卖骑手自发组织创立了RidersXDerechos平台，骑手们希望通过起诉公司获得更好的工作条件。随着社会关注度的提高，该组织后来得到了巴伦西亚少数派工会的法律援助，并最终引起了主要工会的积极介入。当然，RidersXDerechos并不是作为工会而是作为骑手的"平台"而建立的，这种创新的组织方式目前成为西班牙保护骑手权益的重要方式。[3] 英国成立了大不列颠独立工人工会（the Independent Workers Union of Great Britain）（参照独立承包人提出来的概念——笔者注），允许独立工人或独立劳动者加入，其中就包括新就业形态劳动者。德国IG Metall工会允许自雇劳动者成为工会会员，并特别强调自雇用劳动者可以来自平台。美国纽约成立了"独立司机同业公会"（Independent Drivers Guild），隶属于机械师工会，代表6.5万网约车平台司机，是第一家与网约车公司谈判的非营利性劳工组织，也是第一家提升工人权利的同时提供关键保护和基本福利的组织。[4]

2018年3月，中华全国总工会曾出台过《推进货车司机等群体入会工作方案》，并以开展"货车司机入会集中行动"为牵引，大力推进货车司机、快递员、护工护理员、家政服务员、商场信息员、网约送餐员、房产中介员、保安员等八大群体入会。上海普陀工会以饿了么订餐平台总部建会为突破口，向第三方配送公司推进，再将工会建到各送餐站点，形成国内首家网约送餐行业工会——普陀区网约送餐行业工会联合会。闫宇平（2021）认为，要以新就业形态群体较为集中的快递、外卖、交通出行、家政服务、知识技能等行业为重点，以龙头企业或平台企业为引领，依托行业协会、政府相关职能部门等形式，推动相关行业建会。

部分学者也提出了"网上工会"创建的新形式，方便新就业形态劳动者加入工会和享受工会的服务。闫宇平（2021）认为，积极推动工会组织向互联网新兴领域和新兴群体延

---

1 八部门关于维护新就业形态劳动者劳动保障权益的指导意见[EB/OL] https://www.mohrss.gov.cn/xxgk2020/fdzdgknr/zcfg/gfxwj/ldgx/202107/t20210722_419091.html,2021－07－16.

2 Non-standard employment around the world：Understanding challenges, shaping prospects, International Labour Office-Geneva：ILO. 2016.

3 Isabelle Daugareilh et al. (2019). The platform economy and social law：Key issues in comparative perspective, ETUI, Brussels.

4 钱培坚. 全国首家网约送餐行业工会成立 "娘家人"为外卖小哥挡风遮雨[N/OL]. (2018－01－04)[2019－05－12]. http://acftu.workercn.cn/32/201801/04/180104071201790.shtml.

伸。鉴于新就业形态从业人员工作地点流动性的特点,可以探索在全国范围内逐步推广"建会入会"通道,使平台就业人员通过App就可以便捷地在各地找到工会组织。可以先通过"网上登记入会,线下审核通过;网上选择服务项目,线下接受工会服务"等方式推动"网上工会"建设。陶志勇(2018)认为,根据新就业形态劳动用工特点,打造"网上工会",实现网上入会登记、选择服务项目、网上建家,网下属地化确认会员身份、开展维权服务的目标,逐步扫清工会组织覆盖和工作覆盖的障碍与盲区。

四、维护新就业形态劳动者劳动权益的措施

引导新就业形态劳动者加入工会,只是工会工作的第一步,接下来的关键是工会如何为新就业形态劳动者提供各项服务,尤其是面对新就业形态劳动者所碰到的各种劳资矛盾如何与平台企业进行集体协商,这项工作对维护新就业形态劳动者的权益非常重要。从欧美国家出现的一些集体协商案件分析,他们大多是围绕平台与劳动者之间利益分配问题展开的(de Stefano, Aloisi, 2018)。闻效仪(2020)认为,随着集体协商治理思路的深入,不仅可以有效解决平台劳动者最关心、最直接、最现实的利益问题,形成源头预防和治理矛盾的机制,同时也将大大改变劳动关系中的单边主义,增进平台与劳动者之间互信,以协商民主的方式推进共建共治共享的社会治理格局的形成,实现法治到善治的突破。葛萍(2017)认为,新就业形态劳动者在实现劳动报酬权、职业安全权、社会保障权、职业教育权、集体劳动权益等方面有着诸多问题。作为劳动者权益的代表者和维护者,各级工会维权工作应有所侧重,在宏观层面上,中华全国总工会及各级地方工会、产业工会要统一思想,参与立法及政策研究;在微观层面上,要发挥乡镇(街道)、社区工会作用,创新维权方式、增强服务能力,提升工会在新就业形态下的维权能力。

第五节　新就业形态劳动关系中的政府治理行为

如果没有政府的"放",新就业形态的发展恐怕无法达到像今天这样的如火如荼,同样,如果没有政府的"管",新就业形态的发展也不可能像今天一样逐步规范起来,新就业形态可持续健康的发展离不开政府的作用。关于新就业形态如何构建和谐劳动关系,政府的作用主要体现在对新就业形态劳动关系管理对策的完善和规范上,许多学者对此也开展了相应的研究。政府完善和规范新就业形态劳动关系的具体对策,包括疫情背景下政府提出的对策,此处不作详细介绍,而有关法律法规和社会保障方面的政府作用在上文已经进行专门综述,在此也不再赘述,此处主要从政府的宏观作用上综述学者的相关研究成果。

一、政府治理行为的路径依赖

新就业形态劳动关系,相对传统经济模式下的劳动关系有较大差异。传统的劳动法、劳动合同法、社会保障、工伤保险等方面的法律法规对规范和完善新就业形态劳动

关系,存在规制力陷阱,既不能直接套用,又不能不用。具体实践中,政府的路径依赖又不利于新就业形态的发展。孟泉(2021)认为,地方政府在治理平台企业用工和劳动者权益保障问题上的困境主要是制度供给不足、劳动者诉求特征与平台企业的担忧之间产生的张力所致。其造成的后果就是地方政府在治理策略上呈现路径依赖的特点,即将传统劳动法律制度作为拓展合法性空间的工具,并在处理具体矛盾冲突的过程中采用变通的方式,形成了地方治理的"落地空间"。国家层面提出了对新就业形态的发展要"审慎监管"的思路,致使全国不同地区政策空间比较大,从而所采取的应对措施存在较大差异,这种现象类似于欧美许多国家之间的差异。欧美许多国家在处理新就业形态劳资关系时也有较大差异,甚至同一个国家的不同州(如美国的加州和纽约州)的应对措施差异就很大,有时截然相反——这个现象在上文已经提及,在此不再重复。

二、政府治理行为的指导方向

在完善和规范新就业形态劳动关系的系统思考方面,学者们的研究成果比较多,尤其是劳动相关的法律法规和社会保障方面的研究成果。当前,全世界各国仍然没有找到具有普适作用的解决对策,大家都还在观望和探索之中。而要完善和规范新就业形态的劳动关系,政府的作用非常重要。胡乐明(2021)认为,市场经济条件下,片面强调市场调节和劳资双方的自主协商,必然会因劳方力量过于单薄而难以完全实现劳动关系的和谐稳定。构建和谐劳动关系,必须完善政府、工会、企业共同参与的协商协调机制,更好发挥政府作用。那么政府如何更好地发挥作用呢?毛艾琳(2022)认为,政府应制定更加完善的政策引导和支持机制,对于切实贯彻新就业形态劳动者保障制度的企业,可以考虑给予一定的税收减免、工会经费减免,降低企业的用工成本,从而实现企业和劳动者的"双赢"。魏永奇(2022)认为,互联网发展速度较快,法律规制必然有滞后性,所以要完善政府监管,要把新就业形态劳动者权益问题解决在事前,对于违规行为及时监管,定期监督。其次,要强化政府作为社会治理者的责任,提升维护新就业形态劳动者权益的效率。政府在税收、监管以及劳动相关法律法规和社会保障体系调整的基础上,更应该建立良好的管理机制。张宏如和刘润刚(2019)认为,针对新就业形态日益暴露的问题,提出了"政府服务、市场主导、社会倡导"多中心协同治理体系,促进政府治理、行业治理和社会治理的协同作用。李海舰和赵丽(2023)认为,要完善政府、工会、企业共同参与的协商协调机制,促进政府治理、行业治理和社会治理的协同作用。

第六节 新就业形态劳动者的就业观念和职业选择机制

相对传统经济模式下劳动者的就业观念和职业选择机制,如稳定性高的正规就业观、安身立命观、吃苦耐劳观、勤俭节约观、忍辱负重观等,新就业形态劳动者尤其是20世纪90年代以后出生的新生代劳动者,他们的就业观念和职业选择机制都发生了根本性的变化。对此,许多学者进行了相应的研究。当然,这方面的研究成果目前还不够丰富,无论是研究的深度还是研究的广度都有待加强。毕竟新就业形态是不断发展的,新就业形态劳动者的就业观念和职业选择也是在不断变化和革新的,需要更多的时间进行观察和分析。从已有的相关研究成果看,对新就业形态劳动者的就业观念和职业选择机制的研究,主要体现在以下几个方面。

一、幸福感

追求幸福感,是每一位劳动者的向往。但是,传统经济模式下劳动者的幸福感和新就业形态劳动者的幸福感明显有较大差别。传统经济模式下劳动者的生活境况和生活环境相对恶劣,所以,幸福感来自工作上获得更多的劳动报酬,从而改善家庭生活,享受更多的物质文化生活。新时代下新就业形态劳动者的生活境况和生活环境相对优越,其幸福感并不仅仅来自工作上获得丰厚的劳动报酬,更多的是来自生活质量的提升和更丰富的精神文化生活。柳旭(2013)认为,如今,不少年轻人不再追求"稳定"的工作,不再为别人"卖命",对于他们来说,工作不再只是养家、糊口的方式,而是逐渐融为生活的一部分,追求自己的人生梦想。任欢(2021)认为,新就业形态劳动者对职业的获得感、幸福感的意识不断增强。

所以,对新就业形态劳动者的就业观念和职业选择机制的研究,要更加关注他们的精神文化生活。

二、平等意识

传统经济模式下劳动者与管理者之间的关系是管理与被管理的关系,往往表现出许多方面的不平等因素,"资强劳弱"就是很好的写照。然而,新时代背景下新就业形态劳动者尤其是新生代劳动者,他们绝大多数是出生在少子女家庭甚至是独生子女家庭,他们自懂事起就学会了用平等的口吻,与父母论理,与老师争辩。所以,研究新就业形态劳动者的就业观念和职业选择机制,就必须关注择业、劳动、分配、管理等方面的平等因素,否则,无法理解他们,无法接近他们,无法发展他们。吕景春和李梁栋(2019)认为,新就业形态的发展本质是为劳动者提供平等参与权利的新经济形式,选择新就业形态,正是符合了劳动者对平等追求的向往。构建劳动平等的作用机制,是从根本上发展和谐劳动关系的一条现实途径。因此,从劳动平等角度分析,社会层面要创造劳动平等的机会,企业层面要制定健全的按劳分配机制。

三、时间自由

自由安排工作时间,是劳动者选择新就业形态的一个很重要的因素。魏巍(2019)认为,现代青年劳动者价值观念的变迁,越来越多的年轻人开始向往更加自由的就业方式。莫荣和鲍春雷(2021)认为,相对于习惯了传统雇用方式的老一代劳动者,现代年轻人在物质更加富裕、信息传播更为扁平化的环境中成长,他们的技能相对更加多元化,也更加向往自由和灵活的工作方式。对于这些无法按照正常时间上班考勤的人而言,新就业形态无疑是很好的机会。现代年轻人对新就业形态表现出"有意思、有乐趣、喜欢、新体验"。他们希望更多地体验人生,拓展自我。他们有可能同时服务于多个平台企业,或者仅仅短期在一个平台上服务以赚取旅游的费用。他们认为新就业形态更利于协调工作和生活的关系,有更多自由的时间去从事其他活动,包括照看家庭、接送孩子等(魏巍,2019)。刘剑(2015)指出,互联网时代的劳动关系协调机制既要鼓励创新,维护劳动者的自由与创新利益,又要尊重平台企业的利益,促进劳资合作共赢,在自由与公共利益之间寻求平衡。

四、自主意识

现代年轻人自我意识、独立意识、个人自决意识比较强,甚至还有一点点自私意识,这与他们成长的环境有密切的关系。父母的宠爱、长辈的溺爱、老师的鼓励,在他们的成长过程起了推波助澜的作用。进入职场后他们仍然个性突出,喜欢自主决策,喜欢表达自己的看法。如果管理者没有听取他们的建议,他们心中就会有失落感,容易产生抵触情绪,甚至冲动式辞职,所以,现代年轻人喜欢能够自我决策的工作。吴清军和李贞(2018)认为,由于平台从业者在一定程度上可以自主掌控工作时间与工作地点,平台与从业者之间的关系已经不单单是管理控制的关系,平等性、自主性的因素逐渐增强。正因如此,现代年轻人喜欢选择新就业形态,可能是他们的最好选择,因为新就业形态的工作内容、工作时间、工作强度都可以自我决策。

五、创业意识

"大众创业、万众创新"的首次出现,是在2014年9月夏季达沃斯论坛上时任国务院总理李克强同志的讲话中。2015年的两会上,李克强总理作政府工作报告时正式提出"大众创业、万众创新"政策。2018年9月26日,国务院下发《国务院关于推动创新创业高质量发展打造"双创"升级版的意见》(已废止)。虽然,国家层面提出的"大众创业、万众创新"是要解决日益严峻的就业问题,实际上也是契合了中国社会发展的要求以及科技进步的形势,尤其是契合了网络信息技术发展的科技环境。网络信息技术有助于"大众创业、万众创新",尤其是现代年轻人的创新创业,因为,现代年轻人心理上就具有创新创业的冲动——心理资本的一种形式。关于现代年轻人的心理资本与创新创业之间关系的研究,已有学者进行了实证研究。譬如张宏如、李祺俊和高照军(2019)认为,心理资本对创业行为倾向正向影响极其显著,其中,自我效能与坚韧因子作用尤其突出。目标导向在心理资本与创业行为倾向之间有部分中介作用。25至40岁的创业年龄对心理资本、对创业行为倾向的正向影响效应非常显著。可见,现代年轻人具有较强的创新创业意识。

第七节　新就业形态劳动者的劳动权益保障

由于变革劳动相关法律法规影响较深,难度也较大,以及社会保障的调整又具有较大刚性——社会保障与签订劳动合同紧密联系,所以,许多学者退而求其次,从保护新就业形态劳动者权益角度研究新就业形态劳动关系。2019年,国际劳工组织在其百年宣言中称:无论工人的就业状况或合同安排如何,都应当根据《体面的劳动》享有基本权利,即对基本权利的尊重;足以维持生活的最低工资;对最长工时的限制;工作中的安全与卫生保障;隐私和个人数据保护;工作和生活平衡。根据这个工作指南,劳动权益保障和劳动关系认定是可以脱钩的,但是,工人的基本权利必须得到保障。许多学者认为,维护劳动者劳动权益不仅仅是权宜之计,而且是必要的合理之策,更是平台企业应该承担的社会责任。

一、新就业形态劳动者劳动权益保障的实际意义

Esther Sanchez Torres(2010)认为,我们不应该再谈论劳动法,而应该谈论劳动权利。王全兴和王茜(2018)认为,网约工无论有无劳动关系,对其劳动权益都应当予以保护。林嘉(2021)认为,劳动权益已成为新就业形态从业者劳动法律保护的核心关键,新就业形态的劳动法律调整也应围绕劳动权益保障展开。朱婉芬(2019)认为,如何充分地保障新就业形态劳动者的劳权,使其平等地享有相应的权利是未来研究的一个重要方向。

二、新就业形态劳动者劳动权益保障的平台责任

魏永奇(2022)认为,要强化平台企业的社会责任。平台应当提供入职前安全教育,建立安全教育培训机制,平台企业建立健全劳动工会等部门,将劳动者的权益保护纳入平台服务标准。切实落实具体的平台企业治理规则,十分有利于提升平台企业的责任意识。吴清军和杨伟国(2018)认为,目前各个国家劳动法律对此劳动过程都无法用现有的法律术语进行界定,也没有相应的法律规范对劳动者和平台的关系进行清晰界定。因此我们认为,在目前劳动法律还未做出全面调整的背景下,如果从劳动过程控制或是否接受工作指令的标准进行判断的话,共享经济平台应该承担起劳动者在在线劳动过程中的雇主责任,至于劳动者在离线或准备接单时间内与平台之间的关系,我们认为还需要进行更为详细的讨论和阐述。

三、新就业形态劳动者劳动权益的结构内容

不同的时代,劳动者权益的内容是不同的,人身自由、生存权、安全权是劳动者最基本的权益。随着时代的进步和社会的发展,劳动者权益不断丰富,人格平等权、成长发展权、民主管理权、休假权益、生活与工作平衡权益等,越来越成为当代社会劳动者追求的核心权益。

新就业形态是新时代劳动者就业的新形式,也是网络信息技术发展进步与实体经济有机融合的劳动经济形式,在这种劳动经济形式下,劳动者权益除了传统经济形式下的各项权益之外,还应包括新的权益,如时间自由支配权益、劳动工作量的个人决定权益、家庭与工作的平衡权益等。这些权益既是新时代经济社会发展的要求,也是新就业形态自身发展的结果。

然而,因为社会管理、组织(主要是平台企业)管理和个人管理的理念和思想还跟不上新就业形态发展的步伐,导致对新就业形态劳动权益的维护重新回归到类似于早期传统经济模式下的劳动者基本权益的维护,如劳动就业权、劳动报酬权、劳动条件权、劳动

安全权和劳动救济权。张成刚（2021）认为，社会各界对新就业形态劳动者劳动权益问题的探讨主要针对新就业形态劳动者的劳动就业权、劳动报酬权、劳动条件权和劳动救济权的探讨。争取更多的劳动者权益，一直是劳动者及其代表持续奋斗的目标。新就业形态劳动者权益要超越传统经济模式下劳动者权益，应具有更广泛的内容。如果新就业形态劳动者权益还停留在传统经济模式下的基本权益，只能说是历史的倒退，更是新时代的耻辱。

四、新就业形态劳动者劳动权益保障的对策建议

2019年8月，国务院办公厅印发的《国务院办公厅关于促进平台经济规范健康发展的指导意见》提出，"科学合理界定平台责任"，包括明确平台在"劳动者权益保护等方面的相应责任"。2021年7月16日，我国人力资源和社会保障部等八部委联合发布的《关于维护新就业形态劳动者劳动保障权益的指导意见》，内容涉及工时工资、安全生产、社会保险、职业伤害等多个劳动者权益保障领域，这充分体现我国政府对新就业形态劳动者群体权益保障的高度重视。这是国家层面第一个系统规定新就业形态劳动者权益保障的政策性文件，标志着我国规范新就业形态发展、保障数字经济劳动者权益的制度迈入实质性阶段。

许多学者就新就业形态劳动者权益保护也提出了相应对策建议，其中比较有代表性的观点有四个。

一是平台企业要加强行业自律。譬如德国，2017年九家知名众包公司发起并成立了众包协会（Crowdsourcing Association），制定颁布《行为准则：更好的有偿众包——公司、客户和众包工作者之间繁荣和公平合作的指导方针》。该行为准则的目的是为众包企业制定一般准则，作为现行法律的补充，从而为平台、客户和众包从业者之间的信任和公平合作创造基础。它还希望为有关人员的双赢局面作出贡献，以便充分发挥众包这种新工作形式的潜力。[1] 闫宇平（2021）认为，要积极培育平台企业的行业协会，推动协会出台行业服务标准和自律公约，提升其自我教育、自我管理、自我约束的能力。

二是加强政府、平台企业、行业、劳动者等协同治理。张成刚（2021）建议继续发挥好市场的作用，激发平台企业提升劳动权益保障的动力，并形成政府、平台协同治理的新就业形态管理新模式，建立包括政府各部门、平台运营企业、行业协会以及资源提供者和消费者共同参与的多方协同治理机制，形成政府与平台企业的良性互动。

当然，以行政的手段逼迫平台企业承担维护劳动者的权益是不明智的。新就业形态的发展对国家的经济高质量发展和更充分就业发挥了重要的作用，强制性的措施可能得不偿失。因此，制定维护新就业形态劳动者权益的对策，应遵循先易后难循序渐进的方针，坚持审慎监管总战略，大胆发展，既鼓励新就业形态创新发展，又要使劳动者劳动权益得到基本的保护。闫宇平（2021）认为，考虑到新用工模式对相关法律法规和治理体系带来的巨大冲击，对其完善不可能一蹴而就，应统筹规划、分步实施、先易后难、先点后面。先行研究整体改革思路，再完善具体法律制度。先行出台有关劳动保护、职业安全、

1　Leitfaden für eine gewinnbringende und faire Zusammenarbeit zwischen Crowdsourcing－Unternehmen und Crowdworkern[OB/DEL]. https://crowdsourcing－code.com/media/documents/Code_of_Conduct_DE.pdf

就业培训、企业登记备案等方面的措施、办法,再对劳动基准、劳动关系、社会保险等方面的法律法规进行修改和健全。先制定完善部门性、行业性规章,再完善劳动基准法。先制定区域性、行业性试点办法,再总结推广可复制经验。要坚持分类指导、因类制宜:对于外包、加盟和劳务派遣类网约工,主要解决企业规范经营、依法用工问题;对于众包型全职网约工,应依照自愿原则,主要解决劳动关系确认问题;对于众包型兼职网约工,应参照和完善灵活就业人员劳动权益保障办法,主要解决临时性用工的劳动保护、职业安全、社会保障、劳动报酬等基本劳动权益保障问题。

三是通过立法确立新就业形态企业的社会责任。2016年法国出台了《埃尔霍姆里法案》,虽然该法案确认平台从业人员是"自雇平台工作者"(travailleur indépendant),但使用"社会责任"的理念旨在将工伤保险覆盖范围扩大到平台从业人员,劳动者如果自愿缴纳社会保险,则平台应该提供补贴(该法的第60条)。据此,法国被认为是第一个出台专门立法规范平台就业的国家(Eurofound,2018)。

四是采取劳资联盟策略,加强劳资自治。霍夫曼等(2015)主张"劳资自治"的协调策略,建议构建劳资自治联盟组织,通过"联盟"策略重建企业与员工之间的信任,建立有利于互信、互投、共同受益的劳动关系协调机制。

第三章

中国新就业形态和谐劳动关系的研究假设

随着智能手机、网络搜索、手机地图、移动支付、移动定位、人工智能、智能识别、云技术、大数据分析、精算、5G、物联网等网络信息技术和产品的发展,零工经济、分享经济、共享经济、平台经济、数字经济等新经济模式不断被创新,催生了众多的新就业形态,吸引了大量的劳动者参与其中,对经济社会发展的贡献度逐年提升,促进了经济结构转型升级和高质量发展。但是,新就业形态快速发展的过程中劳动关系矛盾和问题也不断暴露,许多学者对此进行了大量的有价值的研究。本研究项目在借鉴他们的相关研究成果的基础上,以劳动关系学科与人力资源管理学科交叉融合的理论为指导,应用问卷调查、访谈等数据收集方法及结构方程模型、层次回归分析等数据分析方法,探究和分析了中国新就业形态劳动者的劳动关系满意度、就业目的、和谐劳动关系的影响因素、劳动关系主体的协调力及它们之间的回归系数和路径系数,发现了它们之间的影响机理和作用机制。本章内容主要是对有关核心概念的界定和研究假设,详细具体的实证分析安排在接下来的两章中陈述。

第一节　概念界定

一、新就业形态

新就业形态是伴随新一轮科技革命的发展和移动互联网、大数据、云计算等信息技术的运用而出现的一种新型就业形态。新就业形态不同于传统产业模式,它通常以新技术为依托,呈现出灵活多样的就业形态。闫宇平(2021)认为,新就业形态是指主要基于互联网平台经济产生的、与传统工厂制下实体性企业就业形态迥异的、以网络平台性和高度灵活性为典型特征的就业形态。可见,新就业形态是相对传统就业形态的一种新的称谓。传统的就业形态是劳动者以某一个组织(企业)为工作单位,具有固定工作场所、固定工作时间、固定工作任务的就业形态,就业期间劳动者只能与一个单位签订劳动合同或集体合同。然而,新就业形态是以智能终端为载体,劳动者与平台企业或平台企业的服务商家建立工作联系,没有固定工作场所、固定工作时间、固定工作任务的新的就业形态,或者说,是一种有别于传统的标准雇用制就业的、以网络信息技术为劳动手段的平台化、任务化、契约化、自主化的组织用工和劳动者灵活就业的新的就业形态。就业期间劳动者可以与一个平台企业或平台企业的一家服务商签订劳务合作协议,也可以同时与多个平台企业或平台企业的多家服务商签订劳务合作协议。虽然有些劳动者也是以智能终端为载体开展工作,并与平台企业或平台企业的服务商签订了正规的劳动合同,但是他们具有固定工作场所、固定工作时间、固定工作任务,这部分劳动者不是本研究项目要研究的新就业形态,实际上他们仍然属于传统就业形态。传统就业形态中,劳动者的组织化程度非常明显,劳动者具有单位情结,流动率低。新就业形态中,劳动者的组织化程度低,具有泛组织化、平台化,劳动者基本没有单位情结,流动率高。因此,新就业形态与传统就业形态具有明显的区别。

当前,对新就业形态劳动者要不要签订劳动合同以及与此有关的社会保险费用要不要支付,政府并没有提出明确的政策要求,政府仅仅鼓励平台企业或平台企业的服务商与劳动者签订劳动合同并支付社会保险相关费用。这种非雇用的劳动关系或者说非雇用的劳务关系,是否将是中国未来劳动关系发展的一种常见的形式呢?国家发展改革委体制改革综合司(2022)在文章中认为:"以互联网、大数据、人工智能、云计算、区块链等为代表的科技进步和数字生产力,正在与农业、工业、服务业等产业结合,改变了生产方式,重塑了经济结构和生产关系。以平台企业为主的数字经济改变了不同市场主体的地位、相互关系和分配方式,带来占有权替代所有权的产权变革、平台化网络化的组织变革和短期激励替代长期激励的机制变革。"新就业形态的劳动关系如何引导?如何规范?如何治理?都是重要的法律问题、经济问题、社会问题,甚至是重要的政治问题,需要社会各界共同努力,加快完善社会主义市场经济体制。本研究项目只是从管理视角探讨了新就业形态和谐劳动关系的形成机制与实现路径。

二、和谐劳动关系

狭义的和谐劳动关系是指劳资双方在提供劳动和使用劳动过程中形成的双方可以接受的和谐组织氛围。当然,这种双方可以接受的相对和谐组织氛围也必须遵照劳动相关法律的许可条件,违背劳动相关法律的,即使劳资双方接受也不能维系,需要调整直至劳动相关法律许可。和谐劳动关系,不仅是劳资双方之间的关系,而且是社会关系中的重要组成部分。企业的劳动关系是社会的主要生产关系,企业构建和谐劳动关系是实现社会和谐的重要途径,企业和谐是社会和谐的重要组成部分,企业的和谐劳动关系对社会和谐产生重要影响。这是广义的和谐劳动关系。所以,广义的企业和谐劳动关系,既包括劳资双方所感受的和谐组织氛围,也包括社会各界尤其是企业边界之外的利益相关者所感受的和谐氛围。

影响企业和谐劳动关系的因素众多,不同时代、不同企业具有不同的影响因素。可以从精神需求和物质需求两方面进行归类,或从需求层次上进行归类,或结合具体岗位特点进行归类。本研究项目的研究对象主要是新就业形态劳动者,所以,后文所述的和谐劳动关系影响因素仅仅基于新就业形态劳动者视角进行的归类和分析。本研究项目综合上述三个方面的归类方法对企业和谐劳动关系影响因素进行了归类,主要包括心理契约、工作安全、技能开发、薪酬福利、权益保护、工作时间、就业环境、考核机制、社会保障、劳动合同十个方面。

三、劳动关系满意度

劳动关系满意度是企业和谐劳动关系的重要表现形式。劳动关系满意度既包括雇主的劳动关系满意度,也包括雇员的劳动关系满意度,是劳资双方都感受到的和谐组织氛围。只要劳资双方对劳动关系都感到满意,企业和谐劳动关系(狭义上)才能完全实现。本研究项目所指的劳动关系满意度仅指新就业形态劳动者所感受到的和谐组织氛围。

比较而言,雇员的劳动关系满意度较雇主的劳动关系满意度更重要。其原因归纳如下:一是雇主是法定代表人,是企业的所有者,要承担企业各方面的风险,包括来自劳动关系方面的风险,雇主即使对劳动关系感到不满意,也要尽量克制,想办法处理好劳动关系中的矛盾和问题;二是雇员只是劳动者,不是所有者,即使在员工持股的企业,雇员也不是大股东,绝大部分雇员只是小股东,所以,对企业的风险不承担全部责任,另外,雇员可以随时另谋高就;三是雇员相对雇主是弱势群体,我国相关法律法规对雇员保护具有倾向性。

四、就业目的

本研究项目所指的就业目的,是指新就业形态劳动者通过就业实现自我的要求、期望或者说动机,包括公平、报酬、发言权、平等、职业兴趣。这五个要求或者说五种期望,是劳动者在就业之前就已经确立或者说已经进行了构想。为什么要就业?为什么要寻找新就业形态职业?新就业形态职业能满足什么要求?所有这些问题,都与就业目的紧密有关。

就业目的不是工作岗位上的具体需求,工作岗位上的具体需求是指劳动者对完成具体工作的要求。这种要求是具体的、详细的、随岗位而变化的,如工作任务、工作安全、工作时间、薪酬福利、权益保护、劳动合同、社会保障等。就业目的所指的实现自我是抽象的、概略的、不随岗位而变化的。同时,就业目的与工作岗位上的具体需求又相互影响,就业目的可以诱致工作岗位上的具体要求,工作岗位上的具体要求又会影响就业目的的实现。就业目的与工作岗位上的具体需求之间的关系实际上是就业动机与就业需求之间的关系。本研究项目根据国内外相关研究成果以及新就业形态劳动者的实际情况提出了五个就业目的,具体包括公平、报酬、发言权、平等和职业兴趣。

公平是与竞争相对应的提法,是指参与竞争的无差异性,包括就业机会公平、就业过程公平和就业结果公平。竞争的公平性,只与工作能力和工作态度有关,与劳动者的身份无关。实现公平竞争,需要规范的公平的管理制度。现代员工眼中的好企业,首先是一个管理制度规范的企业,而这种规范的管理制度最重要的一个方面是有利于员工公平竞争,这既是现代企业制度必然的要求,也是劳动者就业目的必然的要求。因此,公平是新就业形态劳动者重要的就业目的之一。

报酬指的是员工从公司所获得的各方面回报的总称,包括货币报酬和非货币报酬。货币报酬如工资、奖金、公积金、养老金等。非货币报酬如带薪休假、子女入托、宽敞的办公室、舒适的工作条件等。获取可观的货币报酬和优厚条件或者有面子的非货币报酬,是员工提供劳务的重要动力,是新就业形态劳动者重要的就业目的之一。

发言权是员工个人或集体对工作场所决策进行有意义的输入的能力,是体现公司民主管理的重要形式。发言权的概念有两个要素:一是根植于自决政治理论的工业民主,即公司要建立一套民主管理的制度体系;二是基于自主对人的尊严的重要性的员工决策,即尊重和接纳员工的民主决策意见。行使发言权,是员工展现主人翁精神的重要形式,是公司集体决策的重要途径,更是提高员工忠诚度的必要手段。因此,发言权是新就业形态劳动者重要的就业目的之一。

平等是相对人格、资格或者人的身份而言的提法。《辞海》的解释是指"人与人之间在政治上经济上处于同等的社会地位,享有相同的权利"。平等这一概念有它的历史条件和阶级内容。在我国封建社会的农民革命中,提出过"均贫富,等贵贱"等主张。资产阶级革命初期,在反对封建专制和等级特权的斗争中,提出"平等"口号,宣传"法律面前人人平等"。小资产阶级的各派思想家主张在保存私有制的前提下,实现财产的和人身的平等权利,其实在资产阶级占有生产资料,掌握国家机器,劳动人民一无所有的资本主义社会里,资产阶级同无产阶级之间,只有剥削和被剥削、压迫和被压迫关系,不可能有实质上的平等。马克思主义认为平等的内容都是消灭阶级和一切阶级差别,否则都必然要流于荒谬。由此可见,"平等"是一个属于政治经济学范畴的概念,平等的唯一前提就是"享有相同的权利",权利不同,何来平等。本研究项目指的平等,是指劳动者在职业准入、工作过程、工作结果分配上获得的无歧视的对待。因此,平等是新就业形态劳动者重要的就业目的之一。

职业兴趣是兴趣在职业方面的表现,是指人们对某种职业活动具有的比较稳定而持久的心理倾向,使人对某种职业给予优先注意,并向往之。劳动者对某个职业具有兴趣,他会主动寻找这个职业,并持续地产生热爱。职业符合兴趣,劳动者则更具有自我实现的潜能,更具有内在的工作动力。职业符合兴趣,劳动者则更能发挥自己的特长,创造的业绩更多。职业符合兴趣,劳动者则更加关注工作本身,而不是外在的其他方面。职业符合兴趣,劳动者则更具有职业精神、职业道德和职业操守。相反,选择的职业不符合自己的兴趣,劳动者则更容易分心,更容易焦虑,更容易抱怨,更不愿意配合,一旦遭遇劳资冲突就更容易反抗。由此看来,职业兴趣是新就业形态劳动者重要的就业目的之一。

五、劳动关系主体协调力

当前,劳动关系协调形式主要有四种模式,包括劳资自治模式、三方集体协商模式、四方协商模式、五方协商模式。不同的协调模式中参与协调的主体各不相同。劳资自治模式中参与的主体主要包括企业和员工,工会在这种模式中也可以参加。三方集体协商模式中参与的主体主要包括企业工会代表、企业或行业组织协会代表和政府职能部门代表。四方协商模式中参与的主体主要包括工会、企业或行业组织代表、政府职能部门代表和员工。五方协商模式中参与的主体主要包括工会、企业或行业组织代表、政府职能部门代表、员工和社会组织。虽然中国政府鼓励采用三方集体协商模式,但是,本研究项目认为要针对不同的劳动关系所面临的具体问题采用不同的协商模式。本研究项目分析结果显示,新就业形态的劳动关系协商模式应是五方协商模式,因为五方协商模式中各参与主体的协调力对劳动关系满意度都具有显著的正向影响。

劳动关系协商的结果取决于企业劳动关系管理制度、劳动相关法律法规以及各方代表的协商行为,尤其是各参与主体的协商行为价值取向。本研究项目调查的对象是新就业形态劳动者,五个参与主体的协调力都是基于劳动者视角的感受和评价,并将其命名为员工自制力、企业管理力、工会协商力、政府指导力和社会监督力。

员工自制力是指员工在处理劳资冲突时所表现的自我调适力或自我韧性,是一种平衡自己的需求欲望、行为动机及满足程度的反映,本质上是一种不依赖外力而产生的自我调整的约束力和控制力。这种约束力和控制力具体表现在员工对诱惑及突然的渴望时管理自己的情绪、想法和行为的能力。员工自制力更具理性,有助于劳资冲突的化解,对劳动关系满意度的提升能产生显著的正向影响。

企业管理力是指企业根据国家的劳动相关法律法规,并根据本单位的实际情况对劳动合同进行管理的方式方法的总和,是员工感受到的企业协调劳动关系和处理劳资冲突的作用力。员工的眼睛是雪亮的,员工是亲历者,企业的劳动关系管理政策的公开性、明确性、规范性和企业代表的协商行为,员工可以感受也可以判断。这种感受和判断结果对劳动关系满意度会产生直接的影响。

工会协商力是指员工所感受到的工会在参与企业民主管理,以及协调解决劳动纠纷及维护劳动者权益过程中所发挥的作用力。企业工会组织,其职责是保障员工的各项权益,是员工切身利益的守护者,是企业民主管理的参与者。地区工会、行业工会或全国性工会,其职责更具宏观性,如工会管理制度、行业发展建议、地区性或全国性工会之间的指导与协调等,但是,当劳资冲突突破了企业边界而企业工会无法协商解决时,地区工会、行业工会甚至全国性工会组织代表则应该主动介入,加强指导与协商。工会是员工自己的组织,是员工利益的代表者,其协商力对劳动关系满意度的提升产生直接的影响。

政府指导力是指劳动者所能感受到劳动关系法律法规制度的公平性、公正性、平等性,以及政府职员处理劳资矛盾行为的公平性、公正性、平等性。劳资双方无法协商彼此之间的矛盾时,政府需要扮演裁判者角色,参与指导和协调,促使劳资双方正确处理彼此的矛盾。政府相关职能部门的代表正确地行使公权力,让员工感受到客观、公平、公正,那么,政府指导力将对劳动关系满意度的提升发挥重要的作用。

社会监督力,政治意义上的社会监督,是指社会依据宪法和法律赋予的权利,以法律和社会及职业道德规范为准绳,对执政党和政府的一切行为进行监督,是通过公众监督、社会团队监督、法律监督和舆论监督等形式对执政党和政府的行为进行监督。企业的劳资冲突和矛盾的解决当中很多案例都涉及多方主体,尤其是政府部门,因此,本研究项目使用的社会监督力借鉴了这种具有政治意义的社会监督。本研究项目的社会监督是指社会组织团体或个人利用自有的社会资源与专业技能,通过谈判协商、采访曝光、法律援助等形式对企业劳资冲突和矛盾的处理进行合法的、合理的、理性的监督过程。这种社会监督所发挥的作用力称为社会监督力。社会组织团体主要是行业协会、民间劳工 NGO、新闻媒体、妇女联合会等社会常见的劳工维权组织。当然,社会监督还应包括社会个体,如法律专业人士、自媒体个人等志愿服务者,他们的监督也不可小觑。虽然,加强社会监督一直是中国政府所倡导的管理方式,但是,社会监督在中国的发展并不乐观。随着新媒体、自媒体等网络信息化的发展,社会监督的呼声越来越高涨。本研究项目分析结果显示,社会监督力对劳动关系满意度具有显著的正向影响。

第二节 研究假设

一、就业目的平衡与劳动关系满意度的假设

就业目的是劳动者通过就业来实现自我的要求或者说期望。前文所述,现代劳动者的就业目的相对经济不发达情况下的传统就业目的,已不仅仅限于安身立命的单纯追求物质利益。随着我国全面建成小康社会,人民的生活境况正在走向共同富裕,人们不仅要追求物质财富的增长,还要追求精神层面的富裕,我国劳动者的就业目的日益丰富。我国劳动者的就业目的不仅是综合的、多样的,而且是并驾齐驱、共生共存、相互影响、相互促进的。如果某个就业目的没有得到实现,即使其他就业目的得到实现,劳动者也会感到失落。只要所有的就业目的得到实现,劳动者才会心满意足,进而实现自我。

部分学者已经通过实证分析证明劳动者就业目的的综合性、多样性,如巴德(2007)的人力资源与劳动关系交叉融合情境下的雇佣关系目标平衡理论。他们的分析研究着重于雇主和雇员之间的劳动关系目标,对本研究项目的分析虽然具有参考价值,但是,他们研究分析的雇员的就业目的体系仅仅限于发言权和公平,并没有完全阐述雇员的就业目的体系,而且,提出的效率目标是雇主的目标,所以,劳动者的就业目的体系需要进一步丰富和完善,才能真实表达现代劳动者的就业目的。本研究项目提出,劳动者就业目的的体系包括公平、报酬、发言权、平等和职业兴趣。这五个就业目的的概念在前文已经进行了界定,在此不再赘述。

劳动者的就业目的能否得到实现,直接影响其对劳动关系满意度的评价。如果就业目的得不到实现,劳动者对劳动关系满意度的评价就会低甚至是负面的。如果就业目的得到了实现,劳动者对劳动关系满意度的评价就会高甚至是完全满意。某一个就业目的得不到实现,同样会影响劳动者对劳动关系满意度的评价,只有所有的就业目的得到实现,劳动者才会对劳动关系满意度做出全面的正确评价。正如李欣欣等(2020)、Niven等(2016)的研究表明,目标—关键结果(Objectives and Key Results,OKR)理论所指出的,目标与结果应该统一,才能准确评价管理的效果。就业目的体系是劳动者就业的目标,劳动关系满意度是劳动者对就业感到满意还是不满意的最终结果。劳动者的就业目的与劳动关系满意度需要建立相互关系,才能最终评价劳动关系管理的效果,才能最终评价劳动关系和谐还是不和谐。根据现有的经典理论,本研究项目提出如下假设:

假设一:公平对劳动关系满意度的影响是显著的正向关系。
假设二:报酬对劳动关系满意度的影响是显著的正向关系。
假设三:发言权对劳动关系满意度的影响是显著的正向关系。
假设四:平等对劳动关系满意度的影响是显著的正向关系。
假设五:职业兴趣对劳动关系满意度的影响是显著的正向关系。
假设六:公平、报酬、发言权、平等、职业兴趣对劳动关系满意度的影响同时呈现显著的正向关系。

二、全面需求管理与劳动关系满意度的假设

习近平总书记明确指出:让人民群众过上更加幸福的好日子是我们党始终不渝的奋斗目标,实现共同富裕是中国共产党领导和我国社会主义制度的本质要求。共同富裕是全体人民共同富裕,是人民群众物质生活和精神生活都富裕(2021,2022)。马斯洛需求层次理论将人的需要分为五个层次,从低到高依次为生理需求、安全需求、社会需求、尊重需求、自我实现需求。人的行为动机理论进一步提出,人的工作行为产生于需求,需求刺激工作动机,只要满足了人的需求,而且只要持续地满足人的需求,人的工作动机才能被刺激,人的工作行为才会产生,而且不断进行下去。由此可见,物质需求与精神需求都是人们所向往的需求,只有同时满足人的物质需求与精神需求,才能说明人的全面需求得到了满足,人就会产生持续努力的工作行为。

新就业形态劳动者既有物质需求,也有精神需求,只有满足了物质需求和精神需求,新就业形态劳动者的工作动机才能被刺激,劳动者才会产生持续努力的工作行为,进而劳动者的全面需求才能得到满足,包括对劳动关系的满意度。也只有持续地满足物质需求和精神需求,新就业形态劳动者才能真正走向共同富裕的道路。因此,新就业形态劳动者的劳动关系满意度与物质需求和精神需求具有密切的关系。本研究项目根据新就业形态职业或岗位的特点提出,新就业形态劳动者的物质需求和精神需求主要包括薪酬福利、社会保障、就业环境、权益保护、技能开发、心理契约、工作时间、劳动合同、工作安全、考核机制十个方面。这十个方面的需求能不能得到满足,将直接影响劳动者的劳动关系满意度,影响新就业形态和谐劳动关系的构建。因此,本研究项目称这十个方面的需求为和谐劳动关系影响因素,也可称劳动关系满意度影响因素。根据习近平总书记的共同富裕理论以及经典的需求理论、行为动机理论,本研究项目提出如下假设。

假设七:薪酬福利对劳动关系满意度的影响是显著的正向关系。

假设八:社会保障对劳动关系满意度的影响是显著的正向关系。

假设九:就业环境对劳动关系满意度的影响是显著的正向关系。

假设十:权益保护对劳动关系满意度的影响是显著的正向关系。

假设十一:技能开发对劳动关系满意度的影响是显著的正向关系。

假设十二:心理契约对劳动关系满意度的影响是显著的正向关系。

假设十三:工作时间对劳动关系满意度的影响是显著的正向关系。

假设十四:劳动合同对劳动关系满意度的影响是显著的正向关系。

假设十五:工作安全对劳动关系满意度的影响是显著的正向关系。

假设十六:考核机制对劳动关系满意度的影响是显著的正向关系。

假设十七:十个方面和谐劳动关系影响因素对劳动关系满意度的影响同时呈现显著的正向关系。

三、协调机制联动与劳动关系满意度的假设

前文所述,劳动关系协调模式主要有四种模式,包括劳资自治模式、三方集体协商模式、四方协商模式和五方协商模式。不同协调模式中参与协商的主体(称之为劳动关系

主体)不尽相同。前文亦对不同劳动关系主体的作用力命名为员工自制力、企业管理力、工会协商力、政府指导力和社会监督力,并进行了概念界定,在此不再赘述。国内外许多学者已从不同视角分析研究了不同劳动关系主体的作用力。譬如劳动法律法规视角(常凯,袁凌)、政府干预视角(栾爽,谭泓)、工会民主协商视角(曹大友,姚先国,吴清军)、劳资双方自治视角(郑文智,王永丽,崔勋)、三方协商谈判视角(韩喜平,张嘉昕)、社会监督视角(谢玉华等,明娟,周易)。不同劳动关系主体在劳资矛盾协商过程中发挥着不同的作用。李长江等(2013,2019)认为,政府、企业、工会、劳动者和社会组织是和谐劳动关系的构建主体,也是破解劳动关系问题的主要力量。只有员工自制力、企业管理力、工会协商力、政府指导力和社会监督力协调联动,才能有效构建新就业形态和谐劳动关系。当然,不同劳动关系主体的作用力对劳动关系满意度产生的影响是不同的。根据现有的相关研究成果,本研究项目提出如下假设。

假设十八:员工自制力对劳动关系满意度的影响是显著的正向关系。

假设十九:企业管理力对劳动关系满意度的影响是显著的正向关系。

假设二十:工会协商力对劳动关系满意度的影响是显著的正向关系。

假设二十一:政府指导力对劳动关系满意度的影响是显著的正向关系。

假设二十二:社会监督力对劳动关系满意度的影响是显著的正向关系。

假设二十三:五个劳动关系主体作用力对劳动关系满意度的影响同时呈现显著的正向关系。

第四章

中国新就业形态和谐劳动关系的调查量表设计

为了探究和分析新就业形态劳动者的就业目的、全面需求、劳动关系主体联动力与劳动关系满意度之间的关系,本研究项目在借鉴前人相关研究成果的基础上分别对就业目的、全面需求、劳动关系主体协调力、劳动关系满意度的测量指标进行了设计。本章的内容主要是对调查的基本情况和不同量表的测量指标设计。

第一节 调查的基本情况

一、量表设计原则

问卷调查量表的具体内容见附件。

1. 基于文献研究的规范原则

传统劳动关系的研究文献非常多,与和谐劳动关系评价相关的文献也非常多,许多学者都从不同角度提出了相应的研究结论和建议。虽然,新就业形态和谐劳动关系具有新的特征,比较而言,新就业形态和谐劳动关系与传统就业形态和谐劳动关系也有许多共性。近几年,各级政府都非常重视新就业形态和谐劳动关系问题,不少学者对新就业形态和谐劳动关系问题亦开始关注。本研究项目的量表设计参考了相关学者的研究成果,遵循了必要的学术规范。

2. 基于现实探究的客观原则

新就业形态是一种新的就业形态,正蓬勃发展,已经吸引了超过劳动力总量10%的劳动人群。新就业形态劳动者借助互联网信息工具开展工作,有别于传统就业形态,如工作时间不固定、工作地点不固定、工作条件不固定、工作报酬不固定等,其劳动关系明显区别于传统就业形态。因此,研究新就业形态和谐劳动关系,需要准确把握其实际发展要求,实事求是,量表的设计也要遵循客观原则。

3. 基于发展需要的创新原则

虽然,传统就业形态和谐劳动关系的研究成果众多,新就业形态和谐劳动关系的研究成果也不断增多,但是新就业形态的发展环境正在发生变化,新就业形态劳动者的就业目的和实际需求也在发生改变,尤其是新就业形态劳动者的心理契约和职业兴趣与传统就业形态劳动者有较大区别。因此,研究新就业形态和谐劳动关系需要创新思维,调查量表的设计也要遵循创新原则。

4. 基于词语表述的简化原则

被调查者身份各异,大部分被调查者的学历偏低,那么,调查问卷题项的用语不能太学术化、专业化,而应用看得懂、好理解的语言进行表述,否则,被调查者填写调查问卷时容易烦躁,不认真填答,从而影响调查问卷的有效性。而且,调查量表题项的数量不宜太多,最好控制在十分钟之内填答完成即可。因此,调查量表的设计需要用简洁明了的词语进行表述,遵行简化原则。

二、调查的地点

确立调查地点的主要依据是网络信息技术相对发达、平台经济相对活跃的地区。譬如北京、上海等直辖市,中国东部地区的浙江、江苏,中部地区的安徽、湖北、江西,西部地区的贵州、四川和甘肃。

调查对象包括问卷调查对象和访谈对象。问卷调查对象主要是从事新就业形态的员工——虽然新就业形态劳动者至今没有界定为员工,因为他们绝大部分人群没有签订正式的劳动合同,但为了分析的需要,本研究项目将新就业形态劳动者称为员工,是重要的劳动关系主体。而且,本研究项目主要从员工的角度研究新就业形态和谐劳动关系的影响因素、就业目的、劳动关系满意度,以及新就业形态和谐劳动关系的形成机制。

访谈对象主要是政府相关职能部门的领导,如人力资源和社会保障局等,以及当地的工会、行业协会、平台企业的人力资源管理部门的经理。

三、调查的方式

从网上搜集平台劳动者比较集中的专业批发市场、淘宝村、电子商务园、文化创业园、高新技术创业园、大型的快递公司等,从美团、饿了么等外卖公司员工那里打听他们的集散地点,然后,安排课题组成员和研究生、本科生前往实地发放调查问卷,进行面对面的问卷调查和访谈。网约车司机的问卷调查主要通过课题组成员和研究生、本科生亲自打车出行进行面对面的提问和咨询。另一种问卷调查的方式是网络上发放调查问卷,其中,一部分是针对性发放,如依托电子商务园管委会定向发放,另一部分是在朋友圈中发放。

访谈的方式主要是前往人力资源和社会保障局、当地的工会、行业协会、平台企业进行面对面的交谈和咨询。

四、调查的时间

问卷调查的集中时间在二〇二一年二月至三月、七月至九月以及二〇二二年一月至二月、六月至八月。访谈的时间在二〇二一年一月至二〇二二年九月。调查资料的截止时间为二〇二二年十二月底。

第二节 和谐劳动关系影响因素的调查量表设计

一、薪酬福利

Milgrom 与 Holmstrom(1994)认为劳动报酬是基础劳动者的主要收入来源,极大地影响员工的劳动行为和对企业的满意感,最直接的激励就是基于绩效计量之上的报酬支付。国内与国外大多数学者认为薪酬福利的衡量均从薪酬满意度、福利满意度、薪资发放及时性、激励性等维度入手。Berg(2015)对于平台工作条件进行了定性研究,调查了薪酬的满意度,结果表明:平台工作者工资水平难以负担起生活费用,40%的平台工作者依靠平台工作作为他们的主要收入来源。Abayomi 等人(2019)利用推荐奖励机制、额外收入、主要收入来源来衡量平台员工的收入机制。Mäntymäki 等(2019)从额外收入、激励性措施 2 个维度来研究 Uber 和 Lift 的司机的薪酬水平。王永乐、李梅香(2006),张衔、谭光柱(2012)认为劳动收入满意度、福利满意度是影响劳动关系满意度的重要因素。虞华君、刁宇凡(2011)从薪酬满意度、福利满意度、激励水平、薪资发放及时性、薪酬增长幅度等角度建立劳动关系和谐度的评价模型。魏巍(2018)利用扎根理论研究发现,由于平台企业的特殊性质,除了薪酬收入之外,员工必须支付给平台部分管理费用,因此应将管理费计提的标准也纳入薪酬福利的衡量指标之中。综合学者所述,本研究项目将薪酬福利的测量项目归纳为 5 个维度:薪酬满意度、福利满意度、激励水平满意度、薪资发放及时性及管理费计提标准。薪酬福利构面的操作性定义及问卷项如表 4-1 所示。

表 4-1 薪酬福利构面的操作性定义及问卷项

构面名称	操作性定义	问卷项
薪酬福利	薪酬满意度	FQ1 我对目前的薪酬水平感到满意
	福利满意度	FQ2 我对目前的福利水平感到满意
	激励水平满意度	FQ3 我对目前的激励奖赏制度感到满意
	薪资发放及时性	FQ4 我认为单位按时发放了薪水
	管理费计提标准	FQ5 我对单位的管理费计提标准感到满意

二、社会保障

我国现阶段社会保障还不是全民保障型,社会保障很大程度上与就业联系在一起,属于劳动保险型,因此提高社会保险参保率是改善劳动关系的重要手段之一。Joyce 等人(2019)从医疗保险、疾病保险、伤残津贴、老年福利、生育保险、关爱家人、失业保障、住房福利对欧洲平台工作者的社会保障进行调查发现,大部分国家平台劳动者处于"无保护"状态,医疗保健、住房保障等其他的社会保障均呈现缺失状态。平台工人养老金比例小、各类保险缴纳比例非常低。贺秋硕(2005)、朱智文和张博文(2010)结合我国劳动关系的特点,测量养老、医疗、失业、生育与其他商业保险参保率,发现我国社保覆盖面窄,多数职工均未享受社会保障。本研究项目参考 Joyce、贺秋硕等学者的相关研究并结合我国社保现状,将社会保障的测量归纳为 6 个维度:医疗保险参保率、养老保险参保率、工伤保险参保率、失业保险参保率、生育保险参保率、住房补贴率。社会保障构面的操作性定义及问卷项如表 4-2。

表 4-2 社会保障构面的操作性定义及问卷项

构面名称	操作性定义	问卷项
社会保障	医疗保险参保率	FQ6 我们企业依据政策法规按时足额为员工缴纳了医疗保险
	养老保险参保率	FQ7 我们企业依据政策法规按时足额为员工缴纳了养老保险
	工伤保险参保率	FQ8 我们企业依据政策法规按时足额为员工缴纳了工伤保险
	失业保险参保率	FQ9 我们企业依据政策法规按时足额为员工缴纳了失业保险
	生育保险参保率	FQ10 我们企业依据政策法规按时足额为女性员工缴纳了生育保险
	住房补贴率	FQ11 我们企业依据政策法规按时足额为员工提供了住房补贴

三、就业环境

就业环境是指经济发展状况和劳动力市场状况的综合。国内外学者均从宏观经济、政策、企业等方面来阐述。比利时政府为平台企业工作制定了具体的税收条例,斯洛文尼亚政府修订了 Uber 司机的《道路运输法》,中国政府也出台了《网络预约出租汽车经营服务管理暂行办法》。Groen 等(2018)通过平台物理环境与社会人际关系环境来阐述平台就业环境。物理环境包括地点、所需设备和如何获得设备,从而产生的物理健康和安全风险,平台工作者的社会人际关系环境包括与平台代表、客户和其他工作者以及家人和朋友的关系。程名望和史清华(2010)利用田野调查对 365 名农民工的就业环境进行了实证分析,通过对比分析发现政治环境、经济环境、文化环境的分值依次降低,企业和政府应致力营造更好的就业环境。魏巍(2018)利用扎根理论与实证相结合的方式探讨了经济环境、技术环境、政策环境与平台员工外部环境的联系,宏观政策对非典型雇用关系的影响欠佳,政府未发挥出预期的作用,亟须制度创新。本研究项目参考 Groen、魏巍等学者的研究成果,将就业环境的测量归纳为 5 个维度:经济环境、技术环境、政策环境、人际环境、企业环境。就业环境构面的操作性定义及问卷项见表 4-3。

表 4-3 就业环境构面的操作性定义及问卷项

构面名称	操作性定义	问卷项
就业环境	经济环境	FQ12 当前的宏观经济环境对我所从事的工作有利
	技术环境	FQ13 网络信息技术的发展对我所从事的工作有影响
	政策环境	FQ14 国家相关政策的鼓励对我所从事的行业有影响
	人际环境	FQ15 我与客户之间关系融洽
	企业环境	FQ16 我认同企业的工作氛围

四、权益保护

劳动权益是劳工、资本和政府三方力量平衡的结果(巴德,2007)。Fabo 等指出劳动力平台、政府和平台工作人员之间的权力分配不均,平台工作人员根据现有的在线人员社区创建工会,提高平台工作人员的议价能力,并为其提供权益保护。Leschke 等认为集体谈判覆盖的比例、工会资格与工会密度是劳动关系的衡量指标。莫生红(2008)从工会组织的设立情况、职工入会率、工会参与企业决策情况、职代会制度及执行情况,以及厂务公开制度执行情况来反映劳动者的权益保护。李林和郭赞结合民营企业的特征通过建立劳动关系指标体系,发现企业在劳动合同规范化、工会建设规范化、协商谈判机制、劳动争议处理等方面需要进一步完善。魏巍(2018)认为非标准雇用的企业应重点关注集体合同签订、行业协会参与、劳动保护、权益诉求与劳动争议处理。本研究项目参考莫生红、Leschke、魏巍等学者的研究成果,将权益保护的测量归纳为 5 个维度:劳动争议解决、劳动关系保护、权益诉求沟通、管理制度民主、企业工会设立。权益保护构面的操作性定义及问卷项见表 4-4。

表 4-4 权益保护构面的操作性定义及问卷项

构面名称	操作性定义	问卷项
权益保护	劳动争议解决	FQ17 我工作的单位制定了比较完善的劳动争议解决机制
	劳动关系保护	FQ18 我工作的单位非常重视和谐劳动关系保护
	权益诉求沟通	FQ19 如果我的劳动权益遭到侵害,可以通过多种渠道表达诉求
	管理制度民主	FQ20 我工作的单位的民主管理制度健全
	企业工会设立	FQ21 我对单位的工会工作感到满意

五、技能开发

Lowe 和 Schellenberg(2001)认为良好雇佣关系的员工在工作中将有更多的发展机会和更好地发挥其能力,雇佣关系与个人发展其技能的能力相互影响。欧洲基金会(2002)利用职业和就业保障、技能开发、健康福利、平衡工作与生活等方面,衡量雇用质量模型,其中技能开发的内容包括:任职资格、培训、职业发展、学习型组织。McMullen 和 Schellenberg(2003)认为技能使用和发展指培训和学习机会、晋升机会、技能运用。Blomme 等(2010)使用培训的机会、内部教育以扩大任务的机会、工作职责有所增加、新的技能和知识,有机会在将来为可能的工作开发新的技能和知识、提供支持个人发展的指导,衡量技能发展与劳动氛围之间的关系。窦步智(2012)使用工作指导、培训情况、职业发展、技能提高来衡量技能发展,以此建立企业劳动关系评价指标体系。本研究项目参考欧洲基金会、窦步智、McMullen 与 Schellenberg 等学者的研究成果,将技能开发的测量归纳为 5 个维度:任职要求、培训状况、职业发展、技能提升、工作指导。技能开发构面的操作性定义及问卷项见表 4-5。

表 4-5 技能开发构面的操作性定义及问卷项

构面名称	操作性定义	问卷项
技能开发	任职要求	FQ22 我具备当前工作所需的相关技能证书
	培训状况	FQ23 单位经常安排我参加培训
	职业发展	FQ24 单位给我制定了明确的职业发展规划
	技能提升	FQ25 我的工作技能不断得到提升
	工作指导	FQ26 当我碰到工作难题时,单位会及时给我提供指导

六、心理契约

心理契约是指对员工态度和行为产生影响从而对企业的绩效产生影响的一种心理承诺(王浩,罗军,2009)。Millward 和 Hopkins(1998)研究发现心理契约与员工的工作绩效和双方的满意感有关,关系型心理契约中员工的工作质量和双方满意感均较高;交易型契约关系中员工的工作质量和满意感较差。Porter 等(1998)对员工与主管在心理契约内容上的认知一致性程度进行了研究,并探讨了一致程度与员工满意度之间的关系。结果表明,两者一致性差距越大,则员工的满意度越低。Turnley 和 Feldman(1999)研究发现心理契约的违背导致低的工作满意度和组织承诺、低的工作绩效、低的组织公民行为、高的员工离职率。陈加州等(2003)通过结构方程进行研究指出,心理契约的不同方面对相关变量的影响不同。组织的现实责任对组织承诺、工作满意度和绩效水平有积极的影响,对离职意愿有消极影响;组织的发展责任仅影响到工作满意度,员工的现实责任主要影响到绩效水平和离职意愿,而员工的发展责任主要影响到组织承诺和离职意愿。刘军等(2007)在研究员工离职与心理契约的关系时指出:员工对组织的义务感越高,越倾向于积极履行与组织间的契约;如果员工感到组织未能履行心理契约,则会选择离开组织。本研究项目综合他们的相关研究成果提炼归纳衡量心理契约的 5 个测量维度:离职倾向、组织承诺、组织满意度、经营效益、公司发展前景。心理契约的构面操作性定义及问卷项见表 4-6。

表 4-6 心理契约构面的操作性定义及问卷项

构面名称	操作性定义	问卷项
心理契约	离职倾向	FQ27 我从来没有考虑过辞去现在的工作
	组织承诺	FQ28 我认为单位的各项管理制度都得到严格执行
	组织满意度	FQ29 我对当前我所在的组织感到满意
	经营效益	FQ30 我对单位经营效益状况感到满意
	公司发展前景	FQ31 我的单位发展势头好

七、工作时间

在共享经济平台工作中,劳动者工作时间是弹性和灵活的,劳动者可以自由决定工作时间,自主安排休息休假,甚至可以选择是否接受工作,劳动者拥有对工作时间的决定权。在这样的用工模式下,没有固定的工作时间限制,工时制度很难规范劳动者在平台上的工作时间,工时制度也难以发挥效用(Cherry 等,2017;吴清军等,2019)。Pfeffer 和 Baron(1988)认为工作时间完全自主的工人需要面对工作—生活平衡的问题。Karen 和 Schellenberg 等(2003)使用加班灵活性、工作与生活的平衡来衡量加拿大工人的工作时间。Lehdonvirta(2018)对众包平台企业的员工的时间管理进行定性分析,从工作时间的灵活性、自由性、平衡工作与生活进行分析,发现在线计件工作人员正式享有对计划的高度控制,有权决定他们的工作时间和工作量,以及如何在与工作有关的不同任务之间分配时间。Mäntymäki 等(2019)对 Uber 和 Lyft 工作人员进行了定性分析,从生活与工作的平衡、灵活性、自由性 3 个维度出发,发现工作的灵活性可以根据平台驾驶员的生活状况调整,也反映了工人为工作时间分配的自由。Baiyere 等人(2019)使用平衡工作和生活需求、灵活性、不受时间、责任束缚来衡量平台企业员工的时间控制机制。李斌和汤秋芬(2018)从工作时间的自然属性与刚性属性出发,利用工作时间弹性、上下班时间的自主、工作时间可预期性、工作安排自主性来衡量工作时间。张衔和谭光柱(2012)使用每周加班时间等指标来衡量劳动关系和谐度。虞华君和刁宇凡(2012)使用休息日保障情况等指标衡量劳动关系和谐度。本研究项目综合上述学者的观点,将工作时间的测量归纳为 6 个维度:工作时间弹性、上下班时间自主性、工作时间可预期性、工作安排自主性、工作与家庭生活平衡性、休息时间保障性。工作时间构面的操作性定义及问卷项见表 4-7。

表 4-7 工作时间构面的操作性定义及问卷项

构面名称	操作性定义	问卷项
工作时间	工作时间弹性	FQ32 我可以在上班时间自由处理与工作无关的事情
	上下班时间自主性	FQ33 我可以自己决定上下班的时间
	工作时间可预期性	FQ34 我的工作时间是不会变化的
	工作安排自主性	FQ35 我可以自由决定我每天的工作量
	工作与家庭生活平衡性	FQ36 现在的工作能够让我平衡工作与家庭生活的矛盾
	休息时间保障性	FQ37 我能够确保足够的休息时间

八、劳动合同

Cherry,Kuhn 和 Maleki(2017)认为,平台劳动者应该划分为自雇或独立承包商,不需要签订劳动合同。但是也有学者并不这样认为,譬如,Zanoni(2018)认为,比利时的平台就业员工应该归纳为企业雇员并签订劳动合同,从而保护众包公司员工的合法权益。Bob Gilson(2006)分析了企业劳动关系评价的诸多方面,具体包括劳动合同签订、劳动合同的执行、劳动争议处理情况等方面。贺秋硕(2005)认为劳动合同状况主要表现为企业劳动者与企业签订合同的比例、方式,如是否签订了集体合同,是否有修改劳动合同的权利。莫生红(2008)认为劳动合同签约率、劳动合同期限、劳动合同签约的规范性、劳动合同的履行情况、劳动合同的纠纷发生率,这些要素组成了衡量企业劳动合同状况的指标体系。袁凌和魏佳琪(2011)指出劳动合同签订率、劳动合同期限、集体劳动合同覆盖率、劳动合同的履行情况等,这些反映企业劳动合同状况的要素也直接影响着企业的劳动关系,是引发劳动争议的一个重要方面,直接关系着企业劳动关系的和谐与稳定。本研究项目参考袁凌、Bob Gilson和魏佳琪等学者的研究成果并结合国内劳动合同的现状,归纳提炼衡量劳动合同的5个维度:签订率、合法性、履行状况、集体劳动合同签订、劳动合同期限。劳动合同构面的操作性定义及问卷项见表4-8。

表4-8 劳动合同构面的操作性定义及问卷项

构面名称	操作性定义	问卷项
劳动合同	签订率	FQ38 单位与每一个招聘的员工都签订了劳动合同
	合法性	FQ39 单位与我签订的劳动合同合法有效
	履行状况	FQ40 我对单位的劳动合同履行情况感到满意
	集体劳动合同签订	FQ41 单位与我签订了集体劳动合同
	劳动合同期限	FQ42 我对于劳动合同签订的期限感到满意

九、工作安全

De Groen等(2018)认为大多数国家并没有为平台工作制定相应的法律法规,安全问题一直是极大的隐患。Tucker等(2008)利用组织对安全的支持和同事对安全的支持,使用员工安全发言权、同事对安全的支持、组织对安全的支持来试图改变Uber司机不安全的工作条件。赖德胜和石丹淅(2013)认为,健康作为人力资本投资基本形式之一,其状况的优劣会影响着个体实际效用的高低。随着经济社会的快速发展和生活质量的逐步提升,它亦会成为影响就业供给行为决策的重要因素。他们借用欧洲基金会的四维模型从健康问题、风险暴露程度、工作组织3个方面入手来反映企业的健康和福利状况。李瑜青和陈琦华(2008)使用了劳动安全卫生和职业危害事故作为衡量劳动安全的指标。本研究项目参考Tucker、赖德胜、李瑜青等学者的研究成果,归纳提炼衡量工作安全的5个维度:劳动安全卫生、组织对安全的支持、职业危害事故、工作安全判断及职业的可持续性。工作安全构面的操作性定义及问卷项见表4-9。

表4-9 工作安全构面的操作性定义及问卷项

构面名称	操作性定义	问卷项
工作安全	劳动安全卫生	FQ43 我所服务的单位劳动安全卫生设施符合国家标准
	组织对安全的支持	FQ44 我所服务的平台对我们提出的安全问题会迅速处理
	职业危害事故	FQ45 我所服务的单位没有发生过职业危害事故
	工作安全判断	FQ46 我对当前所从事工作的安全性感到满意
	职业的可持续性	FQ47 我所从事的职业不会消失,能够长期存在

十、考核机制

考核机制是指管理者评价和分析员工工作绩效的管理方式和方法,从而指导员工改进工作方法。Baiyere 等(2019)认为 Uber 使用行政控制权,主要从市场机制、评分机制入手。市场机制指针对用车高峰地区适当提高乘车价格从而保证供需平衡。评分机制指通过客户反馈从而增加驾驶员工作动力的机制。Mäntymäki 等(2019)主要从定价机制、评分机制、信息控制机制去探究 Uber、Lyft 的管理维度与劳动关系维度之间的关系。定价机制是指企业的宰杀式减价、新司机的激增、工作时间增加。评分机制是指平台利用应用程序将驾驶员和乘客连接起来,驾驶员和乘客在行程结束后相互评分。评级由 1 到 5 颗星组成,其中 5 颗星是最高评级。信息控制机制是指驾驶员不知道乘车请求的目的地、无法控制到取件的行程时间与实际行程时间之间的不匹配、供求波动。何勤(2019)指出网约车司机的考核来源于平台制定规则、大数据采集、算法管理、第三方消费者匿名线上评价(星级、信用等级)。本研究项目借鉴这些学者的相关研究成果,将考核机制的测量归纳为 5 个维度:顾客星级评分机制、高峰时间业务分配机制、工作量分配业务机制、在线时长分配业务机制和考核沟通机制。考核机制构面的操作性定义及问卷项见表 4-10。

表 4-10 考核机制构面的操作性定义及问卷项

构面名称	操作性定义	问卷项
考核机制	顾客星级评分机制	FQ48 我对平台企业设计的顾客星级评分标准感到满意
	高峰时间业务分配机制	FQ49 我对平台企业根据不同高峰时段分配业务的管理感到满意
	工作量分配业务机制	FQ50 我对平台企业根据已完成工作量分配业务的管理感到满意
	在线时长分配业务机制	FQ51 我对平台企业根据在线时长分配业务的管理感到满意
	考核沟通机制	FQ52 平台企业改变考核办法时会与我们员工进行沟通

第三节 就业目的的调查量表设计

一、公平

公平,是与竞争相对应的提法,是指参与竞争的无差异性,包括就业机会公平、就业过程公平和就业结果公平。竞争的公平性,主要与工作能力和工作态度有关,与劳动者的身份无关。实现公平竞争,需要公平的管理制度和制度执行上的管理规范。

巴德等人(2007,2015)认为公平是指在经济报酬分配、雇用政策管理及雇员安全提供方面的公平合理,即在经济奖励的分配和就业政策的管理方面都需要公平,并指出公平的收入分配、工作场所安全、无歧视、平衡工作和非工作需要及健康和退休保障是衡量雇佣关系是否公平的重要指标。Meltz(1989)认为公平是指在某个具体的生产环境中,关于个人的福利和待遇不受个人主观喜好的过度影响,也没有徇私、偏见等问题的出现,而且也不片面取决于部分狭隘的评价标准。Osterman(2012)主张,所谓公平的观念指的是具备团结作用的价值观,是指竭尽全力维护并达成全体成员的共同利益诉求,不仅仅针对个体的物质收获。何勤等(2017)指出,新形态就业首要拉力因素是可以更灵活地获得更高的劳动报酬,组织公平强调个体投入与结果之间的关系。Sweeney等(1993),Bauer等(2010)指出了分配公平与程序公平的重要性。Colquitt等(2006)提出公平需要考虑到人际公平、程序公平、分配公平和信息公平等方面。本研究项目综合了他们的观点并归纳提炼公平的6个测量维度,即分配公平、程序公平、人际公平、工作场所安全、人身保障、解雇公平。公平构面的操作性定义及问卷项见表4-11。

表 4-11 公平构面的操作性定义及问卷项

构面名称	操作性定义	问卷项
公平	分配公平	EQ1 我们单位的绩效考核是公平的
	程序公平	EQ2 我们单位构建了相对公平的晋升机制
	人际公平	EQ3 上下级员工间能平等相处
	工作场所安全	EQ4 我的工作环境比较安全
	人身保障	EQ5 我们单位为全员缴纳社保
	解雇公平	EQ6 我们单位不会无理由裁员

二、报酬

报酬,指的是员工从公司所获得的各方面的回报,包括货币报酬和非货币报酬。获取可观的货币报酬和条件优厚的非货币报酬,是员工努力提供劳务的重要动力,是影响雇佣关系的重要影响因素。在衡量员工的回报方面,有学者提出用效率这个指标,但是从员工角度分析雇佣关系或者员工的就业目的,效率似乎不能完全表达这层意思。譬如,巴德(2007)基于人力资源管理与劳动关系两门学科交叉融合的理论体系,指出公平、效率和发言权是雇佣关系目标,并且认为效率是对稀有资源的有效、最大程度的利用,并引起了对生产力、竞争力和经济繁荣的担忧。因此,我们可以从企业利润率、生产率、竞争力及经济繁荣程度来衡量企业效率。对于企业而言理想的情况为:全部的资源和人力在生产效率方面具备相同的能力和表现,并且也能够得到相同的酬劳。显然,巴德是站在企业角度把效率作为雇佣关系目标之一,尽管这段话语包含巴德从雇员角度提及的酬劳。巴德之所以将效率作为雇佣关系目标而不是将酬劳作为雇佣关系目标,其理论逻辑是企业效率越高,员工的酬劳越多。但是,这个理论逻辑在中国并不完全适用,从雇员角度衡量雇佣关系目标需要结合中国管理情境。本研究项目指出,从雇员角度分析应将报酬纳入雇佣关系目标当中,而不是直接用效率来衡量。此外,也有其他学者在这方面进行过创新尝试。譬如,崔勋等(2011)在衡量雇用质量方面提出了3个层面:从企业角度提出效率是指生产率、离职率、产品质量与旷工率;从企业与员工的互动层面,效率是指组织文化的形成与冲突、冲突与争议的数量;从员工层面,效率是指员工体面劳动,包括报酬与福利、组织与雇员关系及主观的员工态度与反应,例如满意度、离职倾向、对组织的承诺度等。于米和陈星汶(2012)认为效率等价于工作产出,利用员工承诺度、满意度与离职倾向衡量效率。因此,本研究项目从雇员角度将报酬纳入雇佣关系目标当中并参考上述学者的相关研究成果,提炼归纳了衡量报酬的 6 个维度,即工资奖金、福利待遇、工作环境、企业效益、组织承诺和体面劳动等。报酬构面的操作性定义及问卷项见表 4-12。

表 4-12 报酬构面的操作性定义及问卷项

构面名称	操作性定义	问卷项
报酬	工资奖金	EQ7 对所获得的酬劳,我感到满意
	福利待遇	EQ8 相对同行,我们单位的福利待遇还算好的
	工作环境	EQ9 我对现在的工作环境感到满意
	企业效益	EQ10 我感到单位的业务比较好
	组织承诺	EQ11 我会一直在本单位工作
	体面劳动	EQ12 在本单位工作,我感到有面子

三、发言权

发言权是员工个人或集体对工作场所决策进行有意义的输入的能力。发言权的概念有两个要素:一是根植于自决政治理论的工业民主,二是基于对人的尊严的重要性的员工自主决策。巴德(2007)指出员工的言论自由权、个人自决权、集体话语权及参与决策权是体现企业发言权力度的主要因素。Lind 和 Tyler(1988)认为,发言权具有工具性和非工具性效果,工具性发言权是指工作人员对评估讨论的潜在影响力。Korsgaard 等(1998)认为非工具发言权主要强调了对上级的信任作用,工具发言权对于效率结果呈正向显著效果。于米和陈星汶(2012)认为发言权是指雇员对工作场所决策提供有建设性意见的能力。本研究项目综合这些学者的研究成果并归纳提炼了衡量发言权的 6 个维度,即咨询、言论自由、参与决策、个人自决、集体话语权、参与渠道。发言权构面的操作性定义及问卷项见表 4-13。

表 4-13 发言权构面的操作性定义及问卷项

构面名称	操作性定义	问卷项
发言权	咨询	EQ13 我们能及时知晓本单位的重要决策
	言论自由	EQ14 我们单位没有对员工言论进行过度控制
	参与决策	EQ15 我们单位允许员工参加重要决策
	个人自决	EQ16 我们自己可以决定怎样完成工作任务
	集体话语权	EQ17 工会的作用大
	参与渠道	EQ18 我们有多种渠道向上级反映自己的建议和意见

四、平等

平等,是指劳动者在职业准入、工作过程、工作结果分配上获得的无歧视的对待。《辞海》的解释是指"人与人之间在政治上经济上处于同等的社会地位,享有相同的权利。"马克思主义理论认为平等是消灭阶级和一切阶级差别,否则都必然要流于荒谬。平等的唯一前提就是"享有相同的权利"。

国际劳工组织的基本目标是在自由、平等、安全和人格尊严的条件下为男女实现体面和生产性工作。Holgate 等(2012)认为追求平等是许多组织思想和公共政策发展的核心原则。Barzilay 等(2017)认为企业平台经济的过程中仍然有大量工作实际上阻碍了妇女在经济上的可持续性和平等,共享经济没有帮助劳动者克服工作与家庭的冲突,反而可能加剧这种情况。金荣标(2015)指出在平等观的视阈下,非标准劳动关系必须以统一平等权为导向建立分层平等的保护机制。Collier 等(2017)认为平台工人不平等主要来自两方面:其一,独立承包商没有集体谈判的权利;其二,独立承包商无法为工人建立福利基金。谌利民等(2019)以平等观为基础,从劳动保障、劳动协商机制、工资支付机制、基本公共服务机制、劳动关系机制等方面衡量新时期农民工和谐劳动关系。梁伟军(2019)以体面劳动为基础,发现农民工不平等就业主要源于公平竞争、劳动合同、培训学习、工作机会等4个方面。张成刚(2018)认为,共享经济平台劳动者与平台之间权利义务不平等,信息公开不对称。何勤等(2017)发现新就业形态劳动者的社会保障、用工关系、招募方式、信息管理、培训、绩效呈现失衡状态,阻碍了新形态和谐劳动关系的建立。Rosenblat 和 Stark(2016)认为 Uber 通过通知、绩效指标、监视和惩罚来控制驾驶员的行为,直接凸显出平台方与员工方之间信息和权利的不对称。Ajunwa 和 Greene(2018)认为平台方与员工之间的信息不对称,表明平台方与员工方不对等。Lee J 和 Lee D (2009)认为信息共享与组织绩效和劳资关系质量成正比,其信度高达0.84,具有较高信度。刘军等(2007)提出组织应该尽可能缩小组织中的性别歧视和不平等,给予员工有效的组织支持和适度水平的工作奖赏。赵海霞(2007)认为平等竞争是建立和谐劳动关系的必要条件与基础。本研究项目结合这些学者的研究成果,归纳提炼了衡量平等的5个维度:工作机会、管理制度、劳动合同(或协议)、技能培训、就业资格。平等构面的操作性定义及问卷项见表4-14。

表4-14 平等构面的操作性定义及问卷项

构面名称	操作性定义	问卷项
平等	工作机会	EQ19 我认为自己的就业机会比较多
	管理制度	EQ20 我所服务的平台升职上岗均实行公开、公平、公正的竞争
	劳动合同(或协议)	EQ21 我与平台签订了劳动合同(或协议),并且得到有效执行
	技能培训	EQ22 我经常有机会接受实用的技能培训
	就业资格	EQ23 当前工作在性别、年龄、学历、地域、身体、民族等方面无歧视

五、职业兴趣

职业兴趣,是兴趣在职业方面的表现,是指人们对某种职业活动具有的比较稳定而持久的心理倾向,使人对某种职业给予优先注意,并向往之。Holland提出了六种职业兴趣和六种相应的工作环境,直接将"一致性"引入兴趣,这是职业兴趣和工作环境理论的核心。Amerikaner等(1988)指出,职业兴趣和工作环境之间的一致性程度与工作满意度显著相关,社会兴趣程度与工作满意度显著相关。Earl和Katherine(2015)使用工作满意度与兴趣一致性去衡量职业兴趣。胡艳红(2003)发现,职业兴趣与大学生择业效能感有明显而广泛的相关关系,择业效能感与职业价值观之间也具有一定的相关关系。Schaub和Tokar(2005)整合Holland的职业选择类型论和社会认知职业理论,对大学生进行研究,发现了人格特点对职业兴趣有显著的和积极的直接影响。鲁建敏(2009)运用实证方法探究了职业能力、职业价值观及职业人格对职业兴趣的交互影响。本研究项目参考Earl、Schaub、胡艳红、鲁建敏等学者的相关研究成果,归纳提炼了衡量职业兴趣的5个维度:职业地位、职业价值观、职业能力、职业人格、职业归属感。职业兴趣构面的操作性定义及问卷项见表4-15。

表4-15 职业兴趣构面的操作性定义及问卷项

构面名称	操作性定义	问卷项
职业兴趣	职业地位	EQ24 我认同我所从事的职业地位,包括经济收入、社会声誉等
	职业价值观	EQ25 当前的工作符合我的职业追求目标和向往
	职业能力	EQ26 我认为现在的工作能够发挥自己所长
	职业人格	EQ27 我认同当前工作所要求的工作态度和工作方式
	职业归属感	EQ28 即使有更好的转换职业机会,我也不会放弃现在所从事的职业

第四节 劳动关系协调机制的调查量表设计

一、员工自制力

Muraven等(2000)认为自制力是行动控制的一个面向,具体指面对诱惑及突然的渴望时管理好自己的情绪、想法和行为的能力。劳动关系协调机制中的"员工自制力"是指员工在处理劳资冲突时能妥善处理自己的需求欲望、行为动机或者说就业目的、需求满足程度等因素而产生的情绪反应,是一种自我调适力或自我韧性,其本质是一种不依赖外力而产生的自我约束力和控制力。国际上对于员工自制力的研究多为单维度考量,譬如Spector等(2003)主要从员工的真实自主性入手,探究员工对自己工作控制的程度。Edwards等(2003)以员工自立意识为研究出发点,观察员工是否对自身就业能力负责。Plouffe等(2011)通过观察员工是否能自发地识别组织关键资源、政策以考量其自我导航意识。此外，Warech 等（1999）及 Renn 等（2011）分别从员工的自我管理绩效及自我管理失败（目标管理）着手，研究如何衡量员工自制力。本研究项目综合上述学者的研究成果，归纳提炼了员工自制力的5个测量维度：自主性、自立性、自我导航、自我情绪调节、自我失败管理。员工自制力构面的操作性定义及问卷项见表4-16。

表4-16 员工自制力构面的操作性定义及问卷项

构面名称	操作性定义	问卷项
员工自制力	自主性	PQ1 我们能遵守本单位的规章制度
	自立性	PQ2 我们认为员工的素质对单位重要
	自我导航	PQ3 我们能理解本单位的各项决策
	自我情绪调节	PQ4 我们不会将个人情绪带到工作中
	自我失败管理	PQ5 我们有明确的个人奋斗目标

二、企业管理力

劳动关系协调机制中的"企业管理力"指的是企业对劳动关系的管理，是一种狭义的概念，不同于企业的政策、人力资源、财务、文化建设、创新研发等方面的管理。本研究项目的企业管理力是指企业根据国家有关劳动的法律法规，并基于本单位的实际情况对劳动合同进行管理的方式方法的总和，是员工感受到的企业协调劳动关系和处理劳资冲突的作用力。Schlinghoff 等（2002）则以劳动关系管理的基本要求为出发点，指出劳动关系管理的规范化、统一性及制度化、明确性。Gittell（2006）从企业劳动关系管理的特点及程序入手，阐述了企业劳动合同制度、员工参与度及信息传递的重要性。本研究项目参考 Gittell 和 Schlinghoff 等人的研究成果，并结合员工的感受力归纳提炼了衡量企业管理力的5个测量维度：劳动合同制定、合同签订程序、劳动合同执行、信息传递机制、员工参与程度。企业管理力构面的操作性定义与问卷项见表4-17。

表4-17 企业管理力构面的操作性定义及问卷项

构面名称	操作性定义	问卷项
企业管理力	劳动合同制定	PQ6 我和本单位签订了正规的劳动合同
	合同签订程序	PQ7 本单位劳动合同的签订程序合法
	劳动合同执行	PQ8 本单位能严格执行劳动合同的内容
	信息传递机制	PQ9 我能及时收到劳动合同内容变更通知
	员工参与程度	PQ10 我能就劳动合同内容与本单位进行沟通协商

三、工会协商力

工会是工作中的劳动者一起合作以解决问题的组织，是给予劳动者工作的安全感、保险、薪酬、利益的话语权和完成工作的最好方式。劳动关系协调机制中工会协商力指的是员工所感受到的工会在参与企业民主管理及协调解决劳动纠纷维护劳动者权益过程中所发挥的作用力。巴德(2007)从工会谈判的主体入手,阐述了工会在协调雇主和雇员关系过程中的具体工作,其主要内容包括薪酬、人事政策和程序、雇员权利和责任、工会权利和责任、争议解决和持续性的决策制定五大模块。此外,巴德等(2015)还指出工会是实现工作场所公平、效率及发言权的核心载体,在构建和谐劳动关系的进程中,有着不可替代的作用。参考巴德及其他学者有关工会谈判内容及作用的深入研究成果,本研究项目归纳提炼了衡量工会协商力的5个维度:工会存续、管理制度、薪酬协商、人事政策、工作标准。工会协商力的构面操作性定义及问卷项见表4-18。

表 4-18 工会协商力构面的操作性定义及问卷项

构面名称	操作性定义	问卷项
工会协商力	工会存续	PQ11 我们单位工会机构是健全的
	管理制度	PQ12 我们单位工会的管理制度是健全的
	薪酬协商	PQ13 工会能为我们争取合理的薪资报酬
	人事政策	PQ14 在解雇员工问题上工会有能力与本单位进行协商
	工作标准	PQ15 工会能为我们争取更好的工作条件

四、政府指导力

劳动关系中的政府指导力,是指劳动者所能感受到的劳动关系法律法规制度的公平性、公正性、平等性及政府职员处理劳资矛盾行为的公平性、公正性、平等性。政府相关职能部门作为劳动关系管理中的第三方管理者,在协调劳动关系和处理劳资冲突过程中要为构建和谐劳动关系指明方向。在政府指导力方面的研究中,国内外许多学者都以政府角色为研究标准,通过阐述政府在劳动关系发展过程中的角色扮演来阐明其指导力的强弱。Ron Bean(1994)认为政府在劳动关系中扮演第三方管理者、法律制定者、劳动争议调解和仲裁服务提供者、公共部门的雇主及收入调节者五种角色。Salamon(1998)则认为,市场规制者、雇主、立法者和协调者是政府在劳动关系中应扮演的角色。国内学者对于政府在劳动关系协调中所扮演的角色也提出了各自看法:常凯(2005,2013)提出政府在劳动关系中应扮演规制者、监督者、损害控制者、调解与仲裁者这四种角色;程延园(2011)则提出了政府的"5P角色"说。参考国内外学者研究成果,本研究项目归纳提炼了衡量政府指导力的5个维度:法规制定者、法规执行者、劳动争议调解者、企业监督者、就业促进者。政府指导力构面的操作性定义及问卷项见表4-19。

表 4-19 政府指导力构面的操作性定义及问卷项

构面名称	操作性定义	问卷项
政府指导力	法规制定者	PQ16 我们认为目前的劳动法律法规是完善的
	法规执行者	PQ17 政府能公正地运用劳动法律法规处理劳资纠纷
	劳动争议调解者	PQ18 政府处理劳资纠纷的方式方法是有效的
	企业监督者	PQ19 政府对单位的劳资问题会进行检查
	就业促进者	PQ20 我们认为政府重视失业员工的安置与再就业

五、社会监督力

社会组织(Non-Governmental Organization,NGO)是一类独立于政府体系之外、不由任何国家建立的组织(Boli等,1997)。常见的劳动关系维权组织有工会、行业协会、民间劳工NGO、新闻媒体、妇女联合会等。由于本研究项目将"工会"作为单独要素进行探讨,因此这里的社会组织主要是指行业协会、民间劳工NGO、新闻媒体等社会常见的劳工维权组织。当然,社会监督力还应包括社会个体,如法律专业人士、自媒体个人等志愿服务者,他们的监督作用也不可小觑。所以,劳动关系协调机制中的社会监督力是指社会组织团体或个人利用自有的社会资源与专业技能,通过谈判协商、采访曝光、法律援助等形式对企业劳资矛盾和冲突的处理进行合法的、合理的、理性的监督所发挥的作用力。本研究项目参考武汉大学公益与发展法律研究中心2010年度的普遍定期审查(UPR)和中国公民社会相关研究中针对现阶段非政府组织在调解劳资关系过程中存在的问题及解决方案(齐久恒,2014,2016;李婧,2012),归纳提炼了社会监督力的5个测量维度:组织机构、工作态度、工作能力、组织立场、工作效率。社会监督力构面的操作性定义及问卷项见表4-20。

表4-20 社会监督力构面的操作性定义及问卷项

构面名称	操作性定义	问卷项
社会监督力	组织机构	PQ21 当前劳动关系维权机构是健全的
	工作态度	PQ22 维权组织工作人员能以积极态度应对劳动纠纷
	工作能力	PQ23 维权组织工作人员有很高的专业素养
	组织立场	PQ24 维权组织能公平公正地解决劳动纠纷
	工作效率	PQ25 维权组织能加快劳动纠纷的处理

第五节 劳动关系满意度的调查量表设计

本研究中,劳动关系满意度仅仅指员工视角下的劳动关系总体满意度,因为本研究项目的主要调查对象是一线员工,但这不影响新就业形态和谐劳动关系构建的宗旨,因为,一线员工的劳动关系满意度就是新就业形态和谐劳动关系构建的核心内容。员工视角下的劳动关系满意度是指员工对自身能感受到的并影响其工作态度的劳动关系氛围的总体判断。

许多学者对劳动关系满意度的衡量提出了不同的评价指标体系。Cowherd和Levine(1992)经过研究发现,底层员工对薪酬公平的敏感性更高,薪酬的不公平性会增加员工不满,增加负面情绪,影响员工之间的沟通和合作,薪酬差距加大时,晋升行为导致的不当竞争会损害组织凝聚力。Parnell和Sullivan(1992)研究发现绩效薪酬对劳动关系满意度有积极作用,绩效薪酬制度可以提高劳动生产率。Memon和Jena(2017)研究探讨了劳动力中的性别歧视问题及其对员工的满意度和动力水平、承诺和热情以及压力水平的影响。性别歧视会降低员工的满意度和动力,承诺和热情水平,并提高员工的压力水平。Smith 等(1969)编制的工作说明量表(Job Descriptive Index,JDI),提出了更加具体的评价方法,且被许多学者所借鉴和采纳。本研究项目综合这些学者的相关研究成果,并归纳提炼了衡量劳动关系满意度的 5 个维度:工作本身、薪酬差距、民主参与、绩效薪酬、组织偏见。劳动关系满意度的操作性定义及问卷项见表 4-21。

表 4-21 劳动关系满意度的操作性定义及问卷项

构面名称	操作性定义	问卷项
劳动关系满意度	工作本身	LQ1:我所从事的工作具有挑战性
	薪酬差距	LQ2:我的努力与我从单位获得的相当
	民主参与	LQ3:我所在的单位有委员会机构可以直接表达员工意见
	绩效薪酬	LQ4:我认为目前的绩效薪酬制度令人满意
	组织偏见	LQ5:我认为本单位获得工作的机会是均等的

第五章

中国新就业形态和谐劳动关系的实证分析

本章首先对调查量表的信度、内容效度、结构效度、收敛效度、区分效度进行分析,最终确定了调查量表的有效结构和问题项,获得了2169个有效数据。其次,对中国新就业形态劳动者不同群体的劳动关系满意度现状、和谐劳动关系影响因素的差异性、就业目的的差异性和劳动关系主体协调力的差异性进行了详细分析。最后,对就业目的、和谐劳动关系影响因素、劳动关系主体协调力与劳动关系满意度之间的关系分别进行了回归分析和结构方程模型分析,并对回归系数和路径系数进行了分析和比较。

第一节 调查样本描述性统计

一、有效数据

课题组成员、研究生、本科生于二〇二一年一月至二〇二二年十二月期间前往事先确立的调查地区进行实地调查和访谈,同时借助朋友圈和部分单位的员工工作群获取数据,共获得2481份调查问卷,其中,实地调查获得1669份,网上获得812份。经过分析和甄选,发现无效问卷312份,最终保留有效问卷2169份。

二、样本特征

应用IBM SPSS Statistics 21进行有效数据录入和分析,按照性别、年龄、学历、专兼职、行业、工龄进行分类统计,分析结果见表5-1。

表5-1 调查样本的描述性统计

项目	类别	频率	百分比/%	有效百分比/%	累积百分比/%	百分比 Bootstrap			
						偏差	标准误差	95% 置信区间	
								下限	上限
性别	男	1572	72.5	72.5	72.5	0	0	72.5	72.5
	女	597	27.5	27.5	100	0	0	27.5	27.5

(续表)

项目	类别	频率	百分比/%	有效百分比/%	累积百分比/%	百分比 Bootstrap			
						偏差	标准误差	95% 置信区间	
								下限	上限
年龄	20 岁以下（含）	117	5.4	5.4	5.4	0	0.5	4.5	6.4
	21~25 岁	1053	48.5	48.5	53.9	0	1.1	46.5	50.7
	26~30 岁	528	24.3	24.3	78.3	0	0.9	22.5	26.1
	31~35 岁	180	8.3	8.3	86.6	0	0.6	7.1	9.5
	36~40 岁	114	5.3	5.3	91.8	0	0.5	4.2	6.2
	40~45 岁	90	4.1	4.1	96	0	0.4	3.3	5
	46~50 岁	48	2.2	2.2	98.2	0	0.3	1.7	2.8
	50 岁以上	39	1.8	1.8	100	0	0.3	1.3	2.4
学历	高中或中专及以下	1230	56.7	56.7	56.7	0.1	1	54.6	58.7
	大专或高职	447	20.6	20.6	77.3	−0.1	0.8	19	22.3
	大学本科	372	17.2	17.2	94.5	0	0.8	15.6	18.7
	硕士及以上	120	5.5	5.5	100	0	0.5	4.6	6.5
专兼职	兼职	429	19.8	19.8	19.8	0	0.9	18.1	21.5
	专职	1740	80.2	80.2	100	0	0.9	78.5	81.9
行业	快递运输、批发	915	42.2	42.2	42.2	0	1.1	40.1	44.3
	电商购物	204	9.4	9.4	51.6	0	0.6	8.3	10.7
	网约车、代驾	84	3.9	3.9	55.5	0	0.4	3.1	4.7
	网络教育培训	81	3.7	3.7	59.2	0	0.4	3	4.6
	网络社交	15	0.7	0.7	59.9	0	0.2	0.4	1.1
	餐饮外卖	483	22.3	22.3	82.2	0	0.9	20.5	24.1
	网络摄影、音视频制作	18	0.8	0.8	83	0	0.2	0.5	1.2
	网络直播	81	3.7	3.7	86.7	0	0.4	3	4.5
	网约写作	21	1	1	87.7	0	0.2	0.6	1.4
	网络服务平台	54	2.5	2.5	90.2	0	0.3	1.9	3.1
	IT 与软件开发	36	1.7	1.7	91.8	0	0.3	1.2	2.2
	大数据、云计算、人工智能等	36	1.7	1.7	93.5	0	0.3	1.1	2.2
	网络服务平台	132	6.1	6.1	99.6	0	0.5	5.2	7.1
	其他	9	0.4	0.4	100	0	0.1	0.2	0.7

(续表)

项目	类别	频率	百分比/%	有效百分比/%	累积百分比/%	百分比 Bootstrap			
						偏差	标准误差	95% 置信区间	
								下限	上限
工龄	1年以内(含1年)	1107	51	51	51	0	1.1	48.9	53.1
	1~3年	759	35	35	86	0	1	33	37.2
	3~5年	174	8	8	94.1	0	0.6	6.8	9.2
	5~10年	69	3.2	3.2	97.2	0	0.4	2.5	4
	10年以上	60	2.8	2.8	100	0	0.4	2.1	3.5
合计		2169	100	100		0	0	100	100

表 5-1 显示，被调查者中，男性群体占比 72.5%，女性群体占比 27.5%，男性群体远远超过女性群体。年龄分类中，21～25 岁群体占比 48.5%，26～30 岁群体占比 24.3%，31～35 岁群体占比 8.3%，其他群体占比较少，可见，新就业形态劳动者以青年人为主。学历分类中，高中或中专及以下群体占比 56.7%，大专或高职群体占比 20.6%，说明新就业形态劳动者大部分人的学历偏低。专兼职分类中，专职群体占比 80.2%，兼职群体占比 19.8%，说明新就业形态劳动者大部分人是专职人员。行业分类中，快递运输、批发，餐饮外卖，电商购物的劳动者群体占比相对较高，三个行业的劳动者群体合计占比达 73.9%，而其他行业群体占比较少，说明新就业形态劳动者大部分人还是偏向体力劳动、投资少的相关行业。工龄分类中，1 年以内(含 1 年)群体占比 51%，1～3 年群体占比 35%，其他群体占比较少，说明新就业形态劳动者群体中新进员工占比较高，从业者转换率高。

第二节 调查量表的信度分析

一、量表各个维度的信度系数

实证分析中，通常采用克隆巴赫 Alpha 系数以衡量调查量表的信度。一般认为，克隆巴赫 Alpha 系数在 0.7 及以上，表明该维度的信度可以接受。当然，调查量表各维度的信度系数，与其题项的数量相关，题项的数量越多，该维度的信度系数就越高。如果一个维度有 10 个题项，那么其信度系数可能在 0.8～0.9，甚至更高。如果一个维度只有 3～5 个题项，其信度系数可能在 0.6～0.7，甚至更低。如果信度系数在 0.5 以下，则该维度的可靠性差，宜删除或重新修订。

根据克隆巴赫 Alpha 系数，课题组成员对各维度的题项进行分析，经过删除某些题项后，得到调查量表各个维度的最终克隆巴赫 Alpha 系数，而且每个维度的信度系数均在 0.7 以上，说明本研究项目的调查量表信度可靠，通过信度检验。调查量表各个维度信度检验分析汇总见表 5-2。

表 5-2 调查量表各个维度信度检验分析汇总

维度	N	克隆巴赫 Alpha 系数	删除题项后克隆巴赫 Alpha 系数
薪酬福利	5	0.757	—
社会保障	6	0.973	—
就业环境	5	0.633	0.762
权益保护	5	0.657	0.851
技能开发	5	0.761	—
心理契约	5	0.785	—
工作时间	6	0.840	0.902
劳动合同	5	0.870	0.922
工作安全	5	0.822	—
考核机制	5	0.833	—
公平	6	0.515	0.724
效率	6	0.832	—
发言权	6	0.581	0.751
平等	5	0.876	0.968
职业兴趣	5	0.644	0.751
员工自制力	5	0.701	—
企业管理力	5	0.919	—
工会协商力	5	0.949	—
政府指导力	5	0.682	0.829
社会监督力	5	0.930	—
劳动关系满意度	5	0.569	0.711

二、量表维度的题项调整过程

应用 SPSS Statistics 21,对调查量表的各个维度进行可靠性分析,并根据删除题项后克隆巴赫 Alpha 系数的最高值(即删除该题项后克隆巴赫 Alpha 系数能达到的数值)进行题项删除,直至该维度的整体信度系数达到 0.7 以上。量表各个维度的题项具体调整过程:就业环境的 FQ16 和 FQ12 的删除题项后克隆巴赫 Alpha 系数的值最高,故依次删除直至就业环境维度的克隆巴赫 Alpha 系数达到了 0.7 以上;以此类推,权益保护的 FQ21、工作时间的 FQ32 和 FQ34、劳动合同的 FQ41、公平的 EQ5 和 EQ6、发言权的 EQ13 和 EQ16、职业兴趣的 EQ26、政府指导力的 PQ20、劳动关系满意度的 LQ3 等根据删除题项后克隆巴赫 Alpha 系数的最高值进行题项删除,直至该维度的信度系数达到 0.7 以上。调查量表各个维度的题项调整过程见表 5-3。

表 5-3　调查量表各个维度的题项调整过程

维度	题项	删除题项后的标度平均值	删除题项后的标度方差	删除题项后的克隆巴赫 Alpha 系数
就业环境(第一次删除)	FQ12	9.14	3.912	0.609
	FQ13	9.50	3.924	0.507
	FQ14	9.38	4.218	0.555
	FQ15	9.51	4.200	0.534
	FQ16	8.95	4.287	0.688
就业环境(第二次删除)	FQ12	6.47	2.635	0.762
	FQ13	6.83	2.519	0.546
	FQ14	6.71	2.675	0.583
	FQ15	6.85	2.821	0.601
权益保护	FQ17	11.97	15.132	0.495
	FQ18	11.75	14.085	0.448
	FQ19	11.82	14.700	0.494
	FQ20	11.76	14.403	0.462
	FQ21	11.15	30.732	0.851
工作时间(第一次删除)	FQ32	16.41	12.389	0.837
	FQ33	15.77	12.048	0.824
	FQ34	16.11	13.693	0.880
	FQ35	15.92	11.609	0.806
	FQ36	15.90	11.858	0.765
	FQ37	15.87	11.731	0.764
工作时间(第二次删除)	FQ32	13.32	9.421	0.902
	FQ33	12.68	8.692	0.865
	FQ35	12.83	8.564	0.855
	FQ36	12.81	9.254	0.822
	FQ37	12.78	9.205	0.825
劳动合同	FQ38	12.47	17.264	0.825
	FQ39	11.72	16.265	0.816
	FQ40	12.37	18.930	0.822
	FQ41	12.25	24.016	0.922
	FQ42	12.66	18.661	0.804

(续表)

维度	题项	删除题项后的标度平均值	删除题项后的标度方差	删除题项后的克隆巴赫 Alpha 系数
公平(第一次删除)	EQ1	12.66	5.867	0.371
	EQ2	12.39	5.862	0.403
	EQ3	12.86	6.160	0.380
	EQ4	12.86	6.453	0.432
	EQ5	11.79	6.815	0.614
	EQ6	12.87	7.754	0.567
公平(第二次删除)	EQ1	9.36	4.229	0.472
	EQ2	9.10	4.219	0.518
	EQ3	9.57	4.487	0.474
	EQ4	9.57	4.754	0.540
	EQ6	9.58	6.225	0.724
发言权(第一次删除)	EQ13	11.70	7.313	0.615
	EQ14	11.47	5.920	0.502
	EQ15	11.61	5.850	0.479
	EQ16	11.33	6.880	0.645
	EQ17	12.51	6.454	0.468
	EQ18	11.47	5.520	0.474
发言权(第二次删除)	EQ13	9.01	6.208	0.751
	EQ14	8.78	4.390	0.561
	EQ15	8.92	4.381	0.540
	EQ17	9.82	4.946	0.515
	EQ18	8.78	4.048	0.535
平等	EQ19	9.44	14.141	0.809
	EQ20	9.68	14.670	0.801
	EQ21	9.71	14.886	0.795
	EQ22	9.68	14.743	0.796
	EQ23	9.33	24.491	0.968
职业兴趣	EQ24	10.06	4.812	0.529
	EQ25	10.44	5.333	0.527
	EQ26	10.47	7.428	0.751
	EQ27	10.25	4.967	0.523
	EQ28	9.94	4.989	0.552

(续表)

维度	题项	删除题项后的标度平均值	删除题项后的标度方差	删除题项后的克隆巴赫 Alpha 系数
政府指导力	PQ16	11.95	8.355	0.625
	PQ17	11.67	6.801	0.511
	PQ18	11.63	6.835	0.512
	PQ19	11.46	7.287	0.589
	PQ20	11.01	10.240	0.829
劳动关系满意度	LQ1	10.89	5.271	0.498
	LQ2	11.14	5.253	0.408
	LQ3	10.17	6.912	0.711
	LQ4	10.91	5.138	0.419
	LQ5	11.05	5.321	0.467

第三节 调查量表的效度分析

一、内容效度

应用 SPSS Statistics 21 中的因子分析,并根据 KMO 值和巴特利特球形度检验及主成分分析,从而检验调查量表各个维度的内容效度。当 KMO 值达到 0.7 及以上,巴特利特球形度检验呈显著性(小于 0.05),而且维度的各个测量指标的成分达到 0.7 及以上(可放宽至 0.5～0.6),则量表维度的内容效度通过检验,可以进行下一步的数据分析。

(一)和谐劳动关系影响因素的内容效度

将和谐劳动关系影响因素的各个测量指标导入 SPSS Statistics 21 中的因子分析程序中,并选取主成分进行提取,导出结果见表 5-4、表 5-5、表 5-6。

表 5-4 KMO 和巴特利特球形度检验(一)

KMO 取样适切性量数		0.84
巴特利特球形度检验	近似卡方	70037.93
	自由度	1035.00
	显著性	0.00

表 5-5　总方差解释(一)

成分	初始特征值			提取载荷平方和			旋转载荷平方和		
	总计	方差百分比/%	累积/%	总计	方差百分比/%	累积/%	总计	方差百分比/%	累积/%
1	6.93	15.06	15.06	6.93	15.06	15.06	5.34	11.61	11.61
2	6.05	13.16	28.22	6.05	13.16	28.22	3.62	7.88	19.49
3	3.36	7.30	35.53	3.36	7.30	35.53	3.30	7.16	26.65
4	3.18	6.90	42.43	3.18	6.90	42.43	3.29	7.16	33.81
5	3.00	6.52	48.95	3.00	6.52	48.95	2.95	6.41	40.22
6	2.45	5.32	54.27	2.45	5.32	54.27	2.87	6.23	46.46
7	2.27	4.92	59.20	2.27	4.92	59.20	2.75	5.97	52.43
8	1.83	3.97	63.17	1.83	3.97	63.17	2.71	5.89	58.32
9	1.44	3.12	66.29	1.44	3.12	66.29	2.44	5.31	63.63
10	1.31	2.85	69.14	1.31	2.85	69.14	2.18	4.75	68.38
11	1.00	2.18	71.32	1.00	2.18	71.32	1.35	2.94	71.32
12	0.91	1.97	73.29						
13	0.80	1.75	75.04						
14	0.75	1.63	76.67						
15	0.72	1.57	78.24						
16	0.70	1.52	79.76						
17	0.63	1.38	81.14						
18	0.60	1.31	82.45						
19	0.55	1.20	83.65						
20	0.54	1.18	84.82						
21	0.53	1.14	85.97						
22	0.50	1.08	87.05						
23	0.47	1.02	88.07						
24	0.46	0.99	89.06						
25	0.41	0.89	89.95						
26	0.38	0.82	90.77						

（续表）

成分	初始特征值			提取载荷平方和			旋转载荷平方和		
	总计	方差百分比/%	累积/%	总计	方差百分比/%	累积/%	总计	方差百分比/%	累积/%
27	0.37	0.80	91.57						
28	0.35	0.77	92.34						
29	0.35	0.76	93.10						
30	0.33	0.72	93.81						
31	0.31	0.68	94.49						
32	0.30	0.64	95.14						
33	0.29	0.62	95.76						
34	0.27	0.58	96.33						
35	0.25	0.55	96.88						
36	0.22	0.48	97.36						
37	0.21	0.45	97.81						
38	0.19	0.42	98.23						
39	0.15	0.34	98.57						
40	0.15	0.32	98.88						
41	0.14	0.31	99.19						
42	0.13	0.28	99.47						
43	0.08	0.18	99.65						
44	0.08	0.17	99.82						
45	0.05	0.11	99.92						
46	0.04	0.08	100.00						

提取方法：主成分分析法。

表 5-6 旋转后的成分矩阵[a]（一）

	成分										
	1	2	3	4	5	6	7	8	9	10	11
FQ8	0.95										
FQ10	0.95										
FQ7	0.95										

（续表）

	成分										
	1	2	3	4	5	6	7	8	9	10	11
FQ9	0.94										
FQ11	0.91										
FQ6	0.87										
FQ30		0.82									
FQ31		0.74									
FQ28		0.64									
FQ29		0.62									
FQ27		0.54									
FQ4											
FQ42			0.92								
FQ39			0.91								
FQ40			0.90								
FQ38			0.89								
FQ37				0.94							
FQ36				0.93							
FQ35				0.85							
FQ33				0.83							
FQ18					0.81						
FQ20					0.80						
FQ17					0.79						
FQ19					0.78						
FQ45						0.78					
FQ46						0.76					
FQ44						0.73					
FQ43						0.72					
FQ47											
FQ49							0.90				
FQ48							0.89				
FQ50							0.74				

(续表)

	成分										
	1	2	3	4	5	6	7	8	9	10	11
FQ23								0.80			
FQ26								0.76			
FQ24								0.66			
FQ22								0.63			
FQ25											
FQ3									0.82		
FQ2									0.76		
FQ5									0.64		
FQ1									0.63		
FQ13										0.86	
FQ14										0.79	
FQ15										0.68	
FQ51											0.81
FQ52								0.60			0.62

提取方法：主成分分析法。
旋转方法：凯撒正态化最大方差法。
a. 旋转在 9 次迭代后已收敛。

表 5-6 显示，FQ4 和 FQ47 不符合要求，应剔除。删除 FQ4 和 FQ47 两个测量指标后重复上述主成分提取过程，最终结果见表 5-7、表 5-8、表 5-9。

表 5-7 KMO 和巴特利特球形度检验（二）

KMO 取样适切性量数		0.83
巴特利特球形度检验	近似卡方	68143.71
	自由度	946.00
	显著性	0.00

表 5-8 总方差解释（二）

成分	初始特征值			提取载荷平方和			旋转载荷平方和		
	总计	方差百分比/%	累积/%	总计	方差百分比/%	累积/%	总计	方差百分比/%	累积/%
1	6.37	14.47	14.47	6.37	14.47	14.47	5.33	12.12	12.12
2	6.03	13.71	28.17	6.03	13.71	28.17	3.29	7.48	19.61
3	3.36	7.63	35.80	3.36	7.63	35.80	3.29	7.47	27.08

（续表）

成分	初始特征值			提取载荷平方和			旋转载荷平方和		
	总计	方差百分比/%	累积/%	总计	方差百分比/%	累积/%	总计	方差百分比/%	累积/%
4	3.17	7.21	43.01	3.17	7.21	43.01	3.28	7.44	34.52
5	2.99	6.80	49.81	2.99	6.80	49.81	3.06	6.96	41.49
6	2.42	5.51	55.32	2.42	5.51	55.32	2.92	6.64	48.13
7	2.24	5.10	60.41	2.24	5.10	60.41	2.72	6.19	54.31
8	1.81	4.10	64.52	1.81	4.10	64.52	2.58	5.87	60.18
9	1.39	3.16	67.68	1.39	3.16	67.68	2.41	5.47	65.65
10	1.31	2.97	70.65	1.31	2.97	70.65	2.20	4.99	70.65
11	0.99	2.25	72.90						
12	0.89	2.02	74.91						
13	0.80	1.82	76.74						
14	0.75	1.70	78.43						
15	0.68	1.54	79.97						
16	0.60	1.37	81.34						
17	0.60	1.37	82.71						
18	0.55	1.24	83.95						
19	0.54	1.23	85.19						
20	0.51	1.15	86.34						
21	0.48	1.08	87.42						
22	0.46	1.04	88.47						
23	0.42	0.95	89.41						
24	0.38	0.86	90.28						
25	0.37	0.84	91.12						
26	0.36	0.81	91.93						
27	0.35	0.79	92.72						
28	0.33	0.76	93.48						
29	0.32	0.72	94.20						
30	0.30	0.67	94.87						
31	0.29	0.65	95.53						
32	0.27	0.61	96.14						
33	0.25	0.58	96.71						

（续表）

成分	初始特征值			提取载荷平方和			旋转载荷平方和		
	总计	方差百分比/%	累积/%	总计	方差百分比/%	累积/%	总计	方差百分比/%	累积/%
34	0.22	0.51	97.22						
35	0.21	0.47	97.69						
36	0.19	0.44	98.14						
37	0.16	0.35	98.49						
38	0.15	0.33	98.82						
39	0.14	0.32	99.15						
40	0.13	0.30	99.44						
41	0.08	0.19	99.63						
42	0.08	0.18	99.81						
43	0.05	0.11	99.92						
44	0.04	0.08	100.00						

提取方法：主成分分析法。

表 5-9　旋转后的成分矩阵[a]（二）

	成分									
	1	2	3	4	5	6	7	8	9	10
FQ1									0.73	
FQ2									0.76	
FQ3									0.82	
FQ5									0.71	
FQ6	0.87									
FQ7	0.95									
FQ8	0.96									
FQ9	0.94									
FQ10	0.95									
FQ11	0.91									
FQ13										0.85
FQ14										0.79
FQ15										0.72
FQ17						0.80				
FQ18						0.81				

（续表）

	成分									
	1	2	3	4	5	6	7	8	9	10
FQ19						0.78				
FQ20						0.80				
FQ22							0.74			
FQ23							0.80			
FQ24							0.71			
FQ25							0.72			
FQ26							0.76			
FQ27				0.73						
FQ28				0.71						
FQ29				0.71						
FQ30				0.82						
FQ31				0.74						
FQ33			0.83							
FQ35			0.85							
FQ36			0.93							
FQ37			0.94							
FQ38		0.89								
FQ39		0.91								
FQ40		0.90								
FQ42		0.92								
FQ43								0.71		
FQ44								0.71		
FQ45								0.81		
FQ46								0.78		
FQ48					0.82					
FQ49					0.85					
FQ50					0.77					
FQ51					0.71					
FQ52					0.80					

提取方法：主成分分析法。
旋转方法：凯撒正态化最大方差法。
a. 旋转在 7 次迭代后已收敛。

表 5-7、表 5-8、表 5-9 显示,KMO 值为 0.83,超过 0.7,巴特利特球形度检验显著性概率均为 0.000,小于 0.05,呈显著性,累积总方差解释 70.65%,各个测量指标的成分均超过 0.7,因此,和谐劳动关系影响因素的内容效度通过检验,可以进行下一步的数据分析。

(二)劳动关系主体协调力与劳动关系满意度的内容效度

将劳动关系主体协调力和劳动关系满意度的各个测量指标导入 SPSS Statistics 21 中的因子分析程序中,并选取主成分进行提取,导出结果见表 5-10、表 5-11、表 5-12。

表 5-10 KMO 和巴特利特球形度检验(三)

KMO 取样适切性量数		0.89
巴特利特球形度检验	近似卡方	46318.50
	自由度	378.00
	显著性	0.00

表 5-11 总方差解释(三)

成分	初始特征值			提取载荷平方和			旋转载荷平方和		
	总计	方差百分比/%	累积/%	总计	方差百分比/%	累积/%	总计	方差百分比/%	累积/%
1	8.84	31.58	31.58	8.84	31.58	31.58	4.55	16.26	16.26
2	3.84	13.73	45.31	3.84	13.73	45.31	3.89	13.90	30.16
3	2.62	9.37	54.68	2.62	9.37	54.68	3.85	13.73	43.89
4	1.93	6.91	61.59	1.93	6.91	61.59	2.56	9.15	53.04
5	1.32	4.73	66.32	1.32	4.73	66.32	2.50	8.94	61.98
6	1.14	4.08	70.39	1.14	4.08	70.39	2.36	8.41	70.39
7	0.94	3.36	73.75						
8	0.78	2.78	76.54						
9	0.75	2.67	79.20						
10	0.66	2.37	81.57						
11	0.61	2.16	83.74						
12	0.57	2.02	85.76						
13	0.53	1.91	87.66						
14	0.47	1.68	89.35						
15	0.41	1.47	90.82						
16	0.38	1.36	92.18						
17	0.37	1.32	93.50						
18	0.29	1.04	94.54						
19	0.28	0.98	95.52						

（续表）

成分	初始特征值			提取载荷平方和			旋转载荷平方和		
	总计	方差百分比/%	累积/%	总计	方差百分比/%	累积/%	总计	方差百分比/%	累积/%
20	0.21	0.77	96.29						
21	0.19	0.68	96.97						
22	0.16	0.57	97.54						
23	0.15	0.53	98.07						
24	0.14	0.49	98.56						
25	0.12	0.45	99.00						
26	0.11	0.39	99.39						
27	0.10	0.36	99.76						
28	0.07	0.24	100.00						

提取方法：主成分分析法。

表 5-12 旋转后的成分矩阵[a]（三）

	成分					
	1	2	3	4	5	6
PQ1					0.70	
PQ2					0.71	
PQ3					0.72	
PQ4					0.70	
PQ5					0.73	
PQ6		0.85				
PQ7		0.85				
PQ8		0.75				
PQ9		0.89				
PQ10		0.85				
PQ11	0.85					
PQ12	0.87					
PQ13	0.88					
PQ14	0.86					
PQ15	0.85					
PQ16				0.71		
PQ17				0.85		
PQ18				0.82		

(续表)

	成分					
	1	2	3	4	5	6
PQ19				0.70		
PQ21			0.75			
PQ22			0.79			
PQ23			0.80			
PQ24			0.81			
PQ25			0.80			
LQ1						0.71
LQ2						0.77
LQ4						0.77
LQ5						0.70

提取方法:主成分分析法。
旋转方法:凯撒正态化最大方差法。
a. 旋转在 6 次迭代后已收敛。

表 5-10、表 5-11、表 5-12 显示,KMO 值为 0.89,超过 0.7,巴特利特球形度检验显著性概率均为 0.000,小于 0.05,呈显著性,累积总方差解释 70.39%,各个测量指标的成分均超过 0.7,因此,和谐劳动关系主体协调力和劳动关系满意度的内容效度通过检验,可以进行下一步的数据分析。

（三）劳动者就业目的的内容效度

将劳动者就业目的的各个测量指标导入 SPSS Statistics 21 中的因子分析程序中,并选取主成分进行提取,导出结果见表 5-13、表 5-14、表 5-15。

表 5-13　KMO 和巴特利特球形度检验（四）

KMO 取样适切性量数		0.88
巴特利特球形度检验	近似卡方	27461.66
	自由度	231.00
	显著性	0.00

表 5-14　总方差解释（四）

成分	初始特征值			提取载荷平方和			旋转载荷平方和		
	总计	方差百分比/%	累积/%	总计	方差百分比/%	累积/%	总计	方差百分比/%	累积/%
1	6.82	31.00	31.00	6.82	31.00	31.00	3.72	16.93	16.93
2	2.64	12.00	43.00	2.64	12.00	43.00	3.43	15.60	32.53
3	2.18	9.93	52.93	2.18	9.93	52.93	2.48	13.28	42.81

（续表）

成分	初始特征值			提取载荷平方和			旋转载荷平方和		
	总计	方差百分比/%	累积/%	总计	方差百分比/%	累积/%	总计	方差百分比/%	累积/%
4	1.44	6.56	59.49	1.44	6.56	59.49	2.38	12.80	60.61
5	1.19	5.42	64.91	1.19	5.42	64.91	2.26	10.30	70.91
6	0.95	4.30	69.21						
7	0.77	3.49	72.70						
8	0.71	3.23	75.93						
9	0.65	2.95	78.88						
10	0.61	2.76	81.65						
11	0.54	2.44	84.09						
12	0.53	2.43	86.52						
13	0.46	2.10	88.62						
14	0.45	2.04	90.66						
15	0.44	1.99	92.65						
16	0.39	1.78	94.43						
17	0.35	1.59	96.02						
18	0.30	1.35	97.37						
19	0.28	1.29	98.66						
20	0.15	0.68	99.35						
21	0.09	0.42	99.76						
22	0.05	0.24	100.00						

提取方法：主成分分析法。

表 5-15　旋转后的成分矩阵[a]（四）

	成分				
	1	2	3	4	5
EQ1					0.71
EQ2					0.71
EQ3					0.74
EQ4					0.71
EQ7		0.71			
EQ8		0.73			
EQ9		0.74			
EQ10		0.73			

(续表)

	成分				
	1	2	3	4	5
EQ11		0.70			
EQ12		0.70			
EQ14			0.75		
EQ15			0.73		
EQ17			0.86		
EQ18			0.70		
EQ19	0.92				
EQ20	0.92				
EQ21	0.92				
EQ22	0.93				
EQ24				0.75	
EQ25				0.70	
EQ27				0.75	
EQ28				0.70	

提取方法：主成分分析法。
旋转方法：凯撒正态化最大方差法。
a. 旋转在 5 次迭代后已收敛。

表 5-13、表 5-14、表 5-15 显示，KMO 值为 0.88，超过 0.7，巴特利特球形度检验显著性概率均为 0.000，小于 0.05，呈显著性，累积总方差解释 70.91%，各个测量指标的成分均超过 0.7，因此，和谐劳动关系主体协调力和劳动关系满意度的内容效度通过检验，可以进行下一步的数据分析。

二、结构效度

结构方程模型分析过程中，需要进行验证性因子分析，其中结构效度是首要考虑的，其次需要进行收敛效度和区分效度分析。结构效度主要解决模型的拟合度，可以应用结构方程模型分析软件 AMOS 24.0 进行运算，计算各个拟合度指标的数值。一般选择卡方自由度比值、RMSEA、GFI、AGFI、NFI、IFI、TLI、CFI 这些指标进行模型拟合度检验。这些指标的理想值见表 5-16。

表 5-16 结构方程模型拟合度指标的理想值

卡方自由度比值	RMSEA	GFI	AGFI	NFI	IFI	TLI	CFI
<3	<0.08	>0.9	>0.9	>0.9	>0.9	>0.9	>0.9

如果外因潜变量较多，测量指标较多，而且样本量较多（大于 500），则卡方自由度比

值可以放宽到小于 5，GFI、AGFI、NFI、IFI、TLI、CFI 等指标大于 0.8 也是可以接受的。

(一)和谐劳动关系影响因素与劳动关系满意度的结构效度

应用结构方程模型分析软件 AMOS 24.0，构建和谐劳动关系影响因素与劳动关系满意度的验证性因子分析图，输出结果，查看卡方自由度比值、RMSEA、GFI、AGFI、NFI、IFI、TLI、CFI 等指标的数值，并根据需要进行模型修正。可以根据测量指标的载荷进行测量指标的删除，也可以根据修正指标的数值进行误差项的相关性连接，当然，每次只能根据一个最大的修改指标的数值进行误差项的相关性连接。和谐劳动关系影响因素与劳动关系满意度的验证性因子分析中，进行了 8 次误差项的相关性连接。经过修正，最终各项拟合度指标基本达到要求。具体结果见图 5-1 和表 5-17。

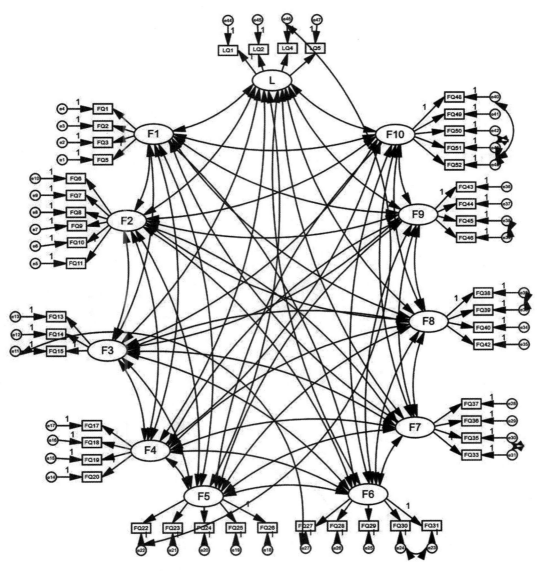

图 5-1　和谐劳动关系影响因素与劳动关系满意度的验证性因子分析

表 5-17　和谐劳动关系影响因素与劳动关系满意度的整体拟合系数

卡方自由度比值	RMSEA	GFI	AGFI	NFI	IFI	TLI	CFI
5.819	0.56	0.864	0.843	0.892	0.905	0.894	0.905

（二）劳动关系主体协调力与劳动关系满意度的结构效度

应用结构方程模型分析软件 AMOS 24.0，构建劳动关系主体协调力与劳动关系满意度的验证性因子分析图，输出结果，查看卡方自由度比值、RMSEA、GFI、AGFI、NFI、IFI、TLI、CFI 等指标的数值，并根据需要进行模型修正。劳动关系主体协调力与劳动关系满意度的验证性因子分析中，进行了两次误差项的相关性连接，PQ16 因子载荷过低，故将其剔除。经过修正，最终各项拟合度指标基本达到要求。具体结果见图 5-2 和表 5-18。

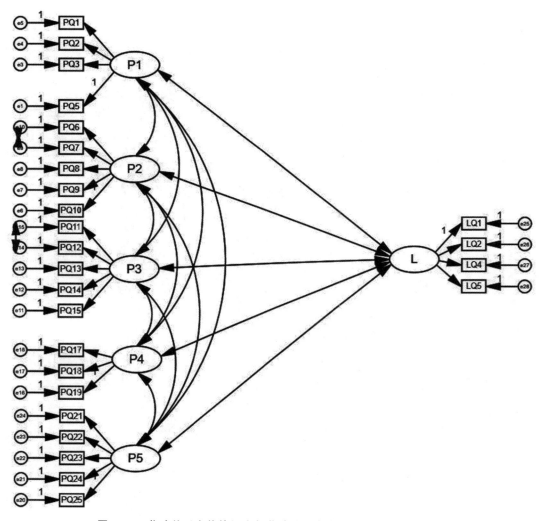

图 5-2　劳动关系主体协调力与劳动关系满意度的验证性因子分析

表 5-18 劳动关系主体协调力与劳动关系满意度的整体拟合系数

卡方自由度比值	RMSEA	GFI	AGFI	NFI	IFI	TLI	CFI
4.91	0.74	0.886	0.858	0.918	0.924	0.912	0.924

(三)劳动者就业目的与劳动关系满意度的结构效度

应用结构方程模型分析软件 AMOS 24.0,构建劳动者就业目的与劳动关系满意度的验证性因子分析图,输出结果,查看卡方自由度比值、RMSEA、GFI、AGFI、NFI、IFI、TLI、CFI 等指标的数值,并根据需要进行模型修正。劳动者就业目的与劳动关系满意度的验证性因子分析中,进行了 3 次误差项的相关性连接。经过修正,最终各项拟合度指标基本达到要求。具体结果见图 5-3 和表 5-19。

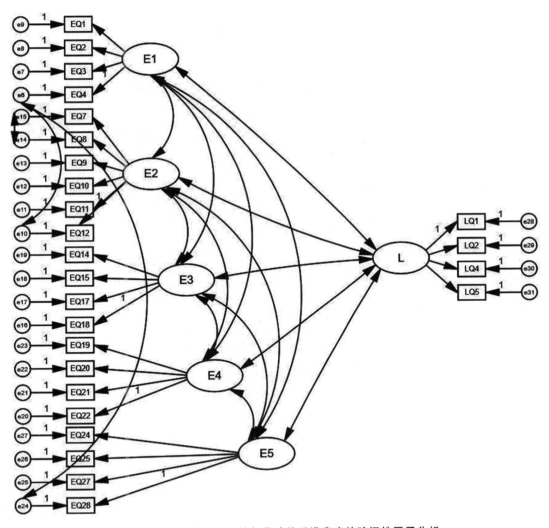

图 5-3 劳动者就业目的与劳动关系满意度的验证性因子分析

表 5-19 劳动者就业目的与劳动关系满意度的整体拟合系数

卡方自由度比值	RMSEA	GFI	AGFI	NFI	IFI	TLI	CFI
4.544	0.07	0.897	0.871	0.898	0.906	0.891	0.906

（四）劳动者就业目的与和谐劳动关系影响因素的结构效度

应用结构方程模型分析软件 AMOS 24.0，构建劳动者就业目的与和谐劳动关系影响因素的验证性因子分析图，输出结果，查看卡方自由度比值、RMSEA、GFI、AGFI、NFI、IFI、TLI、CFI 等指标的数值，并根据需要进行模型修正。劳动者就业目的与和谐劳动关系影响因素的验证性因子分析中，进行了 9 次误差项的相关性连接。经过修正，最终各项拟合度指标基本达到要求。具体结果见图 5-4 和表 5-20。

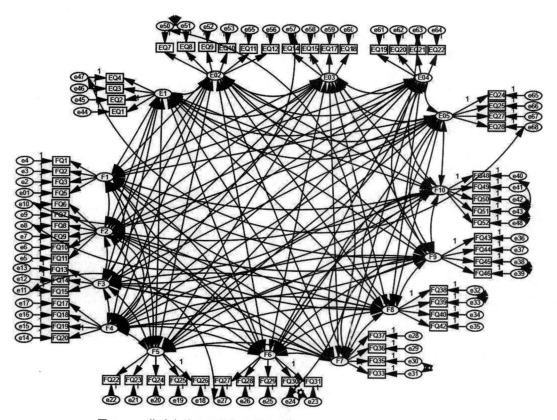

图 5-4 劳动者就业目的与和谐劳动关系影响因素的验证性因子分析

表 5-20 劳动者就业目的与和谐劳动关系影响因素的整体拟合系数

卡方自由度比值	RMSEA	GFI	AGFI	NFI	IFI	TLI	CFI
4.68	0.57	0.81	0.787	0.851	0.867	0.854	0.867

三、收敛效度

Hair 等及 Fornell 和 Larcker 认为,模型的收敛效度的条件包括:理想的因子负荷量(Factor loadings)须大于 0.7,但在验证性因素分析下 0.6～0.7 区间的因素负荷量亦可接受,探索性因素分析要求可放宽至 0.5;组成效度(Composite Reliability,CR)须大于 0.7,0.8 以上为理想值,但也不应太高,最高不可高于 0.95;平均变异数萃取量(Average of Variance Extracted,AVE)须大于 0.5。

AVE 值的计算公式为

$$AVE = \left(\sum \lambda^2\right)/n$$

CR 值的计算公式为

$$CR = \left(\sum \lambda\right)^2 / \left(\left(\sum \lambda\right)^2 + \sum \delta\right)$$

其中,λ 是标准化的因子载荷,δ 为标准化的剩余方差。

(一)和谐劳动关系影响因素的收敛效度

根据修正后的和谐劳动关系影响因素验证性因子分析结果,在 Excel 软件中编辑 AVE 和 CR 计算公式,计算出 AVE 值和 CR 值,具体见表 5-21。

表 5-21 和谐劳动关系影响因素收敛效度检验

路径			Estimate	AVE	CR
FQ5	<---	F1	0.660	0.556	0.769
FQ3	<---	F1	0.758		
FQ2	<---	F1	0.663		
FQ1	<---	F1	0.611		
FQ11	<---	F2	0.903	0.862	0.974
FQ10	<---	F2	0.952		
FQ9	<---	F2	0.956		
FQ8	<---	F2	0.975		
FQ7	<---	F2	0.963		
FQ6	<---	F2	0.810		
FQ15	<---	F3	0.704	0.525	0.767
FQ14	<---	F3	0.673		
FQ13	<---	F3	0.791		
FQ20	<---	F4	0.764	0.591	0.852
FQ19	<---	F4	0.724		
FQ18	<---	F4	0.822		
FQ17	<---	F4	0.761		

（续表）

路径			Estimate	AVE	CR
FQ26	<---	F5	0.633		
FQ25	<---	F5	0.560		
FQ24	<---	F5	0.723	0.511	0.722
FQ23	<---	F5	0.778		
FQ22	<---	F5	0.462		
FQ31	<---	F6	0.636		
FQ30	<---	F6	0.716		
FQ29	<---	F6	0.713	0.534	0.792
FQ28	<---	F6	0.570		
FQ27	<---	F6	0.646		
FQ37	<---	F7	0.988		
FQ36	<---	F7	0.972	0.744	0.919
FQ35	<---	F7	0.749		
FQ33	<---	F7	0.703		
FQ38	<---	F8	0.796		
FQ39	<---	F8	0.815	0.740	0.919
FQ40	<---	F8	0.889		
FQ42	<---	F8	0.934		
FQ43	<---	F9	0.915		
FQ44	<---	F9	0.931	0.527	0.800
FQ45	<---	F9	0.449		
FQ46	<---	F9	0.451		
FQ48	<---	F10	0.850		
FQ49	<---	F10	0.929		
FQ50	<---	F10	0.629	0.597	0.818
FQ51	<---	F10	0.350		
FQ52	<---	F10	0.613		
LQ1	<---	L1	0.486		
LQ2	<---	L1	0.726	0.509	0.747
LQ4	<---	L1	0.692		
LQ5	<---	L1	0.626		

表 5-21 显示，和谐劳动关系各影响因素的 AVE 值均大于 0.5，CR 值均大于 0.7，说明和谐劳动关系各影响因素的收敛效度较好。

(二)劳动关系主体协调力与劳动关系满意度的收敛效度

根据修正后的劳动关系主体协调力与劳动关系满意度的验证性因子分析结果,在 Excel 软件中编辑 AVE 和 CR 计算公式,计算出 AVE 值和 CR 值,具体见表 5-22。

表 5-22 劳动关系主体协调力与劳动关系满意度的收敛效度检验表

路径			Estimate	AVE	CR
PQ5	<---	P1	0.567	0.504	0.727
PQ3	<---	P1	0.521		
PQ2	<---	P1	0.697		
PQ1	<---	P1	0.733		
PQ10	<---	P2	0.908	0.685	0.915
PQ9	<---	P2	0.961		
PQ8	<---	P2	0.683		
PQ7	<---	P2	0.745		
PQ6	<---	P2	0.810		
PQ15	<---	P3	0.917	0.769	0.943
PQ14	<---	P3	0.916		
PQ13	<---	P3	0.933		
PQ12	<---	P3	0.815		
PQ11	<---	P3	0.795		
PQ19	<---	P4	0.616	0.690	0.866
PQ18	<---	P4	0.940		
PQ17	<---	P4	0.899		
PQ25	<---	P5	0.891	0.741	0.934
PQ24	<---	P5	0.934		
PQ23	<---	P5	0.919		
PQ22	<---	P5	0.904		
PQ21	<---	P5	0.616		
LQ1	<---	L1	0.490	0.510	0.731
LQ2	<---	L1	0.754		
LQ4	<---	L1	0.692		
LQ5	<---	L1	0.595		

表 5-22 显示,劳动关系主体协调力与劳动关系满意度的 AVE 值均大于 0.5,CR 值均大于 0.7,说明劳动关系主体协调力与劳动关系满意度的收敛效度较好。

(三)劳动者就业目的的收敛效度

根据修正后的劳动者就业目的的验证性因子分析结果,在 Excel 软件中编辑 AVE

和 CR 计算公式,计算出 AVE 值和 CR 值。具体见表 5-23。

表 5-23 就业目的收敛效度检验表

路径			Estimate	AVE	CR
EQ4	<---	E1	0.494	0.514	0.732
EQ3	<---	E1	0.751		
EQ2	<---	E1	0.541		
EQ1	<---	E1	0.746		
EQ12	<---	E2	0.680	0.545	0.827
EQ11	<---	E2	0.603		
EQ10	<---	E2	0.644		
EQ9	<---	E2	0.726		
EQ8	<---	E2	0.722		
EQ7	<---	E2	0.615		
EQ18	<---	E3	0.658	0.592	0.791
EQ17	<---	E3	0.871		
EQ15	<---	E3	0.636		
EQ14	<---	E3	0.609		
EQ22	<---	E4	0.965	0.889	0.970
EQ21	<---	E4	0.977		
EQ20	<---	E4	0.940		
EQ19	<---	E4	0.887		
EQ28	<---	E5	0.574	0.535	0.753
EQ27	<---	E5	0.646		
EQ25	<---	E5	0.770		
EQ24	<---	E5	0.634		

表 5-23 显示,劳动者就业目的的 AVE 值均大于 0.5,CR 值均大于 0.7,说明劳动者就业目的的收敛效度较好。

四、区分效度

区分效度分析是验证在统计上不同的两个因子间是否有相关,不同因子的题项不应具有高度相关,若两个因子之间的相关系数过高则表示这些题项所衡量的是同一概念,不具有区别信度。评估区分效度主要有三种方法:一是 Cross-Loadings(交叉载荷)方法,其成立条件是指标在相关因子上的载荷应大于其在其他因子上的所有载荷;二是 Fornell-Larcker criterion 方法,其成立条件是因子平均萃取变异量(AVE)的平方根是否大于该因子与其他因子相关系数的平方;三是 Heterotrait－Monotrait ratio(异质－单质比率)方法,其成立条件是比较保守的阈值为 0.85,两因子间的 HTMT 不能大于 0.85;当因子概念相近时(如情感满意度、认知满意度、忠诚度),HTMT 的阈值可放宽到 0.90;所有因子组合中 HTMT 的 bootstrap 置信区间不能包含 1。本研究采用的是第二种方法,即 Fornell－Larcker criterion 方法,具体结果见表 5－24、表 5－25、表 5－26。

表 5－24　和谐劳动关系影响因素的区分效度检验

	F1	F2	F3	F4	F5	F6	F7	F8	F9	F10	L1
F1	0.46										
F2	−0.02	0.86									
F3	0.08	−0.03	0.53								
F4	−0.21	−0.53	−0.04	0.59							
F5	0.15	0.08	0.05	−0.28	0.41						
F6	0.20	−0.06	0.11	−0.12	0.14	0.43					
F7	0.05	−0.10	−0.01	0.07	0.02	0.06	0.74				
F8	−0.03	−0.10	0.01	0.06	−0.02	−0.01	0.02	0.74			
F9	0.12	−0.03	0.12	−0.13	0.15	0.21	0.04	0.02	0.53		
F10	0.00	0.00	−0.01	−0.02	0.01	−0.01	−0.03	−0.01	−0.02	0.50	
L1	0.20	−0.05	0.10	−0.02	0.14	0.21	0.07	0.01	0.18	0.01	0.41
AVE 平方根	0.68	0.93	0.72	0.77	0.64	0.66	0.86	0.86	0.73	0.70	0.64

表 5－25　劳动关系主体协调力的区分效度检验

	P1	P2	P3	P4	P5	L1
P1	0.404					
P2	0.189	0.685				
P3	−0.001	0.322	0.769			
P4	0.058	0.264	0.286	0.690		
P5	−0.047	−0.403	−0.504	−0.399	0.741	
L1	0.118	0.145	0.033	0.051	−0.016	0.410
AVE 平方根	0.636	0.828	0.877	0.831	0.861	0.640

表 5－26　劳动者就业目的的区分效度检验

	E1	E2	E3	E4	E5	L1
E1	0.414					
E2	0.144	0.445				

(续表)

	E1	E2	E3	E4	E5	L1
E3	−0.053	−0.063	0.492			
E4	0.216	0.284	−0.228	0.889		
E5	0.128	0.16	−0.076	0.181	0.435	
L1	0.152	0.182	−0.055	0.255	0.204	0.409
AVE 平方根	0.643	0.667	0.701	0.943	0.660	0.640

表 5-24 显示,和谐劳动关系影响因素各个因子平均萃取变异量(AVE)的平方根均大于它与其他因子相关系数的平方。

表 5-25 显示,劳动关系主体协调力各个因子平均萃取变异量(AVE)的平方根均大于它与其他因子相关系数的平方。

表 5-26 显示,劳动者就业目的各个因子平均萃取变异量(AVE)的平方根均大于它与其他因子相关系数的平方。

由此说明,和谐劳动关系影响因素、劳动关系主体协调力、劳动者就业目的均具有较好的区分效度。劳动关系满意度只有四个测量变量,没有两个及以上的因子,故不需要额外做区分效度检验。

第四节 中国新就业形态劳动者劳动关系满意度的现状分析

前两节完成了调查量表的信度和效度分析,结果表明,本研究项目的调查量表具有比较好的可靠性和比较高的效度,通过了信度检验和效度检验,可以对有效数据进行具体的统计分析。本节主要分析中国新就业形态劳动者劳动关系满意度的现状,既包括中国新就业形态劳动关系满意度的总体现状,也包括不同性别、不同学历、不同年龄、不同工龄、专兼职、不同行业等六个分类群体的具体现状。

一、劳动者总群体的劳动关系满意度情况

劳动关系满意度的值可以通过计算劳动关系满意度的四个测量变量的均值获得。SPSS 统计分析结果显示,劳动关系满意度的四个测量题项的均值为 2.5428。根据量表的利克特五级评分,每一个测量题项的满分值是 5,其均值也是 5。劳动关系满意度的值 2.5428 除以 5 等于 0.5086,换算成百分制为 50.86%。由此可见,中国就业形态劳动者的劳动关系满意度总体偏低。这说明中国新就业形态和谐劳动关系问题仍然比较严重,需要引起社会各界广泛关注,探究更好的、更多的解决对策。

二、不同性别的劳动关系满意度差异情况

应用 SPSS Statistics 21 对男性群体和女性群体的劳动关系满意度均值进行差异性显著性检验,具体结果见图 5-5、表 5-27、表 5-28。

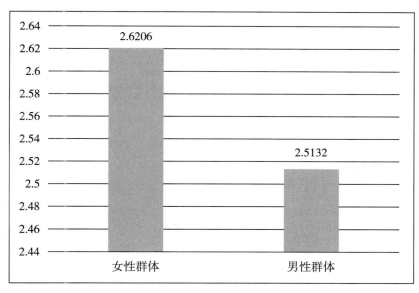

图 5-5　不同性别群体的劳动关系满意度均值

表 5-27　劳动关系满意度的男女差异性描述统计

				统计量	Bootstrap			
					偏差	标准误	95% 置信区间	
							下限	上限
男		N		1572	0	21	1531	1613
		均值		2.5132	0.0006	0.0157	2.484	2.5446
		标准差		0.62614	−0.00054	0.01395	0.59732	0.65344
		标准误		0.01579				
		均值的 95% 置信区间	下限	2.4822				
			上限	2.5442				
		极小值		1				
		极大值		5				
女		N		597	0	21	556	638
		均值		2.6206	−0.0017	0.0297	2.5614	2.6769
		标准差		0.72779	−0.00269	0.01904	0.687	0.76322
		标准误		0.02979				
		均值的 95% 置信区间	下限	2.5621				
			上限	2.6791				
		极小值		1				
		极大值		4.5				
总数		N		2169	0	0	2169	2169

（续表）

			统计量	Bootstrap			
				偏差	标准误	95% 置信区间	
						下限	上限
		均值	2.5428	0	0.0141	2.5165	2.5706
		标准差	0.65727	−0.00101	0.01134	0.63356	0.6782
		标准误	0.01411				
	均值的95%置信区间	下限	2.5151				
		上限	2.5704				
		极小值	1				
		极大值	5				
模型	固定效应	标准差	0.65567	−0.0011	0.01136	0.63217	0.67644
		标准误	0.01408				
	均值的95%置信区间	下限	2.5152				
		上限	2.5704				
	随机效应	标准误	0.05802				
	均值的95%置信区间	下限	1.8056				
		上限	3.28				
		分量间方差	0.00527				

表5-28 劳动关系满意度的男女差异性单因素方差分析（显著性水平 F 值 <0.05）

组间	（组合）		平方和	df	均方	F	显著性
组间	（组合）		4.991	1	4.991	11.61	*
	线性项	未加权的	4.991	1	4.991	11.61	*
		加权的	4.991	1	4.991	11.61	*
组内			931.605	2167	0.43		
总数			936.596	2168			

表5-27和表5-28显示，女性群体的劳动关系满意度均值大于男性群体的劳动关系满意度均值，而且它们之间的差异显著性检验为显著性。由此可见，新就业形态女性群体劳动者的劳动关系满意度显著高于男性群体劳动者。究其原因，女性群体劳动者选择新就业形态就业，并不是源于生活压力而是自愿想法，相对来说，男性群体劳动者选择新就业形态就业是为了赚取生活费，要养家糊口，是生活压力所致的。

三、专、兼职的劳动关系满意度差异情况

应用 SPSS Statistics 21 对专职群体和兼职群体的劳动关系满意度均值进行差异性

显著性检验,具体结果见图 5-6、表 5-29 和表 5-30。

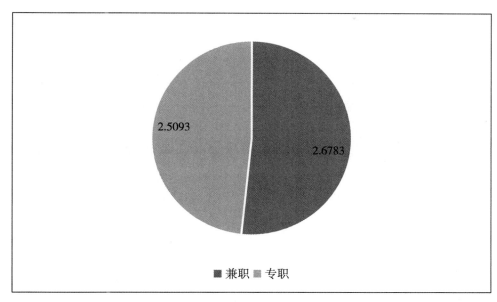

图 5-6 专职群体兼职群体的劳动关系满意度均值

表 5-29 劳动关系满意度的专兼职差异性描述统计

			统计量	Bootstrap			
				偏差	标准误	95% 置信区间	
						下限	上限
兼职		N	429	0	18	394	462
		均值	2.6783	0.0007	0.0286	2.625	2.7314
		标准差	0.58875	−0.00118	0.01894	0.55043	0.62601
		标准误	0.02843				
	均值的 95% 置信区间	下限	2.6225				
		上限	2.7342				
		极小值	1.25				
		极大值	4.5				
专职		N	1740	0	18	1707	1775
		均值	2.5093	0.0002	0.0162	2.4778	2.5421
		标准差	0.66904	−0.00049	0.01349	0.64183	0.69619
		标准误	0.01604				
	均值的 95% 置信区间	下限	2.4779				
		上限	2.5408				

（续表）

			统计量	Bootstrap			
				偏差	标准误	95% 置信区间	
						下限	上限
总数		极小值	1				
		极大值	5				
		N	2169	0	0	2169	2169
		均值	2.5428	0.0003	0.0142	2.5148	2.5722
		标准差	0.65727	−0.00039	0.01118	0.63461	0.67971
		标准误	0.01411				
	均值的95%置信区间	下限	2.5151				
		上限	2.5704				
模型	固定效应	极小值	1				
		极大值	5				
		标准差	0.65397	−0.00054	0.01141	0.63116	0.6762
		标准误	0.01404				
	均值的95%置信区间	下限	2.5152				
		上限	2.5703				
	随机效应	标准误	0.09757				
	均值的95%置信区间	下限	1.303				
		上限	3.7825				
	分量间方差		0.01366				

表 5-30　劳动关系满意度的专兼职差异性单因素方差分析（显著性水平 F 值 ＜0.05）

			平方和	df	均方	F	显著性
组间	（组合）		9.827	1	9.827	22.978	*
	线性项	未加权的	9.827	1	9.827	22.978	*
		加权的	9.827	1	9.827	22.978	*
组内			926.769	2167	0.428		
总数			936.596	2168			

表 5-29 和表 5-30 显示，兼职群体的劳动关系满意度均值大于专职群体的劳动关系满意度均值，而且它们之间存在显著的差异性。由此可见，新就业形态兼职劳动者的劳动关系满意度显著高于专职劳动者。究其原因是，兼职群体劳动者还有另一份工作，新就业形态工作只是其中一部分工作，是一种补充，自然不会对新就业形态劳动关系抱有大的期许，而对专职群体来说新就业形态工作是其唯一的工作，也是其生活费的唯

一来源,自然会对新就业形态劳动关系要求更高。

四、不同学历的劳动关系满意度差异情况

应用 SPSS Statistics 21 对不同学历群体的劳动关系满意度均值进行差异性显著性检验,具体结果见图 5-7、表 5-31 和表 5-32。

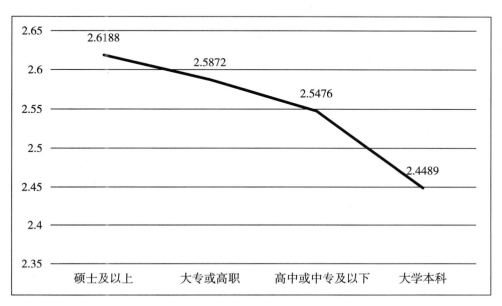

图 5-7　不同学历群体的劳动关系满意度均值

表 5-31　劳动关系满意度的不同学历群体差异性描述统计

				统计量	Bootstrap			
					偏差	标准误	95% 置信区间	
							下限	上限
高中或中专及以下		N		1230	1	23	1183	1276
		均值		2.5476	0.0002	0.0172	2.5154	2.5817
		标准差		0.61994	−0.00058	0.01522	0.58959	0.64879
		标准误		0.01768				
		均值的 95% 置信区间	下限	2.5129				
			上限	2.5822				
		极小值		1				
		极大值		5				

（续表）

			统计量	Bootstrap			
				偏差	标准误	95% 置信区间	
						下限	上限
大专或高职	N		447	0	19	410	481
	均值		2.5872	−0.0004	0.0298	2.5269	2.646
	标准差		0.63059	−0.00197	0.02338	0.58385	0.67449
	标准误		0.02983				
	均值的95%置信区间	下限	2.5286				
		上限	2.6459				
	极小值		1.5				
	极大值		5				
大学本科	N		372	−1	18	336	407
	均值		2.4489	−0.0003	0.0389	2.3737	2.5276
	标准差		0.7677	−0.00361	0.02736	0.70692	0.81445
	标准误		0.0398				
	均值的95%置信区间	下限	2.3707				
		上限	2.5272				
	极小值		1				
	极大值		4.5				
硕士及以上	N		120	0	11	100	141
	均值		2.6188	0.0002	0.0676	2.487	2.7459
	标准差		0.72974	−0.00506	0.04468	0.63945	0.81517
	标准误		0.06662				
	均值的95%置信区间	下限	2.4868				
		上限	2.7507				
	极小值		1.25				
	极大值		4.5				
总数	N		2169	0	0	2169	2169
	均值		2.5428	0	0.0141	2.5165	2.5706
	标准差		0.65727	−0.00101	0.01134	0.63356	0.6782
	标准误		0.01411				

				统计量	Bootstrap			
					偏差	标准误	95% 置信区间	
							下限	上限
模型		均值的 95% 置信区间	下限	2.5151				
			上限	2.5704				
		极小值		1				
		极大值		5				
	固定效应	标准差		0.65601	−0.00152	0.0113	0.63266	0.67678
		标准误		0.01409				
		均值的 95% 置信区间	下限	2.5151				
			上限	2.5704				
	随机效应	标准误		0.03586				
		均值的 95% 置信区间	下限	2.4286				
			上限	2.6569				
		分量间方差		0.00274				

表 5-32 劳动关系满意度的不同学历差异性多重比较

	(I) 学历	(J) 学历	均值差 (I−J)	标准误	显著性	95% 置信区间	
						下限	上限
LSD	高中或中专及以下	大专或高职	−0.0397	0.0362	0.2730	−0.1107	0.0314
		大学本科	0.9864*	0.0388	*	0.0225	0.1748
		硕士及以上	−0.0712	0.0627	0.2570	−0.1942	0.0518
	大专或高职	高中或中专及以下	0.0397	0.0362	0.2730	−0.0314	0.1107
		大学本科	13832*	0.0460	*	0.0480	0.2286
		硕士及以上	−0.0315	0.0675	0.6410	−0.1638	0.1008
	大学本科	高中或中专以下	−0.09864*	0.0388	*	−0.1748	−0.0225
		大专或高职	−0.13832*	0.0460	*	−0.2286	−0.0480
		硕士及以上	−0.16983	0.0689	*	−0.3049	−0.0348
LSD	高中或中专及以下	高中或中专及以下	0.0712	0.0627	0.2570	−0.0518	0.1942
		大专或高职	0.0315	0.0675	0.6410	−0.1008	0.1638
		大学本科	16983*	0.0689	*	0.0348	0.3049

* 均值差的显著性水平为 0.05。

表 5-31 和表 5-32 显示,硕士及以上群体的劳动关系满意度均值最大,其次是高中或中专及以下群体,接着是大专或高职群体,最后是大学本科群体。硕士及以上、高中或

中专及以下、大专或高职三个群体的劳动关系满意度均值两两无显著性差异,但它们都与大学本科群体的劳动关系满意度均值有显著性差异。究其原因是,大专或高职及以下学历群体认为学历低,就业于新就业形态是一种合适选择,不会产生过高要求。硕士及以上学历群体选择就业于新就业形态,是一种主动行为,也是一种无奈行为,因为短时期内难以找到更好的就业,既然选择了新就业形态,就不会有过高要求,自然对新就业形态感到满意。大学本科是一个高不成低不就的学历,大学本科群体比较尴尬,既不甘心从事新就业形态,又迫于生活压力不得不先就业于新就业形态,等待时机成熟便跳槽。

五、不同年龄的劳动关系满意度差异情况

应用 SPSS Statistics 21 对不同年龄群体的劳动关系满意度均值进行差异性显著性检验,具体结果见图 5-8、表 5-33 和表 5-34。

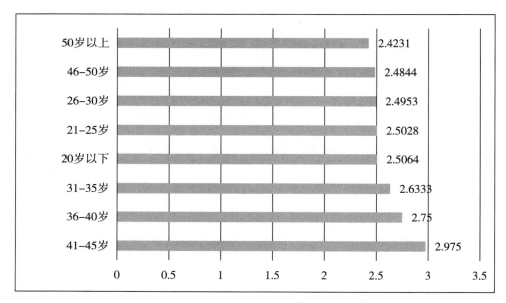

图 5-8 不同年龄群体的劳动关系满意度均值

表 5-33 劳动关系满意度的不同年龄群体差异性描述统计

			统计量	Bootstrap			
				偏差	标准误	95% 置信区间	
						下限	上限
20 岁(含)以下		N	117	0	11	95	138
		均值	2.5064	0.0002	0.0473	2.4122	2.5934
		标准差	0.51951	−0.00302	0.03479	0.44888	0.58348
		标准误	0.04803				

（续表）

				统计量	Bootstrap			
					偏差	标准误	95% 置信区间	
							下限	上限
		均值的 95% 置信区间	下限	2.4113				
			上限	2.6015				
		极小值		2				
		极大值		3.75				
21～25 岁		N		1053	1	24	1006	1104
		均值		2.5028	−0.0004	0.0194	2.4645	2.542
		标准差		0.63044	−0.00084	0.01634	0.59907	0.66017
		标准误		0.01943				
		均值的 95% 置信区间	下限	2.4647				
			上限	2.541				
		极小值		1				
		极大值		5				
26～30 岁		N		528	0	21	486	567
		均值		2.4953	−0.0003	0.0284	2.4383	2.5484
		标准差		0.66455	−0.00231	0.02434	0.61796	0.71278
		标准误		0.02892				
		均值的 95% 置信区间	下限	2.4385				
			上限	2.5521				
		极小值		1				
		极大值		5				
31～35 岁		N		180	−1	12	154	204
		均值		2.6333	−0.0015	0.0568	2.5189	2.746
		标准差		0.77469	−0.00364	0.03708	0.69798	0.84084
		标准误		0.05774				
		均值的 95% 置信区间	下限	2.5194				
			上限	2.7473				
		极小值		1				
		极大值		4.75				
36～40 岁		N		114	0	11	93	135
		均值		2.75	−0.0038	0.069	2.6101	2.876

（续表）

			统计量	Bootstrap			
				偏差	标准误	95% 置信区间	
						下限	上限
		标准差	0.69845	−0.00648	0.05174	0.58771	0.7977
		标准误	0.06542				
	均值的 95%置信区间	下限	2.6204				
		上限	2.8796				
	极小值		1				
	极大值		4.5				
41～45 岁	N		90	0	10	71	109
	均值		2.975	0.0023	0.0662	2.8419	3.1075
	标准差		0.62379	−0.00375	0.06735	0.48664	0.75654
	标准误		0.06575				
	均值的 95%置信区间	下限	2.8443				
		上限	3.1057				
	极小值		1.75				
	极大值		5				
46～50 岁	N		48	0	7	35	62
	均值		2.4844	−0.0006	0.0942	2.3077	2.6785
	标准差		0.62825	−0.01108	0.06803	0.48189	0.74738
	标准误		0.09068				
	均值的 95%置信区间	下限	2.302				
		上限	2.6668				
	极小值		1.5				
	极大值		4				
50 岁以上	N		39	0	6	27	51
	均值		2.4231	0.0033	0.0919	2.2347	2.5937
	标准差		0.55652	−0.00928	0.04842	0.4479	0.63514
	标准误		0.08911				
	均值的 95%置信区间	下限	2.2427				
		上限	2.6035				
	极小值		1.5				
	极大值		3.25				

(续表)

			统计量	Bootstrap			
				偏差	标准误	95% 置信区间	
						下限	上限
总数		N	2169	0	0	2169	2169
		均值	2.5428	−0.0005	0.0137	2.5151	2.5678
		标准差	0.65727	−0.00078	0.01125	0.6361	0.6795
		标准误	0.01411				
	均值的95%置信区间	下限	2.5151				
		上限	2.5704				
		极小值	1				
		极大值	5				
模型	固定效应	标准差	0.6488	−0.00181	0.01126	0.62631	0.67062
		标准误	0.01393				
	均值的95%置信区间	下限	2.5154				
		上限	2.5701				
	随机效应	标准误	0.07186				
	均值的95%置信区间	下限	2.3728				
		上限	2.7127				
		分量间方差	0.01603				

表 5-34 劳动关系满意度的不同年龄差异性多重比较

	(I) 年龄	(J) 年龄	均值差 (I−J)	标准误	显著性	95% 置信区间	
						下限	上限
LSD	20岁(含)以下	21～25岁	0.00356	0.06323	0.9550	−0.1204	0.1276
		26～30岁	0.01115	0.0663	0.8670	−0.1189	0.1412
		31～35岁	−0.12692	0.07705	0.1000	−0.278	0.0242
		36～40岁	−.24359*	0.08538	*	−0.411	−0.0761
		41～45岁	−.46859*	0.09097	*	−0.647	−0.2902
		46～50岁	0.02204	0.11121	0.8430	−0.1961	0.2401
		50岁以上	0.08333	0.11996	0.4870	−0.1519	0.3186
	21～25岁	20岁(含)以下	−0.00356	0.06323	0.9550	−0.1276	0.1204
		26～30岁	0.00758	0.0346	0.8270	−0.0603	0.0754
		31～35岁	−.13048*	0.05233	*	−0.2331	−0.0279
		36～40岁	−.24715*	0.06397	*	−0.3726	−0.1217

（续表）

	(I) 年龄	(J) 年龄	均值差 (I−J)	标准误	显著性	95% 置信区间	
						下限	上限
LSD	21～25 岁	40～45 岁	−.47215*	0.07125	*	−0.6119	−0.3324
		46～50 岁	0.01847	0.09576	0.8470	−0.1693	0.2063
		50 岁以上	0.07977	0.1058	0.4510	−0.1277	0.2872
	26～30 岁	20 岁(含)以下	−0.01115	0.0663	0.8670	−0.1412	0.1189
		21～25 岁	−0.00758	0.0346	0.8270	−0.0754	0.0603
		31～35 岁	−.13807*	0.056	*	−0.2479	−0.0283
		36～40 岁	−.25473*	0.06701	*	−0.3861	−0.1233
		41～45 岁	−.47973*	0.07399	*	−0.6248	−0.3346
		46～50 岁	0.01089	0.09781	0.9110	−0.1809	0.2027
		50 岁以上	0.07219	0.10766	0.5030	−0.1389	0.2833
	31～35 岁	20 岁(含)以下	0.12692	0.07705	0.1000	−0.0242	0.278
		21～25 岁	13048*	0.05233	*	0.0279	0.2331
		26～30 岁	13807*	0.056	*	0.0283	0.2479
		36～40 岁	−0.11667	0.07766	0.1330	−0.269	0.0356
		41～45 岁	−.34167*	0.08376	0.0000	−0.5059	−0.1774
		46～50 岁	0.14896	0.1054	*	−0.0577	0.3556
		50 岁以上	0.21026	0.1146	*	−0.0145	0.435
	36～40 岁	20 岁(含)以下	24359*	0.08538	*	0.0761	0.411
		21～25 岁	24715*	0.06397	*	0.1217	0.3726
		26～30 岁	25473*	0.06701	*	0.1233	0.3861
		31～35 岁	0.11667	0.07766	0.1330	−0.0356	0.269
		41～45 岁	−.22500*	0.09149	*	−0.4044	−0.0456
		46～50 岁	26563*	0.11163	*	0.0467	0.4845
		50 岁以上	32692*	0.12036	*	0.0909	0.563
	41～45 岁	20 岁(含)以下	46859*	0.09097	*	0.2902	0.647
		21～25 岁	47215*	0.07125	*	0.3324	0.6119
		26～30 岁	47973*	0.07399	*	0.3346	0.6248
		31～35 岁	34167*	0.08376	*	0.1774	0.5059
		36～40 岁	22500*	0.09149	*	0.0456	0.4044
		46～50 岁	49063*	0.11596	*	0.2632	0.718
		50 岁以上	55192*	0.12438	*	0.308	0.7958

(续表)

	（I）年龄	（J）年龄	均值差(I-J)	标准误	显著性	95% 置信区间	
						下限	上限
LSD	46～50 岁	20 岁（含）以下	-0.02204	0.11121	0.8430	-0.2401	0.1961
		21～25 岁	-0.01847	0.09576	0.8470	-0.2063	0.1693
		26～30 岁	-0.01089	0.09781	0.9110	-0.2027	0.1809
		31～35 岁	-0.14896	0.1054	0.1580	-0.3556	0.0577
		36～40 岁	-.26563*	0.11163	*	-0.4845	-0.0467
		41～45 岁	-.49063*	0.11596	*	-0.718	-0.2632
		50 岁以上	0.0613	0.13987	0.6610	-0.213	0.3356
	50 岁以上	20 岁（含）以下	-0.08333	0.11996	0.4870	-0.3186	0.1519
		21～25 岁	-0.07977	0.1058	0.4510	-0.2872	0.1277
		26～30 岁	-0.07219	0.10766	0.5030	-0.2833	0.1389
		31～35 岁	-0.21026	0.1146	0.0670	-0.435	0.0145
		36～40 岁	-.32692*	0.12036	*	-0.563	-0.0909
		41～45 岁	-.55192*	0.12438	*	-0.7958	-0.308
		46～50 岁	-0.0613	0.13987	0.6610	-0.3356	0.213

* 均值差的显著性水平为 0.05。

表 5-33 和表 5-34 显示，不同年龄群体的劳动关系满意度均值从大到小依次是 41～45 岁、36～40 岁、31～35 岁、20 岁（含）以下、21～25 岁、26～30 岁、46～50 岁、50 岁以上。41～45 岁群体的劳动关系满意度均值与其他七个群体的劳动关系满意度均值都呈现显著性差异。20 岁（含）以下、21～25 岁、26～30 岁、46～50 岁和 50 岁以上群体的劳动关系满意度均值两两都不存在显著性差异。36～40 岁群体的劳动关系满意度均值除了与 31～35 岁群体的劳动关系满意度均值差异不显著外，与其他六个群体的劳动关系满意度均值都呈现显著性差异。31～35 岁群体的劳动关系满意度均值与 21～25 岁、26～30 岁和 41～45 岁三个群体的劳动关系满意度均值呈现显著性差异外，与其他四个群体的劳动关系满意度均值都不存在显著性差异。总体表现，30 岁以下的年轻人和 45 岁以上的中老年人的劳动关系满意度整体偏低。30～45 岁年龄段的青年人的劳动关系满意度相对高一些。究其原因是，30～45 岁年龄段的青年人相对来说心理成熟些，心态好些，年富力强，有工作经验，挣钱多，职业发展好，许多是单位或部门的中层骨干。30 岁以下的年轻人工作经验比较缺乏，处在职业上升前期，有的处在职业震荡期，同时生活上自我消费高，没有太多存款，甚至是个月光族，因此对新就业形态劳动关系要求高，有更多的抱怨。45 岁以上的中老年人虽然心理非常成熟，也有工作经验，但是上有老下有小，生活压力猛增，对新就业形态劳动关系要求比其他年龄段群体更高。

六、不同工龄的劳动关系满意度差异情况

应用 SPSS Statistics 21 对不同工龄群体的劳动关系满意度均值进行差异性显著性检验，具体结果见图 5-9、表 5-35 和表 5-36。

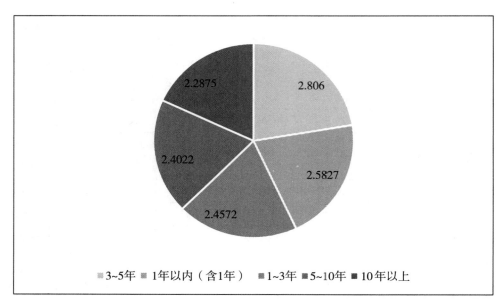

图 5-9　不同工龄群体的劳动关系满意度均值

表 5-35　劳动关系满意度的不同工龄群体差异性描述统计

			统计量	Bootstrap			
				偏差	标准误	95% 置信区间	
						下限	上限
1年以内（含1年）		N	1107	0	24	1057	1153
		均值	2.5827	0	0.0195	2.5442	2.6191
		标准差	0.65305	−0.00044	0.01735	0.61951	0.68806
		标准误	0.01963				
	均值的 95% 置信区间	下限	2.5441				
		上限	2.6212				
		极小值	1				
		极大值	5				
1～3年		N	759	1	22	716	802
		均值	2.4572	0.0008	0.0226	2.4122	2.5023
		标准差	0.63807	−0.00097	0.01643	0.60458	0.67139
		标准误	0.02316				
	均值的 95% 置信区间	下限	2.4117				
		上限	2.5026				
		极小值	1				
		极大值	4.25				

(续表)

			统计量	Bootstrap			
				偏差	标准误	95% 置信区间	
						下限	上限
3～5年		N	174	0	13	149	199
		均值	2.806	0.0001	0.0539	2.6985	2.905
		标准差	0.71681	−0.00334	0.03314	0.64981	0.77814
		标准误	0.05434				
	均值的95%置信区间	下限	2.6988				
		上限	2.9133				
		极小值	1.5				
		极大值	4.5				
5～10年		N	69	0	8	52	85
		均值	2.4022	0.0008	0.0731	2.2533	2.5382
		标准差	0.59288	−0.00577	0.04138	0.51151	0.67185
		标准误	0.07137				
	均值的95%置信区间	下限	2.2597				
		上限	2.5446				
		极小值	1				
		极大值	3.25				
10年以上		N	60	0	8	45	76
		均值	2.2875	−0.0033	0.072	2.1483	2.4363
		标准差	0.56528	−0.00883	0.05841	0.44386	0.67177
		标准误	0.07298				
	均值的95%置信区间	下限	2.1415				
		上限	2.4335				
		极小值	1.5				
		极大值	3.75				
总数		N	2169	0	0	2169	2169
		均值	2.5428	0.0003	0.0142	2.5148	2.5722
		标准差	0.65727	−0.00039	0.01118	0.63461	0.67971
		标准误	0.01411				
	均值的95%置信区间	下限	2.5151				
		上限	2.5704				

（续表）

			统计量	Bootstrap			
				偏差	标准误	95% 置信区间	
						下限	上限
模型		极小值	1				
		极大值	5				
	固定效应	标准差	0.64916	−0.00093	0.01107	0.62685	0.67082
		标准误	0.01394				
		均值的95%置信区间 下限	2.5154				
		均值的95%置信区间 上限	2.5701				
	随机效应	标准误	0.08365				
		均值的95%置信区间 下限	2.3105				
		均值的95%置信区间 上限	2.775				
		分量间方差	0.01739				

表 5-36 劳动关系满意度的不同工龄差异性多重比较

	（I）工龄	（J）工龄	均值差（I−J）	标准误	显著性	95% 置信区间	
						下限	上限
LSD	1年以内（含1年）	1～3年	12548*	0.03059	*	0.0655	0.1855
		3～5年	−.22338*	0.05294	*	−0.3272	−0.1196
		5～10年	18048*	0.08055	*	0.0225	0.3384
		10年以上	29516*	0.08605	*	0.1264	0.4639
	1～3年	一年以内（含1年）	−.12548*	0.03059	*	−0.1855	−0.0655
		3～5年	−.34885*	0.05456	*	−0.4559	−0.2419
		5～10年	0.05501	0.08163	0.5000	−0.1051	0.2151
		10年以上	0.16968	0.08706	0.0510	−0.001	0.3404
	3～5年	一年以内（含1年）	22338*	0.05294	*	0.1196	0.3272
		1～3年	34885*	0.05456	*	0.2419	0.4559
		5～10年	40386*	0.09235	*	0.2227	0.585
		10年以上	51853*	0.09719	*	0.3279	0.7091
	5～10年	一年以内（含1年）	−.18048*	0.08055	*	−0.3384	−0.0225
		1～3年	−0.05501	0.08163	0.5000	−0.2151	0.1051
		3～5年	−.40386*	0.09235	*	−0.585	−0.2227
		10年以上	0.11467	0.11459	0.3170	−0.11	0.3394

(续表)

(I) 工龄	(J) 工龄	均值差 (I−J)	标准误	显著性	95% 置信区间	
					下限	上限
LSD 10年以上	一年以内(含1年)	−.29516*	0.08605	*	−0.4639	−0.1264
	1~3年	−0.16968	0.08706	0.0510	−0.3404	0.001
	3~5年	−.51853*	0.09719	*	−0.7091	−0.3279
	5~10年	−0.11467	0.11459	0.3170	−0.3394	0.11

* 均值差的显著性水平为0.05。

表5−35和表5−36显示,3~5年工龄群体的劳动关系满意度均值最高,与其他四个工龄群体的劳动关系满意度均值呈现显著性差异。1年以内工龄群体的劳动关系满意度均值排列第二,但也与其他四个工龄群体的劳动关系满意度均值呈现显著性差异。1~3年、5~10年、10年以上三个工龄群体的劳动关系满意度均值两两都不存在显著性差异。究其原因是,一年以内工龄的劳动者初次从事新就业形态工作感到比较新鲜,对新就业形态比较陌生,但也有一份热情,所以,对劳动关系感到相对满意。1~3年工龄的劳动者对新就业形态开始了解,也碰到一些工作矛盾,发现新就业形态并不如心中所想,所以,开始对劳动关系感到不太满意。随着工龄的延长,对新就业形态的了解不断加深,逐渐适应了新就业形态,同时也不愿意从事其他工作,所以,3~5年工龄的熟练员工对劳动关系感到比较满意。但是,随着工龄的继续延长,5~10年工龄员工尤其是10年以上工龄的劳动者如果在收入方面没有较大幅度的提升或者在职业发展方面没较大的提升空间,则会产生一定的职业倦怠症,对劳动关系的满意度就会下降。

七、不同行业的劳动关系满意度差异情况

应用SPSS Statistics 21对不同行业的劳动关系满意度均值进行差异性显著性检验,具体结果见图5−10、表5−37和表5−38。

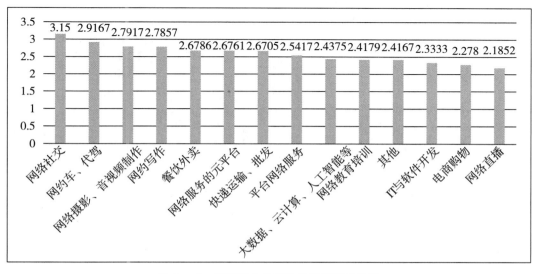

图5−10 不同行业的劳动关系满意度均值

表 5-37　劳动关系满意度的不同行业群体差异性描述统计

			统计量	Bootstrap			
				偏差	标准误	95% 置信区间	
						下限	上限
快递运输、批发	N		915	0	23	871	959
	均值		2.6705	0	0.0224	2.6268	2.715
	标准差		0.66968	−0.00073	0.01743	0.63532	0.70151
	标准误		0.02214				
	均值的95%置信区间	下限	2.627				
		上限	2.7139				
	极小值		1				
	极大值		5				
电商购物	N		204	−1	14	177	229
	均值		2.4179	−0.0007	0.0478	2.3264	2.5135
	标准差		0.699	−0.0034	0.03301	0.63315	0.7576
	标准误		0.04894				
	均值的95%置信区间	下限	2.3214				
		上限	2.5144				
	极小值		1				
	极大值		4.25				
网约车、代驾	N		84	0	9	67	102
	均值		2.6786	−0.0005	0.0558	2.5733	2.79
	标准差		0.52436	−0.00585	0.05156	0.41824	0.62285
	标准误		0.05721				
	均值的95%置信区间	下限	2.5648				
		上限	2.7924				
	极小值		2				
	极大值		4.25				
网络教育培训	N		81	0	9	64	99
	均值		2.9167	−0.0007	0.041	2.8334	3
	标准差		0.3687	−0.00272	0.02525	0.31759	0.41665
	标准误		0.04097				

(续表)

				统计量	Bootstrap			
					偏差	标准误	95％ 置信区间	
							下限	上限
		均值的 95％ 置信区间	下限	2.8351				
			上限	2.9982				
		极小值		2.25				
		极大值		3.75				
网络社交		N		15	0	4	8	23
		均值		3.15	−0.0107	0.1973	2.7667	3.5294
		标准差		0.76064	−0.03008	0.07236	0.57838	0.8427
		标准误		0.1964				
		均值的 95％ 置信区间	下限	2.7288				
			上限	3.5712				
		极小值		2.25				
		极大值		4				
餐饮外卖		N		483	0	19	444	523
		均值		2.278	0.0003	0.0233	2.2326	2.3228
		标准差		0.52108	−0.00167	0.02289	0.47339	0.56715
		标准误		0.02371				
		均值的 95％ 置信区间	下限	2.2314				
			上限	2.3245				
		极小值		1.5				
		极大值		4				
网络摄影、音视频制作		N		18	0	4	10	26
		均值		2.7917	0.0023	0.1645	2.4501	3.0936
		标准差		0.7032	−0.0357	0.11943	0.38776	0.88179
		标准误		0.16575				
		均值的 95％ 置信区间	下限	2.442				
			上限	3.1414				
		极小值		1.5				
		极大值		3.75				
网络直播		N		81	0	9	64	99
		均值		2.1852	−0.0009	0.0506	2.0834	2.2781

(续表)

			统计量	Bootstrap			
				偏差	标准误	95% 置信区间	
						下限	上限
	标准差		0.47726	−0.00761	0.03996	0.39167	0.55014
	标准误		0.05303				
	均值的95%置信区间	下限	2.0797				
		上限	2.2907				
	极小值		1				
	极大值		3.25				
网约写作	N		21	0	4	13	30
	均值		2.7857	0.0018	0.2436	2.3096	3.2813
	标准差		1.1244	−0.03454	0.10578	0.86001	1.29055
	标准误		0.24537				
	均值的95%置信区间	下限	2.2739				
		上限	3.2975				
	极小值		1.25				
	极大值		4.5				
平台网络服务	N		54	0	7	40	69
	均值		2.5417	−0.0016	0.0979	2.3462	2.7375
	标准差		0.71992	−0.01343	0.07741	0.54833	0.85651
	标准误		0.09797				
	均值的95%置信区间	下限	2.3452				
		上限	2.7382				
	极小值		1				
	极大值		4				
IT与软件开发	N		36	0	6	25	48
	均值		2.3333	0.0003	0.0968	2.1207	2.5131
	标准差		0.57941	−0.01108	0.0735	0.40872	0.69458
	标准误		0.09657				
	均值的95%置信区间	下限	2.1373				
		上限	2.5294				
	极小值		1				

（续表）

			统计量	Bootstrap			
				偏差	标准误	95％ 置信区间	
						下限	上限
大数据、云计算、人工智能等		极大值	3				
	N		36	0	6	25	48
	均值		2.4375	0.0028	0.1241	2.1923	2.6805
	标准差		0.75445	−0.01407	0.07851	0.58349	0.89526
	标准误		0.12574				
	均值的95%置信区间	下限	2.1822				
		上限	2.6928				
	极小值		1				
	极大值		3.75				
网络服务的元平台	N		132	0	11	111	155
	均值		2.6761	0.0002	0.0511	2.5746	2.7778
	标准差		0.58507	−0.00403	0.04768	0.49361	0.677
	标准误		0.05092				
	均值的95%置信区间	下限	2.5754				
		上限	2.7769				
	极小值		1.25				
	极大值		4.5				
其他	N		9	0	3	4	15
	均值		2.4167	−0.0031	0.4018	1.6079	3.225
	标准差		1.19242	−.10528b	22408b	63052b	1.43647b
	标准误		0.39747				
	均值的95%置信区间	下限	1.5001				
		上限	3.3332				
	极小值		1				
	极大值		3.75				
总数	N		2169	0	0	2169	2169
	均值		2.5428	0	0.0141	2.5165	2.5706
	标准差		0.65727	−0.00101	0.01134	0.63356	0.6782

（续表）

			统计量	Bootstrap			
				偏差	标准误	95% 置信区间	
						下限	上限
		标准误	0.01411				
		均值的95%置信区间 下限	2.5151				
		均值的95%置信区间 上限	2.5704				
		极小值	1				
		极大值	5				
模型	固定效应	标准差	0.62768	−0.00342	0.01145	0.60181	0.64623
		标准误	0.01348				
		均值的95%置信区间 下限	2.5163				
		均值的95%置信区间 上限	2.5692				
	随机效应	标准误	0.11211				
		均值的95%置信区间 下限	2.3006				
		均值的95%置信区间 上限	2.785				
		分量间方差	0.0504				

表 5-38 劳动关系满意度的不同行业群体差异性多重比较

	（I）行业	（J）行业	均值差（I−J）	标准误	显著性	95% 置信区间	
						下限	上限
LSD	快递运输、批发	电商购物	25260*	0.0486	*	0.1573	0.3479
		网约车、代驾	−0.00808	0.07156	0.91	−0.1484	0.1323
		网络教育培训	−.24617*	0.07275	*	−0.3889	−0.1035
		网络社交	−.47951*	0.16339	*	−0.7999	−0.1591
		餐饮外卖	39254*	0.0353	*	0.3233	0.4618
		网络摄影、音视频制作	−0.12117	0.14939	0.417	−0.4141	0.1718
		网络直播	48531*	0.07276	*	0.3426	0.628
		网约写作	−0.11522	0.13853	0.406	−0.3869	0.1565
		平台网络服务	0.12883	0.0879	0.143	−0.0436	0.3012
		IT与软件开发	33716*	0.10665	*	0.128	0.5463
		大数据、云计算、人工智能等	23299*	0.10665	*	0.0238	0.4421
		网络服务的元平台	−0.00564	0.05844	0.923	−0.1203	0.109
		其他	0.25383	0.21025	0.227	−0.1585	0.6661

(续表)

	(I) 行业	(J) 行业	均值差 (I−J)	标准误	显著性	95% 置信区间	
						下限	上限
LSD	电商购物	快递运输、批发	−.25260*	0.0486	*	−0.3479	−0.1573
		网约车、代驾	−.26068*	0.08137	*	−0.4203	−0.1011
		网络教育培训	−.49877*	0.08243	*	−0.6604	−0.3371
		网络社交	−.73211*	0.16792	*	−1.0614	−0.4028
		餐饮外卖	13994*	0.05241	*	0.0372	0.2427
		网络摄影、音视频制作	−.37377*	0.15433	*	*	−0.0711
		网络直播	23271*	0.08243	*	*	0.3944
		网约写作	−.36782*	0.14385	*	*	−0.0857
		平台网络服务	−0.12377	0.09606	0.198	*	0.0646
		IT与软件开发	0.08456	0.11347	0.456	*	0.3071
		大数据、云计算、人工智能等	−0.01961	0.11347	0.863	*	0.2029
		网络服务的元平台	−.25824*	0.07011	*	*	−0.1207
		其他	0.00123	0.21379	0.995	−0.418	0.4205
	网约车、代驾	快递运输、批发	0.00808	0.07156	0.91	−0.1323	0.1484
		电商购物	26068*	0.08137	0.001	0.1011	0.4203
		网络教育培训	−.23810*	0.09775	*	−0.4298	−0.0464
		网络社交	−.47143*	0.17594	*	−0.8165	−0.1264
		餐饮外卖	40062*	0.0742	*	0.2551	0.5461
		网络摄影、音视频制作	−0.1131	0.16303	0.488	−0.4328	0.2066
		网络直播	49339*	0.09775	*	0.3017	0.6851
		网约写作	−0.10714	0.15314	0.484	−0.4075	0.1932
		平台网络服务	0.1369	0.10948	0.211	−0.0778	0.3516
		IT与软件开发	34524*	0.12504	*	0.1	0.5904
		大数据、云计算、人工智能等	0.24107	0.12504	0.054	−0.0041	0.4863
		网络服务的元平台	0.00244	0.08761	0.978	−0.1694	0.1742
		其他	0.2619	0.22015	0.234	−0.1698	0.6936

（续表）

	(I) 行业	(J) 行业	均值差 (I－J)	标准误	显著性	95% 置信区间	
						下限	上限
LSD	网络教育培训	快递运输、批发	24617*	0.07276	*	0.1035	0.3889
		电商购物	49877*	0.08243	*	0.3371	0.6604
		网约车、代驾	23810*	0.09775	*	0.0464	0.4298
		网络社交	－0.23333	0.17644	0.186	－0.5793	0.1127
		餐饮外卖	63872*	0.07536	*	0.4909	0.7865
		网络摄影、音视频制作	0.125	0.16356	0.445	－0.1958	0.4458
		网络直播	73148*	0.09863	*	0.5381	0.9249
		网约写作	0.13095	0.1537	0.394	－0.1705	0.4324
		平台网络服务	37500*	0.11027	*	0.1587	0.5913
		IT 与软件开发	58333*	0.12573	*	0.3368	0.8299
		大数据、云计算、人工智能等	47917*	0.12573	*	0.2326	0.7257
		网络服务的元平台	24053*	0.08859	*	0.0668	0.4143
		其他	50000*	0.22054	*	0.0675	0.9325
	网络社交	快递运输、批发	47951*	0.16339	*	0.1591	0.7999
		电商购物	73211*	0.16792	*	0.4028	1.0614
		网约车、代驾	47143*	0.17594	*	0.1264	0.8165
		网络教育培训	0.23333	0.17644	0.186	－0.1127	0.5793
		餐饮外卖	87205*	0.16456	*	0.5493	1.1948
		网络摄影、音视频制作	0.35833	0.21944	0.103	－0.072	0.7887
		网络直播	96481*	0.17644	*	0.6188	1.3108
		网约写作	0.36429	0.21219	*	－0.0518	0.7804
		平台网络服务	60833	0.1832		0.2491	0.9676
		IT 与软件开发	81667*	0.1929	*	0.4384	1.195
		大数据、云计算、人工智能等	71250*	0.1929	*	0.3342	1.0908
		网络服务的元平台	47386*	0.17103	*	0.1385	0.8093
		其他	73333*	0.26465	*	0.2143	1.2523

(续表)

(I) 行业	(J) 行业	均值差 (I−J)	标准误	显著性	95% 置信区间 下限	95% 置信区间 上限
	快递运输、批发	−.39254*	0.0353	*	−0.4618	−0.3233
	电商购物	−.13994*	0.05241	*	−0.2427	−0.0372
	网约车、代驾	−.40062*	0.0742	*	−0.5461	−0.2551
	网络教育培训	−.63872*	0.07536	*	−0.7865	−0.4909
	网络社交	−.87205*	0.16456	*	−1.1948	−0.5493
	网络摄影、音视频制作	−.51372*	0.15068	*	−0.8092	−0.2182
餐饮外卖	网络直播	0.09277	0.07536	0.218	−0.055	0.2406
	网约写作	−.50776*	0.13992	*	−0.7822	−0.2334
	平台网络服务	−.26372*	0.09006	*	−0.4403	−0.0871
	IT与软件开发	−0.05538	0.10844	0.61	−0.268	0.1573
	大数据、云计算、人工智能等	−0.15955	0.10844	0.141	−0.3722	0.0531
	网络服务的元平台	−.39819*	0.06165	*	−0.5191	−0.2773
LSD	其他	−0.13872	0.21117	0.511	−0.5528	0.2754
	快递运输、批发	0.12117	0.14939	0.417	−0.1718	0.4141
	电商购物	37377*	0.15433	*	0.0711	0.6764
	网约车、代驾	0.1131	0.16303	0.488	−0.2066	0.4328
	网络教育培训	−0.125	0.16356	0.445	−0.4458	0.1958
	网络社交	−0.35833	0.21944	0.103	−0.7887	0.072
	餐饮外卖	51372*	0.15068	*	0.2182	0.8092
网络摄影、音视频制作	网络直播	60648*	0.16356	*	0.2857	0.9272
	网约写作	0.00595	0.20162	0.976	−0.3894	0.4013
	平台网络服务	0.25	0.17083	0.143	−0.085	0.585
	IT与软件开发	45833*	0.1812	0.011	0.103	0.8137
	大数据、云计算、人工智能等	0.35417	0.1812	0.051	−0.0012	0.7095
	网络服务的元平台	0.11553	0.15771	0.464	−0.1938	0.4248
	其他	0.375	0.25625	0.143	−0.1275	0.8775

(续表)

	(I) 行业	(J) 行业	均值差 (I-J)	标准误	显著性	95% 置信区间	
						下限	上限
LSD	网络直播	快递运输、批发	-.48531*	0.07276	*	-0.628	-0.3426
		电商购物	-.23271*	0.08243	*	-0.3944	-0.071
		网约车、代驾	-.49339*	0.09775	*	-0.6851	-0.3017
		网络教育培训	-.73148*	0.09863	*	-0.9249	-0.5381
		网络社交	-.96481*	0.17644	*	-1.3108	-0.6188
		餐饮外卖	-0.09277	0.07536	0.218	-0.2406	0.055
		网络摄影、音视频制作	-.60648*	0.16356	*	-0.9272	-0.2857
		网约写作	-.60053*	0.1537	*	-0.902	-0.2991
		平台网络服务	-.35648*	0.11027	*	-0.5727	-0.1402
		IT 与软件开发	-0.14815	0.12573	0.239	-0.3947	0.0984
		大数据、云计算、人工智能等	-.25231*	0.12573	*	-0.4989	-0.0058
		网络服务的元平台	-.49095*	0.08859	*	-0.6647	-0.3172
		其他	-0.23148	0.22054	0.294	-0.664	0.201
	网约写作	快递运输、批发	0.11522	0.13853	0.406	-0.1565	0.3869
		电商购物	36782*	0.14385	*	0.0857	0.6499
		网约车、代驾	0.10714	0.15314	0.484	-0.1932	0.4075
		网络教育培训	-0.13095	0.1537	0.394	-0.4324	0.1705
		网络社交	-0.36429	0.21219	0.086	-0.7804	0.0518
		餐饮外卖	50776*	0.13992	*	0.2334	0.7822
		网络摄影、音视频制作	-0.00595	0.20162	0.976	-0.4013	0.3894
		网络直播	60053*	0.1537	*	0.2991	0.902
		平台网络服务	0.24405	0.16142	0.131	-0.0725	0.5606
		IT 与软件开发	45238*	0.17235	0.009	0.1144	0.7904
		大数据、云计算、人工智能等	34821*	0.17235	*	0.0102	0.6862
		网络服务的元平台	0.10958	0.14746	0.458	-0.1796	0.3988
		其他	0.36905	0.25007	0.14	-0.1214	0.8595

(续表)

	（I）行业	（J）行业	均值差（I-J）	标准误	显著性	95% 置信区间	
						下限	上限
LSD	平台网络服务	快递运输、批发	-0.12883	0.0879	0.143	-0.3012	0.0436
		电商购物	0.12377	0.09606	0.198	-0.0646	0.3122
		网约车、代驾	-0.1369	0.10948	0.211	-0.3516	0.0778
		网络教育培训	-.37500*	0.11027	*	-0.5913	-0.1587
		网络社交	-.60833*	0.1832	*	-0.9676	-0.2491
		餐饮外卖	26372*	0.09006	*	0.0871	0.4403
		网络摄影、音视频制作	-0.25	0.17083	0.143	-0.585	0.085
		网络直播	35648*	0.11027	*	0.1402	0.5727
		网约写作	-0.24405	0.16142	0.131	-0.5606	0.0725
		IT与软件开发	0.20833	0.13506	0.123	-0.0565	0.4732
		大数据、云计算、人工智能等	0.10417	0.13506	0.441	-0.1607	0.369
		网络服务的元平台	-0.13447	0.10139	0.185	-0.3333	0.0644
		其他	0.125	0.22599	0.58	-0.3182	0.5682
	IT与软件开发	快递运输、批发	-.33716*	0.10665	*	-0.5463	-0.128
		电商购物	-0.08456	0.11347	0.456	-0.3071	0.138
		网约车、代驾	-.34524*	0.12504	*	-0.5904	-0.1
		网络教育培训	-.58333*	0.12573	*	-0.8299	-0.3368
		网络社交	-.81667*	0.1929	*	-1.195	-0.4384
		餐饮外卖	0.05538	0.10844	0.61	-0.1573	0.268
		网络摄影、音视频制作	-.45833*	0.1812	*	-0.8137	-0.103
		网络直播	0.14815	0.12573	0.239	-0.0984	0.3947
		网约写作	-.45238*	0.17235	*	-0.7904	-0.1144
		平台网络服务	-0.20833	0.13506	0.123	-0.4732	0.0565
		大数据、云计算、人工智能等	-0.10417	0.14795	0.481	-0.3943	0.186
		网络服务的元平台	-.34280*	0.11802	*	-0.5742	-0.1114
		其他	-0.08333	0.23392	0.722	-0.5421	0.3754

(续表)

(I) 行业	(J) 行业	均值差(I-J)	标准误	显著性	95% 置信区间 下限	95% 置信区间 上限
LSD						
大数据、云计算、人工智能等	快递运输、批发	-.23299*	0.10665	*	-0.4421	-0.0238
	电商购物	0.01961	0.11347	0.863	-0.2029	0.2421
	网约车、代驾	-0.24107	0.12504	0.054	-0.4863	0.0041
	网络教育培训	-.47917*	0.12573	*	-0.7257	-0.2326
	网络社交	-.71250*	0.1929	*	-1.0908	-0.3342
	餐饮外卖	0.15955	0.10844	0.141	-0.0531	0.3722
	网络摄影、音视频制作	-0.35417	0.1812	0.051	-0.7095	0.0012
	网络直播	25231*	0.12573	*	0.0058	0.4989
	网约写作	-.34821*	0.17235	*	-0.6862	-0.0102
	平台网络服务	-0.10417	0.13506	0.441	-0.369	0.1607
	IT与软件开发	0.10417	0.14795	0.481	-0.186	0.3943
	网络服务的元平台	-.23864*	0.11802	*	-0.4701	-0.0072
	其他	0.02083	0.23392	0.929	-0.4379	0.4796
网络服务的元平台	快递运输、批发	0.00564	0.05844	0.923	-0.109	0.1203
	电商购物	25824*	0.07011	*	0.1207	0.3957
	网约车、代驾	-0.00244	0.08761	0.978	-0.1742	0.1694
	网络教育培训	-.24053*	0.08859	*	-0.4143	-0.0668
	网络社交	-.47386*	0.17103	*	-0.8093	-0.1385
	餐饮外卖	39819*	0.06165	*	0.2773	0.5191
	网络摄影、音视频制作	-0.11553	0.15771	0.464	-0.4248	0.1938
	网络直播	49095*	0.08859	*	0.3172	0.6647
	网约写作	-0.10958	0.14746	0.458	-0.3988	0.1796
	平台网络服务	0.13447	0.10139	0.185	-0.0644	0.3333
	IT与软件开发	34280*	0.11802	*	0.1114	0.5742
	大数据、云计算、人工智能等	23864*	0.11802	*	0.0072	0.4701
	其他	0.25947	0.21624	0.23	-0.1646	0.6835

(续表)

(I) 行业		(J) 行业	均值差(I-J)	标准误	显著性	95% 置信区间	
						下限	上限
LSD	其他	快递运输、批发	-0.25383	0.21025	0.227	-0.6661	0.1585
		电商购物	-0.00123	0.21379	0.995	-0.4205	0.418
		网约车、代驾	-0.2619	0.22015	0.234	-0.6936	0.1698
		网络教育培训	-.50000*	0.22054	*	-0.9325	-0.0675
		网络社交	-.73333*	0.26465	*	-1.2523	-0.2143
		餐饮外卖	0.13872	0.21117	0.511	-0.2754	0.5528
		网络摄影、音视频制作	-0.375	0.25625	0.143	-0.8775	0.1275
		网络直播	0.23148	0.22054	0.294	-0.201	0.664
		网约写作	-0.36905	0.25007	0.14	-0.8595	0.1214
		平台网络服务	-0.125	0.22599	0.58	-0.5682	0.3182
		IT与软件开发	0.08333	0.23392	0.722	-0.3754	0.5421
		大数据、云计算、人工智能等专业人士	-0.02083	0.23392	0.929	-0.4796	0.4379
		网络服务的元平台	-0.25947	0.21624	0.23	-0.6835	0.1646

* 均值差的显著性水平为0.05。

表5-37和表5-38显示，网络社交群体的劳动关系满意度均值最高，其与网约车代驾群体、网络摄影音视频制作群体的劳动关系满意度均值差异不显著，与其他十一个行业群体的劳动关系满意度均值都呈现显著差异。网络直播群体的劳动关系满意度均值最低，其与电商购物群体、IT软件开发群体的劳动关系满意度均值差异不显著，与其他十一个行业群体的劳动关系满意度均值都呈现显著差异。这个数据分析结果比较符合实际情况，比较而言，网络直播群体、电商购物群体和IT与软件开发群体都是在线时间最长，既消耗脑力也消耗体力的行业，比较辛苦，所以劳动关系满意度比较低。网络社交群体、网约车代驾群体和网络摄影与音视频制作群体相对来说工作时间上可以自由控制，所以劳动关系满意度比较高。其他行业群体的劳动关系满意度也各具特点，但总体上劳动关系满意度偏低。

第五节 中国新就业形态和谐劳动关系影响因素的差异性分析

本节重点分析了新就业形态和谐劳动关系影响因素的均值差异性，包括整个群体的情形和不同群体的情形。探究这些影响因素的均值差异性，不仅能科学判断和谐劳动关系影响因素的总体情形，而且能区别和谐劳动关系影响因素在不同群体之间的具体特征,为后续的回归分析和路径系数分析提供数据参照,同时也为后续的对策研究提供理论依据。

一、整个群体情形

应用 SPSS Statistics 21 对和谐劳动关系影响因素均值进行差异性显著性检验,具体结果见图 5-11、表 5-39 和表 5-40。

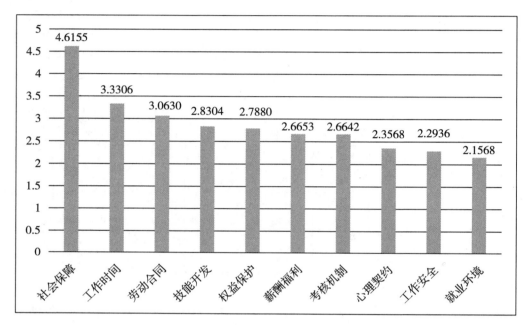

图 5-11 和谐劳动关系影响因素均值

表 5-39 和谐劳动关系影响因素均值的描述性统计

影响因素名称	影响因素编号	均值	N	标准差	均值的标准误
薪酬福利	AFQ1	2.6653	2169	0.66361	0.01425
社会保障	AFQ2	4.6155	2169	1.38587	0.02976
就业环境	AFQ3	2.1568	2169	0.54107	0.01162
权益保护	AFQ4	2.7880	2169	1.38592	0.02976
技能开发	AFQ5	2.8304	2169	0.71744	0.0154
心理契约	AFQ6	2.3568	2169	0.59501	0.01278
工作时间	AFQ7	3.3306	2169	0.76732	0.01648
劳动合同	AFQ8	3.0630	2169	1.22516	0.02631
工作安全	AFQ9	2.2936	2169	0.68718	0.01475
考核机制	AFQ10	2.6642	2169	0.8324	0.01787

表 5-40 和谐劳动关系影响因素均值之间的差异性检验

成对样本检验		成对差分均值	标准差	均值的标准误	差分的95%置信区间		t	df	Sig.（双侧）
					下限	上限			
对1	AFQ1－AFQ2	－1.95021	1.54814	0.03324	－2.0154	－1.88502	－58.668	2168	＊
对2	AFQ1－AFQ3	0.50853	0.7547	0.0162	0.47675	0.54031	31.381	2168	＊
对3	AFQ1－AFQ4	－0.12275	1.65318	0.0355	－0.19236	－0.05314	－3.458	2168	＊
对4	AFQ1－AFQ5	－0.16515	0.83569	0.01794	－0.20033	－0.12996	－9.203	2168	＊
对5	AFQ1－AFQ6	0.30844	0.65389	0.01404	0.2809	0.33597	21.968	2168	＊
对6	AFQ1－AFQ7	－0.66528	0.9819	0.02108	－0.70663	－0.62394	－31.555	2168	＊
对7	AFQ1－AFQ8	－0.39776	1.40403	0.03015	－0.45688	－0.33864	－13.194	2168	＊
对8	AFQ1－AFQ9	0.37172	0.79013	0.01697	0.33844	0.40499	21.91	2168	＊
对9	AFQ1－AFQ10	0.00111	1.07855	0.02316	－0.04431	0.04652	0.048	2168	0.962
对10	AFQ2－AFQ3	2.45874	1.50589	0.03233	2.39533	2.52215	76.041	2168	＊
对11	AFQ2－AFQ4	1.82746	2.24069	0.04811	1.7331	1.92181	37.983	2168	＊
对12	AFQ2－AFQ5	1.78506	1.49659	0.03213	1.72204	1.84808	55.55	2168	＊
对13	AFQ2－AFQ6	2.25864	1.54359	0.03314	2.19365	2.32364	68.147	2168	＊
对14	AFQ2－AFQ7	1.28492	1.66357	0.03572	1.21487	1.35497	35.972	2168	＊
对15	AFQ2－AFQ8	1.55244	1.89309	0.04065	1.47273	1.63216	38.192	2168	＊
对16	AFQ2－AFQ9	2.32192	1.55648	0.03342	2.25638	2.38746	69.476	2168	＊
对17	AFQ2－AFQ10	1.95131	1.61669	0.03471	1.88324	2.01939	56.212	2168	＊
对18	AFQ3－AFQ4	－0.63128	1.52187	0.03268	－0.69536	－0.5672	－19.319	2168	＊
对19	AFQ3－AFQ5	－0.67367	0.81389	0.01748	－0.70795	－0.6394	－38.549	2168	＊
对20	AFQ3－AFQ6	－0.20009	0.63585	0.01365	－0.22687	－0.17332	－14.656	2168	＊
对21	AFQ3－AFQ7	－1.17381	0.95336	0.02047	－1.21396	－1.13367	－57.342	2168	＊
对22	AFQ3－AFQ8	－0.90629	1.33092	0.02858	－0.96233	－0.85025	－31.714	2168	＊
对23	AFQ3－AFQ9	－0.13681	0.68813	0.01478	－0.16579	－0.10784	－9.26	2168	＊
对24	AFQ3－AFQ10	－0.50742	1.00031	0.02148	－0.54954	－0.4653	－23.625	2168	＊
对25	AFQ4－AFQ5	－0.04239	1.73721	0.0373	－0.11554	0.03076	－1.137	2168	0.256
对26	AFQ4－AFQ6	0.43119	1.58537	0.03404	0.36443	0.49795	12.667	2168	＊
对27	AFQ4－AFQ7	－0.54253	1.52067	0.03265	－0.60656	－0.4785	－16.616	2168	＊
对28	AFQ4－AFQ8	－0.27501	1.83078	0.03931	－0.3521	－0.19792	－6.996	2168	＊
对29	AFQ4－AFQ9	0.49447	1.67157	0.03589	0.42408	0.56485	13.777	2168	＊
对30	AFQ4－AFQ10	0.12386	1.62421	0.03487	0.05547	0.19225	3.552	2168	＊
对31	AFQ5－AFQ6	0.47358	0.7407	0.0159	0.44239	0.50477	29.777	2168	＊

（续表）

成对样本检验		成对差分 均值	标准差	均值的标准误	差分的95%置信区间		t	df	Sig.(双侧)
					下限	上限			
对32	AFQ5－AFQ7	－0.50014	1.03965	0.02232	－0.54392	－0.45636	－22.404	2168	*
对33	AFQ5－AFQ8	－0.23262	1.44139	0.03095	－0.29331	－0.17193	－7.516	2168	*
对34	AFQ5－AFQ9	0.53686	0.89783	0.01928	0.49905	0.57467	27.848	2168	*
对35	AFQ5－AFQ10	0.16625	1.08945	0.02339	0.12038	0.21213	7.107	2168	*
对36	AFQ6－AFQ7	－0.97372	0.91219	0.01959	－1.01213	－0.93531	－49.714	2168	*
对37	AFQ6－AFQ8	－0.7062	1.37233	0.02947	－0.76399	－0.64842	－23.966	2168	*
对38	AFQ6－AFQ9	0.06328	0.69482	0.01492	0.03402	0.09254	4.241	2168	*
对39	AFQ6－AFQ10	－0.30733	1.03981	0.02233	－0.35111	－0.26355	－13.765	2168	*
对40	AFQ7－AFQ8	0.26752	1.42643	0.03063	0.20746	0.32758	8.734	2168	*
对41	AFQ7－AFQ9	1.037	0.97177	0.02087	0.99608	1.07792	49.698	2168	*
对42	AFQ7－AFQ10	0.66639	1.14902	0.02467	0.61801	0.71477	27.01	2168	*
对43	AFQ8－AFQ9	0.76948	1.38534	0.02975	0.71115	0.82781	25.868	2168	*
对44	AFQ8－AFQ10	0.39887	1.49985	0.0322	0.33572	0.46203	12.386	2168	*
对45	AFQ9－AFQ10	－0.37061	1.10815	0.02379	－0.41727	－0.32395	－15.576	2168	*

* 均值差的显著性水平为0.05。

表5－39和表5－40显示,均值从大到小排序,依次是社会保障、工作时间、劳动合同、技能开发、权益保护、薪酬福利、考核机制、心理契约、工作安全、工作环境。薪酬福利和考核机制的均值两两无差异,权益保护和技能开发的均值两两无差异,其他影响因素的均值两两均差异显著。究其原因:一是薪酬福利与考核机制紧密联系,考核机制直接会影响到劳动者的薪酬福利,所以劳动者对其两者的评价得分相近,均值差异不显著;二是技能开发虽然不是一种必要的权益,但其也是一种发展权,与劳动者的其他权益保护有一定的相关性,所以劳动者对其两者的评价得分相近,均值差异不显著;三是劳动者对其在工作岗位上能切身感受到但无法控制的影响因素评价得分较低,如工作环境、工作安全、心理契约、考核机制、薪酬福利。相对来说,社会保障、劳动合同、技能开发、权益保护等格式化文本内容及其所规定的相关权益等,劳动者无心也无法切身感受到的,所以这些方面的评价得分较高。工作时间是劳动者能切身感受到的一个影响因素,其评价得分较高是因为劳动者基本上可以自我控制。

二、不同群体情形

由于不同行业中某些行业的样本数量太少(少于30个),不同年龄的分组基本上是5年为一组,不具有年代意义,因此,没有分析不同行业群体和不同年龄群体的和谐劳动关系影响因素均值差异性。本研究项目重点分析了不同性别、不同学历、专兼职、不同工龄等群体的和谐劳动关系影响因素均值差异性,以期探究和谐劳动关系影响因素均值总体群体的具体情形,为后续研究提供参考依据。

1. 不同性别群体的和谐劳动关系影响因素均值差异性

应用 SPSS Statistics 21 对不同性别群体的和谐劳动关系影响因素均值进行差异性显著性检验,具体结果见图 5-12、表 5-41 和表 5-42。

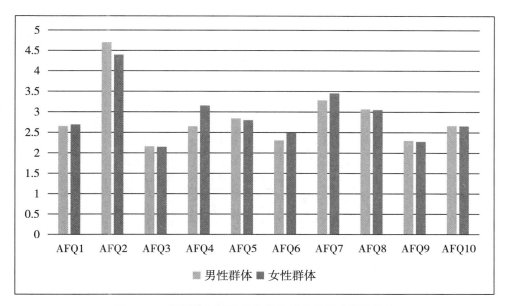

图 5-12　不同性别群体的和谐劳动关系影响因素均值

表 5-41　不同性别群体的和谐劳动关系影响因素均值描述统计

				统计量	Bootstrap			
					偏差	标准误	95% 置信区间	
							下限	上限
AFQ1 薪酬福利	男	N		1572	0	0	1572	1572
		均值		2.6551	0.0005	0.0167	2.6229	2.6892
		标准差		0.6505	−0.00037	0.01171	0.62627	0.67301
		标准误		0.01641				
		均值的 95% 置信区间	下限	2.6229				
			上限	2.6872				
		极小值		1				
		极大值		5				
	女	N		597	0	0	597	597
		均值		2.6922	−0.0003	0.0272	2.6386	2.745
		标准差		0.69681	−0.00189	0.02346	0.65014	0.74308
		标准误		0.02852				

(续表)

			统计量	Bootstrap			
				偏差	标准误	95％ 置信区间	
						下限	上限
AFQ1 薪酬福利		均值的 95％ 置信区间 下限	2.6362				
		均值的 95％ 置信区间 上限	2.7482				
		极小值	1				
		极大值	5				
AFQ2 社会保障	男	N	1572	0	0	1572	1572
		均值	4.6996	−0.0009	0.0366	4.6244	4.7666
		标准差	1.39787	−0.00057	0.01908	1.36117	1.43528
		标准误	0.03526				
		均值的 95％ 置信区间 下限	4.6305				
		均值的 95％ 置信区间 上限	4.7688				
		极小值	1.2				
		极大值	5.8				
	女	N	597	0	0	597	597
		均值	4.394	−0.0012	0.0535	4.2908	4.5077
		标准差	1.32967	−0.00101	0.02215	1.28264	1.36947
		标准误	0.05442				
		均值的 95％ 置信区间 下限	4.2871				
		均值的 95％ 置信区间 上限	4.5008				
		极小值	1.2				
		极大值	5.8				
AFQ3 就业环境	男	N	1572	0	0	1572	1572
		均值	2.1597	0.0006	0.0129	2.1342	2.1868
		标准差	0.52898	−0.00055	0.0104	0.50648	0.54806
		标准误	0.01334				
		均值的 95％ 置信区间 下限	2.1335				
		均值的 95％ 置信区间 上限	2.1858				
		极小值	1				
		极大值	4				
	女	N	597	0	0	597	597
		均值	2.1491	−0.0005	0.0243	2.1011	2.1971

(续表)

<table>
<tr><th colspan="2"></th><th></th><th colspan="2">统计量</th><th colspan="4">Bootstrap</th></tr>
<tr><th colspan="2"></th><th></th><th colspan="2"></th><th>偏差</th><th>标准误</th><th colspan="2">95％ 置信区间</th></tr>
<tr><th colspan="2"></th><th></th><th colspan="2"></th><th></th><th></th><th>下限</th><th>上限</th></tr>
<tr><td rowspan="6">AFQ3 就业环境</td><td colspan="2"></td><td colspan="2">标准差</td><td>0.57209</td><td>0.00001</td><td>0.01638</td><td>0.53824</td><td>0.60463</td></tr>
<tr><td colspan="2"></td><td colspan="2">标准误</td><td>0.02341</td><td></td><td></td><td></td><td></td></tr>
<tr><td colspan="2"></td><td rowspan="2">均值的95％ 置信区间</td><td>下限</td><td>2.1031</td><td></td><td></td><td></td><td></td></tr>
<tr><td colspan="2"></td><td>上限</td><td>2.1951</td><td></td><td></td><td></td><td></td></tr>
<tr><td colspan="2"></td><td colspan="2">极小值</td><td>1</td><td></td><td></td><td></td><td></td></tr>
<tr><td colspan="2"></td><td colspan="2">极大值</td><td>4</td><td></td><td></td><td></td><td></td></tr>
<tr><td rowspan="16">AFQ4 权益保护</td><td rowspan="8">男</td><td colspan="2">N</td><td>1572</td><td>0</td><td>0</td><td>1572</td><td>1572</td></tr>
<tr><td colspan="2">均值</td><td>2.6493</td><td>0.0002</td><td>0.0362</td><td>2.5798</td><td>2.7215</td></tr>
<tr><td colspan="2">标准差</td><td>1.40161</td><td>−0.00076</td><td>0.01483</td><td>1.37068</td><td>1.43117</td></tr>
<tr><td colspan="2">标准误</td><td>0.03535</td><td></td><td></td><td></td><td></td></tr>
<tr><td rowspan="2">均值的95％ 置信区间</td><td>下限</td><td>2.58</td><td></td><td></td><td></td><td></td></tr>
<tr><td>上限</td><td>2.7187</td><td></td><td></td><td></td><td></td></tr>
<tr><td colspan="2">极小值</td><td>1</td><td></td><td></td><td></td><td></td></tr>
<tr><td colspan="2">极大值</td><td>5</td><td></td><td></td><td></td><td></td></tr>
<tr><td rowspan="8">女</td><td colspan="2">N</td><td>597</td><td>0</td><td>0</td><td>597</td><td>597</td></tr>
<tr><td colspan="2">均值</td><td>3.1533</td><td>−0.0007</td><td>0.0526</td><td>3.0436</td><td>3.2529</td></tr>
<tr><td colspan="2">标准差</td><td>1.27449</td><td>−0.00178</td><td>0.02477</td><td>1.22216</td><td>1.32131</td></tr>
<tr><td colspan="2">标准误</td><td>0.05216</td><td></td><td></td><td></td><td></td></tr>
<tr><td rowspan="2">均值的95％ 置信区间</td><td>下限</td><td>3.0508</td><td></td><td></td><td></td><td></td></tr>
<tr><td>上限</td><td>3.2557</td><td></td><td></td><td></td><td></td></tr>
<tr><td colspan="2">极小值</td><td>1</td><td></td><td></td><td></td><td></td></tr>
<tr><td colspan="2">极大值</td><td>5</td><td></td><td></td><td></td><td></td></tr>
<tr><td rowspan="8">AFQ5 技能开发</td><td rowspan="8">男</td><td colspan="2">N</td><td>1572</td><td>0</td><td>0</td><td>1572</td><td>1572</td></tr>
<tr><td colspan="2">均值</td><td>2.842</td><td>0.0004</td><td>0.0187</td><td>2.8069</td><td>2.8798</td></tr>
<tr><td colspan="2">标准差</td><td>0.72929</td><td>−0.00006</td><td>0.01329</td><td>0.70418</td><td>0.75647</td></tr>
<tr><td colspan="2">标准误</td><td>0.01839</td><td></td><td></td><td></td><td></td></tr>
<tr><td rowspan="2">均值的95％ 置信区间</td><td>下限</td><td>2.8059</td><td></td><td></td><td></td><td></td></tr>
<tr><td>上限</td><td>2.8781</td><td></td><td></td><td></td><td></td></tr>
<tr><td colspan="2">极小值</td><td>1</td><td></td><td></td><td></td><td></td></tr>
<tr><td colspan="2">极大值</td><td>5</td><td></td><td></td><td></td><td></td></tr>
</table>

(续表)

			统计量	Bootstrap			
				偏差	标准误	95% 置信区间	
						下限	上限
AFQ5 技能开发	女	N	597	0	0	597	597
		均值	2.8	−0.0006	0.027	2.7484	2.8566
		标准差	0.68493	−0.00202	0.02224	0.64311	0.72654
		标准误	0.02803				
		均值的 95% 置信区间 下限	2.7449				
		均值的 95% 置信区间 上限	2.8551				
		极小值	1				
		极大值	4.8				
AFQ6 心理契约	男	N	1572	0	0	1572	1572
		均值	2.3073	0.0006	0.0138	2.2812	2.3345
		标准差	0.55208	0.00004	0.01492	0.52253	0.5823
		标准误	0.01392				
		均值的 95% 置信区间 下限	2.2799				
		均值的 95% 置信区间 上限	2.3346				
		极小值	1				
		极大值	5				
	女	N	597	0	0	597	597
		均值	2.4874	−0.0015	0.0278	2.4332	2.54
		标准差	0.67887	−0.00115	0.02083	0.63588	0.71799
		标准误	0.02778				
		均值的 95% 置信区间 下限	2.4329				
		均值的 95% 置信区间 上限	2.542				
		极小值	1				
		极大值	4.6				
AFQ7 工作时间	男	N	1572	0	0	1572	1572
		均值	3.2839	−0.0005	0.0183	3.2449	3.3182
		标准差	0.7401	−0.00018	0.01239	0.71687	0.765
		标准误	0.01867				
		均值的 95% 置信区间 下限	3.2473				
		均值的 95% 置信区间 上限	3.3205				

(续表)

				统计量	Bootstrap			
					偏差	标准误	95% 置信区间	
							下限	上限
AFQ7 工作时间	女	极小值		1				
		极大值		5				
		N		597	0	0	597	597
		均值		3.4535	0.0007	0.0339	3.3878	3.523
		标准差		0.82283	−0.00085	0.02298	0.77537	0.86525
		标准误		0.03368				
		均值的95%置信区间	下限	3.3874				
			上限	3.5197				
		极小值		1				
		极大值		5				
AFQ8 劳动合同	男	N		1572	0	0	1572	1572
		均值		3.0674	−0.0009	0.0288	3.0084	3.1221
		标准差		1.22282	−0.0003	0.01188	1.19949	1.24453
		标准误		0.03084				
		均值的95%置信区间	下限	3.0069				
			上限	3.1279				
		极小值		1				
		极大值		5				
	女	N		597	0	0	597	597
		均值		3.0515	0.0028	0.0496	2.9602	3.1554
		标准差		1.23224	−0.00219	0.01915	1.19124	1.26754
		标准误		0.05043				
		均值的95%置信区间	下限	2.9525				
			上限	3.1506				
		极小值		1.25				
		极大值		5				
AFQ9 工作安全	男	N		1572	0	0	1572	1572
		均值		2.2996	0.0002	0.0166	2.2672	2.3328
		标准差		0.66375	−0.00024	0.01452	0.63518	0.69369
		标准误		0.01674				

(续表)

				统计量	Bootstrap			
					偏差	标准误	95% 置信区间	
							下限	上限
AFQ9 工作安全			均值的95%置信区间 下限	2.2668				
			均值的95%置信区间 上限	2.3325				
			极小值	1				
			极大值	5				
	女		N	597	0	0	597	597
			均值	2.2776	0.0001	0.0305	2.2194	2.3379
			标准差	0.7457	−0.00047	0.02509	0.69583	0.79463
			标准误	0.03052				
			均值的95%置信区间 下限	2.2177				
			均值的95%置信区间 上限	2.3376				
			极小值	1				
			极大值	5				
AFQ10 考核机制	男		N	1572	0	0	1572	1572
			均值	2.6665	0.0005	0.0211	2.6248	2.7078
			标准差	0.82348	−0.00001	0.01537	0.79179	0.85367
			标准误	0.02077				
			均值的95%置信区间 下限	2.6258				
			均值的95%置信区间 上限	2.7073				
			极小值	1				
			极大值	5				
	女		N	597	0	0	597	597
			均值	2.658	0.0014	0.0357	2.59	2.734
			标准差	0.85612	−0.00126	0.02549	0.80543	0.90386
			标准误	0.03504				
			均值的95%置信区间 下限	2.5891				
			均值的95%置信区间 上限	2.7268				
			极小值	1				
			极大值	5				

表 5-42 不同性别群体的和谐劳动关系影响因素均值差异

			平方和	df	均方	F	显著性
AFQ1	组间	（组合）	0.597	1	0.597	1.356	0.244
	线性项	未加权的	0.597	1	0.597	1.356	0.244
		加权的	0.597	1	0.597	1.356	0.244
	组内		954.149	2167	0.44		
	总数		954.746	2168			
AFQ2	组间	（组合）	40.421	1	40.421	21.242	0.000
	线性项	未加权的	40.421	1	40.421	21.242	0.000
		加权的	40.421	1	40.421	21.242	0.000
	组内		4123.538	2167	1.903		
	总数		4163.96	2168			
AFQ3	组间	（组合）	0.049	1	0.049	0.166	0.684
	线性项	未加权的	0.049	1	0.049	0.166	0.684
		加权的	0.049	1	0.049	0.166	0.684
	组内		634.655	2167	0.293		
	总数		634.704	2168			
AFQ4	组间	（组合）	109.879	1	109.879	58.729	0.000
	线性项	未加权的	109.879	1	109.879	58.729	0.000
		加权的	109.879	1	109.879	58.729	0.000
	组内		4054.358	2167	1.871		
	总数		4164.237	2168			
AFQ5	组间	（组合）	0.763	1	0.763	1.482	0.224
	线性项	未加权的	0.763	1	0.763	1.482	0.224
		加权的	0.763	1	0.763	1.482	0.224
	组内		1115.149	2167	0.515		
	总数		1115.912	2168			
AFQ6	组间	（组合）	14.048	1	14.048	40.399	0.000
	线性项	未加权的	14.048	1	14.048	40.399	0.000
		加权的	14.048	1	14.048	40.399	0.000
	组内		753.513	2167	0.348		
	总数		767.561	2168			
AFQ7	组间	（组合）	12.452	1	12.452	21.347	0.000
	线性项	未加权的	12.452	1	12.452	21.347	0.000

（续表）

			平方和	df	均方	F	显著性
		加权的	12.452	1	12.452	21.347	0.000
	组内		1264.031	2167	0.583		
	总数		1276.483	2168			
AFQ8	组间	（组合）	0.11	1	0.11	0.073	0.787
	线性项	未加权的	0.11	1	0.11	0.073	0.787
		加权的	0.11	1	0.11	0.073	0.787
	组内		3254.081	2167	1.502		
	总数		3254.191	2168			
AFQ9	组间	（组合）	0.209	1	0.209	0.443	0.506
	线性项	未加权的	0.209	1	0.209	0.443	0.506
		加权的	0.209	1	0.209	0.443	0.506
	组内		1023.549	2167	0.472		
	总数		1023.758	2168			
AFQ10	组间	（组合）	0.032	1	0.032	0.046	0.83
	线性项	未加权的	0.032	1	0.032	0.046	0.83
		加权的	0.032	1	0.032	0.046	0.83
	组内		1502.155	2167	0.693		
	总数		1502.187	2168			

表5-41和表5-42显示，在社会保障、权益保护、心理契约和工作时间等四个影响因素评价得分中，男性群体和女性群体之间有显著性差异，在劳动合同、技能开发、薪酬福利、考核机制、工作安全、工作环境等六个影响因素评价得分中，男性群体和女性群体之间差异不显著。总体群体的分析中社会保障的评价得分较高，关键在于男性群体的评价得分高，但是女性群体的评价得分相对较低，与男性群体的评价得分差异显著。总体群体的分析中工作时间的评价得分较高，关键在于女性群体的评价得分高，但是男性群体的评价得分相对较低，与女性群体的评价得分差异显著。总体群体的分析中权益保护和心理契约的评价得分都较低，关键在于男性群体的评价得分较低，但是女性群体的评价得分相对较高，与男性群体的评价得分差异显著。究其原因：社会保障方面，男性群体认为新就业形态是自己的主业，也是长期的就业保障，所以男性群体对社会保障的评价得分高，女性群体可能认为新就业形态风险较高，收入又不稳定，所以女性群体对社会保障的评价得分较低；工作时间方面，女性群体认为新就业形态是一种临时性的就业形式，是收入的一种补充形式，时间上可以自我控制，所以对工作时间的评价得分高，然而，男性群体却把新就业形态作为长期性职业，虽然也可以自我控制工作时间，但是，工作时间毕竟比较长，所以对工作时间的评价得分相对较低些；权益保护和心理契约方面，因为男性群体把新就业形态作为自己的长期性职业，非常关注新就业形态发展的整体趋势，对新就业形态就业的要求相对较高，发现新就业形态就业问题比较多些，而且男

性群体的职业转换相比女性群体具有一定的优势,相对来说,女性群体职业转换比较难,对新就业形态就业的要求没有男性群体的高,所以,女性群体在权益保护和心理契约方面的评价得分要比男性群体相对高些。总体而言,无论是男性群体还是女性群体,对权益保护和心理契约方面的评价得分都比较低,说明新就业形态就业在劳动者心中并不是一种理想的就业形式。

2. 不同学历群体的和谐劳动关系影响因素均值差异性

应用 SPSS Statistics 21 对不同学历群体的和谐劳动关系影响因素均值进行差异性显著性检验,具体结果见图 5-13、表 5-43 和表 5-44。

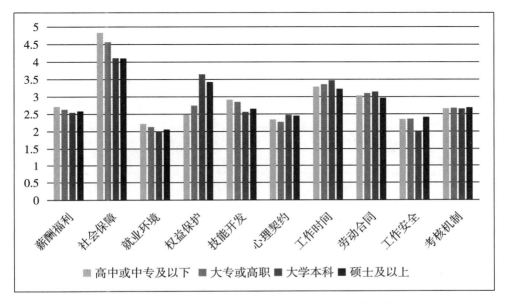

图 5-13 不同学历群体的和谐劳动关系影响因素均值

表 5-43 不同学历群体的和谐劳动关系影响因素均值描述统计

				统计量	Bootstrap			
					偏差	标准误	95% 置信区间	
							下限	上限
AFQ1	高中或中专及以下	N		1230	0	0	1230	1230
		均值		2.7189	0.0008	0.0186	2.6842	2.7579
		标准差		0.65506	0.00038	0.01327	0.62881	0.68112
		标准误		0.01868				
		均值的 95% 置信区间	下限	2.6823				
			上限	2.7555				
		极小值		1				
		极大值		5				

续表

				统计量	Bootstrap			
					偏差	标准误	95% 置信区间	
							下限	上限
	大专或高职	N		447	0	0	447	447
		均值		2.6376	0.0006	0.0274	2.5861	2.6907
		标准差		0.58025	0.00005	0.02144	0.53878	0.62281
		标准误		0.02744				
		均值的95%置信区间	下限	2.5836				
			上限	2.6915				
		极小值		1				
		极大值		4.5				
	大学本科	N		372	0	0	372	372
		均值		2.5464	0.0002	0.0379	2.4705	2.6243
		标准差		0.69898	−0.00203	0.03032	0.64105	0.75496
		标准误		0.03624				
		均值的95%置信区间	下限	2.4751				
			上限	2.6176				
		极小值		1				
		极大值		5				
	硕士及以上	N		120	0	0	120	120
		均值		2.5875	0.0028	0.0802	2.4333	2.7541
		标准差		0.85051	−0.00259	0.05914	0.73462	0.9619
		标准误		0.07764				
		均值的95%置信区间	下限	2.4338				
			上限	2.7412				
		极小值		1				
		极大值		5				
AFQ2	高中或中专及以下	N		1230	0	0	1230	1230
		均值		4.835	0.0006	0.0387	4.7591	4.9119
		标准差		1.3415	−0.00126	0.02506	1.28997	1.387
		标准误		0.03825				
		均值的95%置信区间	下限	4.7599				
			上限	4.91				

（续表）

			统计量	Bootstrap			
				偏差	标准误	95% 置信区间	
						下限	上限
		极小值	1.2				
		极大值	5.8				
	大专或高职	N	447	0	0	447	447
		均值	4.5682	−0.0049	0.0707	4.4206	4.7001
		标准差	1.50281	−0.00074	0.03048	1.44292	1.5604
		标准误	0.07108				
		均值的 95% 置信区间 下限	4.4285				
		均值的 95% 置信区间 上限	4.7079				
		极小值	1.2				
		极大值	5.8				
	大学本科	N	372	0	0	372	372
		均值	4.1113	−0.0005	0.0623	3.9828	4.2258
		标准差	1.21313	−0.00242	0.02372	1.16212	1.2573
		标准误	0.0629				
		均值的 95% 置信区间 下限	3.9876				
		均值的 95% 置信区间 上限	4.235				
		极小值	1.2				
		极大值	5.8				
	硕士及以上	N	120	0	0	120	120
		均值	4.105	−0.0035	0.1231	3.8452	4.3317
		标准差	1.33749	−0.00716	0.04097	1.25008	1.40607
		标准误	0.1221				
		均值的 95% 置信区间 下限	3.8632				
		均值的 95% 置信区间 上限	4.3468				
		极小值	2.2				
		极大值	5.8				
AFQ3	高中或中专及以下	N	1230	0	0	1230	1230
		均值	2.2203	−0.0004	0.0147	2.1916	2.2488
		标准差	0.50704	0.00016	0.01219	0.48286	0.53138
		标准误	0.01446				

(续表)

			统计量	Bootstrap			
				偏差	标准误	95% 置信区间	
						下限	上限
		均值的 95% 置信区间 下限	2.192				
		均值的 95% 置信区间 上限	2.2487				
		极小值	1				
		极大值	4				
	大专或高职	N	447	0	0	447	447
		均值	2.132	0.0011	0.0228	2.0865	2.1782
		标准差	0.49333	−0.00033	0.01782	0.45837	0.52828
		标准误	0.02333				
		均值的 95% 置信区间 下限	2.0861				
		均值的 95% 置信区间 上限	2.1778				
		极小值	1				
		极大值	3				
	大学本科	N	372	0	0	372	372
		均值	2.0081	0.0014	0.0324	1.9436	2.0717
		标准差	0.63792	−0.0005	0.02239	0.59171	0.67989
		标准误	0.03307				
		均值的 95% 置信区间 下限	1.943				
		均值的 95% 置信区间 上限	2.0731				
		极小值	1				
		极大值	4				
	硕士及以上	N	120	0	0	120	120
		均值	2.0583	−0.0012	0.058	1.9417	2.1694
		标准差	0.61214	−0.0037	0.03432	0.53625	0.67334
		标准误	0.05588				
		均值的 95% 置信区间 下限	1.9477				
		均值的 95% 置信区间 上限	2.169				
		极小值	1				
		极大值	3.33				
AFQ4	高中或中专及以下	N	1230	0	0	1230	1230
		均值	2.4811	0.0005	0.0399	2.4008	2.5616

(续表)

			统计量	Bootstrap			
				偏差	标准误	95% 置信区间	
						下限	上限
		标准差	1.37524	−0.00029	0.01709	1.34137	1.40839
		标准误	0.03921				
	均值的 95% 置信区间	下限	2.4042				
		上限	2.558				
	极小值		1				
	极大值		5				
大专或高职	N		447	0	0	447	447
	均值		2.7466	0.0005	0.0649	2.6152	2.878
	标准差		1.35324	−0.00088	0.02718	1.30125	1.40985
	标准误		0.06401				
	均值的 95% 置信区间	下限	2.6209				
		上限	2.8724				
	极小值		1				
	极大值		5				
大学本科	N		372	0	0	372	372
	均值		3.6472	0.0022	0.0577	3.5323	3.7688
	标准差		1.12719	−0.00225	0.03596	1.05519	1.19632
	标准误		0.05844				
	均值的 95% 置信区间	下限	3.5323				
		上限	3.7621				
	极小值		1				
	极大值		5				
硕士及以上	N		120	0	0	120	120
	均值		3.425	−0.0004	0.0883	3.2521	3.5979
	标准差		0.96938	−0.00503	0.0652	0.83606	1.09618
	标准误		0.08849				
	均值的 95% 置信区间	下限	3.2498				
		上限	3.6002				
	极小值		1				
	极大值		5				

(续表)

			统计量	Bootstrap			
				偏差	标准误	95% 置信区间	
						下限	上限
AFQ5	高中或中专及以下	N	1230	0	0	1230	1230
		均值	2.9195	0	0.0193	2.8818	2.9574
		标准差	0.70141	−0.00027	0.01416	0.67366	0.72979
		标准误	0.02				
		均值的 95% 置信区间 下限	2.8803				
		均值的 95% 置信区间 上限	2.9587				
		极小值	1				
		极大值	5				
	大专或高职	N	447	0	0	447	447
		均值	2.855	−0.0014	0.0315	2.7915	2.9141
		标准差	0.66583	−0.00133	0.02343	0.62052	0.71291
		标准误	0.03149				
		均值的 95% 置信区间 下限	2.7931				
		均值的 95% 置信区间 上限	2.9169				
		极小值	1				
		极大值	5				
	大学本科	N	372	0	0	372	372
		均值	2.5629	−0.0004	0.0397	2.4844	2.6419
		标准差	0.74343	−0.00381	0.03259	0.67303	0.80276
		标准误	0.03855				
		均值的 95% 置信区间 下限	2.4871				
		均值的 95% 置信区间 上限	2.6387				
		极小值	1				
		极大值	5				
	硕士及以上	N	120	0	0	120	120
		均值	2.655	0.0006	0.071	2.5151	2.7999
		标准差	0.7568	−0.00709	0.06624	0.61955	0.86808
		标准误	0.06909				
		均值的 95% 置信区间 下限	2.5182				
		均值的 95% 置信区间 上限	2.7918				

(续表)

			统计量	Bootstrap			
				偏差	标准误	95% 置信区间	
						下限	上限
AFQ6	高中或中专及以下	极小值	1				
		极大值	5				
		N	1230	0	0	1230	1230
		均值	2.3424	−0.0001	0.0151	2.3133	2.3709
		标准差	0.52863	0.00011	0.01566	0.49833	0.55899
		标准误	0.01507				
		均值的 95% 置信区间 下限	2.3129				
		均值的 95% 置信区间 上限	2.372				
		极小值	1				
		极大值	5				
	大专或高职	N	447	0	0	447	447
		均值	2.2725	−0.0009	0.0252	2.2224	2.3208
		标准差	0.52705	−0.0015	0.03197	0.4663	0.58704
		标准误	0.02493				
		均值的 95% 置信区间 下限	2.2235				
		均值的 95% 置信区间 上限	2.3215				
		极小值	1				
		极大值	5				
	大学本科	N	372	0	0	372	372
		均值	2.4758	−0.0012	0.0415	2.3946	2.5516
		标准差	0.77672	−0.00259	0.02495	0.72415	0.82402
		标准误	0.04027				
		均值的 95% 置信区间 下限	2.3966				
		均值的 95% 置信区间 上限	2.555				
		极小值	1				
		极大值	4.2				
	硕士及以上	N	120	0	0	120	120
		均值	2.45	−0.0001	0.0704	2.3133	2.59
		标准差	0.74844	−0.00614	0.05261	0.63379	0.84772
		标准误	0.06832				

（续表）

				统计量	Bootstrap			
					偏差	标准误	95％ 置信区间	
							下限	上限
		均值的95％置信区间	下限	2.3147				
			上限	2.5853				
		极小值		1				
		极大值		4.6				
AFQ7	高中或中专及以下	N		1230	0	0	1230	1230
		均值		3.289	−0.0005	0.0208	3.2486	3.3303
		标准差		0.7198	−0.00059	0.01394	0.69414	0.74705
		标准误		0.02052				
		均值的95％置信区间	下限	3.2488				
			上限	3.3293				
		极小值		1				
		极大值		5				
	大专或高职	N		447	0	0	447	447
		均值		3.3574	0.0015	0.0356	3.2864	3.4279
		标准差		0.73771	−0.00249	0.02494	0.68828	0.78657
		标准误		0.03489				
		均值的95％置信区间	下限	3.2888				
			上限	3.426				
		极小值		1				
		极大值		5				
	大学本科	N		372	0	0	372	372
		均值		3.4698	0.0011	0.0464	3.3791	3.5571
		标准差		0.89167	−0.0042	0.03122	0.82485	0.94381
		标准误		0.04623				
		均值的95％置信区间	下限	3.3789				
			上限	3.5607				
		极小值		1				
		极大值		5				
	硕士及以上	N		120	0	0	120	120
		均值		3.225	0.0022	0.0806	3.0688	3.3833

（续表）

				统计量	Bootstrap			
					偏差	标准误	95% 置信区间	
							下限	上限
		标准差		0.87471	−0.00722	0.04329	0.78187	0.9459
		标准误		0.07985				
		均值的95%置信区间	下限	3.0669				
			上限	3.3831				
		极小值		1.5				
		极大值		5				
AFQ8	高中或中专及以下	N		1230	0	0	1230	1230
		均值		3.0335	0.0017	0.0363	2.96	3.1073
		标准差		1.22056	−0.00087	0.01277	1.19439	1.24461
		标准误		0.0348				
		均值的95%置信区间	下限	2.9653				
			上限	3.1018				
		极小值		1				
		极大值		5				
	大专或高职	N		447	0	0	447	447
		均值		3.1018	0.0013	0.0591	2.9855	3.231
		标准差		1.22451	−0.0026	0.02251	1.17637	1.26743
		标准误		0.05792				
		均值的95%置信区间	下限	2.988				
			上限	3.2156				
		极小值		1				
		极大值		5				
	大学本科	N		372	0	0	372	372
		均值		3.1445	0.0004	0.0674	3.0048	3.2769
		标准差		1.24078	−0.00196	0.02458	1.1897	1.28465
		标准误		0.06433				
		均值的95%置信区间	下限	3.018				
			上限	3.271				
		极小值		1.25				
		极大值		5				

（续表）

			统计量	Bootstrap			
				偏差	标准误	95% 置信区间	
						下限	上限
AFQ9	硕士及以上	N	120	0	0	120	120
		均值	2.9688	0.0036	0.1131	2.7563	3.1938
		标准差	1.22327	−0.00649	0.04207	1.1325	1.29874
		标准误	0.11167				
		均值的 95% 置信区间 下限	2.7476				
		均值的 95% 置信区间 上限	3.1899				
		极小值	1.25				
		极大值	5				
	高中或中专及以下	N	1230	0	0	1230	1230
		均值	2.35	−0.0006	0.0167	2.3159	2.3813
		标准差	0.60692	−0.00123	0.01453	0.57728	0.63364
		标准误	0.01731				
		均值的 95% 置信区间 下限	2.316				
		均值的 95% 置信区间 上限	2.384				
		极小值	1				
		极大值	5				
	大专或高职	N	447	0	0	447	447
		均值	2.3591	0.001	0.0332	2.2959	2.4239
		标准差	0.68331	−0.0016	0.03421	0.61577	0.74798
		标准误	0.03232				
		均值的 95% 置信区间 下限	2.2955				
		均值的 95% 置信区间 上限	2.4226				
		极小值	1				
		极大值	5				
	大学本科	N	372	0	0	372	372
		均值	1.9899	−0.0001	0.0417	1.9053	2.0705
		标准差	0.79444	−0.00209	0.03457	0.72702	0.8665
		标准误	0.04119				
		均值的 95% 置信区间 下限	1.9089				
		均值的 95% 置信区间 上限	2.0709				

(续表)

			统计量	Bootstrap			
				偏差	标准误	95% 置信区间	
						下限	上限
AFQ10	硕士及以上	极小值	1				
		极大值	5				
		N	120	0	0	120	120
		均值	2.4125	0.0029	0.0789	2.2646	2.5729
		标准差	0.85421	−0.00523	0.05504	0.73601	0.95759
		标准误	0.07798				
		均值的 95% 置信区间 下限	2.2581				
		均值的 95% 置信区间 上限	2.5669				
		极小值	1				
		极大值	4.5				
	高中或中专及以下	N	1230	0	0	1230	1230
		均值	2.6597	0.0001	0.0239	2.6151	2.708
		标准差	0.82396	−0.00073	0.01686	0.78922	0.85436
		标准误	0.02349				
		均值的 95% 置信区间 下限	2.6136				
		均值的 95% 置信区间 上限	2.7058				
		极小值	1				
		极大值	5				
	大专或高职	N	447	0	0	447	447
		均值	2.677	0.0017	0.039	2.6036	2.7539
		标准差	0.85746	−0.00173	0.02657	0.80331	0.90532
		标准误	0.04056				
		均值的 95% 置信区间 下限	2.5973				
		均值的 95% 置信区间 上限	2.7567				
		极小值	1				
		极大值	5				
	大学本科	N	372	0	0	372	372
		均值	2.6548	0.0008	0.0408	2.5758	2.7419
		标准差	0.77925	−0.00114	0.03245	0.71275	0.84336
		标准误	0.0404				

（续表）

			统计量	Bootstrap			
				偏差	标准误	95% 置信区间	
						下限	上限
硕士及以上	均值的 95% 置信区间	下限	2.5754				
		上限	2.7343				
	极小值		1				
	极大值		5				
	N		120	0	0	120	120
	均值		2.6917	0.0056	0.0889	2.53	2.8817
	标准差		0.98045	−0.00454	0.06023	0.85708	1.09133
	标准误		0.0895				
	均值的 95% 置信区间	下限	2.5144				
		上限	2.8689				
	极小值		1				
	极大值		5				

表 5-44 不同学历群体的和谐劳动关系影响因素均值多重比较（LSD）

因变量	（I）学历	（J）学历	均值差（I−J）	标准误	显著性	95% 置信区间	
						下限	上限
AFQ1 社会保障	高中或中专及以下	大专或高职	08132*	0.03649	0.026	0.0098	0.1529
		大学本科	17253*	0.03909	0	0.0959	0.2492
		硕士及以上	13140*	0.06318	0.038	0.0075	0.2553
	大专或高职	高中或中专及以下	−.08132*	0.03649	0.026	−0.1529	−0.0098
		大学本科	09121*	0.04636	0.050	0.0003	0.1821
		硕士及以上	0.050	0.06792	0.461	−0.0831	0.1833
	大学本科	高中或中专及以下	−.17253*	0.03909	0	−0.2492	−0.0959
		大专或高职	−.09121*	0.04636	0.050	−0.1821	−0.0003
		硕士及以上	−0.041	0.06936	0.553	−0.1771	0.0949
	硕士及以上	高中或中专及以下	−.13140*	0.06318	0.038	−0.2553	−0.0075
		大专或高职	−0.050	0.06792	0.461	−0.1833	0.0831
		大学本科	0.041	0.06936	0.553	−0.0949	0.1771

（续表）

因变量	(I) 学历	(J) 学历	均值差 (I-J)	标准误	显著性	95% 置信区间 下限	95% 置信区间 上限
AFQ2	高中或中专及以下	大专或高职	26673*	0.07486	0	0.1199	0.4135
		大学本科	72367*	0.08021	0	0.5664	0.881
		硕士及以上	72996*	0.12963	0	0.4757	0.9842
	大专或高职	高中或中专及以下	-.26673*	0.07486	0	-0.4135	-0.1199
		大学本科	45694	0.09513	0	0.2704	0.6435
		硕士及以上	46323*	0.13936	0.001	0.1899	0.7365
	大学本科	高中或中专及以下	-.72367*	0.08021	0	-0.881	-0.5664
		大专或高职	-.45694*	0.09513	0	-0.6435	-0.2704
		硕士及以上	0.006	0.1423	0.965	-0.2728	0.2854
	硕士及以上	高中或中专及以下	-.72996*	0.12963	0	-0.9842	-0.4757
		大专或高职	-.46323*	0.13936	0.001	-0.7365	-0.1899
		大学本科	-0.006	0.1423	0.965	-0.2854	0.2728
AFQ3	高中或中专及以下	大专或高职	08833*	0.02956	0.003	0.0304	0.1463
		大学本科	21226*	0.03167	0	0.1502	0.2744
		硕士及以上	16199*	0.05118	0.002	0.0616	0.2624
	大专或高职	高中或中专及以下	-.08833*	0.02956	0.003	-0.1463	-0.0304
		大学本科	12393*	0.03756	0.001	0.0503	0.1976
		硕士及以上	0.074	0.05502	0.181	-0.0342	0.1816
	大学本科	高中或中专及以下	-.21226*	0.03167	0	-0.2744	-0.1502
		大专或高职	-.12393*	0.03756	0.001	-0.1976	-0.0503
		硕士及以上	-0.050	0.05618	0.371	-0.1604	0.0599
	硕士及以上	高中或中专及以下	-.16199*	0.05118	0.002	-0.2624	-0.0616
		大专或高职	-0.074	0.05502	0.181	-0.1816	0.0342
		大学本科	0.050	0.05618	0.371	-0.0599	0.1604
AFQ4	高中或中专及以下	大专或高职	-.26555*	0.07244	0	-0.4076	-0.1235
		大学本科	-1.16608*	0.07761	0	-1.3183	-1.0139
		硕士及以上	-.94390*	0.12543	0	-1.1899	-0.6979
	大专或高职	高中或中专及以下	26555*	0.07244	0	0.1235	0.4076
		大学本科	-.90053*	0.09205	0	-1.081	-0.72
		硕士及以上	-.67836*	0.13485	0	-0.9428	-0.4139

（续表）

因变量	（I）学历	（J）学历	均值差（I-J）	标准误	显著性	95% 置信区间 下限	95% 置信区间 上限
AFQ4	大学本科	高中或中专及以下	1.16608*	0.07761	0	1.0139	1.3183
		大专或高职	90053*	0.09205	0	0.72	1.081
		硕士及以上	0.222	0.13769	0.107	-0.0478	0.4922
	硕士及以上	高中或中专及以下	94390*	0.12543	0	0.6979	1.1899
		大专或高职	67836*	0.13485	0	0.4139	0.9428
		大学本科	-0.222	0.13769	0.107	-0.4922	0.0478
AFQ5	高中或中专及以下	大专或高职	0.064	0.03893	0.098	-0.0119	0.1408
		大学本科	35661*	0.04171	0	0.2748	0.4384
		硕士及以上	26451*	0.06741	0	0.1323	0.3967
	大专或高职	高中或中专及以下	-0.064	0.03893	0.098	-0.1408	0.0119
		大学本科	29213*	0.04947	0	0.1951	0.3891
		硕士及以上	20003*	0.07247	0.006	0.0579	0.3421
	大学本科	高中或中专及以下	-.35661*	0.04171	0	-0.4384	-0.2748
		大专或高职	-.29213*	0.04947	0	-0.3891	-0.1951
		硕士及以上	-0.092	0.074	0.213	-0.2372	0.053
	硕士及以上	高中或中专及以下	-.26451*	0.06741	0	-0.3967	-0.1323
		大专或高职	-.20003*	0.07247	0.006	-0.3421	-0.0579
		大学本科	0.092	0.074	0.213	-0.053	0.2372
AFQ6	高中或中专及以下	大专或高职	06996*	0.03267	0.032	0.0059	0.134
		大学本科	-.13337*	0.03501	0	-0.202	-0.0647
		硕士及以上	-0.108	0.05658	0.057	-0.2185	0.0034
	大专或高职	高中或中专及以下	-.06996*	0.03267	0.032	-0.134	-0.0059
		大学本科	-.20332*	0.04152	0	-0.2847	-0.1219
		硕士及以上	-.17752*	0.06083	0.004	-0.2968	-0.0582
	大学本科	高中或中专及以下	13337*	0.03501	0	0.0647	0.202
		大专或高职	20332*	0.04152	0	0.1219	0.2847
		硕士及以上	0.026	0.06211	0.678	-0.096	0.1476
	硕士及以上	高中或中专及以下	0.108	0.05658	0.057	-0.0034	0.2185
		大专或高职	17752*	0.06083	0.004	0.0582	0.2968
		大学本科	-0.026	0.06211	0.678	-0.1476	0.096

（续表）

因变量	（I）学历	（J）学历	均值差(I－J)	标准误	显著性	95% 置信区间 下限	95% 置信区间 上限
AFQ7	高中或中专及以下	大专或高职	－0.068	0.04222	0.106	－0.1512	0.0144
		大学本科	－.18073*	0.04524	0	－0.2694	－0.092
		硕士及以上	0.064	0.07312	0.381	－0.0794	0.2074
	大专或高职	高中或中专及以下	0.068	0.04222	0.106	－0.0144	0.1512
		大学本科	－.11238*	0.05366	0.036	－0.2176	－0.0072
		硕士及以上	0.132	0.0786	0.092	－0.0218	0.2865
	大学本科	高中或中专及以下	18073*	0.04524	0	0.092	0.2694
		大专或高职	11238*	0.05366	0.036	0.0072	0.2176
		硕士及以上	24476*	0.08026	0.002	0.0874	0.4022
	硕士及以上	高中或中专及以下	－0.064	0.07312	0.381	－0.2074	0.0794
		大专或高职	－0.132	0.0786	0.092	－0.2865	0.0218
		大学本科	－.24476*	0.08026	0.002	－0.4022	－0.0874
AFQ8	高中或中专及以下	大专或高职	－0.068	0.06766	0.313	－0.2009	0.0644
		大学本科	－0.111	0.07248	0.126	－0.2531	0.0312
		硕士及以上	0.065	0.11716	0.58	－0.165	0.2945
	大专或高职	高中或中专及以下	0.068	0.06766	0.313	－0.0644	0.2009
		大学本科	－0.043	0.08597	0.619	－0.2113	0.1259
		硕士及以上	0.133	0.12595	0.291	－0.1139	0.38
	大学本科	高中或中专及以下	0.111	0.07248	0.126	－0.0312	0.2531
		大专或高职	0.043	0.08597	0.619	－0.1259	0.2113
		硕士及以上	0.176	0.12861	0.172	－0.0765	0.4279
	硕士及以上	高中或中专及以下	－0.065	0.11716	0.58	－0.2945	0.165
		大专或高职	－0.133	0.12595	0.291	－0.38	0.1139
		大学本科	－0.176	0.12861	0.172	－0.4279	0.0765
AFQ9	高中或中专及以下	大专或高职	－0.009	0.03719	0.808	－0.082	0.0639
		大学本科	36008*	0.03985	0	0.2819	0.4382
		硕士及以上	－0.063	0.06441	0.332	－0.1888	0.0638
	大专或高职	高中或中专及以下	0.009	0.03719	0.808	－0.0639	0.082
		大学本科	36914*	0.04726	0	0.2765	0.4618
		硕士及以上	－0.053	0.06924	0.44	－0.1892	0.0823

（续表）

因变量	（I）学历	（J）学历	均值差（I−J）	标准误	显著性	95% 置信区间 下限	95% 置信区间 上限
AFQ9	大学本科	高中或中专及以下	−.36008*	0.03985	0	−0.4382	−0.2819
		大专或高职	−.36914*	0.04726	0	−0.4618	−0.2765
		硕士及以上	−.42258*	0.0707	0	−0.5612	−0.2839
	硕士及以上	高中或中专及以下	0.063	0.06441	0.332	−0.0638	0.1888
		大专或高职	0.053	0.06924	0.44	−0.0823	0.1892
		大学本科	42258*	0.0707	0	0.2839	0.5612
AFQ10	高中或中专及以下	大专或高职	−0.017	0.046	0.707	−0.1075	0.0729
		大学本科	0.005	0.05	0.922	−0.0918	0.1015
		硕士及以上	−0.032	0.07966	0.688	−0.1882	0.1242
	大专或高职	高中或中专及以下	0.017	0.046	0.707	−0.0729	0.1075
		大学本科	0.022	0.05845	0.705	−0.0925	0.1368
		硕士及以上	−0.015	0.08563	0.864	−0.1826	0.1532
	大学本科	高中或中专及以下	−0.005	0.05	0.922	−0.1015	0.0918
		大专或高职	−0.022	0.05845	0.705	−0.1368	0.0925
		硕士及以上	−0.037	0.08744	0.674	−0.2083	0.1347
	硕士及以上	高中或中专及以下	0.032	0.07966	0.688	−0.1242	0.1882
		大专或高职	0.015	0.08563	0.864	−0.1532	0.1826
		大学本科	0.037	0.08744	0.674	−0.1347	0.2083

* 均值差的显著性水平为 0.05。

表 5-43 和表 5-44 显示，薪酬福利方面，高中或中专及以下群体的评价得分最高，并与其他三个学历层次群体的评价得分都差异显著，而其他三个学历层次群体的评价得分两两均差异不显著。究其原因可能是高中或中专及以下群体对新就业形态就业的薪酬福利还是比较满意的，而其他三个学历层次群体不太满意。

社会保障方面，不同学历层次群体的评价得分都比较高，而且四个不同学历层次群体的评价得分均两两差异显著。究其原因可能是：一方面反映了新就业形态为劳动者提供了相应的经济来源保障，缓解了部分生活压力，所以评价得分高；另一方面也反映了新就业形态的社会保障问题比较复杂，不同学历层次群体的看法差异太大。

就业环境方面，不同学历群体在就业环境方面的评价得分都低，尤其是高学历群体的评价得分更低。其中，高中或中专及以下群体的评价得分最高，与其他学历群体的评价得分差异显著。硕士及以上群体的评价得分与大学本科群体和大专或高职群体的评价得分差异不显著，究其原因可能是新就业形态整个就业环境比较差，让劳动者忧虑和不安。

权益保护方面，大学本科群体与硕士及以上群体之间无显著差异，它们与其他两个层次学历之间都差异显著；高中或中专及以下群体与大专或高职群体之间差异显著。究其原因可能是高学历群体的权益已经得到了保护，或者说，他们对新就业形态并没有过高的期望,在新就业形态就业是短期的,不会长期从事新就业形态工作,高学历群体的职业转换能力强于低学历群体。低学历群体就业压力大于高学历群体,而新就业形态就业对能力要求或知识储备的要求不高,更容易吸引低学历群体。正因如此,低学历群体就会把新就业形态就业作为自己长期的就业形式,对新就业形态权益保护方面的要求就更高些,所以,低学历群体对权益保护方面的评价得分相对较低。

技能开发方面,低学历群体评价得分高,高学历群体的评价得分偏低。究其原因是高学历群体认为自己的知识储备和能力方面比较高,从事新就业形态工作并不是为了技能开发,比较而言,低学历群体认为在新就业形态工作中可以得到技能提升。

工作时间方面,不同学历层次群体的评价得分总体较高,其中,大学本科群体的评价得分最高,而硕士及以上群体的评价得分最低。大学本科群体的评价得分与其他三个层次学历群体的评价得分都差异显著,其他三个层次学历群体的评价得分两两差异不显著。究其原因可能是新就业形态岗位的工作时间总体上可以自我控制,所以,不同层次学历群体的评价得分都相对较高。

劳动合同方面,四个学历层次群体的评价得分两两均差异不显著,但是,总体评价得分并不高。究其原因可能是当前没有相关法律强制新就业形态劳动者和法人一定要签订劳动合同,不同的新就业形态就业劳动合同管理都差不多,所以,不同学历层次群体的看法相似。

工作安全方面,大学本科群体的评价得分最低,与其他三个层次学历群体的评价得分差异显著,而其他三个层次学历群体的评价得分两两均差异不显著,但是,四个层次学历群体的评价得分都偏低。究其原因可能是新就业形态既有岗位安全隐患,又工作不稳定、收入不稳定,不同层次学历群体才有这样的相同认识。

考核机制方面,四个层次学历群体的评价得分两两均差异不显著,但评价得分都偏低。究其原因可能是大部分新就业形态的考核机制是计件形式的考核方式。而且,考核方法主要由管理者制定,劳动者基本上没有发言权。

3. 专兼职群体的和谐劳动关系影响因素均值差异性

应用 SPSS Statistics 21 对专兼职群体的和谐劳动关系影响因素均值进行差异性显著性检验,具体结果见图 5-14、表 5-45 和表 5-46。

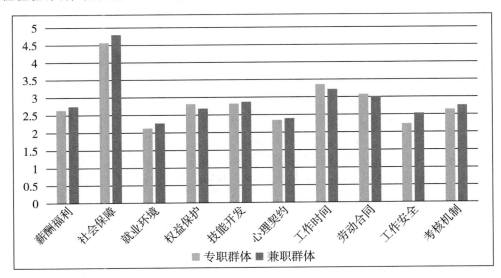

图 5-14 专兼职群体的和谐劳动关系影响因素均值

表 5-45 专兼职群体的和谐劳动关系影响因素均值描述统计

				统计量	Bootstrap			
					偏差	标准误	95% 置信区间	
							下限	上限
AFQ1 薪酬福利	兼职		N	429	0	0	429	429
			均值	2.75	−0.0001	0.0308	2.6923	2.81
			标准差	0.62301	−0.00259	0.0217	0.5779	0.6616
			标准误	0.03008				
		均值的 95% 置信区间	下限	2.6909				
			上限	2.8091				
			极小值	1				
			极大值	4.5				
	专职		N	1740	0	0	1740	1740
			均值	2.6444	0.0007	0.0158	2.6149	2.6772
			标准差	0.67178	0.00012	0.0125	0.64655	0.69747
			标准误	0.0161				
		均值的 95% 置信区间	下限	2.6128				
			上限	2.676				
			极小值	1				
			极大值	5				
AFQ2 社会保障	兼职		N	429	0	0	429	429
			均值	4.7972	−0.0007	0.0617	4.6662	4.916
			标准差	1.28608	−0.00315	0.03382	1.21757	1.34669
			标准误	0.06209				
		均值的 95% 置信区间	下限	4.6752				
			上限	4.9192				
			极小值	1.2				
			极大值	5.8				
	专职		N	1740	0	0	1740	1740
			均值	4.5707	0.0003	0.0343	4.5016	4.6396
			标准差	1.40614	−0.00068	0.0161	1.37198	1.43704
			标准误	0.03371				
		均值的 95% 置信区间	下限	4.5046				
			上限	4.6368				

（续表）

				统计量	Bootstrap			
					偏差	标准误	95% 置信区间	
							下限	上限
AFQ2 社会保障		极小值		1.2				
		极大值		5.8				
AFQ3 就业环境	兼职	N		429	0	0	429	429
		均值		2.2704	−0.0007	0.0241	2.2191	2.3178
		标准差		0.51451	−0.00129	0.01653	0.48156	0.54567
		标准误		0.02484				
		均值的 95% 置信区间	下限	2.2216				
			上限	2.3192				
		极小值		1				
		极大值		3.67				
	专职	N		1740	0	0	1740	1740
		均值		2.1287	−0.0002	0.0131	2.1017	2.1538
		标准差		0.54393	−0.00056	0.01008	0.52381	0.56396
		标准误		0.01304				
		均值的 95% 置信区间	下限	2.1032				
			上限	2.1543				
		极小值		1				
		极大值		4				
AFQ4 权益保护	兼职	N		429	0	0	429	429
		均值		2.6836	0.0008	0.0663	2.5478	2.8118
		标准差		1.34345	−0.00105	0.02759	1.28786	1.39911
		标准误		0.06486				
		均值的 95% 置信区间	下限	2.5561				
			上限	2.8111				
		极小值		1				
		极大值		5				
	专职	N		1740	0	0	1740	1740
		均值		2.8138	−0.0009	0.0328	2.7483	2.8803
		标准差		1.39537	−0.00022	0.01389	1.36845	1.42279
		标准误		0.03345				

(续表)

				统计量	Bootstrap			
					偏差	标准误	95％ 置信区间	
							下限	上限
AFQ4 权益保护		均值的 95％ 置信区间	下限	2.7482				
			上限	2.8794				
		极小值		1				
		极大值		5				
AFQ5 技能开发	兼职	N		429	0	0	429	429
		均值		2.8699	−0.0019	0.032	2.8028	2.9291
		标准差		0.66484	−0.00168	0.02475	0.61309	0.71179
		标准误		0.0321				
		均值的 95％ 置信区间	下限	2.8068				
			上限	2.933				
		极小值		1.2				
		极大值		5				
	专职	N		1740	0	0	1740	1740
		均值		2.8207	0.0004	0.0165	2.7878	2.856
		标准差		0.72968	−0.00004	0.01229	0.70512	0.75367
		标准误		0.01749				
		均值的 95％ 置信区间	下限	2.7864				
			上限	2.855				
		极小值		1				
		极大值		5				
AFQ6 心理契约	兼职	N		429	0	0	429	429
		均值		2.3958	−0.0009	0.0281	2.3422	2.4513
		标准差		0.5571	−0.00315	0.02598	0.50425	0.60276
		标准误		0.0269				
		均值的 95％ 置信区间	下限	2.3429				
			上限	2.4487				
		极小值		1				
		极大值		4.4				
	专职	N		1740	0	0	1740	1740
		均值		2.3472	−0.0003	0.0147	2.3182	2.3767

（续表）

				统计量	Bootstrap			
					偏差	标准误	95％ 置信区间	
							下限	上限
AFQ6 心理契约		标准差		0.60376	−0.00022	0.01361	0.57711	0.63114
		标准误		0.01447				
		均值的95％置信区间	下限	2.3189				
			上限	2.3756				
		极小值		1				
		极大值		5				
AFQ7 工作时间	兼职	N		429	0	0	429	429
		均值		3.2185	−0.0005	0.0366	3.1469	3.2914
		标准差		0.72437	−0.00154	0.02305	0.67641	0.76638
		标准误		0.03497				
		均值的95％置信区间	下限	3.1498				
			上限	3.2873				
		极小值		1.5				
		极大值		5				
	专职	N		1740	0	0	1740	1740
		均值		3.3582	−0.0001	0.0187	3.3221	3.3964
		标准差		0.77526	−0.00039	0.01238	0.75005	0.79934
		标准误		0.01859				
		均值的95％置信区间	下限	3.3217				
			上限	3.3946				
		极小值		1				
		极大值		5				
AFQ8 劳动合同	兼职	N		429	0	0	429	429
		均值		3.0111	0.0005	0.058	2.8992	3.1235
		标准差		1.22033	−0.00184	0.02259	1.1743	1.2614
		标准误		0.05892				
		均值的95％置信区间	下限	2.8953				
			上限	3.1269				
		极小值		1				
		极大值		5				

(续表)

				统计量	Bootstrap			
					偏差	标准误	95% 置信区间	
							下限	上限
AFQ8 劳动合同	专职		N	1740	0	0	1740	1740
			均值	3.0759	−0.0005	0.03	3.0181	3.134
			标准差	1.22635	−0.00057	0.01155	1.20346	1.24882
			标准误	0.0294				
			均值的95%置信区间 下限	3.0182				
			均值的95%置信区间 上限	3.1335				
			极小值	1				
			极大值	5				
AFQ9 工作安全	兼职		N	429	0	0	429	429
			均值	2.5315	−0.0016	0.0313	2.472	2.5926
			标准差	0.66509	−0.00202	0.0228	0.61671	0.70882
			标准误	0.03211				
			均值的95%置信区间 下限	2.4684				
			均值的95%置信区间 上限	2.5946				
			极小值	1				
			极大值	4.25				
	专职		N	1740	0	0	1740	1740
			均值	2.2349	−0.0001	0.0161	2.2023	2.2677
			标准差	0.68002	−0.00011	0.01495	0.65071	0.71037
			标准误	0.0163				
			均值的95%置信区间 下限	2.2029				
			均值的95%置信区间 上限	2.2669				
			极小值	1				
			极大值	5				
AFQ10 考核机制	兼职		N	429	0	0	429	429
			均值	2.7604	−0.0002	0.0443	2.6755	2.8503
			标准差	0.91724	−0.00347	0.02917	0.85597	0.9734
			标准误	0.04428				
			均值的95%置信区间 下限	2.6733				
			均值的95%置信区间 上限	2.8474				

				统计量	Bootstrap			
					偏差	标准误	95% 置信区间	
							下限	上限
AFQ10 考核机制	专职	极小值		1				
		极大值		5				
		N		1740	0	0	1740	1740
		均值		2.6405	0.0003	0.0184	2.6048	2.679
		标准差		0.80865	0.00005	0.014	0.78129	0.83508
		标准误		0.01939				
		均值的 95% 置信区间	下限	2.6024				
			上限	2.6785				
		极小值		1				
		极大值		5				

表 5-46 专兼职群体的和谐劳动关系影响因素均值单因素方差分析

				平方和	df	均方	F	显著性
AFQ1	组间	(组合)		3.8380	1.000	3.838	8.746	0.003
		线性项	未加权的	3.8380	1.000	3.838	8.746	0.003
			加权的	3.8380	1.000	3.838	8.746	0.003
	组内			950.9080	2167.000	0.439		
	总数			954.7460	2168.000			
AFQ2	组间	(组合)		17.6580	1.000	17.658	9.229	0.002
		线性项	未加权的	17.6580	1.000	17.658	9.229	0.002
			加权的	17.6580	1.000	17.658	9.229	0.002
	组内			4146.3020	2167.000	1.913		
	总数			4163.9600	2168.000			
AFQ3	组间	(组合)		6.9060	1.000	6.906	23.839	0
		线性项	未加权的	6.9060	1.000	6.906	23.839	0
			加权的	6.9060	1.000	6.906	23.839	0
	组内			627.7970	2167.000	0.290		
	总数			634.7040	2168.000			
AFQ4	组间	(组合)		5.8360	1.000	5.836	3.041	0.081
		线性项	未加权的	5.8360	1.000	5.836	3.041	0.081
			加权的	5.8360	1.000	5.836	3.041	0.081

（续表）

			平方和	df	均方	F	显著性
	组内		4158.4010	2167.000	1.919		
	总数		4164.2370	2168.000			
AFQ5	组间	（组合）	0.8340	1.000	0.834	1.622	0.203
	线性项	未加权的	0.8340	1.000	0.834	1.622	0.203
		加权的	0.8340	1.000	0.834	1.622	0.203
	组内		1115.0770	2167.000	0.515		
	总数		1115.9120	2168.000			
AFQ6	组间	（组合）	0.8120	1.000	0.812	2.294	0.13
	线性项	未加权的	0.8120	1.000	0.812	2.294	0.13
		加权的	0.8120	1.000	0.812	2.294	0.13
	组内		766.7490	2167.000	0.354		
	总数		767.5610	2168.000			
AFQ7	组间	（组合）	6.7120	1.000	6.712	11.455	0.001
	线性项	未加权的	6.7120	1.000	6.712	11.455	0.001
		加权的	6.7120	1.000	6.712	11.455	0.001
	组内		1269.7710	2167.000	0.586		
	总数		1276.4830	2168.000			
AFQ8	组间	（组合）	1.4450	1.000	1.445	0.962	0.327
	线性项	未加权的	1.4450	1.000	1.445	0.962	0.327
		加权的	1.4450	1.000	1.445	0.962	0.327
	组内		3252.7460	2167.000	1.501		
	总数		3254.1910	2168.000			
AFQ9	组间	（组合）	30.2660	1.000	30.266	66.016	0
	线性项	未加权的	30.2660	1.000	30.266	66.016	0
		加权的	30.2660	1.000	30.266	66.016	0
	组内		993.4920	2167.000	0.458		
	总数		1023.7580	2168.000			
AFQ10	组间	（组合）	4.9490	1.000	4.949	7.162	0.008
	线性项	未加权的	4.9490	1.000	4.949	7.162	0.008
		加权的	4.9490	1.000	4.949	7.162	0.008
	组内		1497.2380	2167.000	0.691		
	总数		1502.1870	2168.000			

表 5-45 和表 5-46 显示,在技能开发、心理契约和劳动合同三个方面,专兼职群体的和谐劳动关系影响因素均值差异不显著。在薪酬福利、社会保障、就业环境、权益保护、工作时间、工作安全、考核机制等七个方面,专兼职群体的和谐劳动关系影响因素均值均差异显著;其中,权益保护、工作时间两个方面,专职群体的和谐劳动关系影响因素均大于专职群体的和谐劳动关系影响因素。在薪酬福利、社会保障、就业环境、工作安全、考核机制等五个方面,专职群体的和谐劳动关系影响因素均小于专职群体的和谐劳动关系影响因素。究其原因可能是在权益保护方面,由于专职群体比较看重权益保护,而兼职群体相对来说无所谓,因为兼职群体还有另一份工作;时间安排方面,兼职群体因为要兼顾至少两份工作的时间协调,而专职群体只有一份新就业形态的工作且可以自我控制;薪酬福利、社会保障方面、就业环境、工作安全、考核机制等五个方面,原因在于兼职群体至少有两份工作有报酬,新就业形态的工作是其报酬的一种来源,所以,兼职群体的优势非常明显。

4. 不同工龄群体的和谐劳动关系影响因素均值差异性

应用 SPSS Statistics 21 对不同工龄群体的和谐劳动关系影响因素均值进行差异性显著性检验,具体结果见图 5-15、表 5-47 和表 5-48。

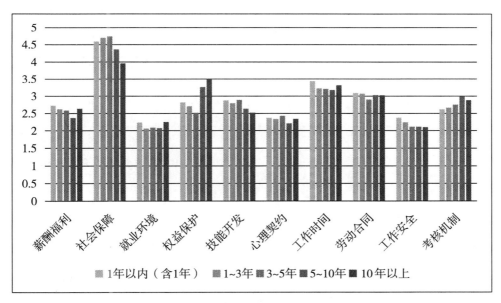

图 5-15　不同工龄群体的和谐劳动关系影响因素均值

表 5-47　不同工龄群体的和谐劳动关系影响因素均值描述统计

				统计量	Bootstrap			
					偏差	标准误	95% 置信区间	
							下限	上限
AFQ1	1年以内（含1年）		N	1107	0	0	1107	1107
			均值	2.7263	0.0007	0.0197	2.6881	2.7663

（续表）

			统计量	Bootstrap			
				偏差	标准误	95% 置信区间	
						下限	上限
	标准差		0.64338	0.00004	0.01543	0.61336	0.6755
	标准误		0.01934				
	均值的 95% 置信区间	下限	2.6883				
		上限	2.7642				
	极小值		1				
	极大值		5				
1～3 年	N		759	0	0	759	759
	均值		2.6235	−0.0009	0.023	2.5771	2.6676
	标准差		0.63327	−0.00103	0.01635	0.60178	0.6645
	标准误		0.02299				
	均值的 95% 置信区间	下限	2.5784				
		上限	2.6686				
	极小值		1				
	极大值		5				
3～5 年	N		174	0	0	174	174
	均值		2.5862	−0.0025	0.0523	2.4756	2.681
	标准差		0.68671	−0.00313	0.02905	0.62774	0.74122
	标准误		0.05206				
	均值的 95% 置信区间	下限	2.4835				
		上限	2.689				
	极小值		1				
	极大值		4				
5～10 年	N		69	0	0	69	69
	均值		2.3696	0.0015	0.0815	2.2138	2.5399
	标准差		0.68413	−0.0067	0.04419	0.58227	0.7629
	标准误		0.08236				
	均值的 95% 置信区间	下限	2.2052				
		上限	2.5339				
	极小值		1				
	极大值		3.5				

（续表）

			统计量	Bootstrap			
				偏差	标准误	95% 置信区间	
						下限	上限
	10年以上	N	60	0	0	60	60
		均值	2.6375	−0.0082	0.1365	2.3625	2.9165
		标准差	1.06507	−0.01245	0.08764	0.88642	1.22727
		标准误	0.1375				
		均值的95%置信区间 下限	2.3624				
		均值的95%置信区间 上限	2.9126				
		极小值	1				
		极大值	5				
AFQ2	1年以内（含1年）	N	1107	0	0	1107	1107
		均值	4.5902	0.0006	0.0425	4.5099	4.6759
		标准差	1.37012	−0.00152	0.02055	1.32752	1.40931
		标准误	0.04118				
		均值的95%置信区间 下限	4.5094				
		均值的95%置信区间 上限	4.671				
		极小值	1.2				
		极大值	5.8				
	1～3年	N	759	0	0	759	759
		均值	4.6986	0.001	0.0496	4.5969	4.7995
		标准差	1.40909	−0.00116	0.02732	1.35391	1.46009
		标准误	0.05115				
		均值的95%置信区间 下限	4.5981				
		均值的95%置信区间 上限	4.799				
		极小值	1.2				
		极大值	5.8				
	3～5年	N	174	0	0	174	174
		均值	4.7402	0.0033	0.0969	4.5575	4.923
		标准差	1.32704	−0.00636	0.04675	1.21809	1.4059
		标准误	0.1006				
		均值的95%置信区间 下限	4.5417				
		均值的95%置信区间 上限	4.9388				

（续表）

			统计量	Bootstrap			
				偏差	标准误	95% 置信区间	
						下限	上限
		极小值	1.2				
		极大值	5.8				
	5～10 年	N	69	0	0	69	69
		均值	4.3623	0.0088	0.161	4.0378	4.6695
		标准差	1.31654	−0.01406	0.06672	1.15792	1.42824
		标准误	0.15849				
		均值的 95% 置信区间 下限	4.0461				
		均值的 95% 置信区间 上限	4.6786				
		极小值	2.4				
		极大值	5.8				
	10 年以上	N	60	0	0	60	60
		均值	3.96	−0.0002	0.1859	3.5602	4.3196
		标准差	1.43411	−0.01502	0.04827	1.31871	1.50807
		标准误	0.18514				
		均值的 95% 置信区间 下限	3.5895				
		均值的 95% 置信区间 上限	4.3305				
		极小值	2.4				
		极大值	5.8				
AFQ3	1 年以内（含 1 年）	N	1107	0	0	1107	1107
		均值	2.2349	−0.0006	0.0174	2.2008	2.2698
		标准差	0.56115	0.00019	0.01303	0.53415	0.58722
		标准误	0.01687				
		均值的 95% 置信区间 下限	2.2018				
		均值的 95% 置信区间 上限	2.268				
		极小值	1				
		极大值	4				
	1～3 年	N	759	0	0	759	759
		均值	2.0593	−0.0003	0.0173	2.0255	2.0927
		标准差	0.49934	−0.0007	0.01412	0.4707	0.52722
		标准误	0.01812				

(续表)

				统计量	Bootstrap			
					偏差	标准误	95% 置信区间	
							下限	上限
		均值的 95% 置信区间	下限	2.0237				
			上限	2.0949				
		极小值		1				
		极大值		3.67				
	3～5 年	N		174	0	0	174	174
		均值		2.0862	0.0002	0.0403	2.0096	2.1686
		标准差		0.53242	−0.00201	0.02933	0.47108	0.58409
		标准误		0.04036				
		均值的 95% 置信区间	下限	2.0065				
			上限	2.1659				
		极小值		1				
		极大值		3				
	5～10 年	N		69	0	0	69	69
		均值		2.0725	−0.0005	0.0551	1.9614	2.1787
		标准差		0.47441	−0.00464	0.03561	0.3983	0.53829
		标准误		0.05711				
		均值的 95% 置信区间	下限	1.9585				
			上限	2.1864				
		极小值		1.33				
		极大值		3				
	10 年以上	N		60	0	0	60	60
		均值		2.25	0.0001	0.0679	2.1222	2.3833
		标准差		0.54072	−0.00444	0.03644	0.46077	0.60536
		标准误		0.06981				
		均值的 95% 置信区间	下限	2.1103				
			上限	2.3897				
		极小值		1.33				
		极大值		3				
AFQ4	1 年以内（含 1 年）	N		1107	0	0	1107	1107
		均值		2.8184	0.0019	0.042	2.7362	2.9004

（续表）

			统计量	Bootstrap			
				偏差	标准误	95% 置信区间	
						下限	上限
		标准差	1.39271	−0.00026	0.01792	1.35773	1.42813
		标准误	0.04186				
	均值的95% 置信区间	下限	2.7363				
		上限	2.9006				
		极小值	1				
		极大值	5				
1～3年		N	759	0	0	759	759
		均值	2.7055	−0.0005	0.0489	2.6068	2.8013
		标准差	1.34681	−0.00115	0.0207	1.30554	1.38929
		标准误	0.04889				
	均值的95% 置信区间	下限	2.6096				
		上限	2.8015				
		极小值	1				
		极大值	5				
3～5年		N	174	0	0	174	174
		均值	2.5172	−0.003	0.0988	2.3089	2.6997
		标准差	1.28424	−0.00423	0.03145	1.21674	1.33799
		标准误	0.09736				
	均值的95% 置信区间	下限	2.3251				
		上限	2.7094				
		极小值	1				
		极大值	4.5				
5～10年		N	69	0	0	69	69
		均值	3.2609	−0.0074	0.1934	2.8842	3.6518
		标准差	1.60218	−0.01431	0.07629	1.42475	1.72573
		标准误	0.19288				
	均值的95% 置信区间	下限	2.876				
		上限	3.6458				
		极小值	1				
		极大值	5				

(续表)

				统计量	Bootstrap			
					偏差	标准误	95% 置信区间	
							下限	上限
	10年以上	N		60	0	0	60	60
		均值		3.5125	0.0023	0.1843	3.1377	3.8624
		标准差		1.41603	−0.01718	0.09242	1.20745	1.57511
		标准误		0.18281				
		均值的95%置信区间	下限	3.1467				
			上限	3.8783				
		极小值		1				
		极大值		5				
AFQ5	1年以内（含1年）	N		1107	0	0	1107	1107
		均值		2.8753	−0.0005	0.0218	2.832	2.9162
		标准差		0.72456	−0.00004	0.01613	0.69334	0.75554
		标准误		0.02178				
		均值的95%置信区间	下限	2.8326				
			上限	2.9181				
		极小值		1				
		极大值		5				
	1～3年	N		759	0	0	759	759
		均值		2.7937	−0.0009	0.0266	2.7402	2.8456
		标准差		0.73686	0.00006	0.02013	0.69795	0.77588
		标准误		0.02675				
		均值的95%置信区间	下限	2.7412				
			上限	2.8462				
		极小值		1				
		极大值		5				
	3～5年	N		174	0	0	174	174
		均值		2.8897	−0.0007	0.0465	2.7943	2.977
		标准差		0.60652	−0.00278	0.02227	0.55655	0.64556
		标准误		0.04598				
		均值的95%置信区间	下限	2.7989				
			上限	2.9804				

(续表)

			统计量	Bootstrap			
				偏差	标准误	95% 置信区间	
						下限	上限
		极小值	2				
		极大值	4.2				
	5～10年	N	69	0	0	69	69
		均值	2.6348	−0.0012	0.0863	2.4667	2.8086
		标准差	0.72433	−0.00795	0.05701	0.60339	0.82868
		标准误	0.0872				
		均值的95%置信区间 下限	2.4608				
		均值的95%置信区间 上限	2.8088				
		极小值	1				
		极大值	4				
	10年以上	N	60	0	0	60	60
		均值	2.52	−0.0026	0.0598	2.39	2.6267
		标准差	0.45279	−0.0076	0.06273	0.31528	0.56864
		标准误	0.05845				
		均值的95%置信区间 下限	2.403				
		均值的95%置信区间 上限	2.637				
		极小值	1.2				
		极大值	3.6				
AFQ6	1年以内（含1年）	N	1107	0	0	1107	1107
		均值	2.3707	0.0001	0.0186	2.3342	2.4097
		标准差	0.61395	0.00049	0.01835	0.58038	0.64959
		标准误	0.01845				
		均值的95%置信区间 下限	2.3345				
		均值的95%置信区间 上限	2.4069				
		极小值	1				
		极大值	5				
	1～3年	N	759	0	0	759	759
		均值	2.3352	−0.0009	0.0212	2.2917	2.3765
		标准差	0.57788	−0.00016	0.01927	0.5408	0.61413
		标准误	0.02098				

（续表）

				统计量	Bootstrap			
					偏差	标准误	95% 置信区间	
							下限	上限
		均值的 95% 置信区间	下限	2.294				
			上限	2.3764				
		极小值		1				
		极大值		4.2				
	3～5 年	N		174	0	0	174	174
		均值		2.4276	−0.0018	0.0425	2.346	2.5069
		标准差		0.57152	−0.00179	0.0339	0.50207	0.64187
		标准误		0.04333				
		均值的 95% 置信区间	下限	2.3421				
			上限	2.5131				
		极小值		1				
		极大值		4				
	5～10 年	N		69	0	0	69	69
		均值		2.2087	0	0.0619	2.0957	2.3362
		标准差		0.52629	−0.00483	0.04833	0.42319	0.60671
		标准误		0.06336				
		均值的 95% 置信区间	下限	2.0823				
			上限	2.3351				
		极小值		1				
		极大值		3.2				
	10 年以上	N		60	0	0	60	60
		均值		2.34	−0.0037	0.0701	2.1967	2.4667
		标准差		0.57082	−0.00611	0.04449	0.47283	0.64632
		标准误		0.07369				
		均值的 95% 置信区间	下限	2.1925				
			上限	2.4875				
		极小值		1.4				
		极大值		3.6				
AFQ7	1 年以内（含 1 年）	N		1107	0	0	1107	1107
		均值		3.4356	0.0014	0.0219	3.3945	3.4817

（续表）

			统计量	Bootstrap			
				偏差	标准误	95% 置信区间	
						下限	上限
	标准差		0.72804	−0.00062	0.01557	0.69737	0.75757
	标准误		0.02188				
	均值的 95% 置信区间	下限	3.3927				
		上限	3.4786				
	极小值		1				
	极大值		5				
1~3 年	N		759	0	0	759	759
	均值		3.2213	−0.0008	0.0296	3.1624	3.2816
	标准差		0.80253	−0.00004	0.01949	0.76255	0.84091
	标准误		0.02913				
	均值的 95% 置信区间	下限	3.1642				
		上限	3.2785				
	极小值		1				
	极大值		5				
3~5 年	N		174	0	0	174	174
	均值		3.2069	−0.002	0.0528	3.0992	3.3074
	标准差		0.71393	−0.00291	0.0348	0.64085	0.77801
	标准误		0.05412				
	均值的 95% 置信区间	下限	3.1001				
		上限	3.3137				
	极小值		1.25				
	极大值		4.5				
5~10 年	N		69	0	0	69	69
	均值		3.1739	−0.0039	0.1007	2.9855	3.3875
	标准差		0.83831	−0.00741	0.05549	0.72578	0.94246
	标准误		0.10092				
	均值的 95% 置信区间	下限	2.9725				
		上限	3.3753				
	极小值		1.75				
	极大值		5				

(续表)

				统计量	Bootstrap			
					偏差	标准误	95% 置信区间	
							下限	上限
AFQ8	10年以上	N		60	0	0	60	60
		均值		3.3125	0.0046	0.1022	3.1126	3.5167
		标准差		0.82804	−0.0083	0.06216	0.69211	0.93013
		标准误		0.1069				
		均值的95%置信区间	下限	3.0986				
			上限	3.5264				
		极小值		2				
		极大值		5				
	1年以内（含1年）	N		1107	0	0	1107	1107
		均值		3.0883	0.0019	0.0366	3.0183	3.1619
		标准差		1.23107	−0.00091	0.01358	1.20339	1.25757
		标准误		0.037				
		均值的95%置信区间	下限	3.0157				
			上限	3.1609				
		极小值		1				
		极大值		5				
	1~3年	N		759	0	0	759	759
		均值		3.0695	−0.0005	0.0417	2.9842	3.1531
		标准差		1.20096	−0.00041	0.01787	1.16665	1.23628
		标准误		0.04359				
		均值的95%置信区间	下限	2.9839				
			上限	3.1551				
		极小值		1.25				
		极大值		5				
	3~5年	N		174	0	0	174	174
		均值		2.9009	0.0015	0.099	2.7126	3.1106
		标准差		1.27697	−0.00416	0.03427	1.20388	1.34256
		标准误		0.09681				
		均值的95%置信区间	下限	2.7098				
			上限	3.0919				

（续表）

				统计量	Bootstrap			
					偏差	标准误	95% 置信区间	
							下限	上限
		极小值		1				
		极大值		5				
	5~10 年	N		69	0	0	69	69
		均值		3.029	−0.0025	0.1476	2.75	3.3224
		标准差		1.2244	−0.00959	0.05399	1.10526	1.31817
		标准误		0.1474				
		均值的95%置信区间	下限	2.7349				
			上限	3.3231				
		极小值		1.25				
		极大值		5				
	10 年以上	N		60	0	0	60	60
		均值		3.025	0.0012	0.1596	2.7208	3.325
		标准差		1.27034	−0.01228	0.05922	1.13722	1.36723
		标准误		0.164				
		均值的95%置信区间	下限	2.6968				
			上限	3.3532				
		极小值		1.25				
		极大值		5				
AFQ9	1年以内（含1年）	N		1107	0	0	1107	1107
		均值		2.3753	0.0004	0.0205	2.336	2.4155
		标准差		0.68208	0.00055	0.01692	0.64951	0.7149
		标准误		0.0205				
		均值的95%置信区间	下限	2.3351				
			上限	2.4156				
		极小值		1				
		极大值		5				
	1~3 年	N		759	0	0	759	759
		均值		2.2401	−0.0002	0.0245	2.1924	2.2885
		标准差		0.70083	−0.00005	0.02111	0.66007	0.74081
		标准误		0.02544				

（续表）

				统计量	Bootstrap			
					偏差	标准误	95% 置信区间	
							下限	上限
		均值的 95% 置信区间	下限	2.1902				
			上限	2.2901				
		极小值		1				
		极大值		5				
	3～5 年	N		174	0	0	174	174
		均值		2.1121	0.0015	0.0475	2.0216	2.2083
		标准差		0.63866	−0.00707	0.06977	0.49028	0.77088
		标准误		0.04842				
		均值的 95% 置信区间	下限	2.0165				
			上限	2.2076				
		极小值		1				
		极大值		5				
	5～10 年	N		69	0	0	69	69
		均值		2.1957	0.0047	0.0918	2.0254	2.3732
		标准差		0.74245	−0.00796	0.08317	0.57466	0.89992
		标准误		0.08938				
		均值的 95% 置信区间	下限	2.0173				
			上限	2.374				
		极小值		1				
		极大值		4.25				
	10 年以上	N		60	0	0	60	60
		均值		2.1	0.0004	0.0531	2	2.2083
		标准差		0.42486	−0.00431	0.0461	0.33221	0.51358
		标准误		0.05485				
		均值的 95% 置信区间	下限	1.9902				
			上限	2.2098				
		极小值		1.25				
		极大值		3				
AFQ10	1 年以内（含 1 年）	N		1107	0	0	1107	1107
		均值		2.6173	0.0002	0.0246	2.5695	2.6647

（续表）

			统计量	Bootstrap			
				偏差	标准误	95% 置信区间	
						下限	上限
	标准差		0.79432	−0.00138	0.01741	0.75816	0.8263
	标准误		0.02387				
	均值的 95% 置信区间	下限	2.5705				
		上限	2.6642				
	极小值		1				
	极大值		5				
1～3 年	N		759	0	0	759	759
	均值		2.6646	0.0026	0.0316	2.6069	2.7273
	标准差		0.85916	0.00035	0.0225	0.81569	0.90262
	标准误		0.03119				
	均值的 95% 置信区间	下限	2.6033				
		上限	2.7258				
	极小值		1				
	极大值		5				
3～5 年	N		174	0	0	174	174
	均值		2.7529	0.0001	0.0644	2.6253	2.8815
	标准差		0.83719	−0.00585	0.04169	0.74753	0.90982
	标准误		0.06347				
	均值的 95% 置信区间	下限	2.6276				
		上限	2.8781				
	极小值		1				
	极大值		4.6				
5～10 年	N		69	0	0	69	69
	均值		2.9971	−0.0018	0.0937	2.8174	3.1767
	标准差		0.81276	−0.01096	0.06605	0.67174	0.92765
	标准误		0.09784				
	均值的 95% 置信区间	下限	2.8019				
		上限	3.1923				
	极小值		2				
	极大值		5				

			统计量	Bootstrap			
				偏差	标准误	95% 置信区间	
						下限	上限
10年以上		N	60	0	0	60	60
		均值	2.8833	0.0027	0.1343	2.6301	3.1732
		标准差	1.0443	−0.01089	0.07479	0.87325	1.16822
		标准误	0.13482				
	均值的95%置信区间	下限	2.6136				
		上限	3.1531				
		极小值	2				
		极大值	5				

表 5-48 不同工龄群体的和谐劳动关系影响因素均值多重比较(LSD)

因变量	(I) 学历	(J) 学历	均值差 (I−J)	标准误	显著性	95% 置信区间	
						下限	上限
AFQ1	1年以内(含1年)	1～3年	10277*	0.0311	0.001	0.0418	0.164
		3～5年	14008*	0.0538	0.009	0.0346	0.246
		5～10年	35672*	0.0819	0.000	0.1962	0.517
		10年以上	0.08879	0.0875	0.310	−0.0827	0.260
	1～3年	1年以内(含1年)	−.10277*	0.0311	0.001	−0.1637	−0.042
		3～5年	0.03731	0.0555	0.501	−0.0714	0.146
		5～10年	25395*	0.0830	0.002	0.0913	0.417
		10年以上	−0.01398	0.0885	0.874	−0.1875	0.160
	3～5年	1年以内(含1年)	−.14008*	0.0538	0.009	−0.2456	−0.035
		1～3年	−0.03731	0.0555	0.501	−0.1461	0.071
		5～10年	21664*	0.0939	0.021	0.0326	0.401
		10年以上	−0.05129	0.0988	0.604	−0.245	0.142
	5～10年	1年以内(含1年)	−.35672*	0.0819	0.000	−0.5173	−0.196
		1～3年	−.25395*	0.0830	0.002	−0.4167	−0.091
		3～5年	−.21664*	0.0939	0.021	−0.4007	−0.033
		10年以上	−.26793*	0.1165	0.022	−0.4963	−0.040

（续表）

因变量	(I) 学历	(J) 学历	均值差 (I−J)	标准误	显著性	95% 置信区间	
						下限	上限
AFQ1	10年以上	1年以内（含1年）	−0.08879	0.0875	0.310	−0.2603	0.083
		1~3年	0.01398	0.0885	0.874	−0.1595	0.188
		3~5年	0.05129	0.0988	0.604	−0.1424	0.245
		5~10年	26793*	0.1165	0.022	0.0395	0.496
AFQ2	1年以内（含1年）	1~3年	−0.10831	0.0651	0.096	−0.2359	0.019
		3~5年	−0.14999	0.1126	0.183	−0.3708	0.071
		5~10年	0.22793	0.1713	0.184	−0.108	0.564
		10年以上	63024*	0.1830	0.001	0.2714	0.989
	1~3年	1年以内（含1年）	0.10831	0.0651	0.096	−0.0193	0.236
		3~5年	−0.04168	0.1161	0.720	−0.2693	0.186
		5~10年	0.33623	0.1736	0.053	−0.0042	0.677
		10年以上	73855*	0.1852	0.000	0.3755	1.102
	3~5年	1年以内（含1年）	0.14999	0.1126	0.183	−0.0708	0.371
		1~3年	0.04168	0.1161	0.720	−0.1859	0.269
		5~10年	0.37791	0.1964	0.054	−0.0073	0.763
		10年以上	78023*	0.2067	0.000	0.3749	1.186
	5~10年	1年以内（含1年）	−0.22793	0.1713	0.184	−0.5639	0.108
		1~3年	−0.33623	0.1736	0.053	−0.6767	0.004
		3~5年	−0.37791	0.1964	0.054	−0.7631	0.007
		10年以上	0.40232	0.2437	0.099	−0.0756	0.880
	10年以上	1年以内（含1年）	−.63024*	0.1830	0.001	−0.9891	−0.271
		1~3年	−.73855*	0.1852	0.000	−1.1017	−0.376
		3~5年	−.78023*	0.2067	0.000	−1.1856	−0.375
		5~10年	−0.40232	0.2437	0.099	−0.8803	0.076
AFQ3	1年以内（含1年）	1~3年	17558*	0.0252	0.000	0.1262	0.225
		3~5年	14866*	0.0436	0.001	0.0631	0.234
		5~10年	16241*	0.0664	0.014	0.0323	0.293
		10年以上	−0.01513	0.0709	0.831	−0.1541	0.124

（续表）

因变量	(I) 学历	(J) 学历	均值差 (I－J)	标准误	显著性	95% 置信区间	
						下限	上限
AFQ3	1～3年	1年以内（含1年）	－.17558*	0.0252	0.000	－0.225	－0.126
		3～5年	－0.02692	0.0450	0.549	－0.1151	0.061
		5～10年	－0.01318	0.0672	0.845	－0.145	0.119
		10年以上	－.19071*	0.0717	0.008	－0.3313	－0.050
	3～5年	1年以内（含1年）	－.14866*	0.0436	0.001	－0.2342	－0.063
		1～3年	0.02692	0.0450	0.549	－0.0612	0.115
		5～10年	0.01374	0.0761	0.857	－0.1355	0.163
		10年以上	－.16379*	0.0801	0.041	－0.3208	－0.007
	5～10年	1年以内（含1年）	－.16241*	0.0664	0.014	－0.2925	－0.032
		1～3年	0.01318	0.0672	0.845	－0.1187	0.145
		3～5年	－0.01374	0.0761	0.857	－0.1629	0.136
		10年以上	－0.17754	0.0944	0.060	－0.3627	0.008
	10年以上	1年以内（含1年）	0.01513	0.0709	0.831	－0.1239	0.154
		1～3年	19071*	0.0717	0.008	0.0501	0.331
		3～5年	16379*	0.0801	0.041	0.0068	0.321
		5～10年	0.17754	0.0944	0.060	－0.0076	0.363
AFQ4	1年以内（含1年）	1～3年	0.11289	0.0649	0.082	－0.0143	0.240
		3～5年	30119*	0.1122	0.007	0.0811	0.521
		5～10年	－.44244*	0.1708	0.010	－0.7773	－0.108
		10年以上	－.69407*	0.1824	0.000	－1.0518	－0.336
	1～3年	1年以内（含1年）	－0.11289	0.0649	0.082	－0.2401	0.014
		3～5年	0.18829	0.1157	0.104	－0.0385	0.415
		5～10年	－.55534*	0.1730	0.001	－0.8947	－0.216
		10年以上	－.80697*	0.1846	0.000	－1.1689	－0.445
	3～5年	1年以内（含1年）	－.30119*	0.1122	0.007	－0.5213	－0.081
		1～3年	－0.18829	0.1157	0.104	－0.4151	0.039
		5～10年	－.74363*	0.1958	0.000	－1.1276	－0.360
		10年以上	－.99526*	0.2060	0.000	－1.3993	－0.591

(续表)

因变量	(I) 学历	(J) 学历	均值差 (I-J)	标准误	显著性	95% 置信区间 下限	95% 置信区间 上限
AFQ4	5~10 年	1 年以内（含 1 年）	44244*	0.1708	0.010	0.1076	0.777
		1~3 年	55534*	0.1730	0.001	0.216	0.895
		3~5 年	74363*	0.1958	0.000	0.3597	1.128
		10 年以上	-0.25163	0.2429	0.300	-0.728	0.225
	10 年以上	1 年以内（含 1 年）	69407*	0.1824	0.000	0.3363	1.052
		1~3 年	80697*	0.1846	0.000	0.445	1.169
		3~5 年	99526*	0.2060	0.000	0.5912	1.399
		5~10 年	0.25163	0.2429	0.300	-0.2248	0.728
AFQ5	1 年以内（含 1 年）	1~3 年	08166*	0.0337	0.015	0.0157	0.148
		3~5 年	-0.01432	0.0582	0.806	-0.1285	0.100
		5~10 年	24056*	0.0886	0.007	0.0668	0.414
		10 年以上	35534*	0.0947	0.000	0.1697	0.541
	1~3 年	1 年以内（含 1 年）	-.08166*	0.0337	0.015	-0.1477	-0.016
		3~5 年	-0.09598	0.0600	0.110	-0.2137	0.022
		5~10 年	0.15889	0.0898	0.077	-0.0172	0.335
		10 年以上	27368*	0.0958	0.004	0.0859	0.462
	3~5 年	1 年以内（含 1 年）	0.01432	0.0582	0.806	-0.0999	0.129
		1~3 年	0.09598	0.0600	0.110	-0.0217	0.214
		5~10 年	25487*	0.1016	0.012	0.0556	0.454
		10 年以上	36966*	0.1069	0.001	0.16	0.579
	5~10 年	1 年以内（含 1 年）	-.24056*	0.0886	0.007	-0.4143	-0.067
		1~3 年	-0.15889	0.0898	0.077	-0.335	0.017
		3~5 年	-.25487*	0.1016	0.012	-0.4541	-0.056
		10 年以上	0.11478	0.1261	0.363	-0.1324	0.362
	10 年以上	1 年以内（含 1 年）	-.35534*	0.0947	0.000	-0.541	-0.170
		1~3 年	-.27368*	0.0958	0.004	-0.4615	-0.086
		3~5 年	-.36966*	0.1069	0.001	-0.5793	-0.160
		5~10 年	-0.11478	0.1261	0.363	-0.362	0.132

（续表）

因变量	（I）学历	（J）学历	均值差（I－J）	标准误	显著性	95% 置信区间	
						下限	上限
AFQ6	1年以内（含1年）	1～3年	0.03555	0.0280	0.204	－0.0194	0.091
		3～5年	－0.05685	0.0485	0.241	－0.1519	0.038
		5～10年	16204*	0.0738	0.028	0.0174	0.307
		10年以上	0.03073	0.0788	0.697	－0.1238	0.185
	1～3年	1年以内（含1年）	－0.03555	0.0280	0.204	－0.0905	0.019
		3～5年	－0.09241	0.0500	0.065	－0.1904	0.006
		5～10年	0.12648	0.0747	0.091	－0.0201	0.273
		10年以上	－0.00482	0.0797	0.952	－0.1611	0.152
	3～5年	1年以内（含1年）	0.05685	0.0485	0.241	－0.0382	0.152
		1～3年	0.09241	0.0500	0.065	－0.0056	0.190
		5～10年	21889*	0.0846	0.010	0.0531	0.385
		10年以上	0.08759	0.0890	0.325	－0.0869	0.262
	5～10年	1年以内（含1年）	－.16204*	0.0738	0.028	－0.3067	－0.017
		1～3年	－0.12648	0.0747	0.091	－0.2731	0.020
		3～5年	－.21889*	0.0846	0.010	－0.3847	－0.053
		10年以上	－0.1313	0.1049	0.211	－0.3371	0.075
	10年以上	1年以内（含1年）	－0.03073	0.0788	0.697	－0.1852	0.124
		1～3年	0.00482	0.0797	0.952	－0.1515	0.161
		3～5年	－0.08759	0.0890	0.325	－0.2621	0.087
		5～10年	0.1313	0.1049	0.211	－0.0745	0.337
AFQ7	1年以内（含1年）	1～3年	21429*	0.0358	0.000	0.144	0.285
		3～5年	22874*	0.0620	0.000	0.1072	0.350
		5～10年	26172*	0.0943	0.006	0.0767	0.447
		10年以上	0.12314	0.1008	0.222	－0.0745	0.321
	1～3年	1年以内（含1年）	－.21429*	0.0358	0.000	－0.2846	－0.144
		3～5年	0.01445	0.0639	0.821	－0.1109	0.140
		5～10年	0.04743	0.0956	0.620	－0.14	0.235
		10年以上	－0.09116	0.1020	0.371	－0.2911	0.109

（续表）

因变量	(I) 学历	(J) 学历	均值差 (I−J)	标准误	显著性	95% 置信区间 下限	95% 置信区间 上限
AFQ7	3～5 年	1 年以内（含 1 年）	−.22874 *	0.0620	0.000	−0.3503	−0.107
		1～3 年	−0.01445	0.0639	0.821	−0.1398	0.111
		5～10 年	0.03298	0.1082	0.760	−0.1791	0.245
		10 年以上	−0.1056	0.1138	0.354	−0.3288	0.118
	5～10 年	1 年以内（含 1 年）	−.26172 *	0.0943	0.006	−0.4467	−0.077
		1～3 年	−0.04743	0.0956	0.620	−0.2349	0.140
		3～5 年	−0.03298	0.1082	0.760	−0.2451	0.179
		10 年以上	−0.13859	0.1342	0.302	−0.4018	0.125
	10 年以上	1 年以内（含 1 年）	−0.12314	0.1008	0.222	−0.3208	0.075
		1～3 年	0.09116	0.1020	0.371	−0.1088	0.291
		3～5 年	0.1056	0.1138	0.354	−0.1176	0.329
		5～10 年	0.13859	0.1342	0.302	−0.1246	0.402
AFQ8	1 年以内（含 1 年）	1～3 年	0.0188	0.0577	0.745	−0.0944	0.132
		3～5 年	0.18744	0.0999	0.061	−0.0085	0.383
		5～10 年	0.05932	0.1520	0.696	−0.2388	0.358
		10 年以上	0.0633	0.1624	0.697	−0.2552	0.382
	1～3 年	1 年以内（含 1 年）	−0.0188	0.0577	0.745	−0.132	0.094
		3～5 年	0.16864	0.1030	0.102	−0.0333	0.371
		5～10 年	0.04051	0.1541	0.793	−0.2616	0.343
		10 年以上	0.0445	0.1643	0.787	−0.2777	0.367
	3～5 年	1 年以内（含 1 年）	−0.18744	0.0999	0.061	−0.3834	0.009
		1～3 年	−0.16864	0.1030	0.102	−0.3706	0.033
		5～10 年	−0.12812	0.1743	0.462	−0.47	0.214
		10 年以上	−0.12414	0.1834	0.499	−0.4839	0.236
	5～10 年	1 年以内（含 1 年）	−0.05932	0.1520	0.696	−0.3575	0.239
		1～3 年	−0.04051	0.1541	0.793	−0.3426	0.262
		3～5 年	0.12812	0.1743	0.462	−0.2137	0.470
		10 年以上	0.00399	0.2163	0.985	−0.4202	0.428

(续表)

因变量	(I) 学历	(J) 学历	均值差 (I−J)	标准误	显著性	95% 置信区间 下限	95% 置信区间 上限
AFQ8	10 年以上	1 年以内（含 1 年）	−0.0633	0.1624	0.697	−0.3818	0.255
		1~3 年	−0.0445	0.1643	0.787	−0.3667	0.278
		3~5 年	0.12414	0.1834	0.499	−0.2356	0.484
		5~10 年	−0.00399	0.2163	0.985	−0.4281	0.420
AFQ9	1 年以内（含 1 年）	1~3 年	13522*	0.0321	0.000	0.0722	0.198
		3~5 年	26327*	0.0556	0.000	0.1543	0.372
		5~10 年	17969*	0.0846	0.034	0.0138	0.346
		10 年以上	27534*	0.0904	0.002	0.0981	0.453
	1~3 年	1 年以内（含 1 年）	−.13522*	0.0321	0.000	−0.1982	−0.072
		3~5 年	12805*	0.0573	0.026	0.0157	0.240
		5~10 年	0.04447	0.0857	0.604	−0.1236	0.213
		10 年以上	0.14012	0.0914	0.125	−0.0392	0.319
	3~5 年	1 年以内（含 1 年）	−.26327*	0.0556	0.000	−0.3723	−0.154
		1~3 年	−.12805*	0.0573	0.026	−0.2404	−0.016
		5~10 年	−0.08358	0.0970	0.389	−0.2738	0.107
		10 年以上	0.01207	0.1021	0.906	−0.1881	0.212
	5~10 年	1 年以内（含 1 年）	−.17969*	0.0846	0.034	−0.3456	−0.014
		1~3 年	−0.04447	0.0857	0.604	−0.2126	0.124
		3~5 年	0.08358	0.0970	0.389	−0.1066	0.274
		10 年以上	0.09565	0.1203	0.427	−0.1403	0.332
	10 年以上	1 年以内（含 1 年）	−.27534*	0.0904	0.002	−0.4525	−0.098
		1~3 年	−0.14012	0.0914	0.125	−0.3194	0.039
		3~5 年	−0.01207	0.1021	0.906	−0.2122	0.188
		5~10 年	−0.09565	0.1203	0.427	−0.3316	0.140
AFQ10	1 年以内（含 1 年）	1~3 年	−0.04721	0.0391	0.227	−0.1238	0.029
		3~5 年	−.13553*	0.0676	0.045	−0.2681	−0.003
		5~10 年	−.37976*	0.1029	0.000	−0.5815	−0.178
		10 年以上	−.26599*	0.1099	0.016	−0.4815	−0.050

(续表)

因变量	（I）学历	（J）学历	均值差(I−J)	标准误	显著性	95% 置信区间 下限	95% 置信区间 上限
AFQ10	1～3 年	1 年以内（含 1 年）	0.04721	0.0391	0.227	−0.0294	0.124
		3～5 年	−0.08831	0.0697	0.205	−0.225	0.048
		5～10 年	−.33254*	0.1043	0.001	−0.537	−0.128
		10 年以上	−.21877*	0.1112	0.049	−0.4368	−0.001
	3～5 年	1 年以内（含 1 年）	13553*	0.0676	0.045	0.0029	0.268
		1～3 年	0.08831	0.0697	0.205	−0.0484	0.225
		5～10 年	−.24423*	0.1180	0.039	−0.4756	−0.013
		10 年以上	−0.13046	0.1241	0.293	−0.3739	0.113
	5～10 年	1 年以内（含 1 年）	37976*	0.1029	0.000	0.178	0.582
		1～3 年	33254*	0.1043	0.001	0.1281	0.537
		3～5 年	24423*	0.1180	0.039	0.0129	0.476
		10 年以上	0.11377	0.1464	0.437	−0.1733	0.401
	10 年以上	1 年以内（含 1 年）	26599*	0.1099	0.016	0.0504	0.482
		1～3 年	21877*	0.1112	0.049	0.0007	0.437
		3～5 年	0.13046	0.1241	0.293	−0.113	0.374
		5～10 年	−0.11377	0.1464	0.437	−0.4008	0.173

* 均值差的显著性水平为 0.05。

表 5-47 和表 5-48 显示，薪酬福利方面，1 年以内工龄群体的均值最高，与 10 年以上工龄群体的均值差异不显著，但与其他三个群体的均值差异显著。5～10 年工龄群体的均值最低且与其他四个群体的均值都差异显著。总体上，五个群体的均值都不高。究其原因可能是新就业形态就业报酬整体偏低。

社会保障方面，10 年以上工龄群体的均值最低，与其他四个群体的均值都差异显著，而其他四个群体的两两均值差异不显著。究其原因可能是 10 年以上工龄群体认为，工作时间太长，有职业倦怠症，生活经历使其明白新就业形态对生活的保障也不过如此，所以，在社会保障方面的评价得分最低。

就业环境方面，五个群体的均值都偏低，其中，1～3 年工龄群体的均值最低，其与 1 年以内群体和 10 年以上工龄群体的均值差异显著，与 3～5 年工龄和 5～10 年工龄群体的均值差异不显著，可见，不同工龄群体对就业环境的评价不是很好。究其原因可能是新就业形态的就业环境整体都不容乐观，所以不同工龄群体的评价得分都偏低。

权益保护方面，10 年以上工龄群体的均值最高，与 5～10 年工龄群体差异不显著,但与其他三个群体的均值差异显著。1~3年工龄群体的均值最低,与1年以内工龄和3~5年工龄群体差异不显著,但与5~10年工龄和10年以上工龄群体差异显著。究其原因可能是1年以内群体工作时间短,还没有意识到权益保护问题,而5~10年工龄和10年以上工龄群体因为工作时间相对较长,积累了一定的工作经验,得到就业单位的认可,同时,就业单位对工作时间比较长的员工给予更全面的权益保护。

技能开发方面,10年以上工龄群体的均值最低,与其他四个群体的均值都差异显著。3~5年工龄群体的均值最高,与一年以内工龄和1~3年工龄群体的均值差异不显著。总体而言,各个工龄群体的评价得分都偏低。究其原因可能是工作时间较短的员工得到就业单位提供的培训机会较多,而工作时间较长的员工得到就业单位提供的培训机会较少。

心理契约方面,3~5年工龄群体的均值最高,与5~10年工龄群体的均值差异显著,但与其他三个群体的均值差异不显著。5~10工龄年群体的均值最低,与1年以内工龄和3~5年工龄群体的均值差异显著,但与1~3年工龄和10年以上工龄群体的均值差异不显著。但是,五个工龄群体的均值都偏低。究其原因可能是新就业形态劳动者对自己所从事的职业总体不看好,或者说,职业兴趣不高,忠诚度低,因此,整个群体心理契约的评价得分普遍偏低。

工作时间方面,1年以内工龄群体的均值最高,与10年以上工龄群体的均值差异不显著,但与其他三个工龄群体的均值差异显著。5~10年工龄群体的均值最低,与一年以内工龄群体的均值差异显著,但与其他三个工龄群体的均值差异不显著。总体而言,工作时间的评价得分在各个工龄群体当中都偏高。究其原因可能是新就业形态岗位的工作时间相对比较自由,劳动者可以自我控制。这是新员工选择新就业形态的一个重要原因,也是老员工留在新就业形态的一个重要原因。相对来说,工龄时间不长不短的员工考虑的事情会更多,顾虑更多,所以,对工作时间的评价得分较低些。

劳动合同方面,1年以内工龄群体的均值最高,3~5年工龄群体最低。五个工龄群体的均值两两均差异不显著。总体而言,不同工龄群体对劳动合同的评价得分普遍偏低。究其原因可能是新就业形态就业的劳动合同具有普遍性特征,不同工龄群体对签不签劳动合同没有给予更多的关心和重视。

工作安全方面,1年以内工龄群体的均值最高,与其他四个工龄群体的均值都差异显著。10年以上工龄群体的均值最低,与1年以内工龄群体的均值差异显著,但与其他三个工龄群体的均值差异不显著。总体而言,不同工龄群体对工作安全的评价得分都偏低。究其原因可能是新就业形态就业整体有许多不安全的隐患,劳动过程不安全、收入不稳定、岗位不稳定,等等,都是新就业形态工作安全问题。

考核机制方面,5~10年工龄群体的均值最高,与10年以上工龄群体的均值差异不显著,但与其他三个工龄群体的均值差异显著。1年以内工龄群体的均值最低,与1~3年工龄群体的均值差异不显著,但与其他三个工龄群体的均值差异显著。总体而言,不同工龄群体对考核机制的评价得分都偏低。究其原因可能是大部分新就业形态岗位业绩的考核是以计件考核方式为主,而且考核方法是由管理者单方决定,员工基本上没有民主参与权限。

第六节 中国新就业形态劳动者就业目的的差异性分析

本节重点分析了新就业形态劳动者就业目的的均值差异性,包括整个群体的情形和不同群体的情形。探究劳动者就业目的均值的差异性,不仅能科学判断劳动者就业目的的总体情形,而且能区别劳动者就业目的在不同群体之间的具体特征,为后续的回归分析和路径系数分析提供数据参照,以及为后续的对策研究提供理论依据。

一、整个群体情形

应用SPSS Statistics 21对劳动者就业目的的均值进行差异性显著性检验,具体结果见图5-16、表5-49和表5-50。

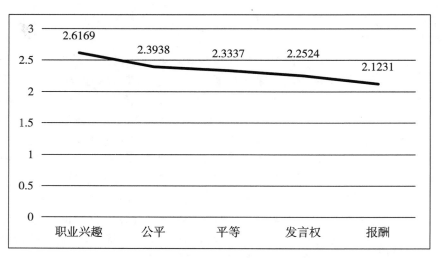

图 5-16 劳动者就业目的的均值

表 5-49 劳动者就业目的均值的描述性统计

影响因素名称	影响因素编号	均值	N	标准差	均值的标准误
公平	AEQ1	2.3938	2169	0.62375	0.01339
报酬	AEQ2	2.1231	2169	0.53698	0.01153
发言权	AEQ3	2.2524	2169	0.62289	0.01337
平等	AEQ4	2.3337	2169	1.23722	0.02657
职业兴趣	AEQ5	2.6169	2169	0.68136	0.01463

表 5-50 劳动者就业目的均值之间的差异性检验

成对样本检验		成对差分	标准差	均值的标准误	差分的95%置信区间		t	df	Sig.（双侧）
		均值			下限	上限			
对1	AEQ1－AEQ2	0.27075	0.55193	0.01185	0.24751	0.29399	22.846	2168	0.000
对2	AEQ1－AEQ3	0.14142	0.98083	0.02106	0.10012	0.18273	6.715	2168	0.000
对3	AEQ1－AEQ4	0.06017	1.18705	0.02549	0.01018	0.11015	2.361	2168	0.018
对4	AEQ1－AEQ5	－0.22303	0.69104	0.01484	－0.25213	－0.19393	－15.031	2168	0.000
对5	AEQ2－AEQ3	－0.12932	0.90942	0.01953	－0.16762	－0.09103	－6.623	2168	0.000
对6	AEQ2－AEQ4	－0.21058	1.13393	0.02435	－0.25833	－0.16283	－8.649	2168	0.000
对7	AEQ2－AEQ5	－0.49378	0.66102	0.01419	－0.52161	－0.46594	－34.789	2168	0.000
对8	AEQ3－AEQ4	－0.08126	1.52482	0.03274	－0.14547	－0.01705	－2.482	2168	0.013
对9	AEQ3－AEQ5	－0.36445	1.02064	0.02191	－0.40743	－0.32148	－16.63	2168	0.000
对10	AEQ4－AEQ5	－0.2832	1.2947	0.0278	－0.33771	－0.22868	－10.187	2168	0.000

* 均值差的显著性水平为0.05。

表5-49和表5-50显示，劳动者就业目的的均值从高到低依次为职业兴趣、公平、平等、发言权、报酬。它们的均值普遍偏低，而且两两均差异显著，表明劳动者就业目的是一种低水平的、非均衡的就业目的。究其原因可能是：一是劳动者选择新就业形态职业，基本上都是自愿的、主动的，或者说有一定的兴趣，所以职业兴趣的评价得分最高；二是劳动者没有获得满意的报酬，收入不高且不稳定，没有好的待遇甚至根本没有待遇，所以报酬的评价得分最低；三是新就业形态的职业并不是一种理想的职业，尤其是那些非脑力型的以体力为主的新就业形态的岗位。目前，这些职业或者岗位的管理很难全面实现劳动者的就业目的，这些职业或者岗位的管理仍然沿用传统的泰勒制管理模式，而且其"粗暴式"管理更加隐蔽，胜过"泰勒年代"。本研究团队在调查中发现许多劳动者经常抱怨，感到很无奈，他们大多数人经常回答"如果能找到更好的工作就不会从事现在的工作"。

二、不同群体情形

同理，由于不同行业中某些行业的样本数量太少（少于30个），不同年龄的分组基本上是5年为一组，不具有年代意义，因此，没有分析不同行业群体和不同年龄群体就业目的的均值差异性。重点分析了不同性别、专兼职、不同学历、不同工龄等群体就业目的的均值差异性，以期探究劳动者就业目的的均值总体群体情形的具体表现，即探究哪些群体的评价得分影响总体群体就业目的的均值评价得分，也为后续的对策建议提供参考依据。

1. 不同性别群体就业目的的均值差异性

应用SPSS Statistics 21对不同性别群体就业目的进行差异性显著性检验，具体结果见图5-17、表5-51和表5-52。

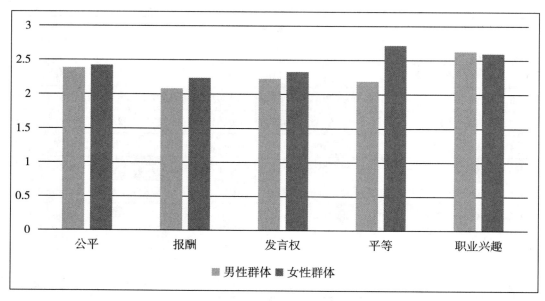

图 5-17　不同性别群体就业目的的均值

表 5-51　不同性别群体就业目的的均值描述统计

		N	均值	标准差	标准误	均值的 95% 置信区间		极小值	极大值
						下限	上限		
AEQ1	男	1572	2.3831	0.60338	0.01522	2.3533	2.413	1	5
	女	597	2.4221	0.67416	0.02759	2.3679	2.4763	1	4.75
	总数	2169	2.3938	0.62375	0.01339	2.3676	2.4201	1	5
AEQ2	男	1572	2.0808	0.52027	0.01312	2.0551	2.1065	1	5
	女	597	2.2345	0.56412	0.02309	2.1892	2.2798	1	4
	总数	2169	2.1231	0.53698	0.01153	2.1005	2.1457	1	5
AEQ3	男	1572	2.2246	0.63243	0.01595	2.1933	2.2558	1.25	4
	女	597	2.3258	0.5913	0.0242	2.2783	2.3733	1	4
	总数	2169	2.2524	0.62289	0.01337	2.2262	2.2786	1	4
AEQ4	男	1572	2.1888	1.19965	0.03026	2.1294	2.2481	1	5
	女	597	2.7152	1.25433	0.05134	2.6144	2.8161	1	5
	总数	2169	2.3337	1.23722	0.02657	2.2816	2.3858	1	5
AEQ5	男	1572	2.6255	0.67795	0.0171	2.5919	2.659	1	5
	女	597	2.5942	0.69031	0.02825	2.5387	2.6497	1	4.75
	总数	2169	2.6169	0.68136	0.01463	2.5882	2.6456	1	5

表 5-52 不同性别群体就业目的均值的单因素方差分析

			平方和	df	均方	F	显著性
AEQ1	组间	（组合）	0.658	1	0.658	1.692	0.193
	线性项	未加权的	0.658	1	0.658	1.692	0.193
		加权的	0.658	1	0.658	1.692	0.193
	组内		842.837	2167	0.389		
	总数		843.495	2168			
AEQ2	组间	（组合）	10.224	1	10.224	36.03	0
	线性项	未加权的	10.224	1	10.224	36.03	0
		加权的	10.224	1	10.224	36.03	0
	组内		614.909	2167	0.284		
	总数		625.133	2168			
AEQ3	组间	（组合）	4.435	1	4.435	11.485	0.001
	线性项	未加权的	4.435	1	4.435	11.485	0.001
		加权的	4.435	1	4.435	11.485	0.001
	组内		836.74	2167	0.386		
	总数		841.175	2168			
AEQ4	组间	（组合）	119.927	1	119.927	81.247	0
	线性项	未加权的	119.927	1	119.927	81.247	0
		加权的	119.927	1	119.927	81.247	0
	组内		3198.636	2167	1.476		
	总数		3318.562	2168			
AEQ5	组间	（组合）	0.423	1	0.423	0.91	0.34
	线性项	未加权的	0.423	1	0.423	0.91	0.34
		加权的	0.423	1	0.423	0.91	0.34
	组内		1006.075	2167	0.464		
	总数		1006.497	2168			

表 5-51 和表 5-52 显示，在公平和职业兴趣方面，男性群体和女性群体的均值差异不显著，但在报酬、发言权和平等方面，男性群体的均值都小于女性群体的均值，而且都差异显著。究其原因可能是：一是新就业形态的考核机制主要以计件为主，所有的劳动者无论是男性群体还是女性群体，都要接受这样的考核方法，所以在公平方面，男性群体和女性群体的评价得分无差异；二是入职新就业形态岗位主要是在相关平台上注册并通过验证即可，没有过高的入职要求，而且是自愿的，所以在职业兴趣方面，男性群体和女性群体的评价得分无差异；三是女性群体虽然自愿加入新就业形态，但相对男性群体来说没有过高的要求，所以，在报酬、发言权和平等方面女性群体的评价得分会比男性群体

的高;四是无论是女性群体还是男性群体,五个就业目的的评价得分都偏低,没有一个就业目的的均值大于3分,说明新就业形态当前并不是一种理想的职业,难以实现个人人生价值和全面发展。

2. 不同学历群体就业目的均值差异性

应用 SPSS Statistics 21 对不同学历群体就业目的的均值进行差异性显著性检验,具体结果见图 5-18、表 5-53 和表 5-54。

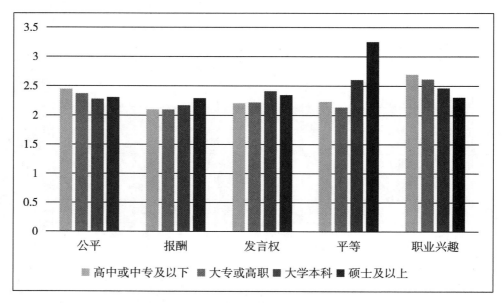

图 5-18 不同学历群体就业目的的均值

表 5-53 不同学历群体就业目的的均值描述统计

		N	均值	标准差	标准误	均值的 95% 置信区间		极小值	极大值
						下限	上限		
AEQ1	高中或中专及以下	1230	2.4457	0.57825	0.01649	2.4134	2.4781	1	5
	大专或高职	447	2.3708	0.58254	0.02755	2.3167	2.425	1	5
	大学本科	372	2.2782	0.7362	0.03817	2.2032	2.3533	1	5
	硕士及以上	120	2.3063	0.7707	0.07035	2.1669	2.4456	1	3.75
	总数	2169	2.3938	0.62375	0.01339	2.3676	2.4201	1	5
AEQ2	高中或中专及以下	1230	2.1008	0.48646	0.01387	2.0736	2.128	1	5
	大专或高职	447	2.0996	0.49282	0.02331	2.0537	2.1454	1	3.67
	大学本科	372	2.1707	0.64653	0.03352	2.1048	2.2366	1	4
	硕士及以上	120	2.2917	0.74355	0.06788	2.1573	2.4261	1	5

		N	均值	标准差	标准误	均值的95%置信区间		极小值	极大值
						下限	上限		
AEQ3	总数	2169	2.1231	0.53698	0.01153	2.1005	2.1457	1	5
	高中或中专及以下	1230	2.2065	0.61199	0.01745	2.1723	2.2407	1.25	4
	大专或高职	447	2.2209	0.59425	0.02811	2.1657	2.2762	1	3.5
	大学本科	372	2.412	0.65451	0.03393	2.3452	2.4787	1.25	4
	硕士及以上	120	2.3458	0.654	0.0597	2.2276	2.464	1.5	4
	总数	2169	2.2524	0.62289	0.01337	2.2262	2.2786	1	4
AEQ4	高中或中专及以下	1230	2.2331	1.22415	0.0349	2.1647	2.3016	1	5
	大专或高职	447	2.1387	1.12156	0.05305	2.0344	2.243	1	5
	大学本科	372	2.6042	1.30598	0.06771	2.471	2.7373	1	5
	硕士及以上	120	3.2521	1.02567	0.09363	3.0667	3.4375	1	4.75
	总数	2169	2.3337	1.23722	0.02657	2.2816	2.3858	1	5
AEQ5	高中或中专及以下	1230	2.6945	0.65856	0.01878	2.6577	2.7314	1	5
	大专或高职	447	2.6141	0.61749	0.02921	2.5567	2.6715	1	5
	大学本科	372	2.4637	0.77073	0.03996	2.3851	2.5423	1	4.25
	硕士及以上	120	2.3063	0.68174	0.06223	2.183	2.4295	1	4.5
	总数	2169	2.6169	0.68136	0.01463	2.5882	2.6456	1	5

表5-54 不同学历群体就业目的的均值多重比较(LSD)

因变量	(I)学历	(J)学历	均值差(I−J)	标准误	显著性	95%置信区间	
						下限	上限
AEQ1	高中或中专及以下	大专或高职	07493*	0.03428	0.029	0.0077	0.1421
		大学本科	16751*	0.03673	0	0.0955	0.2395
		硕士及以上	13948*	0.05936	0.019	0.0231	0.2559
	大专或高职	高中或中专及以下	−.07493*	0.03428	0.029	−0.1421	−0.0077
		大学本科	09258*	0.04356	0.034	0.0072	0.178
		硕士及以上	0.06456	0.06381	0.312	−0.0606	0.1897
	大学本科	高中或中专及以下	−.16751*	0.03673	0	−0.2395	−0.0955
		大专或高职	−.09258*	0.04356	0.034	−0.178	−0.0072
		硕士及以上	−0.02802	0.06516	0.667	−0.1558	0.0998

（续表）

因变量	（I）学历	（J）学历	均值差（I－J）	标准误	显著性	95% 置信区间 下限	95% 置信区间 上限
AEQ1	硕士及以上	高中或中专及以下	－.13948*	0.05936	0.019	－0.2559	－0.0231
		大专或高职	－0.06456	0.06381	0.312	－0.1897	0.0606
		大学本科	0.02802	0.06516	0.667	－0.0998	0.1558
AEQ2	高中或中专及以下	大专或高职	0.00126	0.02956	0.966	－0.0567	0.0592
		大学本科	－.06989*	0.03167	0.027	－0.132	－0.0078
		硕士及以上	－.19085*	0.05118	0	－0.2912	－0.0905
	大专或高职	高中或中专及以下	－0.00126	0.02956	0.966	－0.0592	0.0567
		大学本科	－0.07115	0.03756	0.058	－0.1448	0.0025
		硕士及以上	－.19211*	0.05502	0	－0.3	－0.0842
	大学本科	高中或中专及以下	06989*	0.03167	0.027	0.0078	0.132
		大专或高职	0.07115	0.03756	0.058	－0.0025	0.1448
		硕士及以上	－.12097*	0.05618	0.031	－0.2311	－0.0108
	硕士及以上	高中或中专及以下	19085*	0.05118	0	0.0905	0.2912
		大专或高职	19211*	0.05502	0	0.0842	0.3
		大学本科	12097*	0.05618	0.031	0.0108	0.2311
AEQ3	高中或中专及以下	大专或高职	－0.01441	0.03415	0.673	－0.0814	0.0526
		大学本科	－.20546*	0.03658	0	－0.2772	－0.1337
		硕士及以上	－.13933*	0.05913	0.019	－0.2553	－0.0234
	大专或高职	高中或中专及以下	0.01441	0.03415	0.673	－0.0526	0.0814
		大学本科	－.19105*	0.04339	0	－0.2761	－0.106
		硕士及以上	－.12492*	0.06357	0.05	－0.2496	－0.0003
	大学本科	高中或中专及以下	20546*	0.03658	0	0.1337	0.2772
		大专或高职	19105*	0.04339	0	0.106	0.2761
		硕士及以上	0.06613	0.06491	0.308	－0.0612	0.1934
	硕士及以上	高中或中专及以下	13933*	0.05913	0.019	0.0234	0.2553
		大专或高职	12492*	0.06357	0.05	0.0003	0.2496
		大学本科	－0.06613	0.06491	0.308	－0.1934	0.0612
AEQ4	高中或中专及以下	大专或高职	0.09443	0.06673	0.157	－0.0364	0.2253
		大学本科	－.37104*	0.07149	0	－0.5112	－0.2308
		硕士及以上	－1.01895*	0.11555	0	－1.2456	－0.7923

（续表）

因变量	(I) 学历	(J) 学历	均值差 (I−J)	标准误	显著性	95% 置信区间 下限	95% 置信区间 上限
AEQ4	大专或高职	高中或中专及以下	−0.09443	0.06673	0.157	−0.2253	0.0364
		大学本科	−.46546*	0.0848	0	−0.6318	−0.2992
		硕士及以上	−1.11338*	0.12423	0	−1.357	−0.8698
	大学本科	高中或中专及以下	37104*	0.07149	0	0.2308	0.5112
		大专或高职	46546*	0.0848	0	0.2992	0.6318
		硕士及以上	−.64792*	0.12685	0	−0.8967	−0.3992
	硕士及以上	高中或中专及以下	1.01895*	0.11555	0	0.7923	1.2456
		大专或高职	1.11338*	0.12423	0	0.8698	1.357
		大学本科	64792*	0.12685	0	0.3992	0.8967
AEQ5	高中或中专及以下	大专或高职	08042*	0.03713	0.03	0.0076	0.1532
		大学本科	23080*	0.03979	0	0.1528	0.3088
		硕士及以上	38826*	0.0643	0	0.2622	0.5144
	大专或高职	高中或中专及以下	−.08042*	0.03713	0.03	−0.1532	−0.0076
		大学本科	15038*	0.04719	0.001	0.0578	0.2429
		硕士及以上	30784*	0.06913	0	0.1723	0.4434
	大学本科	高中或中专及以下	−.23080*	0.03979	0	−0.3088	−0.1528
		大专或高职	−.15038*	0.04719	0.001	−0.2429	−0.0578
		硕士及以上	15746*	0.07059	0.026	0.019	0.2959
	硕士及以上	高中或中专及以下	−.38826*	0.0643	0	−0.5144	−0.2622
		大专或高职	−.30784*	0.06913	0	−0.4434	−0.1723
		大学本科	−.15746*	0.07059	0.026	−0.2959	−0.019

* 均值差的显著性水平为 0.05。

表 5-53 和表 5-54 显示,公平方面,高中及以下学历群体的均值最高,与其他三个层次学历群体的均值差异显著。大学本科群体的均值最低,其与硕士及以上群体的均值差异不显著,但与高中或中专及以下和大专或高职群体的均值差异显著。这说明学历层次越高的群体感觉越不公平。究其原因可能是学历层次越高的群体对新就业形态的考核方法并不认同,自认为考核方法没有体现学历要求。事实上,许多新就业形态在人才选拔和业绩考核方面确实没有把学历要求考虑进去,能力至上。许多新就业形态不是理想的职业,原因可能也在这个方面。

报酬方面,硕士及以上群体的均值最高,与其他三个层次学历群体的均值差异显著。大专或高职学历层次的均值最低,与高中或中专及以下和大学本科学历群体的均值差异不显著。大学本科群体的均值比高中或中专及以下群体的均值高且差异显著。究其原因可能是高学历层次群体工作上还是比较卖力,敢于放下身架,热情地投入新就业形态的工作中,争取到了相对较高的报酬。尽管如此,四个学历层次群体的均值最高的也只有2.2917,在满分为5中占比只有45.8%,可见,新就业形态工作报酬还是相当低。

发言权方面,大学本科群体的均值最高,其与硕士及以上群体的均值差异不显著,但与其他两个层次学历群体的均值差异显著。高中或中专及以下群体的均值最低,其与大专或高职群体的均值差异不显著,与大学本科和硕士及以上群体的均值都差异显著。究其原因可能是新就业形态企业的管理者还是会听取高学历群体的意见或建议,所以高学历群体的评价得分相对高些。

平等方面,硕士及以上群体的均值最高,其与其他三个层次学历群体的均值差异显著,大专或高职群体的均值最低,其与高中或中专及以下群体的均值差异不显著,与大学本科和硕士及以上群体的均值差异显著,大学本科群体的均值与其他三个层次学历群体的均值差异都显著。究其原因可能是平等似乎体现了学历层次,学历层次越高,平等的评价得分越高,学历层次越低,平等的评价得分越低。根据平等的概念内涵和调查的题项,平等是一种无歧视的状态。因此,新就业形态企业对待不同学历群体不应该有如此大的差异。

职业兴趣方面,不同群体的评价得分从高至低依次是高中或中专及以下群体、大专或高职群体、大学本科群体、硕士及以上群体,而且四个层次学历群体的均值两两均差异显著。究其原因可能是,新就业形态职业兴趣与学历呈现显著关系,学历层次越高越不感兴趣,学历层次越低越有兴趣。这比较符合实际,学历层次低的群体找其他工作比较困难,而新就业形态岗位入职要求不高,所以,学历层次低的群体更容易在新就业形态中寻找工作岗位。比较而言,学历层次高的群体寻找新就业形态岗位,可能是一种很无奈的职业选择,即使是主动自愿行为。

3. 专兼职群体就业目的均值差异性

应用SPSS Statistics 21对专兼职群体就业目的的均值进行差异性显著性检验,具体结果见图5-19、表5-55和表5-56。

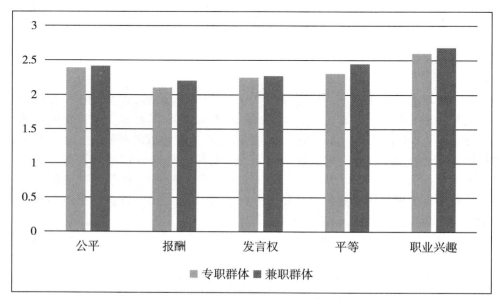

图5-19 专兼职群体就业目的的均值

表 5-55 专兼职群体就业目的的均值描述统计

		N	均值	标准差	标准误	均值的 95% 置信区间		极小值	极大值
						下限	上限		
AEQ1	兼职	429	2.4143	0.61388	0.02964	2.3561	2.4726	1	5
	专职	1740	2.3888	0.62623	0.01501	2.3593	2.4182	1	5
	总数	2169	2.3938	0.62375	0.01339	2.3676	2.4201	1	5
AEQ2	兼职	429	2.2028	0.57975	0.02799	2.1478	2.2578	1	5
	专职	1740	2.1034	0.52421	0.01257	2.0788	2.1281	1	5
	总数	2169	2.1231	0.53698	0.01153	2.1005	2.1457	1	5
AEQ3	兼职	429	2.271	0.59606	0.02878	2.2144	2.3275	1.25	3.5
	专职	1740	2.2478	0.62942	0.01509	2.2183	2.2774	1	4
	总数	2169	2.2524	0.62289	0.01337	2.2262	2.2786	1	4
AEQ4	兼职	429	2.447	1.33001	0.06421	2.3208	2.5732	1	5
	专职	1740	2.3057	1.21202	0.02906	2.2488	2.3627	1	5
	总数	2169	2.3337	1.23722	0.02657	2.2816	2.3858	1	5
AEQ5	兼职	429	2.6836	0.61945	0.02991	2.6248	2.7423	1.5	4.25
	专职	1740	2.6004	0.69496	0.01666	2.5678	2.6331	1	5
	总数	2169	2.6169	0.68136	0.01463	2.5882	2.6456	1	5

表 5-56 专兼职群体就业目的的均值单因素方差分析

				平方和	df	均方	F	显著性
AEQ1	组间	(组合)		0.225	1	0.225	0.577	0.448
		线性项	未加权的	0.225	1	0.225	0.577	0.448
			加权的	0.225	1	0.225	0.577	0.448
	组内			843.271	2167	0.389		
	总数			843.495	2168			
AEQ2	组间	(组合)		3.397	1	3.397	11.839	0.001
		线性项	未加权的	3.397	1	3.397	11.839	0.001
			加权的	3.397	1	3.397	11.839	0.001
	组内			621.736	2167	0.287		
	总数			625.133	2168			

(续表)

			平方和	df	均方	F	显著性
AEQ3	组间	（组合）	0.184	1	0.184	0.475	0.491
		线性项 未加权的	0.184	1	0.184	0.475	0.491
		加权的	0.184	1	0.184	0.475	0.491
	组内		840.991	2167	0.388		
	总数		841.175	2168			
AEQ4	组间	（组合）	6.864	1	6.864	4.491	0.034
		线性项 未加权的	6.864	1	6.864	4.491	0.034
		加权的	6.864	1	6.864	4.491	0.034
	组内		3311.699	2167	1.528		
	总数		3318.562	2168			
AEQ5	组间	（组合）	2.379	1	2.379	5.133	0.024
		线性项 未加权的	2.379	1	2.379	5.133	0.024
		加权的	2.379	1	2.379	5.133	0.024
	组内		1004.119	2167	0.463		
	总数		1006.497	2168			

表 5-55 和表 5-56 显示,公平和发言权两方面,专职群体和兼职群体的均值都差异不显著,但在报酬、平等和职业兴趣方面,兼职群体的均值都高于专职群体的均值,而且都差异显著。究其原因可能有以下三点:其一,无论是专职群体还是兼职群体,其考核的方法是一致的,在管理建议方面新就业形态企业都会听取他们的意见或建议,所以公平和发言权两方面,专职群体和兼职群体的评价得分都不存差异性;其二,兼职群体之所以选择新就业形态岗位,原因在于能够获得更高的报酬,自己又有兴趣兼职,而专职群体虽然是主动自愿选择新就业形态工作,但没有其他第二份工作,新就业形态工作是其收入来源的唯一渠道,所以在报酬和职业兴趣方面,兼职群体的评价得分要高于专职群体的评价得分;其三,平等方面兼职群体的评价得分高的原因可能是,兼职群体在严峻的就业环境中还能找到一份兼职工作实属不容易,所以兼职群体对平等的评价得分高些。相对来说,专职群体则认为自己在某些方面遭受歧视,如性别歧视、年龄歧视等,所以,专职群体的评价得分低些。

4. 不同工龄群体就业目的的均值差异性

应用 SPSS Statistics 21 对不同工龄群体就业目的的均值进行差异性显著性检验,具体结果见图 5-20、表 5-57 和表 5-58。

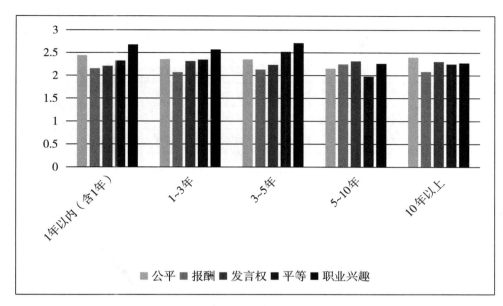

图 5-20 不同工龄群体就业目的的均值

表 5-57 不同工龄群体就业目的的均值描述统计

		N	均值	标准差	标准误	均值的 95% 置信区间		极小值	极大值
						下限	上限		
AEQ1	1 年以内（含 1 年）	1107	2.4411	0.62883	0.0189	2.404	2.4781	1	5
	1~3 年	759	2.3557	0.61635	0.02237	2.3118	2.3996	1	4
	3~5 年	174	2.3534	0.69062	0.05236	2.2501	2.4568	1	4.75
	5~10 年	69	2.1522	0.49113	0.05913	2.0342	2.2702	1	3.75
	10 年以上	60	2.4	0.43957	0.05675	2.2864	2.5136	2	3.25
	总数	2169	2.3938	0.62375	0.01339	2.3676	2.4201	1	5
AEQ2	1 年以内（含 1 年）	1107	2.1536	0.56553	0.017	2.1202	2.1869	1	5
	1~3 年	759	2.0692	0.51403	0.01866	2.0325	2.1058	1	4
	3~5 年	174	2.1293	0.48884	0.03706	2.0562	2.2025	1	3.33
	5~10 年	69	2.2464	0.46143	0.05555	2.1355	2.3572	1.67	3.83
	10 年以上	60	2.0833	0.43015	0.05553	1.9722	2.1945	1.17	3
	总数	2169	2.1231	0.53698	0.01153	2.1005	2.1457	1	5
AEQ3	1 年以内（含 1 年）	1107	2.2066	0.63523	0.01909	2.1692	2.2441	1	4
	1~3 年	759	2.3139	0.62414	0.02265	2.2694	2.3584	1.25	4

（续表）

		N	均值	标准差	标准误	均值的95%置信区间 下限	均值的95%置信区间 上限	极小值	极大值
	3～5年	174	2.2328	0.52439	0.03975	2.1543	2.3112	1.25	3.25
	5～10年	69	2.3152	0.59045	0.07108	2.1734	2.4571	1.25	3.25
	10年以上	60	2.3042	0.61941	0.07997	2.1442	2.4642	1.25	3.5
	总数	2169	2.2524	0.62289	0.01337	2.2262	2.2786	1	4
AEQ4	1年以内（含1年）	1107	2.3232	1.27748	0.0384	2.2478	2.3985	1	5
	1～3年	759	2.3452	1.19651	0.04343	2.2599	2.4304	1	5
	3～5年	174	2.5201	1.15598	0.08763	2.3471	2.6931	1	4.5
	5～10年	69	1.9783	1.11617	0.13437	1.7101	2.2464	1	4
	10年以上	60	2.25	1.28304	0.16564	1.9186	2.5814	1	4.5
	总数	2169	2.3337	1.23722	0.02657	2.2816	2.3858	1	5
AEQ5	1年以内（含1年）	1107	2.6762	0.68066	0.02046	2.636	2.7163	1	5
	1～3年	759	2.5682	0.64736	0.0235	2.5221	2.6143	1	4.25
	3～5年	174	2.7112	0.82079	0.06222	2.5884	2.834	1	4.75
	5～10年	69	2.2609	0.47827	0.05758	2.146	2.3758	1	3.5
	10年以上	60	2.275	0.60138	0.07764	2.1196	2.4304	1	3.5
	总数	2169	2.6169	0.68136	0.01463	2.5882	2.6456	1	5

表5-58 不同工龄群体就业目的的均值多重比较（LSD）

因变量	（I）学历	（J）学历	均值差（I-J）	标准误	显著性	95%置信区间 下限	95%置信区间 上限
AEQ1	1年以内（含1年）	1～3年	08533*	0.02928	0.004	0.0279	0.1428
		3～5年	0.08761	0.05068	0.084	-0.0118	0.187
		5～10年	28888*	0.0771	0	0.1377	0.4401
		10年以上	0.04106	0.08237	0.618	-0.1205	0.2026
	1～3年	1年以内（含1年）	-.08533*	0.02928	0.004	-0.1428	-0.0279
		3～5年	0.00228	0.05223	0.965	-0.1001	0.1047
		5～10年	20356*	0.07813	0.009	0.0503	0.3568
		10年以上	-0.04427	0.08333	0.595	-0.2077	0.1192

(续表)

因变量	(I) 学历	(J) 学历	均值差 (I−J)	标准误	显著性	95% 置信区间	
						下限	上限
AEQ1	3～5 年	1 年以内（含 1 年）	−0.08761	0.05068	0.084	−0.187	0.0118
		1～3 年	−0.00228	0.05223	0.965	−0.1047	0.1001
		5～10 年	20127*	0.08841	0.023	0.0279	0.3746
		10 年以上	−0.04655	0.09303	0.617	−0.229	0.1359
	5～10 年	1 年以内（含 1 年）	−.28888*	0.0771	0	−0.4401	−0.1377
		1～3 年	−.20356*	0.07813	0.009	−0.3568	−0.0503
		3～5 年	−.20127*	0.08841	0.023	−0.3746	−0.0279
		10 年以上	−.24783*	0.10969	0.024	−0.4629	−0.0327
	10 年以上	1 年以内（含 1 年）	−0.04106	0.08237	0.618	−0.2026	0.1205
		1～3 年	0.04427	0.08333	0.595	−0.1192	0.2077
		3～5 年	0.04655	0.09303	0.617	−0.1359	0.229
		5～10 年	24783*	0.10969	0.024	0.0327	0.4629
AEQ2	1 年以内（含 1 年）	1～3 年	08440*	0.02524	0.001	0.0349	0.1339
		3～5 年	0.02426	0.04368	0.579	−0.0614	0.1099
		5～10 年	−0.09281	0.06646	0.163	−0.2231	0.0375
		10 年以上	0.07023	0.07099	0.323	−0.069	0.2095
	1～3 年	1 年以内（含 1 年）	−.08440*	0.02524	0.001	−0.1339	−0.0349
		3～5 年	−0.06014	0.04502	0.182	−0.1484	0.0281
		5～10 年	−.17721*	0.06734	0.009	−0.3093	−0.0451
		10 年以上	−0.01416	0.07182	0.844	−0.155	0.1267
	3～5 年	1 年以内（含 1 年）	−0.02426	0.04368	0.579	−0.1099	0.0614
		1～3 年	0.06014	0.04502	0.182	−0.0281	0.1484
		5～10 年	−0.11707	0.0762	0.125	−0.2665	0.0324
		10 年以上	0.04598	0.08018	0.566	−0.1113	0.2032
	5～10 年	1 年以内（含 1 年）	0.09281	0.06646	0.163	−0.0375	0.2231
		1～3 年	17721*	0.06734	0.009	0.0451	0.3093
		3～5 年	0.11707	0.0762	0.125	−0.0324	0.2665
		10 年以上	0.16304	0.09454	0.085	−0.0224	0.3484

(续表)

因变量	（I）学历	（J）学历	均值差（I−J）	标准误	显著性	95% 置信区间	
						下限	上限
AEQ2	10年以上	1年以内（含1年）	−0.07023	0.07099	0.323	−0.2095	0.069
		1～3年	0.01416	0.07182	0.844	−0.1267	0.155
		3～5年	−0.04598	0.08018	0.566	−0.2032	0.1113
		5～10年	−0.16304	0.09454	0.085	−0.3484	0.0224
AEQ3	1年以内（含1年）	1～3年	−.10726*	0.02928	0	−0.1647	−0.0498
		3～5年	−0.02612	0.05067	0.606	−0.1255	0.0733
		5～10年	−0.10858	0.0771	0.159	−0.2598	0.0426
		10年以上	−0.09753	0.08236	0.236	−0.259	0.064
	1～3年	1年以内（含1年）	10726*	0.02928	0	0.0498	0.1647
		3～5年	0.08114	0.05223	0.12	−0.0213	0.1836
		5～10年	−0.00132	0.07813	0.987	−0.1545	0.1519
		10年以上	0.00973	0.08333	0.907	−0.1537	0.1731
	3～5年	1年以内（含1年）	0.02612	0.05067	0.606	−0.0733	0.1255
		1～3年	−0.08114	0.05223	0.12	−0.1836	0.0213
		5～10年	−0.08246	0.0884	0.351	−0.2558	0.0909
		10年以上	−0.07141	0.09302	0.443	−0.2538	0.111
	5～10年	1年以内（含1年）	0.10858	0.0771	0.159	−0.0426	0.2598
		1～3年	0.00132	0.07813	0.987	−0.1519	0.1545
		3～5年	0.08246	0.0884	0.351	−0.0909	0.2558
		10年以上	0.01105	0.10968	0.92	−0.204	0.2261
	10年以上	1年以内（含1年）	0.09753	0.08236	0.236	−0.064	0.259
		1～3年	−0.00973	0.08333	0.907	−0.1731	0.1537
		3～5年	0.07141	0.09302	0.443	−0.111	0.2538
		5～10年	−0.01105	0.10968	0.92	−0.2261	0.204
AEQ4	1年以内（含1年）	1～3年	−0.02202	0.05822	0.705	−0.1362	0.0922
		3～5年	−0.19694	0.10075	0.051	−0.3945	0.0006
		5～10年	34491*	0.1533	0.025	0.0443	0.6455
		10年以上	0.07317	0.16377	0.655	−0.248	0.3943

（续表）

因变量	（I）学历	（J）学历	均值差（I-J）	标准误	显著性	95% 置信区间 下限	95% 置信区间 上限
AEQ4	1～3 年	1 年以内（含 1 年）	0.02202	0.05822	0.705	-0.0922	0.1362
		3～5 年	-0.17492	0.10384	0.092	-0.3786	0.0287
		5～10 年	36693*	0.15535	0.018	0.0623	0.6716
		10 年以上	0.09519	0.16568	0.566	-0.2297	0.4201
	3～5 年	1 年以内（含 1 年）	0.19694	0.10075	0.051	-0.0006	0.3945
		1～3 年	0.17492	0.10384	0.092	-0.0287	0.3786
		5～10 年	54185*	0.17577	0.002	0.1972	0.8865
		10 年以上	0.27011	0.18497	0.144	-0.0926	0.6328
	5～10 年	1 年以内（含 1 年）	-.34491*	0.1533	0.025	-0.6455	-0.0443
		1～3 年	-.36693*	0.15535	0.018	-0.6716	-0.0623
		3～5 年	-.54185*	0.17577	0.002	-0.8865	-0.1972
		10 年以上	-0.27174	0.21809	0.213	-0.6994	0.1559
	10 年以上	1 年以内（含 1 年）	-0.07317	0.16377	0.655	-0.3943	0.248
		1～3 年	-0.09519	0.16568	0.566	-0.4201	0.2297
		3～5 年	-0.27011	0.18497	0.144	-0.6328	0.0926
		5～10 年	0.27174	0.21809	0.213	-0.1559	0.6994
AEQ5	1 年以内（含 1 年）	1～3 年	10797*	0.03177	0.001	0.0457	0.1703
		3～5 年	-0.03506	0.05498	0.524	-0.1429	0.0728
		5～10 年	41528*	0.08365	0	0.2512	0.5793
		10 年以上	40115*	0.08936	0	0.2259	0.5764
	1～3 年	1 年以内（含 1 年）	-.10797*	0.03177	0.001	-0.1703	-0.0457
		3～5 年	-.14303*	0.05666	0.012	-0.2541	-0.0319
		5～10 年	30731*	0.08477	0	0.1411	0.4735
		10 年以上	29318*	0.09041	0.001	0.1159	0.4705
	3～5 年	1 年以内（含 1 年）	0.03506	0.05498	0.524	-0.0728	0.1429
		1～3 年	14303*	0.05666	0.012	0.0319	0.2541
		5～10 年	45034*	0.09591	0	0.2623	0.6384
		10 年以上	43621*	0.10093	0	0.2383	0.6341

(续表)

因变量	(I) 学历	(J) 学历	均值差 (I−J)	标准误	显著性	95% 置信区间 下限	95% 置信区间 上限
AEQ5	5～10 年	1 年以内（含 1 年）	−.41528*	0.08365	0	−0.5793	−0.2512
		1～3 年	−.30731*	0.08477	0	−0.4735	−0.1411
		3～5 年	−.45034*	0.09591	0	−0.6384	−0.2623
		10 年以上	−0.01413	0.119	0.905	−0.2475	0.2192
	10 年以上	1 年以内（含 1 年）	−.40115*	0.08936	0	−0.5764	−0.2259
		1～3 年	−.29318*	0.09041	0.001	−0.4705	−0.1159
		3～5 年	−.43621*	0.10093	0	−0.6341	−0.2383
		5～10 年	0.01413	0.119	0.905	−0.2192	0.2475

* 均值差的显著性水平为 0.05。

表 5-57 和表 5-58 显示，公平方面，1 年以内群体的均值最高，其与 3～5 年群体和 10 年以上群体的均值差异不显著，与其他两个群体的均值差异显著。5～10 年群体的均值最低，与其他四个群体的均值差异都显著。3～5 年群体的均值与 1 年以内群体、1～3 年群体和 10 年以上群体的均值差异不显著。究其原因可能是新就业形态的考核方法主要是以计件为主，不同工龄群体都要遵行这个考核方法。所以，不同工龄群体在公平的评价方面总体上是无差异。

报酬方面，5～10 年群体的均值最高，其与 1～3 年群体的均值呈显著差异，但与其他三个群体的均值差异不显著。1～3 年群体的均值最低，其与 1 年以内和 10 年以上群体的均值差异不显著，但与 3～5 年和 5～10 年群体的均值差异显著。5～10 年群体的均值差异显著，但与其他三个群体的均值差异不显著。总体而言，不同工龄群体的评价得分差异不是很明显，但是，五个工龄群体的评价得分普遍偏低，最高评价得分也只有 2.2464，在总分为 5 当中占比 44.9%。究其原因可能是，当前新就业形态的工作报酬普遍偏低。

发言权方面，只有 1 年以内群体的均值与 1～3 年群体的均值差异显著，它们与其他三个群体的均值都差异不显著，其他三个群体的均值两两也都差异不显著。总体而言，不同群体对发言权的评价得分普遍偏低，最高的只有 2.3152，在总分为 5 当中占比 47.0%。究其原因可能是新就业形态企业普遍有集权管理方式，比较强势，无论工作时间长还是工作时间短的员工，新就业形态企业都不太会听取他们的意见或管理建议。

平等方面，3～5 年群体的均值最高，其与 5～10 年群体的均值差异显著，但与其他三个群体的均值都差异不显著。5～10 年群体的均值最低，其与 10 年以上群体的均值差异不显著，但与其他三个群体的均值差异显著。究其原因可能是新就业形态在管理上没有考虑工龄因素。所以，工龄比较长的员工感觉不平等，相对来说，工龄比较短的员工感觉到更加平等。

职业兴趣方面，3～5 年群体的均值最高，其与 1 年以内群体的均值差异不显著，但与其他三个群体的均值都差异显著。5～10 年群体的均值最低，其他与 10 年以上群体的均值差异不显著,但与其他三个群体的均值都差异显著。究其原因可能是工龄长的员工,由于工作时间长而又没有得到更好的发展或更好的待遇,所以职业兴趣越淡。相对来说,工龄短的员工,只能从事现有的新就业形态工作,所以还存有一定的职业兴趣。

第七节　中国新就业形态劳动关系主体协调力的差异性分析

本节重点分析了新就业形态劳动关系主体协调力的均值差异性,包括整个群体的情形和不同群体的员工自制力的情形。通过探究劳动关系主体协调力的均值差异性,不仅能科学判断劳动关系主体协调力的总体情形,还能揭示员工自制力在不同群体之间的具体特征,这将为后续的回归分析和路径系数分析提供数据参照,也为后续的对策研究提供理论依据。

一、整个群体的差异性

应用 SPSS Statistics 21 对总群体的劳动关系主体协调力的均值进行差异性显著性检验,具体结果见图 5-21、表 5-59 和表 5-60。

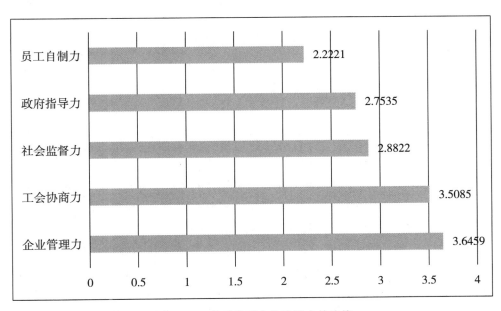

图 5-21　劳动关系主体协调力的均值

表 5-59　劳动关系主体协调力均值的描述性统计

影响因素名称	影响因素编号	均值	N	标准差	均值的标准误
员工自制力	APQ1	2.2221	2169	0.50761	0.0109
企业管理力	APQ2	3.6459	2169	1.05697	0.0227

(续表)

影响因素名称	影响因素编号	均值	N	标准差	均值的标准误
工会协商力	APQ3	3.5085	2169	0.87708	0.01883
政府指导力	APQ4	2.7535	2169	0.79999	0.01718
社会监督力	APQ5	2.8822	2169	0.90052	0.01934

表 5-60 劳动关系主体协调力均值之间的差异性检验

成对样本检验		成对差分	标准差	均值的标准误	差分的 95% 置信区间		t	df	Sig.（双侧）
		均值			下限	上限			
对 1	APQ1－APQ2	−1.42379	1.05335	0.02262	−1.46814	−1.37944	−62.951	2168	0.000
对 2	APQ1－APQ3	−1.2864	0.97725	0.02098	−1.32755	−1.24525	−61.305	2168	0.000
对 3	APQ1－APQ4	−0.53133	0.82109	0.01763	−0.5659	−0.49675	−30.137	2168	0.000
对 4	APQ1－APQ5	−0.66003	1.1038	0.0237	−0.70651	−0.61355	−27.849	2168	0.000
对 5	APQ2－APQ3	0.13739	1.18465	0.02544	0.08751	0.18727	5.401	2168	0.000
对 6	APQ2－APQ4	0.89246	1.12146	0.02408	0.84524	0.93968	37.063	2168	0.000
对 7	APQ2－APQ5	0.76376	1.60612	0.03449	0.69613	0.83139	22.147	2168	0.000
对 8	APQ3－APQ4	0.75507	0.8487	0.01822	0.71933	0.79081	41.435	2168	0.000
对 9	APQ3－APQ5	0.62637	1.5779	0.03388	0.55993	0.69281	18.488	2168	0.000
对 10	APQ4－APQ5	−0.1287	1.53832	0.03303	−0.19347	−0.06392	−3.896	2168	0.000

* 均值差的显著性水平为 0.05。

表 5-59 和表 5-60 显示，劳动关系主体协调力的均值从大到小依次是企业管理力、工会协商力、政府指导力、社会监督力、员工自制力，而且差异显著。企业管理力的均值为 3.6459，占比为 72.9%；工会协商力的均值为 3.5085，占比为 70.2%；其他三个协调力的均值都偏低。究其原因可能是新就业形态劳动关系管理中，企业占据绝对的优势，而且比较强势。当前，现有的劳动相关法律法规建立在传统的工业经济背景下，对新就业形态的劳动关系管理规制力有限。调查中发现，许多劳动者并不知道自己是否加入了工会组织，但他们明确表示万一碰到劳资纠纷时，希望可以寻求组织的帮助，进行协调和调解。新就业形态大部分劳动者知道有这样的组织，进行劳资纠纷的协调和调解。所以，工会协商力仅次于企业管理力。这个现象也说明工会组织，无论是企业工会、行业工会、地区工会还是总工会，都在协调新就业形态劳动关系中发挥了应有的作用，得到了劳动者的肯定。政府指导力的均值为什么低？可能与新就业形态劳动者感受到的就业环境差有关。社会监督力的均值为什么低？可能与新就业形态劳动者认为自己很少得到社会组织的关注有关，或者说，社会组织很难帮助劳动者解决劳动关系矛盾和问题。员工自制力的均值为什么最低？可能与劳动者对新就业形态劳动关系感到很无奈有关，认为依靠自己的自我控制来适应新就业形态岗位并构建和谐劳动关系是一种力不从心的

徒劳行为,无能为力,或者说,构建和谐劳动关系的主要努力在于企业管理力而不在于自我控制力上。如果发生了劳资矛盾,劳动者并不会先进行自我克制,而是奋力抗争。新就业形态劳动者的素质直接影响着他们的自制力。提高劳动者的素质将有助于提高他们的自制力。因此,很有必要分析不同群体员工自制力的特点,方可找到针对性的解决对策。

二、员工自制力的差异性

同样的逻辑,由于不同行业中某些行业的样本数量太少(少于 30 个),不同年龄的分组基本上是 5 年为一组,不具有年代意义,因此,没有分析不同行业群体和不同年龄群体的员工自制力的均值差异性。重点分析了不同性别、不同学历、专兼职、不同工龄等群体的员工自制力的均值差异性,以期探究员工自制力的具体表现。本节没有对企业管理力、工会协商力、政府指导力和社会监督力进行分类研究,而是仅仅对员工自制力进行分类研究,原因在于企业管理力、工会协商力、政府指导力和社会监督力原则上在实践中不会因性别、学历、专兼职和工龄的不同而不同,而员工自制力是每位员工的自我表现的一种素质状态,不同性别、不同学历、专兼职、不同工龄的员工,其自制力是不同的。对员工自制力进行分类研究,有助于为企业管理力、工会协商力、政府指导力和社会监督力提供参照,为后续的对策建议提供参考依据。企业管理力、工会协商力、政府指导力和社会监督力不宜进行分类统计,避免歧视。

应用 SPSS Statistics 21 对不同群体的员工自制力均值进行差异性显著性检验,具体结果见图 5-22、表 5-61、表 5-62 和表 5-63。

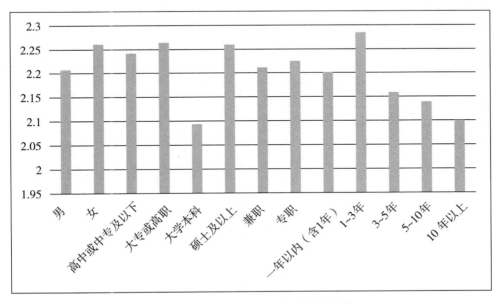

图 5-22 不同群体的员工自制力均值

表 5-61　不同群体的员工自制力均值描述统计

群体类型	N	均值	标准差	标准误	均值的 95% 置信区间		极小值	极大值
					下限	上限		
男性群体	1572	2.2073	0.47504	0.01198	2.1838	2.2308	1	3.6
女性群体	597	2.2613	0.58338	0.02388	2.2144	2.3082	1	4.6
高中或中专及以下	1230	2.242	0.44957	0.01282	2.2168	2.2671	1	3.6
大专或高职	447	2.2644	0.47499	0.02247	2.2203	2.3086	1	4
大学本科	372	2.0935	0.62634	0.03247	2.0297	2.1574	1	4
硕士及以上	120	2.26	0.68873	0.06287	2.1355	2.3845	1	4.6
兼职	429	2.2112	0.45843	0.02213	2.1677	2.2547	1	3.6
专职	1740	2.2248	0.5191	0.01244	2.2004	2.2492	1	4.6
1 年以内（含 1 年）	1107	2.2011	0.49277	0.01481	2.172	2.2301	1	4.6
1~3 年	759	2.2846	0.55643	0.0202	2.2449	2.3242	1	4
3~5 年	174	2.1586	0.41769	0.03166	2.0961	2.2211	1	3
5~10 年	69	2.1391	0.4177	0.05029	2.0388	2.2395	1	3
10 年以上	60	2.1	0.3636	0.04694	2.0061	2.1939	1.4	3
总数	2169	2.2221	0.50761	0.0109	2.2008	2.2435	1	4.6

表 5-62　不同群体员工自制力的均值单因素方差分析

			平方和	df	均方	F	显著性
男性群体 女性群体	组间	（组合）	1.264	1	1.264	4.915	0.027
	线性项	未加权的	1.264	1	1.264	4.915	0.027
		加权的	1.264	1	1.264	4.915	0.027
	组内		557.354	2167	0.257		
专职群体 兼职群体	组间	（组合）	0.064	1	0.064	0.248	0.618
	线性项	未加权的	0.064	1	0.064	0.248	0.618
		加权的	0.064	1	0.064	0.248	0.618
	组内		558.554	2167	0.258		
	总数		558.618	2168			

表 5-63 不同群体员工自制力的均值多重比较分析(LSD)

分类	(I) 群体类型	(J) 群体类型	均值差 (I−J)	标准误	显著性	95% 置信区间	
						下限	上限
不同工龄	1年以内（含1年）	1~3 年	−.08350*	0.02382	0	−0.1302	−0.0368
		3~5 年	0.04246	0.04123	0.303	−0.0384	0.1233
		5~10 年	0.06195	0.06273	0.323	−0.0611	0.185
		10 年以上	0.10108	0.06701	0.132	−0.0303	0.2325
	1~3 年	1年以内（含1年）	08350*	0.02382	0	0.0368	0.1302
		3~5 年	12596*	0.04249	0.003	0.0426	0.2093
		5~10 年	14545*	0.06357	0.022	0.0208	0.2701
		10 年以上	18458*	0.0678	0.007	0.0516	0.3175
	3~5 年	1年以内（含1年）	−0.04246	0.04123	0.303	−0.1233	0.0384
		1~3 年	−.12596*	0.04249	0.003	−0.2093	−0.0426
		5~10 年	0.01949	0.07192	0.786	−0.1216	0.1605
		10 年以上	0.05862	0.07569	0.439	−0.0898	0.2071
	5~10 年	1年以内（含1年）	−0.06195	0.06273	0.323	−0.185	0.0611
		1~3 年	−.14545*	0.06357	0.022	−0.2701	−0.0208
		3~5 年	−0.01949	0.07192	0.786	−0.1605	0.1216
		10 年以上	0.03913	0.08924	0.661	−0.1359	0.2141
	10 年以上	1年以内（含1年）	−0.10108	0.06701	0.132	−0.2325	0.0303
		1~3 年	−.18458*	0.0678	0.007	−0.3175	−0.0516
		3~5 年	−0.05862	0.07569	0.439	−0.2071	0.0898
		5~10 年	−0.03913	0.08924	0.661	−0.2141	0.1359
不同学历	高中或中专及以下	大专或高职	−0.02248	0.02786	0.42	−0.0771	0.0322
		大学本科	14840*	0.02985	0	0.0899	0.2069
		硕士及以上	−0.01805	0.04825	0.708	−0.1127	0.0766
	大专或高职	高中或中专及以下	0.02248	0.02786	0.42	−0.0322	0.0771
		大学本科	17088*	0.03541	0	0.1014	0.2403
		硕士及以上	0.00443	0.05187	0.932	−0.0973	0.1061

(续表)

分类	(I) 群体类型	(J) 群体类型	均值差(I−J)	标准误	显著性	95% 置信区间	
						下限	上限
不同学历	大学本科	高中或中专及以下	−.14840*	0.02985	0	−0.2069	−0.0899
		大专或高职	−.17088*	0.03541	0	−0.2403	−0.1014
		硕士及以上	−.16645*	0.05296	0.002	−0.2703	−0.0626
	硕士及以上	高中或中专及以下	0.01805	0.04825	0.708	−0.0766	0.1127
		大专或高职	−0.00443	0.05187	0.932	−0.1061	0.0973
		大学本科	16645*	0.05296	0.002	0.0626	0.2703

* 均值差的显著性水平为 0.05。

表 5-61、表 5-62 和表 5-63 显示,不同性别分析中,女性群体的均值大于男性群体的均值,而且女性群体的均值与男性群体的均值差异显著。可能原因在于女性群体相比较男性群体更冷静,期望更低,而男性群体的要求更高,欲望更强烈,甚至更加容易冲动。

专兼职群体分析中,专职群体的均值和兼职群体的均值差异不显著。可能原因在于兼职群体也非常重视自己所从事的新就业形态岗位,如果遭遇劳资矛盾同样会据理力争,很难克制自己。实践中,新就业形态企业也不知道自己的员工有另外的职业或岗位,新就业形态岗位的入职基本上是通过网上招聘,企业管理者与劳动者很少面对面交流或者召集在一起举办相关活动,管理者与劳动者、劳动者与劳动者,相互交流机会少,彼此无法深入了解。

工龄群体分析中,1~3 年群体的均值最高,其与其他四个工龄群体的均值都差异显著,但是,其他四个群体的均值两两都差异不显著。究其原因可能是,1~3 年工龄的群体是一个从不成熟到相对成熟的群体,有一个从不了解新就业形态到逐步了解新就业形态的过程,所以相对更加理性。然而,1 年以内群体,对新就业形态不太了解,有工作热情,即使碰到一些劳资矛盾,也不会冲动,而是会静观其变。随着工龄的延长,比如 3 年以上或者更长工龄,这部分群体因为太了解新就业形态岗位的特点和工作要求,所以,不会保留自己的意见或怨气,一旦遭遇劳资矛盾就会据理力争,维护自己合法合理的权益。

学历群体分析中,大学本科群体的均值最低,其与其他三个层次学历群体的均值都差异显著,但是,其他三个层次学历群体的均值两两都差异不显著。究其原因可能是,大学本科学历在新的历史时期是一个令人焦虑的学历。大学本科毕业生数量巨大,2022 年大学本科毕业生人数将近 660 万人(2022 年全国各类大学毕业生总人数达 1097 万人)。大专或高职学历群体在就业过程中有自知之明,能找到一份工作已是人生中第一份惊喜了。硕士及以上学历群体在就业过程中具有一定的优势,能找到一份自己满意的工作是比较现实的。大学本科学历群体在这两种学历群体之间摇摆,既不能放下架子同大专或高职学历群体一样,又不能充满自信像硕士及以上学历群体一样挑选工作。所以,大学本科学历群体的抱怨更多,自我控制力更差,员工自制力的评价得分更低。

无论是男性群体还是女性群体,无论是专职群体还是兼职群体,无论是哪个工龄群体,无论是哪个学历群体,员工自制力的评价得分都偏低。究其原因可能是,正如上文总群体分析所指出的劳动者对新就业形态劳动关系感到很无奈,新就业形态劳动关系的整体环境不利于劳动者,企业管理力占据绝对优势地位。

第八节 中国新就业形态劳动关系满意度的回归分析

前两节分析了劳动关系满意度、和谐劳动影响因素、劳动者就业目的和劳动关系主体协调力的均值差异性特征，包括在整个群体中的均值差异性特征和在不同群体中的均值差异性特征。本节应用回归分析方法分析它们之间的相互关系，具体内容包括和谐劳动关系影响因素与劳动关系满意度的回归分析、劳动者就业目的与劳动关系满意度的回归分析、劳动关系主体协调力与劳动关系满意度的回归分析。和谐劳动关系影响因素与劳动关系满意度的回归分析的目的是探究和谐劳动关系具体的影响因素对劳动关系满意度的影响力，有助于新就业形态企业在构建和谐劳动关系过程中找到具体的影响因素，从而提出针对性处理对策。劳动者就业目的与劳动关系满意度的回归分析的目的是探究劳动者具体的就业目的定位对劳动关系满意度的影响力，有助于新就业形态劳动者制定更加完善的就业目的。劳动关系主体协调力与劳动关系满意度的回归分析的目的是探究劳动关系协调过程中不同劳动关系主体的作用力，有助于完善劳动关系协调机制。

一、和谐劳动关系影响因素与劳动关系满意度的回归分析

应用 SPSS Statistics 21 对和谐劳动关系影响因素进行逐步回归分析，具体分析结果见表 5-64 和表 5-65。

表 5-64 和谐劳动关系影响因素与劳动关系满意度的相关性系数（Sig. 双侧）

	ALQ	AFQ1	AFQ2	AFQ3	AFQ4	AFQ5	AFQ6	AFQ7	AFQ8	AFQ9	AFQ10
ALQ	1										
AFQ1	0.456 **	1									
AFQ2	0.061 **	0.019	1								
AFQ3	0.376 **	0.228	0.036	1							
AFQ4	0.031 **	0.202	0.307 *	0.068	1						
AFQ5	0.387 **	0.27 *	0.098 *	0.187	0.293	1					
AFQ6	0.626 **	0.465 *	0.065	0.377 *	0.145	0.375 *	1				
AFQ7	0.211 **	0.064	0.121	0.033	0.093	0.021	0.121 *	1			
AFQ8	0.016 *	0.018	0.048	0.017	0.021	0.035	0.019	0.029	1		
AFQ9	0.463 **	0.316	0.016	0.392 *	0.211	0.183	0.42 *	0.111	0.032	1	
AFQ10	0.023 *	0.027	0	0.017	0.011	0.017	0.035	0.03	0.027	0.055	1

** 在 0.01 级别（双尾），相关性显著。
* 在 0.05 级别（双尾），相关性显著。

表 5-65　和谐劳动关系影响因素与劳动关系满意度的回归系数

模型		非标准化系数		标准系数	t	Sig.	B 的 95% 置信区间	
		B	标准误差				下限	上限
1	(常量)	0.914	0.045		20.311	0.000	0.826	1.002
	AFQ6	0.691	0.019	0.626	37.332	0.000	0.655	0.727
2	(常量)	0.647	0.047		13.656	0.000	0.554	0.74
	AFQ6	0.578	0.02	0.524	29.555	0.000	0.54	0.617
	AFQ9	0.232	0.017	0.243	13.696	0.000	0.199	0.265
3	(常量)	0.377	0.054		7.043	0.000	0.272	0.482
	AFQ6	0.51	0.02	0.462	25.137	0.000	0.471	0.55
	AFQ9	0.227	0.017	0.237	13.692	0.000	0.194	0.259
	AFQ5	0.156	0.016	0.171	10.054	0.000	0.126	0.187
4	(常量)	0.021	0.065		0.321	0.748	−0.106	0.148
	AFQ6	0.505	0.02	0.457	25.367	0.000	0.466	0.544
	AFQ9	0.252	0.016	0.264	15.31	0.000	0.22	0.285
	AFQ5	0.194	0.016	0.212	12.322	0.000	0.163	0.225
	AFQ4	0.073	0.008	0.153	9.345	0.000	0.057	0.088
5	(常量)	−0.217	0.067		−3.216	0.001	−0.349	−0.085
	AFQ6	0.433	0.021	0.392	20.909	0.000	0.392	0.473
	AFQ9	0.231	0.016	0.241	14.212	0.000	0.199	0.263
	AFQ5	0.181	0.015	0.198	11.728	0.000	0.151	0.212
	AFQ4	0.081	0.008	0.171	10.614	0.000	0.066	0.096
	AFQ1	0.177	0.017	0.179	10.264	0.000	0.143	0.211
6	(常量)	−0.456	0.074		−6.118	0.000	−0.602	−0.309
	AFQ6	0.422	0.021	0.382	20.554	0.000	0.381	0.462
	AFQ9	0.221	0.016	0.231	13.722	0.000	0.189	0.253
	AFQ5	0.181	0.015	0.198	11.85	0.000	0.151	0.211
	AFQ4	0.074	0.008	0.156	9.772	0.000	0.059	0.089
	AFQ1	0.175	0.017	0.177	10.273	0.000	0.142	0.209
	AFQ7	0.093	0.013	0.109	7.204	0.000	0.068	0.119
7	(常量)	−0.593	0.077		−7.676	0.000	−0.744	−0.441
	AFQ6	0.395	0.021	0.357	18.948	0.000	0.354	0.435
	AFQ9	0.192	0.017	0.201	11.528	0.000	0.159	0.225
	AFQ5	0.176	0.015	0.192	11.593	0.000	0.146	0.206

（续表）

模型		非标准化系数		标准系数	t	Sig.	B 的 95% 置信区间	
		B	标准误差				下限	上限
7	AFQ4	0.071	0.008	0.15	9.451	0.000	0.057	0.086
	AFQ1	0.172	0.017	0.174	10.199	0.000	0.139	0.206
	AFQ7	0.102	0.013	0.12	7.911	0.000	0.077	0.128
	AFQ3	0.124	0.02	0.102	6.081	0.000	0.084	0.164
8	（常量）	−0.718	0.084		−8.54	0.000	−0.882	−0.553
	AFQ6	0.396	0.021	0.358	19.064	0.000	0.355	0.437
	AFQ9	0.195	0.017	0.204	11.713	0.000	0.162	0.227
	AFQ5	0.174	0.015	0.19	11.513	0.000	0.145	0.204
	AFQ4	0.072	0.008	0.151	9.53	0.000	0.057	0.086
	AFQ1	0.173	0.017	0.175	10.27	0.000	0.14	0.206
	AFQ7	0.103	0.013	0.121	8.006	0.000	0.078	0.129
	AFQ3	0.123	0.02	0.101	6.077	0.000	0.083	0.163
	AFQ10	0.043	0.012	0.055	3.709	0.000	0.02	0.066
9	（常量）	−0.834	0.082		−8.54	0.000	−0.882	−0.553
	AFQ6	0.346	0.021	0.355	18.662	0.000	0.352	0.435
	AFQ9	0.185	0.015	0.202	11.643	0.000	0.161	0.225
	AFQ5	0.168	0.014	0.18	10.675	0.000	0.144	0.202
	AFQ4	0.062	0.008	0.148	9.03	0.000	0.055	0.081
	AFQ1	0.171	0.016	0.173	9.27	0.000	0.14	0.203
	AFQ7	0.101	0.013	0.115	7.786	0.000	0.073	0.123
	AFQ3	0.121	0.02	0.095	5.679	0.000	0.081	0.161
	AFQ10	0.043	0.011	0.053	3.678	0.000	0.018	0.063
	AFQ2	0.038	0.011	0.049	3.638	0.000	0.014	0.058
10	（常量）	−0.879	0.073		−8.54	0.000	−0.882	−0.553
	AFQ6	0.302	0.018	0.353	18.554	0.000	0.346	0.428
	AFQ9	0.177	0.013	0.201	11.52613	0.000	0.157	0.222
	AFQ5	0.154	0.013	0.16	9.896	0.000	0.141	0.201
	AFQ4	0.066	0.007	0.148	8.77	0.000	0.052	0.078
	AFQ1	0.169	0.013	0.173	7.77	0.000	0.12	0.201
	AFQ7	0.089	0.011	0.112	7.232	0.000	0.071	0.121
	AFQ3	0.118	0.018	0.091	5.007	0.000	0.077	0.155

(续表)

模型		非标准化系数		标准系数	t	Sig.	B 的 95% 置信区间	
		B	标准 误差				下限	上限
10	AFQ10	0.042	0.012	0.054	3.305	0.000	0.017	0.061
	AFQ2	0.036	0.011	0.047	3.242	0.000	0.011	0.047
	AFQ3	0.034	0.011	0.046	3.011	0.000	0.008	0.043

1. 预测变量:(常量),心理契约
2. 预测变量:(常量),心理契约,工作安全
3. 预测变量:(常量),心理契约,工作安全,技能开发
4. 预测变量:(常量),心理契约,工作安全,技能开发,权益保护
5. 预测变量:(常量),心理契约,工作安全,技能开发,权益保护,薪酬福利
6. 预测变量:(常量),心理契约,工作安全,技能开发,权益保护,薪酬福利,工作时间
7. 预测变量:(常量),心理契约,工作安全,技能开发,权益保护,薪酬福利,工作时间,就业环境
8. 预测变量:(常量),心理契约,工作安全,技能开发,权益保护,薪酬福利,工作时间,就业环境,考核机制
9. 预测变量:(常量),心理契约,工作安全,技能开发,权益保护,薪酬福利,工作时间,就业环境,考核机制,社会保障
10. 预测变量:(常量),心理契约,工作安全,技能开发,权益保护,薪酬福利,工作时间,就业环境,考核机制,社会保障,劳动合同
11. 因变量:劳动关系满意度

表5-64和表5-65显示,和谐劳动关系影响因素之间的相关系数绝大部分都在0.3以下,相关系数大于0.4的只有两个(0.465和0.42),因此适合进行回归分析。

在回归方程中,回归系数表示自变量对因变量的影响大小的参数,回归系数越大表示自变量对因变量的影响越大,回归系数越小表示自变量对因变量的影响越小。正回归系数(大于零)表示因变量随自变量的增大而增大,负回归系数(小于零)表示因变量随自变量的增大而减小。上文的逐步回归分析结果显示,10个和谐劳动关系影响因素对劳动关系满意度的回归系数都是正的(大于零)。回归系数从大到小依次是心理契约、工作安全、技能开发、薪酬福利、权益保护、工作时间、就业环境、考核机制、社会保障、劳动合同,而且都呈现显著性。回归分析结果说明本研究项目提出的10个和谐劳动关系影响因素对劳动关系满意度都具有显著的正向影响,本研究项目提出的研究假设七至研究假设十七都得到了验证。

前文所述,影响新就业形态和谐劳动关系的因素众多,本研究项目根据相关文献研究成果提出假设,认为影响新就业形态和谐劳动关系的因素包括心理契约、工作安全、技能开发、薪酬福利、权益保护、工作时间、就业环境、考核机制、社会保障、劳动合同。实证数据的回归分析结果证实了本研究项目所提出的假设,即心理契约、工作安全、技能开发、薪酬福利、权益保护、工作时间、就业环境、考核机制、社会保障、劳动合同都是影响新就业形态和谐劳动关系的因素。

和谐劳动关系影响因素对劳动关系满意度的回归分析结果显示心理契约是最大的影响因素,其回归系数为0.353。究其原因可能是,劳动者与新就业形态企业之间的信任最重要,如果劳动者对新就业形态企业没有信任感,将直接影响劳动者对新就业形态企业的各方面的评价。没有信任,企业管理无法获得劳动者的好感。所以,新就业形态企业构建和谐劳动关系,首先要提升劳动者的信任感,加强以精神需求为导向的心理契约管理。具体的对策建议将在后文详细阐述。

工作安全对劳动关系满意度的回归系数是0.201,紧随心理契约之后排第二位,说明

工作安全对劳动关系满意度的影响也非常大。究其原因可能是，许多新就业形态的岗位有安全隐患，如快递小哥、外卖骑手、代驾等都有交通安全隐患，又如在线翻译、网购、网络直播等有工作不稳定随时被炒鱿鱼的隐患，同时也存被克扣工资的财产安全隐患。所以，新就业形态职业或岗位的安全问题要引起高度重视。

技能开发、薪酬福利、权益保护、工作时间的回归系数都在 $0.1 \sim 0.2$ 之间，相对来说这四个因素对劳动关系满意度的影响也大。究其原因可能是，在技能开发方面，年龄低于 25 岁的劳动者占比 53.9％，工龄一年以内的劳动者占比 51％，他们对技能开发有较大的需求，而且技能开发方面的需求高于薪酬福利方面的需求。这符合新员工管理的特点，新就业形态企业应该加强新员工的技能开发。

薪酬福利是劳动者的生活费来源，尤其是专职的劳动者。新就业形态企业提供稳定和相对可观的薪酬福利必然有助于劳动者劳动关系满意度的提高，即使劳动者与新就业形态企业仅仅签订了劳务合作协议而不是正式的劳动合同。

权益保护方面，现代员工尤其是新生代员工，权利意识强，非常看重与人格平等相关的权利，比如发言权、生存权、发展权，等等。新就业形态企业不但要建立公平、公正、平等的管理制度，还要建立健全而有保障的维权机制。

工作时间，既是劳动者选择新就业形态职业或岗位的一个很重要的因素，也是影响劳动者劳动关系满意度的一个重要因素。表面上看新就业形态的工作时间是劳动者可以自我控制，实践上新就业形态企业通过严格的业绩考核办法（包括完成工作的系统算法）又让劳动者工作期间尤其是消费高峰时段无法自我控制。所以，工作时间成为影响劳动关系满意度的一个重要因素，就不足为怪。

就业环境、考核机制、社会保障、劳动合同的回归系数都在 0.1 之下，相对来说，它们对劳动关系满意度的影响更小。究其原因可能是，就业环境方面，新就业形态劳动者深有感触，既体会出宏观方面新就业形态的就业环境发展的行情不断变化，也感受到了微观方面新就业形态的就业环境岗位的竞争日益激烈。党和政府非常重视和关心新就业形态劳动关系存在的问题和矛盾，出台相关的政策既支持新就业形态可持续健康发展，又重视和维护新就业形态劳动者的根本权益。新就业形态企业也在不断改善劳动者的就业环境，尤其在员工的招聘、培训开发、工伤保险、系统算法、平台间共享劳务等方面不断完善，更加人性化。

考核机制方面，新就业形态劳动者实际上是被动的。新就业形态企业的考核机制本质上是一种格式化条款，劳动者在选择新就业形态岗位时就要认同新就业形态企业的考核机制。劳动者在工作过程中即使发现其有不足之处，也很难向新就业形态企业管理者表达意见或建议。但是，新就业形态企业的考核机制与劳动者的切身利益密切相关，尤其是薪酬福利方面。

社会保障和劳动合同，应该是新型就业形态劳动者比较关心的两个方面，但是，它们对劳动关系满意度的回归系数却比较低。现实中，新就业形态劳动者大部分人并没有签订劳动合同，只是签订了劳务合作协议，新就业形态企业也没为他们缴纳社会保险，除了工伤保险外。工伤保险也是在多次事故之后政府加强监管下才有的。究其原因可能是，新就业形态的社会保障和劳动合同至今国内外都没有一个统一做法，不同国家甚至同一个国家的不同地区（尤其是美国），做法都不尽相同。对新就业形态劳动者来说，交不交社会保障，签不签劳动合同，好像是一个约定俗成的规定。社会保障和劳动合同好像不是劳动者切身利益的重要组成部分。但是，当出现劳资冲突时，社会保障和劳动合同又相当重要，因为我国现行的劳动相关法律法规在处理劳资冲突时往往与社会保障和劳动合同挂钩。本项目团队在调查中发现,许多劳动者知道自己与企业签订过一份协议,但是不是劳动合同不能肯定,实际上他们签订的协议只是劳务合作协议,并非劳动合同。社会保障和劳动合同对劳动者的劳动关系满意度的影响虽然低,但是,当劳动者遭遇劳资冲突时,社会保障和劳动合同是处理冲突的根本依据。事实上,新就业形态的社会保障和劳动合同问题已经成为中国一个非常严峻的社会问题。为了促进新就业形态可持续健康发展,也为了维护劳动者的切身利益,国家需要出台更加规范并能进行审慎监管的相关规定或制度。不能因为劳动者当前不知道或者从不关心,也不能因为新就业形态当前没有遭遇严重的劳资冲突,更不能因为当前还没出现恶劣的社会矛盾,政府职能部门就不作为。政府职能部门要坚持以人民为中心的发展理念,坚持以维护和谐社会长期稳定的思想为指导,从全面实现共同富裕的战略定位出发,创新和完善新就业形态的社会保障制度和劳动合同规范管理制度。

二、劳动关系主体协调力与劳动关系满意度的回归分析

应用 SPSS 21 对劳动关系主体协调力与劳动关系满意度进行逐步回归分析,具体分析结果见表 5-66 和表 5-67。

表 5-66　劳动关系主体协调力与劳动关系满意度的相关性系数 Sig.（双侧）

	ALQ	APQ1	APQ2	APQ3	APQ4	APQ5
ALQ	1					
APQ1	0.567**	1				
APQ2	0.645**	0.252	1			
APQ3	0.445**	0.355*	0.349*	1		
APQ4	0.544**	0.453*	0.145	0.165	1	
APQ5	0.517**	0.221	0.088	0.284	0.364*	1

** 在 0.01 级别（双尾）,相关性显著。
* 在 0.05 级别（双尾）,相关性显著。

表 5-67　劳动关系主体协调力与劳动关系满意度的回归系数

模型		非标准化系数		标准系数	t	Sig.	B 的 95% 置信区间	
		B	标准 误差				下限	上限
1	（常量）	1.373	0.058		23.701	0.000	1.259	1.486
	APQ1	1.114	0.006	0.967	175.442	0.000	1.101	1.126
2	（常量）	1.186	0.065		18.124	0.000	1.057	1.314
	APQ1	0.81	0.019	0.703	42.247	0.000	0.773	0.848
	APQ3	0.201	0.012	0.277	16.659	0.000	0.178	0.225
3	（常量）	1.109	0.069		16.047	0.000	0.974	1.245
	APQ1	0.655	0.022	0.568	29.69	0.000	0.611	0.698

(续表)

模型		非标准化系数		标准系数	t	Sig.	B 的 95% 置信区间	
		B	标准 误差				下限	上限
3	APQ3	0.188	0.012	0.259	16.107	0.000	0.165	0.211
	APQ5	0.144	0.011	0.165	12.935	0.000	0.122	0.166
4	(常量)	0.815	0.118		6.9	0.000	0.583	1.046
	APQ1	0.573	0.024	0.497	24.054	0.000	0.526	0.62
	APQ3	0.138	0.013	0.19	10.581	0.000	0.112	0.163
	APQ5	0.137	0.011	0.157	12.451	0.000	0.115	0.158
	APQ2	0.105	0.013	0.152	8.335	0.000	0.08	0.13
5	(常量)	0.715	0.223		4.88	0.000	0.512	1.013
	APQ1	0.506	0.026	0.439	19.723	0.000	0.455	0.556
	APQ3	0.08	0.015	0.11	5.178	0.000	0.05	0.111
	APQ5	0.154	0.011	0.177	13.769	0.000	0.132	0.176
	APQ2	0.089	0.013	0.129	7.012	0.000	0.064	0.114
	APQ4	0.132	0.02	0.144	6.696	0.000	0.094	0.171

1. 预测变量:(常量),员工自制力
2. 预测变量:(常量),员工自制力,工会协商力
3. 预测变量:(常量),员工自制力,工会协商力,社会监督力
4. 预测变量:(常量),员工自制力,工会协商力,社会监督力,企业管理力
5. 预测变量:(常量),员工自制力,工会协商力,社会监督力,企业管理力,政府指导力
6. 因变量:劳动关系满意度

表 5-66 和表 5-67 显示,劳动关系主体协调力之间的相关系数绝大部分都在 0.4 以下,相关系数大于 0.4 的只有一个(0.453),因此适合进行回归分析。

逐步回归分析结果显示,五个和劳动关系主体协调力对劳动关系满意度的回归系数都是正的(大于零)。回归系数从大到小依次是员工自制力、社会监督力、政府指导力、企业管理力、工会协商力,而且都呈现显著性。五个劳动关系主体协调力对劳动关系满意度都具有显著的正向影响,本研究项目提出的研究假设十八至研究假设二十三都得到了验证。

员工自制力的回归系数为 0.439,而其他四个协调力的回归系数都在 0.2 以下,由此可见,员工自制力对劳动关系满意度的影响最大。究其原因可能是:一是前文劳动关系主体协调力的均值分析中,员工自制力的评价得分最低,显示员工的自我控制力低,表明新就业形态劳动者遭遇劳资冲突时更容易不理性;二是新就业形态职业或者岗位的选择,是自主自愿的结果,并不是强制性的,这表明劳动者在选择新就业形态职业或岗位之前对新就业形态企业的管理制度应该有一定的了解,包括与劳动关系密切相关的规章制度。劳动者遭遇劳资冲突时,原因可能不是新就业形态企业的管理问题,更多的原因可能是劳动者没有达到管理要求;三是在物欲膨胀和充满竞争的社会中,人的自私性更加凸显,容易发生更多的不理智的行为。因此,员工自制力对劳动关系满意度的影响更大。

社会监督力的回归系数为 0.177,仅次于员工自制力,表明社会监督力对劳动关系满意度的影响也非常重要。究其原因可能在于,一是社会组织如新闻媒体、维权组织、民间

NGO 等直接参与到劳资冲突的协调中。这些组织的最初谈判立场往往是维护弱势的劳动者,深受遭遇劳资冲突困境的劳动者青睐,对劳动关系满意度会产生重要的影响。二是新媒体、自媒体将劳资冲突在网上曝光,这种形式意图引起社会的广泛关注,给企业施加压力,同样有利于劳动者。三是无论劳动者之间还是劳动者与管理层之间都缺少交流和沟通——工作联系基本都靠网络,所以,新就业形态劳动者势单力薄。如果有社会组织帮助反映和参与处理劳资冲突,劳动者必然趋之若鹜。因此,公正、公平、正义的社会组织,自然地深受现代广大劳动者的欢迎。

政府指导力的回归系数为 0.144,显示政府指导力对劳动关系满意度的影响是显著性的、正向的。政府指导力是劳动者所感受到的政府相关职能部门制定的劳动关系政策制度的明确性以及政府相关职能部门工作人员直接参与协调劳资矛盾的客观、公平、公正行为。劳动关系政策制度越明确,劳动者的劳动关系满意度则会越高,因为有章可循,反之,劳动关系满意度越低。政府相关职能部门工作人员直接参与协调劳资矛盾的行为越客观、越公平、越公正,劳动者的劳动关系满意度则会越高,反之,劳动关系满意度越低。当前,调节新就业形态劳动关系的法律法规缺乏,传统的劳动相关法律法规对新就业形态的劳动关系规制力有限,无法直接套用。所以,政府相关职能部门在制定劳动关系管理政策和制度时,既要充分考虑新就业形态劳动关系的新的特征,又要坚持以人民为中心的发展理念,明确清晰地公开相关政策和制度,使劳动者了解和明白相关政策和制度。政府相关职能部门工作人员在处理劳资冲突时,要坚持客观、公平、公正原则。

企业管理力的回归系数为 0.129,显示企业管理力对劳动关系满意度的影响是显著性的、正向的。企业管理力是指企业根据国家的劳动相关法律法规,并结合本单位的实际情况,对员工的劳动合同进行管理的方式方法的总和,是劳动者所感受到的企业在协调劳动关系和处理劳资冲突过程中劳动关系管理力。企业管理的评价得分在五个劳动关系主体协调力当中是最高的,而企业管理力对劳动关系满意度的影响力却如此低。究其原因可能是:一是劳动关系满意度的评价是综合性的,是劳动者的整体感受,企业管理力的评价是劳动合同管理方面的评价,是劳动者单一方面的感受,但是,它们并非部分与整体的关系;二是企业管理力对劳动关系满意度的回归系数描述的是评价得分之间的变动关系,即企业管理力的标准差与劳动关系满意度的标准差之间变动关系和企业管理力的变异系数与劳动关系满意度的变异系数之间的变动关系;三是企业管理力对劳动关系满意度的影响力低,是与员工自制力、政府指导力、社会监督力和工会协商力对劳动关系满意度的影响力相互比较的结果。尽管企业管理力对劳动关系满意度的影响力比较低,但还是显著性的正向影响。因此,新就业形态企业提高劳动合同管理水平将显著提升劳动者的劳动关系满意度。

工会协商力的回归系数为 0.11,显示工会协商力对劳动关系满意度的影响是显著性的、正向的。工会协商力指的是员工所感受到的工会在参与企业民主管理以及协调解决劳动纠纷维护劳动者权益过程中所发挥的作用力。工会协商力对劳动关系满意度的影响力在五个劳动关系主体协调力当中最低。究其原因可能是:一是新就业形态劳动者大部分是没有加入工会组织,入会率低;二是企业工会、行业工会或地区性工会为新就业形态劳动者进行维权的意识不强;三是工会的维权难,因为新就业形态劳动者工作地点范围广,劳动相关法律法规规制力有限。传统的适应雇佣关系的劳动相关法律法规无法直接指导有非雇佣关系的新就业形态劳动关系。

三、劳动者就业目的与劳动关系满意度的回归分析

应用 SPSS 21 对劳动者就业目的与劳动关系满意度进行逐步回归分析,具体分析结果见表 5-68 和表 5-69。

表 5-68 劳动者就业目的与劳动关系满意度相关性系数(Sig. 双侧)

	ALQ	AEQ1	AEQ2	AEQ3	AEQ4	AEQ5
ALQ	1					
AEQ1	0.565 **	1				
AEQ2	0.597 **	0.356 *	1			
AEQ3	0.184 **	0.238	0.225	1		
AEQ4	0.339 **	0.131	0.301	0.264	1	
AEQ5	0.564 **	0.442 *	0.331 *	0.223	0.189	1

** 在 0.01 级别(双尾),相关性显著。
* 在 0.05 级别(双尾),相关性显著。

表 5-69 劳动者就业目的与劳动关系满意度的回归系数

模型		非标准化系数		标准系数	t	Sig.	B 的 95% 置信区间	
		B	标准 误差				下限	上限
1	(常量)	0.991	0.046		21.453	0.000	0.9	1.081
	AEQ2	0.731	0.021	0.597	34.659	0.000	0.69	0.772
2	(常量)	0.462	0.048		9.557	0.000	0.368	0.557
	AEQ2	0.532	0.021	0.435	25.123	0.000	0.491	0.574
	AEQ5	0.363	0.017	0.377	21.757	0.000	0.33	0.396
3	(常量)	0.284	0.049		5.846	0.000	0.189	0.379
	AEQ2	0.397	0.023	0.325	17.371	0.000	0.352	0.442
	AEQ5	0.304	0.017	0.316	18.238	0.000	0.272	0.337
	AEQ1	0.258	0.02	0.245	13.049	0.000	0.22	0.297
4	(常量)	0.28	0.048		5.789	0.000	0.185	0.374
	AEQ2	0.365	0.024	0.298	15.438	0.000	0.319	0.411
	AEQ5	0.306	0.017	0.317	18.433	0.000	0.274	0.339
	AEQ1	0.244	0.02	0.232	12.284	0.000	0.205	0.283
	AEQ4	0.044	0.009	0.082	4.986	0.000	0.027	0.061
5	(常量)	0.164	0.071		2.314	0.021	0.025	0.303
	AEQ2	0.367	0.024	0.3	15.517	0.000	0.32	0.413
	AEQ5	0.31	0.017	0.322	18.583	0.000	0.278	0.343

(续表)

模型		非标准化系数		标准系数	t	Sig.	B 的 95% 置信区间	
		B	标准误差				下限	上限
5	AEQ1	0.248	0.02	0.235	12.434	0.000	0.209	0.287
	AEQ4	0.047	0.009	0.089	5.311	0.000	0.03	0.065
	AEQ3	0.037	0.017	0.035	2.221	0.026	0.004	0.07

1. 预测变量:(常量),报酬
2. 预测变量:(常量),报酬,职业兴趣
3. 预测变量:(常量),报酬,职业兴趣,公平
4. 预测变量:(常量),报酬,职业兴趣,公平,平等
5. 预测变量:(常量),报酬,职业兴趣,公平,平等,发言权
6. 因变量:劳动关系满意度

表 5-68 和表 5-69 显示,劳动者就业目的之间的相关系数绝大部分都在 0.4 以下,相关系数大于 0.4 的只有一个(0.442),因此适合进行回归分析。

逐步回归分析结果显示,五个劳动者就业目的对劳动关系满意度的回归系数从大到小依次是职业兴趣、报酬、公平、平等、发言权,而且都是正向的(大于零)且显著。这表明五个劳动者就业目的对劳动关系满意度的影响都是显著性的正向影响,本研究项目提出的研究假设一至研究假设六都得到了验证。

职业兴趣的回归系数为 0.322,在五个劳动者就业目的当中最大,说明职业兴趣对劳动关系满意度的影响最大。究其原因可能是,一是职业兴趣可以缓解劳资冲突。做自己感兴趣的工作,会更加珍惜工作。即使碰到劳资冲突,也不会轻率地使冲突恶化,劳动者会更加主动地与管理者进行沟通,合理地处理劳资冲突。二是做自己感兴趣的工作是职业选择最根本的方向。如果违背自己的职业兴趣选择职业,往往会导致工作被动,甚至无所适从。没有职业兴趣,无法把工作做好,劳动者也不会有好的发展前景。三是做自己感兴趣的工作,本身就是劳动关系满意度的一种表现。工作中充满兴趣,工作会更加专注,心情会更加愉悦,劳动关系会更加单纯。四是做自己感兴趣的工作,工作绩效会更高,得到的回报会更多。工作中充满兴趣,劳动者会主动想更多的办法处理工作过程中碰到的问题,也会有更多的处理对策,从而可以提升绩效,而绩效与回报是休戚相关。

报酬的回归系数为 0.3,其大小仅次于职业兴趣的回归系数,排名第二,显示报酬对劳动关系满意度的影响也非常大。究其原因可能是,一是报酬是劳动者生活费支出的主要来源,尤其是专职的劳动者,报酬是其唯一来源。随着生活成本的提高,劳动者的生活压力不断加大,从工作中获取一定的报酬,会缓解生活压力。二是报酬是衡量工作绩效高低的主要方式。新就业形态企业通过绩效考核发放薪酬福利,而薪酬福利是报酬的主要形式。薪酬福利越多表明劳动者的工作表现越好。职务晋升跟绩效又紧密相关,绩效越高,不仅劳动者能获得更多的薪酬福利,获得职务晋升的机会也越多。三是新就业形态企业提供的报酬越多,会吸引更多的劳动者,也会使劳动者更加努力地工作,更加热爱工作。劳动者的热爱和趋之若鹜,表明新就业形态企业的劳动关系是健康的、稳定的、和谐的。

公平的回归系数为 0.235,其大小在五个劳动者就业目的当中排名第三,显示公平对劳动关系满意度的影响比较大。究其原因如下。一是社会主义市场条件下,遵循公平竞争是一个基本原则。各行各业管理制度的建立,首先就应遵循公平竞争原则。当前,中

国的劳动者为什么工作压力大,其中最重要的一个原因就是中国的各行各业都推崇公平竞争的规则。劳动者只有通过努力奋斗、才尽其用、良好人际关系,才能获取自己应有的回报。二是只有遵循公平竞争原则,单位或组织才能保证劳动者敬业爱岗、遵纪守法、勤奋努力,不弄虚作假,不歪门邪道。现在任何单位或组织都不会养懒人。这已经成为了劳动者的普遍认知。如果一个单位或组织,管理制度缺失公平,是不可能取得长期的发展。三是劳动者寻找就业单位或组织,首先就会想知道这个单位或组织的文化,尤其是单位或组织的管理制度。单位或组织也会将管理制度明确地告知劳动者。如果单位或组织的管理制度适合自己,劳动者才有可能与单位或组织建立劳动关系。

平等的回归系数为 0.089,相对职业兴趣、报酬和公平的回归系数比较小,但也是对劳动关系满意度的影响呈现显著性。究其原因可能是,一是现代社会仍然有一些不平等的现象,如性别歧视、年龄歧视、身体歧视(残疾人、乙肝病毒携带者等),使得一部分人在寻找工作以及在工作过程中,由于身份的特征遭到不平等的对待。然而,随着社会文明的进步与发展,追求人人平等是一项重要的建设内容。所有的劳动者都应该具有平等的生存权、就业权、发展权。二是平等是社会文明进步的重要象征。特别像中国这样一个人口大国,仍然是一个发展中国家,政治、经济、社会发展的任务十分艰巨,物质文明建设和精神文明建设都需要推进。在世界百年未有之大变局以及新冠疫情背景下,中国的就业压力更是巨大。中国要建立平等的社会制度和就业制度,是一个长期的过程。所以,平等对新就业形态劳动者的劳动关系满意度会产生显著的影响,但其影响相对较小。

发言权的回归系数为 0.035,是五个劳动者就业目的当中最小的,但其对劳动关系满意度的影响也是呈现显著性。究其原因如下。一是行使发言权,是劳动者参与民主管理的重要形式。如果企业没有渠道让劳动者参与民主管理,不仅劳动者不会向企业提出合理化的管理建议,而且劳动者对企业不会有忠诚之心,劳动者也不可能有主人翁精神。二是新就业形态企业的管理制度,劳动者是心知肚明。即使劳动者对新就业形态企业的管理制度有看法或者有建议,很难向管理者反映,更难改变其管理制度,只能被动接受。三是行使发言权,也是劳动者一个重要的就业目的。虽然发言权对劳动关系满意度的影响较小,但也是呈现显著影响。劳动者就业的目的,不仅限于职业兴趣、报酬、公平竞争和平等就业。许多的劳动者是一线工作者,更了解实际工作要求,对管理问题存有想法,也有许多管理优化的建议。如果劳动者的想法或管理建议得不到采纳,必然会影响劳动者就业目的的实现,从而影响劳动者对劳动关系的满意度。

第九节　中国新就业形态劳动关系满意度的路径系数分析

上节分别对和谐劳动关系影响因素、劳动关系主体协调力、劳动者就业目的与劳动关系满意度进行了回归分析,并对每一个回归系数进行了解释。本节应用结构方程模型方法分析和谐劳动关系影响因素、劳动关系主体协调力、劳动者就业目的与劳动关系满意度的路径系数,从而进一步判断每一个和谐劳动关系影响因素、每一个劳动关系主体协调力、每一个劳动者就业目的对劳动关系满意度的影响。根据各自变量相关系数的大小和结构效度,和谐劳动关系影响因素、劳动关系主体协调力、劳动者就业目的与劳动关系满意度的关系,既适合应用回归分析方法进行分析,也适合应用结构方程模型方法进行分析。回归分析方法和结构方程模型方法都可以用来分析和研究自变量与因变量之间的关系。本项目研究同时采用这两种分析方法,一是这两种分析方法都适合;二是这两种分析方法分析的结果可以互补;三是同时应用这两种分析方法进行分析,可以提供更充分、更有说服力的论据。研究结果表明,两种分析方法的分析结果有一定的差异性,尽管如此,路径系数的排序和回归系数的排序总体相似。本节还对不同群体的路径系数进行了分析,发现了新的现象。

一、和谐劳动关系影响因素对劳动关系满意度的路径系数分析

对和谐劳动关系影响因素与劳动关系满意度之间的路径系数进行分析,其目的是可以发现哪些影响因素与劳动关系满意度有正向关系还是反向关系,这种关系是否呈现显著性还是不显著性,从而有助于提出科学合理的劳动者劳动关系满意度提升对策。

(一)总样本群体的路径系数分析

本章第三节已经对和谐劳动关系影响因素与劳动关系满意度进行了结构效度分析(验证性因子分析),并根据 MI 指标对初次模型进行修正,依次进行了九次修正,最终模型的适配度达到要求,具体分析结果参见表 5-17。接下来分析和谐劳动关系影响因素与劳动关系满意度之间的路径系数。应用 AMOS 分析工具构建和谐劳动关系影响因素与劳动关系满意度的结构方程模型(见图 5-23),将调查数据导入模型中,AMOS 软件自动运算,路径系数运算过程结束,查看估计值。和谐劳动关系影响因素与劳动关系满意度的路径系数与效应的具体结果见表 5-70。

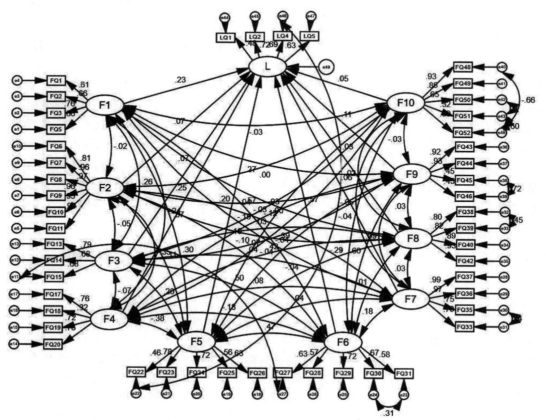

图 5-23 和谐劳动关系影响因素对劳动关系满意度的结构方程模型

表 5-70　和谐劳动关系影响因素对劳动关系满意度的路径系数

路径			非标准化路径系数	标准化路径系数	S.E.	C.R.(T—value)	P	标准化的直接效应	标准化的间接效应	总效应
L	<---	F1	0.16	0.227	0.012	13.031	***	0.229	0.000	0.229
L	<---	F2	0.027	0.067	0.005	5.839	***	0.067	0.000	0.067
L	<---	F3	0.081	0.07	0.017	4.693	***	0.070	0.000	0.070
L	<---	F4	0.096	0.253	0.006	17.185	***	0.253	0.000	0.253
L	<---	F5	0.165	0.201	0.013	12.607	***	0.201	0.000	0.201
L	<---	F6	0.561	0.567	0.029	19.5	***	0.566	0.000	0.566
L	<---	F7	0.039	0.057	0.007	5.287	***	0.057	0.000	0.057
L	<---	F8	0.014	0.033	0.004	3.145	**	0.033	0.000	0.033
L	<---	F9	0.076	0.105	0.011	6.78	***	0.106	0.000	0.106
L	<---	F10	0.027	0.047	0.006	4.532	***	0.047	0.000	0.047

注：*** $P<0.001$，** $P<0.01$，* $P<0.05$

表 5-70 显示，每一个和谐劳动关系影响因素对劳动关系满意度的路径系数都呈现极显著性的正向关系（*** $P<0.001$，** $P<0.01$）。和谐劳动关系影响因素对劳动关系满意度的路径系数从大到小依次为：心理契约、权益保护、薪酬福利、技能开发、工作安全、就业环境、社会保障、工作时间、考核机制、劳动合同。十个和谐劳动关系影响因素对劳动关系满意度的直接效应都等于它们的总效应。路径系数的显著性正向关系以及直接效应等于总效应的关系，显示本研究项目提出的十个和谐劳动关系影响因素符合客观实际，本研究项目提出的研究假设七至研究假设十七再次都得到了验证。

十个和谐劳动关系影响因素对劳动关系满意度的路径系数排序与它们的回归系数排序结果见表 5-71。

表 5-71　和谐劳动关系影响因素对劳动关系满意度的路径系数与回归系数比较

排名	回归系数排序	路径系数排序
1	心理契约	心理契约
2	工作安全	权益保护
3	技能开发	薪酬福利
4	权益保护	技能开发
5	薪酬福利	工作安全
6	工作时间	就业环境
7	就业环境	社会保障
8	考核机制	工作时间
9	社会保障	考核机制
10	劳动合同	劳动合同

表 5-71 显示,心理契约和劳动合同的路径系数排序和其回归系数排序完全一致,其他八个和谐劳动关系影响因素的排序有所不同。权益保护、薪酬福利和社会保障的路径系数排序较其回归系数的排序都前进了两个位次。工作安全的路径系数排序较其回归系数的排序后退了三个位次,但仍然处在中间位次。其他的影响因素的路径系数的排序较其回归系数排序或前进或后退一个位次,变动不大。由此可见,十个和谐劳动关系影响因素对劳动关系满意度的路径系数排序与它们的回归系数排序相比较,有一定的差异性,但总体排序相似。

心理契约方面,无论其回归系数排序还是路径系数排序都在第一位,说明其对劳动关系满意度的影响确实最大。心理契约的标准化路径系数达到了 0.567,其他九个和谐劳动关系影响因素的路径系数都在 0.253 以下,可见,心理契约对劳动关系满意度的影响力极大。回归分析中曾指出,劳动者与新就业形态企业之间的信任最重要,路径系数的分析再次证明了这个研究结论。为什么呢？一是新就业形态职业或者岗位的性质所导致。劳动者是在网上寻找新就业形态职业或岗位,基本上不会与新就业形态企业的管理者直接面谈,落实劳动关系的形式是网上签约,因此,劳动者与新就业形态企业之间信任,起初就没有根基。二是劳动者的劳动服务可以在多个平台企业之间进行切换。许多劳动者并不仅仅在一个平台企业提供劳动服务,或者同时,或者间隔在不同的平台企业提供劳动服务。所以,劳动者对新就业形态企业的信任,后期也缺失忠诚度的依托。没有根基、没有忠诚度的信任难以维系稳定的劳动关系,劳动者一旦遭遇劳资冲突必定会据理力争,必将严重影响劳动关系的和谐水平。

劳动合同方面,无论其回归系数排序还是路径系数排序都在第十位,说明其对劳动关系满意度的影响确实最小。劳动合同的标准化路径系数为 0.033,比其他九个和谐劳动关系影响因素的路径系数都小,可见,劳动合同对劳动关系满意度的影响力最小。本项目团队在调查中了解到,新就业形态劳动者大部分人认为签订了劳动合同,而事实上只是签订了劳务合作协议。被调查的一些劳动者认为,签订不签订劳动合同没有太大关系,关键在于能否赚钱、发展前景更好些。还有一些劳动者认为,自己并不一定长期从事现在的岗位。当前,新就业形态的劳动合同规范管理也没有相应的法律依据,传统的劳动相关法律法规的规制力有限。前文的回归分析指出,不能因为劳动者当前不知道或者从不关心,也不能因为新就业形态当前没有遭遇严重的劳资冲突,更不能因为当前还没出现恶劣的社会矛盾,政府职能部门现在不作为。要坚持以人民为中心的发展理念,坚持以维护和谐社会长期稳定的思想为指导,从全面实现共同富裕的战略定位出发,创新和完善新就业形态的劳动合同规范管理制度。

权益保护方面,其路径系数排序较其回归系数排序前进了两个位次,仅次于心理契约的路径系数,排位第二,说明权益保护对劳动关系满意度的影响相当大。前文的回归分析提到,现代员工尤其是新生代员工,非常看重与人格平等相关的权利,比如发言权、生存权、发展权等,而且他们的维权意识相对强烈。其原因有:一是现代员工个性强,自利性也强,容不得自己利益受损。或者说,现代员工不太看重人际关系,认为职场上的成功都是建立在能力之上。即使企业无意中损害到其正常的权益,现代员工也不会理解。二是现代员工从小就有权益意识,如家庭里小孩要求与父母相互尊重,平等相待,要尊重小孩的隐私权,再如学校里小孩要求与老师相互尊重,要尊重小孩,要爱护小孩等。三是新就业形态的职业或岗位的工作性质决定。新就业形态的职业或岗位的工作是自由选择的结果,是双向选择的结果,是平等选择的结果。劳动者如果遭遇不公平不平等的对待,不会忍耐,会据理力争。

薪酬福利方面,其路径系数的排序较其回归系数的排序前进了两个位次,在十个和谐劳动关系影响因素中排列第三位,可见,薪酬福利对劳动关系满意度的影响也非常之大。一是薪酬福利是劳动者生活费的重要来源,对专职的劳动者来说可能是唯一的来源。现在生活成本不断提高,生活费支出的压力越来越大,能赚取相当可观的薪酬福利是劳动者寻找工作的重要考量,直接影响其工作的积极性、主动性和创造性,自然地影响其劳动关系的满意度。二是现代社会人们对金钱的欲望越来越强烈,甚至已经成为金钱的奴隶,充斥拜金主义。职业职位的高低、身份地位的高低,甚至人际关系的维系,好像都与金钱有着千丝万缕的联系。三是现代企业包括新就业形态企业的管理日益缺乏以人为本思想的支撑,既很少关心劳动者的职业生涯的发展,也很少关心劳动者的全面进步。企业与劳动者的关系维系缺少人情味,唯有彼此利益的权衡与相争。

社会保障方面,其路径系数的排序较其回归系数的排序前进了两个位次,但是,仍然在十个和谐劳动关系影响因素当中排列第七位,相对靠后。究其原因如下所述。一是绝大部分的新就业形态企业不提供社会保障已成为一个客观现实。新就业形态的劳动者都知道这个客观现实,政府也没有强制新就业形态企业为劳动者提供社会保障。二是新就业形态劳动者的态度和看法。被调查的劳动者表示,只要自己提供的劳务能得到工资和奖金,而且能够稳定得到工资和奖金,企业交不交社保无所谓。他们还反映,如果要交社保,自己也要承担一部分,那么,到手的工资和奖金就更少了。另外,如何交？交到哪里？换了平台如何转移接续？劳动者对这些问题无法应对。所以,新就业形态的劳动者大部分人对交不交社会保障持一种无所谓的态度。三是现有的劳动相关法律法规对新旧形态的非雇佣劳务关系没有明确的规定。现有的劳动相关法律法规对雇佣劳动关系对社保和劳动合同有明确的规定,而新就业形态企业与劳动者之间只是劳务合作关系,签订的协议是劳务合作协议,不是标准的劳动合同,所以,现有的劳动相关法律法规对其没有规制力。

工作时间方面,其路径系数的排序较其回归系数的排序后退了两个位次,在十个和谐劳动关系影响因素当中排列第八位,比较靠后。究其原因如下所述。一是新就业形态劳动者基本上可以自由控制工作时间,或者说,劳动者在工作期间可以相对自由地安排工作内容,这是劳动者为什么选择新就业形态职业或岗位的一个重要,所以工作时间对劳动关系满意度具有显著的正向影响。二是相对其他影响因素,工作时间对劳动关系满意度的影响较小,说明新就业形态劳动者更加看重如心理契约、权益保护、薪酬福利、技能开发、工作安全等方面。三是新就业形态劳动者的工作时间比较长,但是,他们大部分人并没有其他的兴趣爱好,时间对他们来说相对宽裕。其中的原因有待进一步探究。

技能开发、工作安全、就业环境和考核机制等影响因素的路径系数的排序与其回归系数的排序基本相似,或前进了一个位次,或后退了一个位次。技能开发、工作安全和就业环境的路径系数排序在十个影响因素当中依次为第四、第五、第六,它们对劳动关系满意度的影响还是比较大。技能开发方面,新就业形态劳动者大部分人是年轻人,而且大部分人的工龄都不满三年,工龄不满一年的劳动者占比达51%,所以,他们对技能开发比较看重,希望新就业形态企业能够为他们提供较好的工作技能培训。工作安全方面,主要包括交通安全、人身安全和工资奖金安全三个方面。外卖、代驾、快递、网约车等既有交通安全隐患,又有人身安全隐患。新就业形态劳动者绝大部分人都会面临工资和奖金安全问题,是否能及时拿到工资和奖金？是否能足额拿工资和奖金？是否能长期获得工资和奖金？都是令劳动者感到头疼的问题。就业环境方面,这虽然是一个宏观性的影响因素,但也令新就业形态的劳动者担心的一个影响因素。政府相关政策的变动、新就业形态整个就业环境的不稳定性以及社会对新就业形态职业的不完全认可,都会令劳动者感到不踏实,长期工作的信心明显不足。考核机制方面,其路径系数在十个和谐劳动关系影响因素当中排序第九位,非常靠后,说明其对劳动关系满意度的影响相当小,究其原因可能是新就业形态劳动者一种很无奈的表现,因为新就业形态的考核机制是先天性的,劳动者选择新就业形态时考核机制就已经有,而且劳动者无法改变只能被动接受。考核机制对劳动关系满意度的影响虽然是显著的正向影响,但是比较小。这是根本性的一个原因。

（二）不同群体的路径系数分析

不同年龄群体、不同学历群体、不同工龄群体、不同行业群体的 AMOS 分析中,因测量指标数量比较多而且部分群体的分类样本量小于 150,AMOS 软件显示运行错误,所以,没有分析不同年龄群体、不同学历群体、不同工龄群体、不同行业群体的路径系数,仅仅分析了不同性别群体和专兼职群体的路径系数,并进行了比较。

1. 不同性别群体的和谐劳动关系影响因素对劳动关系满意度的路径系数

应用 IBM SPSS Statistics 中的 AMOS 分析工具,按男性群体和女性群体两个组对和谐劳动关系影响因素与劳动关系满意度的路径系数进行对比分析,具体结果见表 5-72。

表 5-72 不同性别群体的和谐劳动关系影响因素与劳动关系满意度的路径系数

性别	路径			非标准化路径系数	标准化路径系数	S.E.	C.R.（T-value）	P
男性群体	L	<---	F1	0.098	0.143	0.027	3.597	***
	L	<---	F2	0.015	0.04	0.009	1.695	0.09
	L	<---	F3	0.05	0.05	0.035	1.414	0.157
	L	<---	F4	0.099	0.274	0.011	8.86	***
	L	<---	F5	0.218	0.275	0.027	7.928	***
	L	<---	F6	0.638	0.597	0.076	8.429	***
	L	<---	F7	0.037	0.053	0.016	2.318	*
	L	<---	F8	0.013	0.033	0.009	1.495	0.135
	L	<---	F9	0.065	0.092	0.021	3.042	**
	L	<---	F10	0.03	0.053	0.012	2.438	*

(续表)

性别	路径			非标准化路径系数	标准化路径系数	S.E.	C.R.(T-value)	P
女性群体	L	<---	F1	0.31	0.411	0.044	7.061	***
	L	<---	F2	0.071	0.153	0.018	3.919	***
	L	<---	F3	0.108	0.062	0.077	1.398	0.162
	L	<---	F4	0.114	0.261	0.024	4.727	***
	L	<---	F5	−0.02	−0.021	0.053	−0.37	0.711
	L	<---	F6	0.555	0.603	0.079	7.051	***
	L	<---	F7	0.028	0.04	0.024	1.166	0.244
	L	<---	F8	0.008	0.017	0.015	0.517	0.605
	L	<---	F9	0.149	0.194	0.046	3.275	**
	L	<---	F10	0.041	0.065	0.021	1.985	*

注：*** $P<0.001$，** $P<0.01$，* $P<0.05$。

表5-72显示，男性群体中，社会保障、劳动合同和就业环境对劳动关系满意度的影响呈现不显著的正向关系，心理契约、技能开发、权益保护、薪酬福利、工作安全、工作时间、考核机制对劳动关系满意度的影响呈现显著性的正向关系。心理契约、技能开发、权益保护、薪酬福利、工作安全、工作时间、考核机制对劳动关系满意度的影响呈现出的显著性正向关系与总群体的分析结果一样，而且它们的路径系数排序与总群体的分析结果也基本相似。社会保障、劳动合同和就业环境对劳动关系满意度的影响呈现出不显著的正向关系，与总群体的分析结果完全不一样。那么，男性群体中社会保障、劳动合同和就业环境对劳动关系满意度的影响为什么呈现出不显著的正向关系呢？究其原因可能是，正如前文回归分析和路径系数分析中指出的，新就业形态劳动者对交不交社保、签不签订劳动合同持一种无所谓的态度，而且现实中新就业形态企业基本上都不为劳动者交社保和签订劳动合同，这已经是一种约定俗成的做法，劳动者也心知肚明。男性群体相对女性群体具有一定的就业优势，职业转换相对容易些，所以对社会保障和劳动合同更加无所谓。至于就业环境的不显著的正向影响，更好理解，因为男性群体的环境适应性更强。

女性群体中，就业环境、工作时间和劳动合同对劳动关系满意度的影响呈现不显著的正向关系，技能开发对劳动关系满意度的影响呈现不显著的负向关系，心理契约、薪酬福利、权益保护、工作安全、社会保障、考核机制对劳动关系满意度的影响呈现显著的正向关系。心理契约、薪酬福利、权益保护、工作安全、社会保障、考核机制对劳动关系满意度的影响呈现出的显著性正向影响，与总群体的分析结果一样，而且它们的路径系数排序与总群体的分析结果也基本相似。就业环境、工作时间、劳动合同和技能开发对劳动关系满意度的影响与总群体的分析完全不一样。首先，技能开发对劳动关系满意度的影响呈现出不显著的负向关系，说明女性群体的劳动关系满意度与技能开发不有密切的相关性，原因可能是女性群体在新就业形态中就业，并不想得到技能提升，而是想获得其他方面的回报，如薪酬福利、工作安全、权益保护等。女性群体中大部分人并不想追求职业的长期性,而在意临时性就业。新就业形态的职业或岗位,相对其他职业或岗位更容易临时获得,对女性群体来说还是比较公平和平等的。其次,就业环境、工作时间和劳动合同对女性群体的劳动关系满意度的影响为什么呈现出不显著的正向关系呢。原因可能在于,就业环境和劳动合同方面,与男性群体具有同样的原因。工作时间方面,因为女性群体在新就业形态中就业是一种临时性的,也可能是兼职性的,有时间就做,没时间就不做,工作时间上相对男性群体更加自由。

2. 专兼职群体的和谐劳动关系影响因素对劳动关系满意度的路径系数

应用 IBM SPSS Statistics 中的 AMOS 分析工具,按专职群体和兼职群体两个组对和谐劳动关系影响因素与劳动关系满意度的路径系数进行对比分析,具体结果见表 5-73。

表 5-73　专兼职群体的和谐劳动关系影响因素与劳动关系满意的度路径系数

性别	路径			非标准化路径系数	标准化路径系数	S. E.	C. R. (T—value)	P
专职群体	L	<---	F1	0.153	0.223	0.021	7.134	***
	L	<---	F2	0.029	0.074	0.009	3.4	***
	L	<---	F3	0.048	0.041	0.032	1.484	0.138
	L	<---	F4	0.085	0.219	0.01	8.198	***
	L	<---	F5	0.076	0.096	0.023	3.341	***
	L	<---	F6	0.716	0.718	0.062	11.576	***
	L	<---	F7	0.001	0.001	0.014	0.073	0.942
	L	<---	F8	0.014	0.033	0.008	1.681	0.093
	L	<---	F9	0.035	0.049	0.02	1.742	0.081
	L	<---	F10	0.018	0.03	0.011	1.576	0.115
兼职群体	L	<---	F1	0.253	0.383	0.109	2.316	*
	L	<---	F2	−0.029	−0.108	0.013	−2.307	*
	L	<---	F3	−0.105	−0.171	0.045	−2.328	*
	L	<---	F4	0.084	0.348	0.02	4.243	***
	L	<---	F5	0.355	0.518	0.071	4.998	***
	L	<---	F6	0.083	0.136	0.106	0.786	0.432
	L	<---	F7	0.138	0.275	0.029	4.798	***
	L	<---	F8	−0.005	−0.017	0.012	−0.408	0.683
	L	<---	F9	0.193	0.333	0.055	3.517	***
	L	<---	F10	0.021	0.053	0.017	1.244	0.213

注:*** $P<0.001$,** $P<0.01$,* $P<0.05$。

表5-73显示,专职群体中,就业环境、工作时间、工作安全、劳动合同、考核机制对劳动关系满意度的影响呈现出不显著的正向关系,心理契约、薪酬福利、权益保护、技能开发和社会保障对劳动关系满意度的影响呈现出显著性的正向关系。心理契约、薪酬福利、权益保护、技能开发和社会保障对劳动关系满意度的影响呈现出的显著性正向关系与总群体的分析结果一样,而且它们的路径系数排序与总群体的分析结果也基本相似。就业环境、工作时间、工作安全、劳动合同、考核机制对劳动关系满意度的影响呈现出不显著的正向关系,与总群体的分析结果完全不一样。工作时间和劳动合同对劳动关系满意度呈现出的不显著性正向关系,其原因类同女性群体的分析,就业环境对劳动关系满意度呈现出不显著性正向关系,其原因类同男性群体的分析,在此一并不再赘述。工作安全为什么对劳动关系满意度呈现出不显著性正向关系呢?前文所述,工作安全包括人身安全、交通安全和工资、奖金安全。相对兼职群体来说,专职群体的工资、奖金安全系数更高,原因在于专职群体是相对稳定的工作群体,新就业形态企业一般都会及时结算工资、奖金。人身安全和交通安全方面,专职群体相对兼职群体更加注意,更加小心,更懂得防备,而且人身安全和交通安全都与自己个人有关,与新就业形态企业实际上没有太多的关系。所以,专职群体认为工作安全对劳动关系满意度没有影响。

兼职群体中,心理契约和考核机制对劳动关系满意度的影响呈现出不显著性正向关系,劳动合同对劳动关系满意度的影响呈现出不显著性负向关系,技能开发、薪酬福利、权益保护和工作时间对劳动关系满意度的影响呈现出显著性正向关系,就业环境和社会保障对劳动关系满意度的影响呈现出显著性负向关系。关于技能开发、薪酬福利、权益保护和工作时间对劳动关系满意度的影响呈现的显著性正向关系,其与总群体的分析相似,在此不再赘述。心理契约和考核机制对劳动关系满意度的影响呈现出不显著性正向关系,究其原因可能是,兼职群体与新就业形态企业并不是长期的合作关系,没有心理承诺的要求,彼此之间只是临时性的业务关系,而且业务的报酬事先已经约定,没有考核要求。所以,心理契约和考核机制对兼职群体的劳动关系满意度没有太大的影响。劳动合同对兼职群体劳动关系满意度的影响呈现出不显著性负向关系,原因可能是兼职群体并不愿意与新就业形态企业签订劳动合同,一旦与企业签订劳动合同反而对兼职群体不利,所以,劳动合同对兼职群体的劳动关系满意度呈现出不显著性负向关系。就业环境和社会保障对劳动关系满意度的影响呈现出显著性负向关系,可能原因是,就业环境的好坏直接影响着兼职群体的兼职行为。就业环境越好,则有利于专职群体的就业,可能就不利于兼职群体的兼职活动,反之,则不利于专职群体而有利于兼职群体。社会保障方面,原因之一是兼职群体原有单位已经交过,兼职群体的社保不可能重复交;原因之二是兼职群体本来就不想要兼职单位交社保,否则对兼职单位群体不利。所以,社会保障对兼职群体的劳动关系满意度呈现出显著性负向关系。

二、劳动关系主体协调力对劳动关系满意度的路径系数分析

对劳动关系主体协调力与劳动关系满意度之间的路径系数进行分析,其目的是可以发现劳动关系主体协调力与劳动关系满意度有正向关系还是负向关系,这种关系是否呈

现显著性,从而有助于判断不同的劳动关系主体在提升劳动者劳动关系满意度方面的作用,创新劳动关系协调机制。

(一) 总样本群体的路径系数分析

本章第三节已经对劳动关系主体协调力与劳动关系满意度进行了结构效度分析(验证性因子分析),并根据 MI 指标对初次模型进行修正,依次进行了二次修正,最终模型的适配度达到要求,具体分析结果参见表 5-18。接下来分析劳动关系主体协调力与劳动关系满意度之间的路径系数。应用 AMOS 分析工具构建劳动关系主体协调力与劳动关系满意度的结构方程模型(见图 5-24),将调查数据导入模型中,AMOS 软件自动运算,路径系数运算过程结束,查看估计值。劳动关系主体协调力与劳动关系满意度的路径系数的具体结果见表 5-74。

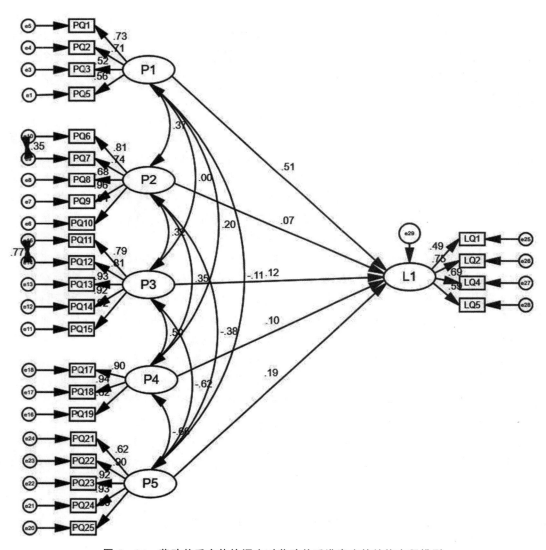

图 5-24　劳动关系主体协调力对劳动关系满意度的结构方程模型

表 5-74 劳动关系主体协调力与劳动关系满意度的路径系数

路径			非标准化路径系数	标准化路径系数	S.E.	C.R.(T-value)	P	标准化的直接效应	标准化的间接效应	总效应
L	<---	P1	0.555	0.514	0.045	12.468	***	0.514	0.000	0.514
L	<---	P2	0.03	0.071	0.012	2.5	*	0.071	0.000	0.071
L	<---	P3	0.068	0.123	0.018	3.878	***	0.123	0.000	0.123
L	<---	P4	0.073	0.098	0.025	2.878	**	0.098	0.000	0.098
L	<---	P5	0.099	0.19	0.019	5.093	***	0.190	0.000	0.190

注：*** P<0.001，** P<0.01，* P<0.05。

表 5-74 显示，劳动关系主体协调力对劳动关系满意度的路径系数从大到小依次为：员工自制力、社会监督力、工会协商力、政府指导力、企业管理力。五个劳动关系主体协调力对劳动关系满意度的路径系数都呈现显著性或极显著性的正向关系（*** P<0.001，** P<0.01）。五个劳动关系主体协调力对劳动关系满意度的直接效应都等于它们的总效应。路径系数的显著性正向关系以及直接效应等于总效应的关系显示本研究项目提出的五个劳动关系主体协调力符合客观实际，本研究项目提出研究假设十八至研究假设二十三再次都得到了验证。五个劳动关系主体（员工、企业、工会、政府和社会组织）在协调劳资关系过程中都能发挥重要作用，进一步说，要妥善处理好劳资冲突，需要发挥员工、企业、工会、政府和社会组织等五方主体的联合作用力，加强五方主体的协调联合。当然，五方主体的协调联合要发挥作用，需要创新协调联合机制，后文将对此进一步分析。

五个劳动关系主体协调力对劳动关系满意度的路径系数排序与它们的回归系数排序结果见表 5-75。

表 5-75 劳动关系主体协调力对劳动关系满意度的路径系数与回归系数比较

排名	回归系数排序	路径系数排序
1	员工自制力	员工自制力
2	社会监督力	社会监督力
3	政府指导力	工会协商力
4	企业管理力	政府指导力
5	工会协商力	企业管理力

表 5-75 显示，员工自制力和社会监督力的路径系数排序与其回归系数的排序完全一致，依次位列第一位和第二位。工会协商力的路径系数排序较其回归系数排序前进了两个位次，位列第三位。企业管理力和政府指导力的路径系数排序与其回归系数的排序分别后退了一个位次，位列第四位和第五位。由此可见，五个劳动关系主体协调力对劳动关系满意度的路径系数排序与它们的回归系数排序相比较有一定的差异性，但总体排序相似。

员工自制力和社会监督力的路径系数分析参见其回归系数的分析结论，在此不再赘述。

工会协商力方面,其标准化的路径系数为 0.123,呈现极显著性,说明工会协商力对劳动关系满意度的影响也比较大。回归分析中曾指出,新就业形态劳动者工作地点分散,劳动相关法律法规规制力有限,工会组织维权意识不强而且维权难,影响着工会协商力的发挥,所以,工会协商力对劳动关系满意度的回归系数相对较小。作为自主自愿就业的劳动者个体,劳动者既缺少同事之间的同情,也缺少企业的关爱,势单力薄。如果有像工会这样的组织,能为劳动者提供同情和关爱,必要时能为他们维权,那么,劳动者肯定如获至宝。建立适应新就业形态职业或岗位分散特点的企业工会、行业工会、基层社区工会、地区性工会或全国性工会,将大幅提升劳动者的劳动关系满意度。

政府指导力方面,其标准化的路径系数为 0.098,也呈现极显著性,说明政府职能部门参与劳资冲突非常必要,而且作用力非常显著。回归分析中曾指出,政府参与劳资矛盾的调解关键在于政策的规范化、明晰化以及政府职能部门工作人员调解行业的公平性、公正性和平等性。如果政府能认真做到这两个方面,既可以促进新就业形态企业可持续健康发展,又可以提升劳动者的劳动关系满意度。所以,政府参与调解和指导新就业形态劳动关系矛盾有必要、有意义。

企业管理力方面,其标准化的路径系数为 0.071,呈现显著性,说明企业管理力对提升劳动者劳动关系满意度具有显著性作用。当然,相比其他四个劳动关系主体协调力的路径系数,企业管理力的路径系数最低。究其原因可能是,一是新就业形态企业的劳动关系管理缺少人情味,刚性太强。新就业形态企业维系与劳动者的关系只是一份劳务合同协议,其主要内容是工资奖金的考核机制及工作规范。正因如此,新就业形态企业的劳动关系管理既缺乏实质性内容,亦没有体现人性化的管理方法,劳动者当然认为企业管理力对劳动关系满意度没有太大的作用。二是新就业形态劳动者似乎没有工作单位的概念,尤其是在多个平台揽活的劳动者。他们每天会关心自己的业绩但从不关心新就业形态企业的业绩。当然,他们也不会关心新就业形态企业的长期发展。只要自己的业绩还可以,回报好,自己感到满意,就会在企业继续揽活,如果自己的业绩不好,回报不高,自己感到很不满意,就会离开现有的平台企业,或者找另一个平台继续从事新就业形态工作,或者另谋职业。新就业形态的劳动者内心并不依附某一个平台企业,似乎没有工作单位的概念。因此,企业管理力对劳动关系满意度的影响有显著的正向影响,但是,相对较小。

(二)不同群体的路径系数分析

不同年龄群体、不同学历群体、不同工龄群体、不同行业群体的 AMOS 分析中,因测量指标数量比较多而且部分群体的分类样本量小于 150,AMOS 软件显示运行错误,所以,没有分析不同年龄群体、不同学历群体、不同工龄群体、不同行业群体的路径系数,仅仅分析了不同性别群体和专兼职群体的路径系数,并进行了比较。

1. 不同性别群体的劳动关系主体协调力对劳动关系满意度的路径系数

应用 IBM SPSS Statistics 中的 AMOS 分析工具,按男性群体和女性群体两个组对劳动关系协调力与劳动关系满意度的路径系数进行对比分析,具体结果见表 5-76。

表 5-76　不同性别群体的劳动关系协调力与劳动关系满意度路径系数

性别	路径			非标准化路径系数	标准化路径系数	S.E.	C.R.(T-value)	P
男性群体	L	<---	P1	0.51	0.472	0.053	9.681	***
	L	<---	P2	0.039	0.097	0.013	2.958	***
	L	<---	P3	0.071	0.131	0.021	3.399	***
	L	<---	P4	0.109	0.149	0.029	3.73	***
	L	<---	P5	0.109	0.217	0.023	4.813	***
女性群体	L1	<---	P1	0.708	0.638	0.092	7.671	***
	L1	<---	P2	0.001	0.002	0.03	0.035	0.972
	L1	<---	P3	0.116	0.179	0.036	3.194	***
	L1	<---	P4	0.067	0.08	0.063	1.064	0.288
	L1	<---	P5	0.053	0.082	0.045	1.168	0.243

注：*** $P<0.001$，** $P<0.01$，* $P<0.05$。

表 5-76 显示，男性群体中，五个劳动关系主体协调力对劳动关系满意度的路径系数都呈现极显著的正向关系，路径系数从大到小依次为员工自制力、社会监督力、政府指导力、工会协商力、企业管理力。男性群体的路径系数排序与总群体的排序有一定差异性，主要是政府指导力与工会协商力的路径系数排序不同，其他的路径系数排序与总群体的排序完全一样。男性群体的政府指导力路径系数排序较总群体的政府指导力路径系数排序前进了一位，而工会协商力路径系数排序相应后退了一位。对男性群体来说，政府指导力对劳动关系满意度的影响较工会协商力的要大。可能原因是，男性群体具有一定的社交经验，如果遭遇劳资冲突更愿意与政府职能部门进行协商而且更有效，相对来说，工会组织力不从心的表现使得其对男性群体缺少吸引力。

女性群体中，员工自制力和工会协商力的路径系数呈现出显著性的正向关系，说明女性群体的员工自制力和工会协商力对劳动关系满意度的影响是正向的、显著的，这与总群体的分析结果和男性群体的分析结果相似，在此不再赘述。但是，社会监督力、政府指导力和企业管理力的路径系数却呈现不显著的正向关系，这与总群体的分析结果和男性群体的分析结果完全不一样。究其原因可能是，相对男性群体女性群体的社会接触面相对窄，社会活动范围小，对社会组织了解更少，即使遭遇劳资冲突基本上不会采用非正式的渠道来处理，所以，社会监督力对女性群体劳动关系满意度的影响不大。同时，女性群体从事新就业形态职业或岗位，只是权宜之计，或者说，是一种临时性的工作，相对男性群体对新就业形态职业或岗位没有过高的期望。正因如此，女性群体在遭遇劳资冲突时也不太会寻求政府职能部门的帮助，所以，政府指导力对女性群体劳动关系满意度的影响不大。企业管理力方面，正如前文所述，新就业形态企业的许多管理制度既缺乏以人为本的考量，又非常的刚性，对处理劳资冲突基本上没有回旋余地，基于临时性就业的女性群体更不会主动寻求企业的帮助，似乎有一种很无奈的情结，所以，企业管理力对女性群体劳动关系满意度的影响也不大。

2. 专兼职群体的劳动关系主体协调力对劳动关系满意度的路径系数

应用 IBM SPSS Statistics 中的 AMOS 分析工具,按专职群体和兼职群体两个组对劳动关系主体协调力与劳动关系满意度的路径系数进行对比分析,具体结果见表 5-77。

表 5-77 专兼职群体的劳动关系协调力与劳动关系满意度路径系数

专兼职	路径			非标准化路径系数	标准化路径系数	S.E.	C.R.(T—value)	P
专职群体	L	<---	P1	0.584	0.538	0.051	11.5	***
	L	<---	P2	0.017	0.042	0.013	1.377	0.169
	L	<---	P3	0.051	0.095	0.018	2.79	***
	L	<---	P4	0.069	0.093	0.027	2.525	***
	L	<---	P5	0.081	0.157	0.021	3.861	***
兼职群体	L1	<---	P1	0.322	0.388	0.084	3.834	***
	L1	<---	P2	0.045	0.102	0.038	1.183	0.237
	L1	<---	P3	0.098	0.197	0.05	1.948	*
	L1	<---	P4	0.056	0.091	0.055	1.023	0.306
	L1	<---	P5	0.117	0.262	0.045	2.614	***

注:*** $P<0.001$,** $P<0.01$,* $P<0.05$。

表 5-77 显示,专职群体中,员工自制力、社会监督力、工会协商力和政府指导力的路径系数都呈现出显著性的正向关系,而企业管理力的路径系数呈现出不显著性的正向关系。员工自制力、社会监督力、工会协商力和政府指导力的路径系数排序与总群体的排序完全一致,在此不再赘述。然而,企业管理力的路径系数呈现出不显著性的正向关系,与总群体的分析不一样,究其原因可能是,专职群体更了解新就业形态企业的管理制度,知道其管理制度缺乏以人为本的考量且非常刚性。因此,认为企业管理力对处理劳资冲突没有太大的影响。

兼职群体中,员工自制力、社会监督力和工会协商力的路径系数都呈现出显著性的正向关系,而政府指导力和企业管理力的路径系数都呈现出不显著性的正向关系。员工自制力、社会监督力和工会协商力的路径系数排序与总群体的路径系数排序完全一致,在此不再赘述。然而,政府指导力和企业管理力的路径系数呈现出不显著性的正向关系,与总群体的分析不一样,究其原因可能是,兼职群体的兼职性质所决定。兼职群体可以在众多家平台企业上揽活,往往不依赖某一个平台企业,如果某个平台企业的业务不好做或者说关系不好,可以换另一家平台企业揽活。兼职群体也了解平台企业管理制度的特性。所以,兼职群体会认为企业管理力对劳动关系满意度的影响不大。也正因如此,兼职群体会认为政府指导力对劳动关系满意度的影响也不大。

三、劳动者就业目的对劳动关系满意度的路径系数分析

对劳动者就业目的与劳动关系满意度之间的路径系数进行分析,其目的是可以发现劳动者就业目的与劳动关系满意度有正向关系还是负向关系,这种关系是否呈现显著

性,从而判断劳动者就业目的如何影响劳动关系满意度,有助于劳动者制定合理的就业目的。

(一)总群体的路径系数分析

本章第三节已经对劳动者就业目的与劳动关系满意度进行了结构效度分析(验证性因子分析),并根据 MI 指标对初次模型进行修正,依次进行了三次修正,最终模型的适配度达到要求,具体分析结果参见表 5-19。接下来分析劳动者就业目的与劳动关系满意度之间的路径系数。应用 AMOS 分析工具构建劳动者就业目的与劳动关系满意度的结构方程模型(见图 5-25),将调查数据导入模型中,AMOS 软件自动运算,运算过程结束,查看估计值。劳动者就业目的与劳动关系满意度的路径系数的具体分析结果见表 5-78。

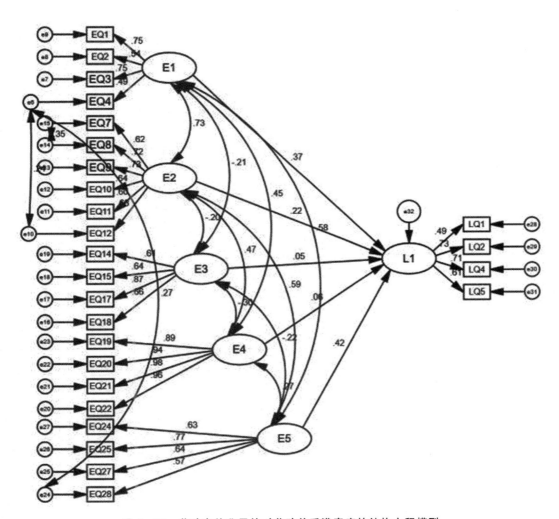

图 5-25 劳动者就业目的对劳动关系满意度的结构方程模型

表 5-78　劳动者就业目的与劳动关系满意度的路径系数

路径			非标准化路径系数	标准化路径系数	S.E.	C.R.(T-value)	P	标准化的直接效应	标准化的间接效应	总效应
L	<---	E1	0.434	0.358	0.054	8.011	***	0.372	0.000	0.372
L	<---	E2	0.208	0.213	0.039	5.314	***	0.219	0.000	0.219
L	<---	E3	0.041	0.052	0.016	2.548	*	0.051	0.000	0.051
L	<---	E4	0.027	0.068	0.009	3.16	**	0.063	0.000	0.063
L	<---	E5	0.384	0.433	0.033	11.604	***	0.419	0.000	0.419

注：*** P<0.001，** P<0.01，* P<0.05。

表 5-78 显示，劳动者就业目的对劳动关系满意度的路径系数从大到小依次为：职业兴趣、公平、报酬、平等、发言权。五个劳动者就业目的对劳动关系满意度的路径系数都呈现显著性或极显著性的正向关系（*** P<0.001，** P<0.01，* P<0.05）。五个劳动者就业目的对劳动关系满意度的直接效应都等于它们的总效应。路径系数的显著性正向关系以及直接效应等于总效应的关系显示本研究项目提出的五个劳动者就业目的符合客观实际，与其所感受的劳动关系满意度具有紧密的关系，从而本研究项目提出研究假设一至研究假设六再次得到了验证。

五个劳动者就业目的对劳动关系满意度的路径系数排序与它们的回归系数排序结果见表 5-79。

表 5-79　劳动者就业目的对劳动关系满意度的路径系数与回归系数排序

排名	回归系数排序	路径系数排序
1	职业兴趣	职业兴趣
2	报酬	公平
3	公平	报酬
4	平等	平等
5	发言权	发言权

表 5-79 显示，职业兴趣、平等和发言权的路径系数排序与其回归系数的排序完全一致，依次位列第一位、第四位和第五位。公平和报酬的路径系数排序与其回归系数排序略有不同。其中，报酬的路径系数排序较其回归系数排序前进了一个位次，位列第二位，公平的路径系数较其回归系数排序后退了一个位次，位列第三位。由此可见，五个劳动者就业目的对劳动关系满意度的路径系数排序与它们的回归系数排序相比较有一定的差异性，但总体排序相似。

回归系数分析和路径系数分析都显示劳动者就业目的对劳动关系满意度具有显著或极显著性影响，说明四个现象：一是劳动者所确立的就业目的——公平、报酬、发言权、平等、职业兴趣——具有一定的合理性；二是劳动者所确立的就业目的是综合性目标，不是单一目标；三是劳动者所确立的就业目的对其所感受到的劳动关系满意度具有显著性或极显著性影响作用；四是劳动者所确立的就业目的对劳动关系满意度的影响作用力不一样，其中职业兴趣、报酬、公平等三个就业目的的作用力更大，平等和发言权相对较小。

公平与报酬的路径系数排序较其回归系数排序有所不同,彼此调换了排序位次。它们的排序之所以有所不同,可能是两种方法的数据关系运算方法的不同而导致的结果,但不影响判断它们对劳动关系满意度的关系,它们的路径系数和回归系数都呈现出极显著性正向关系。因此,关于职业兴趣、公平、报酬、平等、发言权的路径系数解释,参见其回归系数的分析,在此不再赘述。

(二)不同群体的路径系数分析

不同年龄群体、不同学历群体、不同工龄群体、不同行业群体的AMOS分析中,因测量指标数量比较多而且部分群体的分类样本量小于150,AMOS软件显示运行错误,所以,没有分析不同年龄群体、不同学历群体、不同工龄群体、不同行业群体的路径系数,仅仅分析了不同性别群体和专兼职群体的路径系数,并进行了比较。

1. 不同性别群体的就业目的对劳动关系满意度的路径系数

应用IBM SPSS Statistics中的AMOS分析工具,按男性群体和女性群体两个组对劳动者就业目的与劳动关系满意度的路径系数进行对比分析,具体结果见表5-80。

表5-80 不同性别群体的就业目的与劳动关系满意度的路径系数

不同性别	路径			非标准化路径系数	标准化路径系数	S.E.	C.R.(T—value)	P
男性群体	L	<---	E1	0.384	0.312	0.072	5.315	***
	L	<---	E2	0.208	0.22	0.048	4.319	***
	L	<---	E3	0.061	0.075	0.02	2.988	**
	L	<---	E4	0.041	0.1	0.011	3.68	***
	L	<---	E5	0.401	0.436	0.042	9.453	***
女性群体	L	<---	E1	0.373	0.336	0.075	4.995	***
	L	<---	E2	0.33	0.29	0.08	4.103	***
	L	<---	E3	0.013	0.017	0.029	0.432	0.666
	L	<---	E4	0.005	0.013	0.016	0.351	0.725
	L	<---	E5	0.346	0.41	0.052	6.623	***

注:*** $P<0.001$,** $P<0.01$,* $P<0.05$。

表5-80显示,男性群体中,五个劳动者就业目的对劳动关系满意度的路径系数都呈现极显著的正向关系,路径系数从大到小依次为职业兴趣、公平、报酬、平等、发言权。男性群体的路径系数排序与总群体的排序完全一致,不同之处在于发言权对劳动关系满意度影响的显著性。总群体中,发言权对劳动关系满意度的影响是显著性的正向关系,而在男性群体中,发言权对劳动关系满意度的影响是极显著性的正向关系,说明男性群体对发言权这个就业目的比较在乎,对参与企业的民主管理具有更强烈的愿望。

女性群体中,职业兴趣、公平、报酬等三个就业目的对劳动关系满意度的影响是极显著性的正向关系,但是,平等和发言权对劳动关系满意度的影响是不显著的正向关系。女性群体的职业兴趣、公平、报酬等三个就业目的对劳动关系满意度的关系,与总群体的分析结论和男性群体的分析结论基本相同,在此不再对其路径系数进行分析。女性群体的平等和发言权两个就业目的为什么对劳动关系满意度呈现出不显著的正向关系呢?究其原因可能是,女性群体可以自由地寻找新就业形态企业的职业或岗位,没有性别歧视,故女性群体认为新就业形态基本上没有与平等相关的问题,可以与男性群体享受同等待遇,或者说,女性群体并没有把平等作为其在新就业形态就业的目标。关于发言权,女性群体对参与企业的民主管理没有男性群体那样强烈,或者说女性群体在新就业形态企业就业的临时性导致女性群体认为发言权这个就业目的对其所感受的劳动关系满意度没有太大的影响,也可以推断女性群体并没有把发言权作为其在新就业形态就业的目标。

2. 专兼职群体的就业目的与劳动关系满意度的路径系数

应用 IBM SPSS Statistics 中的 AMOS 分析工具,按专职群体和兼职群体两个组对劳动者就业目的与劳动关系满意度的路径系数进行对比分析,具体结果见表 5-81。

表 5-81 专兼职群体的就业目的与劳动关系满意度的路径系数

专兼职	路径			非标准化路径系数	标准化路径系数	S. E.	C. R. (T—value)	P
专职群体	L1	<---	E1	0.487	0.4	0.065	7.458	***
	L1	<---	E2	0.16	0.156	0.048	3.347	***
	L1	<---	E3	0.035	0.048	0.017	2.098	*
	L1	<---	E4	0.051	0.127	0.01	5.214	***
	L1	<---	E5	0.351	0.425	0.033	10.535	***
兼职群体	L1	<---	E1	0.264	0.251	0.087	3.024	**
	L1	<---	E2	0.209	0.297	0.063	3.304	***
	L1	<---	E3	0.033	0.041	0.037	0.907	0.365
	L1	<---	E4	−0.044	−0.131	0.018	−2.38	*
	L1	<---	E5	0.64	0.52	0.142	4.514	***

注:*** $P<0.001$,** $P<0.01$,* $P<0.05$。

表 5-81 显示,专职群体中,五个劳动者就业目的对劳动关系满意度的路径系数都呈现极显著的正向关系,路径系数从大到小依次为职业兴趣、公平、报酬、平等、发言权。专职群体的路径系数排序与总群体的排序完全一致,而且它们的显著性水平也与总群体的显著性水平基本相同。因此,关于专职群体就业目的的路径系数分析,在此不再赘述。

兼职群体中,职业兴趣、公平和报酬的路径系数呈现出极显著性正向关系,与总群体的分析结论和专职群体的分析结论基本相似。发言权的路径系数呈现出不显著的正向关系,平等的路径系数呈现出显著的负向关系,这两个结论与总群体的分析结论和专职群体的分析结论完全不一样。究其原因可能是,在发言权方面,兼职群体的兼职性质决定其不会参与企业的民主管理,所以,发言权可能不是兼职群体在新就业形态企业兼职的一个目标,故兼职群体认为发言权对其劳动关系满意度的影响是不显著的正向关系。在平等方面:一是可以推断平等是兼职群体在新就业形态企业兼职的一个就业目的;二是可以推断兼职群体认为在新就业形态企业兼职会碰到许多歧视性问题。虽然,在新就业形态企业中寻找工作是一种自主自愿行为,但在当前就业压力巨大的背景下,兼职更加困难,新就业形态企业对兼职群体提出一些过高要求在所难免。平等是社会文明进步的一项重要任务。在就业方面,新就业形态的发展就是社会文明进步的重要经济模式。新就业形态得以发展的一个本质意义是为社会各界人士提供平等就业的机会,无论性别差异、年龄差异、学历差异、经验差异、区域差异、是否残疾。所以,在新就业形态的发展过程中,需要加强和完善平等的社会制度建设。

第十节 和谐劳动关系影响因素对就业目的的影响分析

根据激励机制理论,需求诱致行为动机,行为动机转化为实际行动,行动结果对应考核评价,评价结果兑现需求,需求得到满足,然后产生新的需求和诱致新的行为动机,进入下一个循环阶段,如此螺旋推进。当然,如果需求得不到满足,其后续对策要从员工和管理者两方面考虑,要么员工调整需求,要么管理者调整管理措施,要么两者同时调整。前文所述,和谐劳动关系影响因素是从劳动者角度提炼的劳动者就业的具体需求,就业目的也是从劳动者角度提炼的就业动机。那么,和谐劳动影响因素与就业目的有怎样的关系呢?有没有体现激励机制理论呢?本章通过构建和谐劳动关系影响因素与就业目的之间的结构方程模型,分析它们之间路径系数,判断它们之间的具体关系,探究和谐劳动关系影响因素对就业目的的作用机制。

一、模型的拟合度

应用结构方程模型分析软件 AMOS24.0 进行运算,计算各个拟合度指标的数值。一般选择卡方自由度、RMSEA、GFI、AGFI、NFI、IFI、TLI、CFI 等指标进行模型拟合度检验。根据 MI 值依次对初次模型进行修正,共进行了 12 次修正,最终模型的拟合度见表 5-82。

表 5-82 和谐劳动关系影响因素与就业目的的结构方程模型拟合度

卡方自由度比值	RMSEA	GFI	AGFI	NFI	IFI	TLI	CFI
4.69	0.57	0.85	0.787	0.851	0.867	0.856	0.866

表 5-82 显示,虽然 GFI、AGFI、NFI、IFI、TLI、CFI 没有在 0.9 标准值以上,但是,由于潜变量和观测变量的数量较多以及样本量多,在 0.8 以上是可以接受的,所以,卡方自由度比值、RMSEA、GFI、AGFI、NFI、IFI、TLI、CFI 等指标值都在可接受范围,说明和谐劳动关系影响因素与就业目的之间的结构方程模型通过了适配度检验,可以接受。

二、路径系数分析

应用 AMOS 分析工具构建和谐劳动关系影响因素与就业目的的结构方程模型(见图 5-26),将调查数据导入模型中,AMOS 软件自动运算,路径系数运算过程结束,查看估计值。和谐劳动关系影响因素与就业目的的路径系数与效应的具体结果见表5-83。

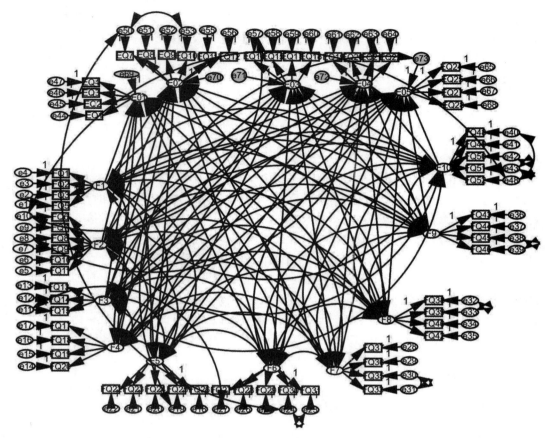

图 5-26 和谐劳动关系影响因素与就业目的的结构方程模型

表 5-83 和谐劳动关系影响因素与就业目的的路径系数

路径			非标准化路径系数	标准化路径系数	S. E.	C. R.（T－value）	P
E01	<---	F1	0.05	0.055	0.026	1.944	*
E02	<---	F1	0.064	0.081	0.019	3.288	**
E03	<---	F1	0.076	0.093	0.028	2.71	*
E04	<---	F1	0.284	0.154	0.056	5.08	***
E05	<---	F1	0.102	0.119	0.025	4.053	***
E01	<---	F2	0.072	0.083	0.018	2.41	*
E02	<---	F2	0.037	0.084	0.008	4.756	***
E03	<---	F2	0.086	0.192	0.012	7.498	***
E04	<---	F2	0.082	0.103	0.038	2.91	*

(续表)

路径			非标准化路径系数	标准化路径系数	S.E.	C.R.(T-value)	P
E05	<---	F2	0.005	0.01	0.01	0.493	0.622
E01	<---	F3	0.1	0.068	0.04	2.538	*
E02	<---	F3	0.17	0.134	0.03	5.757	***
E03	<---	F3	0.156	0.119	0.042	3.671	***
E04	<---	F3	0.031	0.01	0.083	0.372	0.71
E05	<---	F3	0.058	0.041	0.038	1.516	0.13
E01	<---	F4	0.049	0.1	0.012	4.175	***
E02	<---	F4	0.073	0.175	0.009	8.264	***
E03	<---	F4	0.027	0.062	0.013	2.115	*
E04	<---	F4	0.137	0.139	0.025	5.509	***
E05	<---	F4	0.02	0.043	0.011	1.741	0.082
E01	<---	F5	0.184	0.178	0.028	6.522	***
E02	<---	F5	0.003	0.003	0.02	0.128	0.898
E03	<---	F5	0.119	0.129	0.03	3.993	***
E04	<---	F5	0.414	0.198	0.059	6.997	***
E05	<---	F5	0.274	0.282	0.03	9.207	***
E01	<---	F6	0.897	0.726	0.057	15.669	***
E02	<---	F6	0.681	0.646	0.043	15.807	***
E03	<---	F6	0.262	0.241	0.05	5.207	***
E04	<---	F6	1.645	0.662	0.113	14.519	***
E05	<---	F6	0.448	0.387	0.048	9.304	***
E01	<---	F7	0.002	0.002	0.017	0.096	0.924
E02	<---	F7	0.007	0.009	0.013	0.538	0.591
E03	<---	F7	0.006	0.008	0.018	0.342	0.732
E04	<---	F7	0.013	0.007	0.036	0.359	0.719
E05	<---	F7	0.138	0.167	0.017	8.009	***
E01	<---	F8	0.111	0.065	0.052	2.024	*
E02	<---	F8	0.011	0.025	0.007	1.518	0.129
E03	<---	F8	0.022	0.048	0.011	2.059	*
E04	<---	F8	0.052	0.049	0.021	2.449	*
E05	<---	F8	0.008	0.016	0.01	0.833	0.405

（续表）

路径			非标准化路径系数	标准化路径系数	S. E.	C. R.（T-value）	P
E01	<---	F9	0.186	0.202	0.025	7.429	***
E02	<---	F9	0.22	0.279	0.019	11.667	***
E03	<---	F9	0.026	0.032	0.026	0.985	0.324
E04	<---	F9	0.158	0.085	0.052	3.024	*
E05	<---	F9	0.018	0.02	0.024	0.738	0.461
E01	<---	F10	0.012	0.032	0.013	1.615	*
E02	<---	F10	0.022	0.052	0.013	1.115	*
E03	<---	F10	0.026	0.04	0.015	1.754	0.079
E04	<---	F10	0.06	0.04	0.029	2.032	*
E05	<---	F10	0.028	0.072	0.015	1.015	*

注：*** $P<0.001$，** $P<0.01$，* $P<0.05$。

表 5-83 显示，薪酬福利与平等和职业兴趣呈现极显著正向关系（$P<0.001$），薪酬福利与报酬呈现极显著正向关系（$P<0.01$），薪酬福利与公平和发言权都呈现显著正向关系（$P<0.05$）。社会保障与报酬和发言权都呈现极显著正向关系（$P<0.001$），社会保障与公平和平等都呈现显著正向关系（$P<0.05$），社会保障与职业兴趣呈现正向关系但不显著。就业环境与报酬和发言权都呈现极显著正向关系（$P<0.001$），就业环境与公平呈现显著正向关系（$P<0.05$），就业环境与平等和职业兴趣都呈现正向关系但不显著。权益保护与公平、报酬和平等都呈现极显著正向关系（$P<0.001$），权益保护与发言权呈现显著正向关系（$P<0.05$），权益保护与职业兴趣呈现正向关系但不显著。技能开发与公平、发言权、平等和职业兴趣都呈现极显著正向关系（$P<0.001$），技能开发与报酬呈现正向关系但不显著。心理契约与公平、报酬、发言权、平等、职业兴趣都呈现极显著正向关系（$P<0.001$）。工作时间与职业兴趣呈现极显著正向关系（$P<0.001$），工作时间与公平、报酬、发言权和平等都呈现正向关系但都不显著。劳动合同与公平、发言权、平等都呈现显著正向关系（$P<0.05$），劳动合同与报酬和职业兴趣都呈现正向关系但都不显著。工作安全与公平和报酬都呈现极显著正向关系（$P<0.001$），工作安全与平等呈现显著正向关系（$P<0.05$），工作安全与报酬和职业兴趣都呈现正向关系但都不显著。考核机制与公平、报酬、平等和职业兴趣都呈现显著正向关系（$P<0.05$），考核机制与发言权呈现正向关系但不显著。

上述路径系数显示，薪酬福利对所有的就业目的都呈现显著正向关系，心理契约对所有的就业目的都呈现显著正向关系，而其他的任何一个和谐劳动关系影响因素并不是对所有的就业目的都呈现显著正向关系，或者对一个就业目的呈现显著正向关系，或者对两个就业目的呈现显著正向关系，或者对三个就业目的呈现显著正向关系，或者对四个就业目的呈现显著正向关系。总之，每一个就业目的都有或多或少的诱因，说明新就业形态劳动者的就业动机并不是凭空产生，而是由劳动者的具体需求所诱致。

第六章

中国新就业形态和谐劳动关系的形成机制

前文的实证分析结果表明,新就业形态和谐劳动关系的影响因素、劳动者的就业目的和劳动关系主体的协调力对劳动关系满意度呈现出不同程度的显著性正向影响,新就业形态和谐劳动关系影响因素对劳动者的就业目的也呈现出不同程度的显著性正向影响。那么,和谐劳动关系影响因素、劳动者的就业目的、劳动关系主体的协调力和劳动关系满意度等四个方面之间的关系如何呢?本章将重点分析他们之间的作用机理,并在此基础上阐述新就业形态和谐劳动关系的形成机制。

第一节 新就业形态劳动者的行为产生过程

一、行为的一般过程

行为是人类在环境影响下一切外在反应的统称。行为可笼统划分为动机性行为与非动机性行为两种。动机性行为是在人的理性意识支配下按照一定的规范进行并达成一定成果的活动。非动机性行为则是人在无意识状态下进行的无目的活动。新就业形态劳动者的工作行为属于动机性行为,所以,本研究项目分析的新就业形态劳动者的行为仅仅指工作行为。

1. 动机性行为的特征

首先,动机性行为是在人的理性意识支配下的活动,具有一定的目的性、方向性和预见性。

其次,动机性行为与一定的客体相联系,作用于一定的对象,其结果与行为的动机、目的有一定的内在联系。

最后,动机性行为会受到环境的影响,是人的内在因素和外在因素相互作用的函数。

2. 动机性行为的过程

动机性行为的一般过程包括刺激、需要、动机、行为和目标等环节。如图 6-1 所示,当个体处在一定社会环境中,受到某种内外诱因的刺激,便产生某种需要。当个体产生某种需要时,心理上就会产生不安和紧张感,于是产生内在的行为驱动力,即动机的产生。有了动机,个体便会开展满足需要的活动即行为。行为若能达成目标,个体需要便会得到满足,个体心理紧张也会消除,然后在新的内外诱因刺激下,个体又会产生新的需要,形成新的动机,引起新的行为;行为若未能达成目标,个体原来的心理紧张会增强,有的个体会因此消沉而产生消极行为,而意志坚定者则会继续努力追求需要的满足。

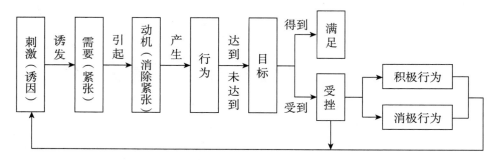

图 6-1 动机性行为的一般过程

资料来源：J. H. Donnelly, J. L. Gibson and J. M. Ivancevich, Fundamentals of Management, 9th ed., Homehood Ⅲ. Richard D. Irwin, Inc., 1995.

由此可见，人的行为过程是一个"刺激－需要－动机－行为－目标－满足（受挫）"循环往复的过程。人的行为总是指向一定的目标，又总是为一定的动机所支配；动机又为需要所决定，需要又是在一定的社会环境背景下受内外刺激所产生的。依据行为过程的这一规律，组织管理者可以对劳动者未满足的需求展开刺激，强化劳动者的动机，引导劳动者的行为目标，进而促使劳动者产生组织期望的积极行为（《管理学》编写组，2019）。

二、新就业形态劳动者的行为过程

新就业形态劳动者的行为符合一般行为的特征，其产生的过程也受内外环境的刺激，从而动机得到强化，然后采取行动，实现目标，需求得到满足，如此循环往复，持续推进；如果需求得不到满足，也会有积极行为和消极行为两种结果。

1. 新就业形态劳动者的行为特点

（1）自发性。新就业形态劳动者的行为是受其自我意识支配而自觉启动和进行的，虽然外部环境对其可以影响甚至改变其行为，但影响和改变的只能是劳动者的认知、态度和情感等内在心理因素，进而改变人的动机，并不能直接支配劳动者的行为。因此，新就业形态劳动者的行为直接由自己的自我意识决定的。

（2）目的性。新就业形态劳动者的行为不是盲目发生的，而总是指向一定的目标，为了一定的目的而进行的。譬如践行自己的职业兴趣、追求平等、得到尊重等。

（3）持续性。新就业形态劳动者的行为是一个过程，不是静止不变的。因为，需求是一步一步得到满足，不可能一次性满足全部的需求；而且，目标是较长时期的，需要持续性行为才能实现。大目标实现以前，新就业形态劳动的行为不会终止，即使遇到阻碍会改变行为的方式和手段，但行为还是指向既定的目标。

（4）可塑性。新就业形态劳动者的行为受其需求刺激，需求不同，刺激的力度不同，行为不同。另外，劳动者具有能动性和主动性，只要刺激到位，劳动者的能动性和主动性就会得到更好的发挥，可以说，人的潜力无穷。

（5）因果性。任何行为既有其产生的刺激因素即需求的内容，也有其产生后的结果即需求的满足。需求内容的刺激到需求的满足中间有行为动机的刺激过程。因此，从行为结果分析，行为动机就是行为结果的因，行为结果是行为动机的果。动机性行为发生的直接原因是行为人的动机,其发生的过程会伴随相应的结果产出。不同的行为动机会催生不同的行为结果,因此行为的结果产出与行为的初始动机之间有必然的因果联系(《管理学》编写组,2019)。

2. 新就业形态劳动者的行为过程

新就业形态劳动者的工作行为,其产生过程也是建立在需求基础之上,是一种动机性行为。根据前文分析,新就业形态劳动者的就业观念和职业选择机制与传统就业模式的不一样,面临的就业形势也不尽相同,这些内外环境的变化诱发新就业形态劳动者产生不同的需求,具体表现在心理契约、工作安全、技能开发、薪酬福利、权益保护、工作时间、就业环境、考核机制、社会保障、劳动合同等方面,这些需求与传统模式下劳动者的需求有较大差异。同时,新就业形态劳动者为了实现这些需求的满足,也引起与传统就业模式下的不同的就业动机或称之为就业目的。他们不仅以获得报酬为唯一动机,而且还有公平、发言权、平等和职业兴趣在内的多样化动机,这也是与传统就业模式下劳动者的就业动机不同的重要方面。在新的就业观念和职业选择机制以及新的就业形态下,新就业形态劳动者为了满足自己的需求,毅然选择新就业形态作为职业,期望实现自己的就业目的。如果自己的就业目的得到实现,需求得到满足(评估),就会继续从事新就业形态的工作,反之,如果自己的就业目的没有得到实现,需求得不到满足(评估),可能就会离开所从事的新就业形态职业,另谋高就,当然,也有可能调整自己的期望,改变自己的就业动机,继续从事新就业形态职业。新就业形态劳动者的动机性行为过程见图6-2。

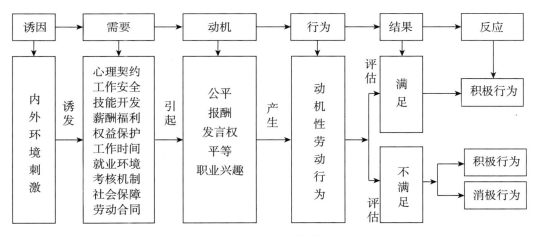

图6-2 新就业形态劳动者的动机性行为过程

第二节 新就业形态和谐劳动关系的形成机制

新就业形态劳动者可持续性的动机性行为,直接关系到新就业形态的发展与稳定。只有劳动者对新就业形态职业感到满意,对自己的劳动关系感到满意,劳动者可持续的动机性行为才不会终止。因此,需要结合新就业形态劳动者的需求、动机、劳动关系满意度和劳动关系主体的作用力,系统思考劳动者的动机性行为的可持续性。

一、持续的动机性行为的形成机制

动机性行为的诱因是劳动者的需要,劳动者有了需要才会激发动机性行为的动机,从而产生动机性行为。而要让这种动机性行为持续地产生,就需要不断强化劳动者的需要和动机,从而引导或改变劳动者动机性行为的持续过程。

依据人的行为规律,人的行为过程包含了三类基本变量,即刺激变量、机体变量和反应变量。刺激变量是指对个体反应产生影响的外界刺激,也叫诱因,如自然环境刺激、社会环境刺激等。机体变量是对个体反应产生影响的内部决定因素,是个体本身的特征,如个体性格、动机等。反应变量是刺激变量和机体变量在个体反应上引起的变化。对应到人的一般行为规律,刺激属于刺激变量,个体的需要、动机属于机体变量,个体的行为则属于反应变量。持续的动机性行为本质上就是通过刺激变量引起机体变量(需要、动机)产生持续不断的个体兴奋,从而引起个体积极行为反应的过程。

根据人性的假设,人的需要是一个包含了物质经济需要、社会关系需要和自我实现需要的复杂动态系统。不同的人的需要不仅有差异,而且同一人在不同的时间、不同的境遇下的需要也不尽相同。人的行为选择往往并非完全偏向一种需要,而是受制于多种需要的调和与相互妥协。因此,持续的动机性行为产生的关键就在于甄别出不同的人在不同时间、不同的境遇下的优势需要、主要动机并加以刺激(《管理学》编写组,2019)。持续动机性行为形成机制可参见图6-3所示。

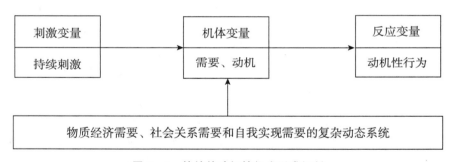

图6-3 持续的动机性行为形成机制

二、新就业形态和谐劳动关系形成机制的一般规律

新就业形态和谐劳动关系的关键在于新就业形态劳动者持续的动机性行为,如果这种行为表现出积极的作用,则新就业形态和谐劳动关系才可能建立,反之,则不可能建立。因此,要构建新就业形态和谐劳动关系,就需要通过外部刺激变量影响和改变劳动者的需要和动机,使劳动者感到满意,才能产生这种具有积极作用的持续的动机性行为。新就业形态和谐劳动关系的形成机制符合上述持续的动机性行为形成机制的一般规律。

1. 劳动关系主体要持续引导劳动者认同和接纳新就业形态职业

新就业形态和谐劳动关系的构建是不同劳动关系主体共同作用的结果。从持续的动机性行为形成机制分析,新就业形态和谐劳动关系主体可以分成两个:一个是劳动者自己,属于机体变量;另一个是除劳动者外的其他主体,如企业、工会、政府、社会组织等,属于刺激变量。这里所说的劳动关系主体是企业、工会、政府和社会组织。

前文的实证分析结果表明,企业管理力、工会协商力、政府指导力和社会组织监督力对劳动关系满意度的影响都呈现出显著性或极显著性的正向关系。根据持续的动机性行为形成机制,刺激变量作用于机体变量,从而可以影响和改变反应变量。如果刺激变量对机体变量的作用是正向的,那么反应变量也是正向的;如果刺激变量对机体变量的作用是负向的,那么反应变量也是负向的。因此,企业管理力、工会协商力、政府指导力和社会组织监督力要正向影响劳动者。"人民就是江山,江山就是人民",劳动关系主体在构建和谐劳动关系过程中应该以劳动者的利益为出发点,以劳动者为中心,不断完善和规范劳动关系管理的措施,从而使劳动者认同和接纳新就业形态职业,保证劳动者的就业稳定和收入增长,改善劳动者的工作质量和生活质量,丰富劳动者的物质生活和精神生活。

2. 劳动关系主体要持续了解劳动者的需求和动机

劳动者的需求和动机是动机性行为形成的机体变量,是劳动者个体内在的决定因素。虽然个体内在的决定因素是由劳动者自己作出决定的方面,但是,其外界刺激对劳动者的内在决定可以发挥诱导作用。首先,劳动关系主体要了解劳动者的真实的生存状况,了解他们具体的需求。前文的实证分析表明,新就业形态劳动者在心理契约、工作安全、技能开发、薪酬福利、权益保护、工作时间、就业环境、考核机制、社会保障、劳动合同等方面具有不同的需求,这些需求对劳动者的劳动关系满意度的影响都呈现出显著性或极显著性正向关系。其次,正确地激发劳动者的就业动机。新就业形态劳动者在公平、报酬、发言权、平等和职业兴趣方面,具有比较高的就业目的,具有比较强烈的就业动机。因此,劳动关系主体既要了解劳动者的就业需求,更要正确地激发他们的就业动机,从而正确地引导劳动者心甘情愿地投入到新就业形态的工作中。最后,劳动关系主体要倡导正确的世界观、价值观和人生观。外界的刺激和诱导终究要通过劳动者这个机体变量进行内部消化、吸收、转化和表达,因此,劳动关系主体要在制度与文化、伦理与道德、生活习俗与风尚、职业精神与事业等方面进行正确的宣传和引导,从而端正劳动者的世界观、价值观和人生观。

3. 劳动关系主体要持续改善劳动者的工作和生活质量

新就业形态劳动关系和谐与否关键在于劳动者的心理感受,在于劳动者对劳动关系的满意度,也就是持续的动机性行为形成机制中的反应变量。如果劳动者的心理感受是良好的,劳动关系满意度高,说明新就业形态劳动关系是和谐的,反之,则不和谐。因此,劳动关系主体——企业、工会、政府和社会组织,要持续关注劳动者的工作和生活质量,并不断改善它。

企业要了解劳动者的疾苦和困难,切实满足劳动者的各项需求。工会要主动作为,急劳动者之所急,想劳动者之所想,切实维护劳动者的各项权益。政府要创造公平、公正、平等的就业环境,制定更加切合新就业形态发展实践的公平、公正、平等的法律法规和科学合理的司法程序,制定切合新就业形态发展特点的明确的具有可操作性的宏观政策和监督制度。社会组织要以合法的第三者身份正确地履行行业监督、舆论监督、社会监督,切实向公众传达弱势群体的合理诉求,维护社会公平、正义,倡导积极向上的社会伦理与道德。

4. 劳动者本身要定位合理有效的需求和期望

劳动者是新就业形态和谐劳动关系的形成机制中重要的机体变量,劳动者的需求有效性、合理性以及动机的正确性、现实性,决定了机体变量的变化,进而决定了反应变量的结果。因此,新就业形态和谐劳动关系的形成过程中,除了上述劳动关系主体的作用外,劳动者本身的作用更加重要,劳动者是劳动关系主体的重要组成部分,相比其他劳动关系主体的作用,劳动者的作用最直接,劳动者的需求、动机和反映对新就业形态和谐劳动关系的影响最直接,其他劳动关系主体的作用力大小只有通过劳动者才能表现出来。这也是本研究项目从劳动者角度提出劳动关系满意度这个概念的题中之义。所以,构建新就业形态和谐劳动关系,需要劳动者本身定位合理有效的需求和期望,树立正确的就业观念,确立合理的就业目的,立足当下,持续改善,才能取得长足发展。

第七章

中国新就业形态和谐劳动关系的实现路径

新就业形态可持续健康发展是中国实现更高质量和更充分就业的重要方面,需要采取有效措施加以推进,尤其要规范新就业形态的人力资源管理和劳动关系,切实维护劳动者的根本利益。本章基于前文的实证分析结果和新就业形态和谐劳动关系的形成机制并借鉴国外经验,从员工自制力、社会监督力、政府指导力、工会协商力和企业管理力等方面阐述新就业形态和谐劳动关系的实现路径。

第一节 劳动者提升维护劳动权益的自我调适力

本研究项目使用的员工自制力是指员工在处理劳资冲突时能妥善处理自己的需求欲望、就业动机或者说就业目的、需求满足程度的反应情绪,是一种自我调适力或自我韧性,其本质是一种不依赖外力而产生的自我调整约束力和控制力。这种约束力和控制力具体表现为员工在面对诱惑时管理自己的情绪、想法和行为的能力。员工自制力强、更具理性,有助于劳资冲突的化解,对劳动关系满意度产生显著的正向影响。当然,新就业形态劳动者中部分人与企业签订了劳动合同,可以称为员工,但也有许多劳动者没有与企业签订劳动合同,这部分没有签订劳动合同的劳动者其实是不能称为员工的。本研究项目使用的员工自制力概念范畴包括签订了劳动合同的劳动者和没有签订劳动合同的劳动者。当然本研究项目使用的员工自制力概念也有与企业管理力、工会协商力、政府指导力、社会监督力形成对应的个人考虑,希望读者能够理解和接受。

新就业形态劳动者是劳资双方的重要一方,相对平台企业或平台服务的商家(统称为企业),在劳动关系中处于劣势地位,或者说处于弱势地位。即使如此,劳动者是劳动关系中的直接当事人,劳动者的需求欲望、就业动机或者就业目的、需求满足程度的反应等对构建和谐劳动关系都非常重要。本研究项目实证分析表明,员工自制力对劳动关系满意度的路径系数和回归系数在"五力"当中都排列第一位。由此可见,提升员工自制力对构建新就业形态和谐劳动关系非常重要。新就业形态劳动者应提升自我调适力,增强自己对企业人力资源管理和劳动关系管理的韧性。

一、知晓企业的管理规矩,谨慎选择心仪的职业

虽然从就业形势的严峻性分析,入职新就业形态可能有一种迫不得已的考虑,但是,总体上入职新就业形态是一种自愿性的自主行为,其中,职业兴趣发挥了重要的导向作用。本研究项目实证分析结果表明,职业兴趣相较其他就业目的对劳动关系满意度的影响最大。既然如此,劳动者出于自己的兴趣自主选择新就业形态职业,就应该先了解

新就业形态职业或岗位的管理制度和管理标准以及工作方式和方法。本研究团队调查发现,许多劳动者选择新就业形态的职业或岗位,如外卖骑手、网约车司机、快递小哥,起初只是好奇,觉得适合自己,做了一段时间后却发现不尽如人意,没有达到自己的要求,尤其对平台企业的管理标准不认同,认为平台收费太高,管理太苛刻,平台的考核规则致使无法自由安排时间,等等。被调查者也反映,他们目前从事的工作只是暂时的,等找到好机会肯定会离开。因此,劳动者在选择新就业形态职业或岗位时,先要在网上查看平台的管理标准或者向从业者或朋友打听清楚有关情况,然后再决定,同时也要反问自己是否对选择的职业或岗位真的感兴趣,做到谨慎行事。

二、确定合理的有效需求,明确自己的优势需求

人的欲望是无穷的,新就业形态劳动者也不例外。本研究项目实证分析结果表明,劳动者对所从事的职业或岗位在心理契约、工作安全、技能开发、薪酬福利、权益保护、工作时间、就业环境、考核机制、社会保障、劳动合同等方面都有需求,这十个方面对劳动关系满意度都呈现显著性正向关系。理想很丰满,现实却骨感。任何一份职业或一个工作岗位,都难于满足劳动者的所有需求,不是所有的需求都能同时得到满足,这是一个非常现实的道理。既然如此,劳动者在选择职业或岗位时就应该对不同的需求分清主次,哪些是自己的优势需求,哪些是自己的次要需求。如果这个职业或岗位不能满足自己的优势需求,完全可以离职。如果这个职业或岗位能够满足自己的优势需求但不能满足或暂时无法满足自己的次要需求,就无须埋怨而是要从长计议。

三、认清当前的就业形势,调整自己的就业期望

动机性行为起源于需求,从而激发动机,产生行为。因此,需求使劳动者产生紧张感,从而产生就业动机,产生就业期望或者说就业目的。本研究项目实证分析结果表明,新就业形态劳动者的五个就业目的对劳动关系满意度的影响都呈现显著性正向关系,可见,新就业形态劳动者的就业目的比较复杂,就业期望比较高。在当前严峻的就业形势下,如果职业或岗位的技术含量不高,企业人力资源并非专用性,过高的就业期望是不现实的。企业是逐利者,宁愿使用就业期望低的劳动者也不愿意使用期望高的劳动者,期望过高,企业的各项成本都会增加。本研究项目实证分析结果表明,十个就业需求中并不是每一个需求都对五个就业目的影响具有显著性正向关系,或者说,并不是每一个就业目的都由十个需求所诱导。因此,新就业形态劳动者要认清当前的就业形势,降低就业期望,调整就业动机,以平和的心态珍惜当下难得的就业机会。

四、选择正常的诉求渠道,维护合法的劳动权益

众所周知,新就业形态劳动关系问题普遍存在,有些是个性问题,如性别歧视、顾客投诉等,有些是共性问题,如平台收费高、系统算法苛刻等。面对不同的劳动关系问题,劳动者采取的诉求渠道是不一样的,有的选择直接跟企业沟通谈判,与企业谈判不成再选择其他渠道。譬如有的向劳动主管部门反映,有的选择了法院诉讼,有的向政府信

访部门反映,有的向妇联和其他民间团体诉求,有的寻求律师事务所的援助,有的借助网络平台曝光引起公众注意,群体性冲突也会采取罢工等方式。不同的诉求渠道既有成功的,也有达不到目的的,其中的原因很复杂。不管怎样的诉求渠道,最基本的原则是劳动者必须有确切的证据证明自己的合法权益被侵犯——在后文的政府指导力当中将会详细阐述劳动者的合法权益。如果是无理的诉求,劳动者就不应该与企业发生冲突,更不应该制造更大社会影响的事件。劳动者合法的劳动权益不可侵犯,应得到尊重。为了维护合法的劳动权益,劳动者可以名正言顺地选择正常的诉求渠道向有关部门投诉和反映,有关部门也要及时给予回应,即使暂时无法解决的也要向劳动者说明情况,解释原因。

解铃还须系铃人,劳动者是劳资冲突的当事人,以理智的、合法的手段争取正当的劳动权益,应该是劳动者对待劳资冲突的最好途径。增强对工作环境的调适力,保持清醒,提高自觉性,多些理性,应该是劳动者对待劳资矛盾的正确方法。对处理好劳资冲突和矛盾,劳动者的综合素质是重要的影响因素之一。因此,加强劳动者的再教育和再培训,事关全社会和谐稳定的政治局面。

第二节 社会民间力量提升劳动权益保障的监督力

社会监督,是指社会依据宪法和法律赋予的权利,以法律和社会及职业道德规范为准绳,对执政党和政府的一切行为进行监督,是通过公众监督、社会团体监督、法律监督和舆论监督等形式对执政党和政府的行为进行监督,是一种政治意义上的监督。而在企业的劳资冲突和矛盾的解决当中,很多案例都涉及多方主体,尤其是政府部门,因此,本研究项目使用的社会监督力借鉴了这种具有政治意义的社会监督。本研究项目的社会监督是指社会组织团体或个人利用自有的社会资源与专业技能,通过谈判协商、采访曝光、法律援助等形式对企业劳资矛盾和冲突的处理进行合法的、合理的、理性的监督过程。这种社会监督所发挥的作用力称为社会监督力。社会监督力的主体是社会性组织、民间团体或个体专业人士,主要包括行业协会、民间劳工 NGO、新闻媒体、妇女联合会、法律专业人士、自媒体个人等志愿服务者。本研究项目实证分析结果表明社会监督力对劳动关系满意度的路径系数和回归系数在"五力"(员工自制力、企业管理力、工会协商力、政府指导力、社会监督力)当中都排列第二位,说明新就业形态劳动者对社会监督充满期待。加强社会监督也一直是中国政府所倡导的管理方式。由此可见,加强社会监督,提升社会监督力对构建新就业形态和谐劳动关系具有比较重要的作用。

一、鼓励社会民间团体和组织的发展,提高社会监督力

社会监督力量的存在与发展,是社会文明进步的一个重要方面。任何政党、政府、组织、团体、个人在处理涉及自身利益的矛盾和冲突时都有自利的本性。如果矛盾和冲突的双方都有强烈的自利性,那么,就很难正确地处理彼此之间的矛盾和冲突,这个时候如果有第三方参与协调与沟通,可以使双方更容易达成共识,妥善地处理相互之间的矛盾

和冲突。

在新就业形态劳资矛盾和冲突中,劳动者往往是弱势的一方而企业是强势的一方,如果没有第三方参与,劳动者必然处于劣势,其合法权益无法得到保障。这个第三方可以是政府,也可以是社会组织和团体,如妇联、共青团、工会、行业协会、民间NGO,等等,当然也可以是专业人士和个人。政府部门参与企业的劳资矛盾和冲突的处理,是比较恰当的方式,可以代表最广大人民的利益,但也存在政府不作为、乱作为的现象,这个时候就需要第四方——社会组织参与,多方协商与沟通更有利于妥善处理和解决劳资矛盾和冲突。社会组织更容易发挥社会影响力,制造社会效应,使参与处理劳资矛盾和冲突的各方承受来自社会的更大压力,从而发挥社会监督作用。

因此,宏观上从社会文明进步角度、微观上从新就业形态劳动者的弱势地位角度分析,都需要鼓励合法的社会组织的发展,需要加强社会监督,需要增强社会监督力量。

二、社会民间团体和组织要正确地呼应劳动者的诉求

新就业形态劳动者与企业沟通无果后出于无奈才会寻求社会民间团体和组织的帮助,包括代理谈判、法律援助、媒体曝光等。社会民间团体和组织在接到劳动者的求救后,首先,要让劳动者把整个事件的来龙去脉讲清楚并做好笔录或录音,把情况了解清楚;其次,与劳动者一起分析事件的性质、处理的方式以及可能的结果;再次,与企业或企业的代表进行沟通与协商,争取妥善处理,如果达到了目的,争取到了劳动者的合法权益,则是一件好事,如果没有达到目的,企业态度强硬且无理,则可以采取下一步;最后,向劳动相关部门反映,寻求政府部门的支持。当然,劳动者此前也可以直接去寻求政府援助。如果政府相关部门参与之后劳动者的合法权益还是无法得到维护,社会民间团体和组织可以采取舆论监督方式进行曝光,迫使企业让步。当然,采取舆论监督方式之前应再次与企业进行谈判和沟通。当所有的方式都无法维护劳动者的合法权益时,最后的方式是通过法院诉讼,社会民间团体和组织可以代理劳动者走法律途径。

三、社会民间团体和组织要完善运营管理模式与制度

存在的不一定是合理的,但存在的一定有其缘由。社会民间团体和组织并不一定要得到社会的认可或政府的准许才产生或存在,而是一种自然的产生或存在。社会历史发展表明,民间团体和组织的产生与发展是人类社会发展的一种客观存在,但是,并不是所有的民间团体和组织都对人类社会具有积极的推动作用。作为文明社会的管理者,政府既要鼓励社会民间团体和组织的发展,也要指导规范它们的运营管理模式与制度,才能使这些团体和组织与社会发展的正确方向和政府的要求保持一致。这个原则和要求对社会上所有的民间团体和组织,包括为新就业形态劳动者维护劳动权益的民间团体和组织都适用,无一例外。

当前,为新就业形态劳动者维护劳动权益的民间团体和组织主要是新闻媒体,尤其是新媒体。新闻媒体作为新闻传播媒介,以其传播速度快、辐射范围广等特点对舆论有

着重要的引导作用。媒体以维护社会弱势群体正当利益为责任，在保证劳动者的知情权、就业选择权等基础上依靠其强大的社会舆论压力来为劳动者提供援助。媒体尤其是新媒体，已经成为劳动者维权的主要途径。然而，媒体监督不足或监督过度、监督不当现象时有发生，使媒体监督的权威性、可信度、合理性受到极大的影响。为此，指导规范媒体监督形式和尺度势在必行。一要完善相关法律，推进媒体监督的法治化进程。媒体应该依照法律进行监督。媒体监督有助于公民言论自由权利的行使，但是媒体监督不能违规，要依法监督，要有规范的监督程序和秩序，才能更好地监督，更好地行使公民的权利。二要加大对媒体违法事件的处理力度。对媒体在监督过程中出现的故意扭曲事实、破坏社会正常秩序的现象，应加大惩处力度，并加强监督监管。对敢于和善于通过监督来维护劳动权益和社会稳定的媒体，应加以奖励。三要通过各种形式加大对媒体从业人员的教育培训。提高他们的职业素养，规范其行为，促使其始终保持对事件报道的客观真实性，以规范的自我行为来保证媒体监督的客观性、公正性和规范性、合理性。

第三节 政府职能部门提升劳动权益保障的指导力

政府指导力是指劳动者所能感受到劳动关系法律法规制度的公平性、公正性、平等性以及政府工作人员处理劳资矛盾行为的公平性、公正性。本研究项目实证分析结果表明，政府指导力对劳动关系满意度的路径系数在"五力"当中排列第四位，其回归系数在"五力"当中排列第三位。由此可见，政府指导力对构建新就业形态和谐劳动关系具有相当大的作用，政府职能部门要结合新就业形态可持续发展以及劳动关系特点创新和完善劳动相关法律法规制度，而且在处理新就业形态劳资矛盾时要做到公平和公正，切实维护劳动者的各项权益。

一、规范界定和明确新就业形态劳动者劳动权益

2021年，人力资源和社会保障部等八部委联合出台《关于维护新就业形态劳动者劳动保障权益的指导意见》，明确指出要放开灵活就业人员在就业地参加基本养老、基本医疗保险的户籍限制。鼓励平台企业通过购买人身意外、雇主责任等商业保险，提升平台灵活就业人员保障水平。王维（2022）认为这是国家在顶层设计上加强对新就业劳动群体的权益保护，在新就业群体公平就业、劳动报酬、休息、劳动安全、社会保险等方面作出了明确规定。各省、自治区、直辖市根据《关于维护新就业形态劳动者劳动保障权益的指导意见》相继出台了具体的措施。譬如，北京市的《关于促进新就业形态发展的若干措施》明确要求，稳定长期在京实际就业的"平台网约劳动者"和"平台个人灵活就业人员"，可以按规定参加本市职工基本养老、基本医疗和失业保险。平台企业及用工合作企业要承担维护"平台网约劳动者"劳动保障权益的相应责任和义务。"平台网约劳动者"也被纳入最低工资制度保障范围，并按时足额发放，不得克扣或故意拖欠。再譬如，《浙江省维护新就业形态劳动者劳动保障权益实施办法》在劳动用工、劳动报酬、工时和劳动定额、劳动保护、社会保险、公共服务、权益维护等方面提出了具体做法。例如劳动定额的规定，《浙江省维护新就业形态劳动者劳动保障权益实施办法》明确指出："企业应当根

据国家法定工时制度合理确定劳动定额和接单报酬标准。确定的劳动定额应当使本企业同岗位90%以上的劳动者在法定工作时间内能够完成。""新就业形态劳动者在省内流动就业的,职工基本养老保险关系无须转移,符合待遇领取条件或者到省外流动就业时,由省内最后参保地社会保险经办机构负责一次性归集,并按规定办理待遇领取或者跨省转移手续。"可见,中国各级政府非常重视新就业形态劳动者的劳动权益保障问题。

但是,本研究项目团队也发现,这些指导意见、实施办法或若干措施,都是应急之策而非根本之策,因为没有系统界定和规范新就业形态劳动者的全部劳动权益,没有像传统就业形态下的劳动者一样具有比较全面和系统的劳动权益,如政治权利中的参政与议政权利、经济权利中的就业权利、文化权利中的受教育权利等。马克思对劳动者的政治权利、经济权利和文化权利都进行过深入的阐述,譬如政治权利中的自由平等权利,马克思认为"没有一个人反对自由,如果有的话,最多也只是反对别人的自由。可见,各种自由向来就是有的,不过有时表现为特权,有时表现为普遍权利而已"。马克思认为,表达自己思想观点的权利从根本上说是一项非常重要的政治权利。只有依靠合理和合法的政治制度,才能为人们的政治权益和权利提供有效的保障(张钰等,2021)。本研究项目认为,新就业形态的劳动者也是中国社会主义社会的建设者、贡献者、合法公民,理应与其他劳动者一样享有基本的政治权利、经济权利和文化权利。国家和地方政府制定的新就业形态劳动者劳动保障权益的指导意见和实施办法,是基于社会责任角度提出的基本要求,对保护新就业形态劳动者的劳动权益发挥了重要的指导作用,对指导新就业形态企业构建和谐劳动关系提供了可靠的依据,值得赞许和推广。但从长计议,政府还是要从立法层面界定和规范新就业形态劳动者的基本劳动权益。当然,对新就业形态劳动者的劳动权益进行立法是一项系统的、基础性的工作,不能一蹴而成,需要加强这方面的理论研究和实践探索。

二、加快推进新就业形态劳动关系相关立法进程

毋庸置疑,加强新就业形态劳动者劳动权益保障是当务之急,国家和地方政府制定的新就业形态劳动者劳动保障权益的指导意见和实施办法解决了许多现实问题,保障了劳动者的一些劳动权益,但是,对新就业形态劳动关系进行立法才是促进新就业形态可持续健康发展和构建和谐劳动关系的根本之策,是重中之重的任务。所有的劳动权益保障都需要法律法规的依据,尤其是确立劳动关系的法律依据。这既是宪法的根本要求,也是依法治国精神的具体实践。

新就业形态劳动关系的出现,对现有的《劳动合同法》《工会法》《企业劳动争议协商调解规定》等法律法规形成了挑战,导致许多劳动争议的解决缺失法律依据,其中最根本的原因在于新就业形态劳动关系的确立没有法律依据。虽然《关于维护新就业形态劳动者劳动保障权益的指导意见》提出了三种劳动关系情形,但其操作有较大的难度。《关于维护新就业形态劳动者劳动保障权益的指导意见》中指出:"(二)符合确立劳动关系情形的,企业应当依法与劳动者订立劳动合同。不完全符合确立劳动关系情形但企业对劳动者进行劳动管理(以下简称不完全符合确立劳动关系情形)的,指导企业与劳动者订立书面协议,合理确定企业与劳动者的权利义务。个人依托平台自主开展经营活动、从事自由职业等,按照民事法律调整双方的权利义务。""不完全符合确立劳动关系情形"的操作

就非常困难,没有标准,没有参考依据。因此,规范新就业形态需要加快对现有法律法规的修订和完善,适时出台符合新就业形态特点的法律法规。

首先,要对新就业形态的劳动关系在组织从属性要件和经济从属性要件上提出具体的测试方法和标准,什么情况下符合组织从属性,什么情况下符合经济从属性,什么情况下组织从属性和经济从属性两者都符合,并根据组织从属性和经济从属性的测试结果确定不同类型的劳动关系。这是全世界不同国家劳动关系认定的基本原则和做法,中国新就业形态劳动关系的认定也需要具体的测试方法和标准。

其次,根据新就业形态劳动关系的特点设计不同的改革方案,可以参考以下四种方案。

方案一,在劳动法律上创设一种劳动者的身份类型。例如克鲁格和哈里斯就提出在雇员和独立合同工之外,应设立"独立工人"的身份类型。吴清军和李贞(2018)认为"独立工人"享有一部分雇员的权利,比如社会保险、医疗保障权以及集体协商权,但并不享有加班时间、加班工资等权利。譬如网约车司机的劳动关系可以尝试这个改革方案。

方案二,发展确认劳动者属于雇员身份的新检验方法。如约瑟夫·肯尼迪(Joseph V. Kennedy)认为,现有确认雇员和独立合同工的检验方法都无法起到检验作用,平台用工与传统用工有着很大的差异,在法律上应发展新的检验方法来重新确认劳动力市场中劳动者的身份。John De Ross Jr(2017)认为,在共享经济发展的时代背景下,劳动关系的认定标准理应在坚持组织从属性要件的同时合理兼顾经济从属性要件。这个方案可以在网约配送员的劳动关系上进行改革尝试。

方案三,加大劳动法的覆盖面,使得共享经济用工中的劳动者也被包含进来。劳动法的改革应沿用传统雇主和雇员的定义,只不过要加大对雇员的认定范围,这样就可以把共享经济平台与劳动者的关系纳入雇员关系的法律范畴,以雇员的标准来保护共享经济用工中劳动者的权益(Aloisi,2016)。这个方案可以在快递员的劳动关系上进行改革尝试。

方案四,用特许经营的商业模式(franchise business)来改造劳动法。例如,(Kurin,2017)认为,共享经济平台作为发包方,可以采用特许经营的模式来维系必要的产品和服务的质量控制,而不需要像雇主对待雇员那样对待平台上的劳动者;劳动者享有充分的自由权利,但是在经济上应该获得比雇员更多的利益。与传统特许经营商业模式不一样的是,劳动法应该对二者的利益分配加以更多的规范。这个方案可以在网约医生、护士的劳动关系上进行改革尝试。

最后,进行改革试点,总结经验,然后全面推广。

可以将上述四种改革方案分别选择一个地区进行试点,也可以选择一个地区同时进行上述四种改革方案的试点。试点时间不宜长,2~3年为佳。试点过程中发现问题要及时完善,回应劳动者的关切。试点结束后,总结经验,提出明确的改革方案,提交全国人大审议,通过后由全国人大发布执行。由此,中国新就业形态劳动者劳动权益保障就有了法律依据,也可以为世界上其他国家提供中国经验和中国方案。

三、积极指导网上社会保险体系的管理制度建设

《关于维护新就业形态劳动者劳动保障权益的指导意见》在基本养老保险、医疗保

险、人身意外险、雇主责任险以及公共服务方面提出了指导性意见,各地出台的实施办法更加具体些。譬如《浙江省维护新就业形态劳动者劳动保障权益实施办法》的第六章社会保险具体设置了四条,即第二十五条至二十八条,内容涵盖确立劳动关系情形的、不完全符合确立劳动关系情形的、灵活就业人员的社会保险的具体办法,并对社会保险方面的公共服务提出明确要求——各地应当适应新就业形态劳动者的参保需求和参保方式,加强数据共享,优化经办服务。在参保登记、权益记录、转移接续、待遇领取和结算等方面实现全省在线办理、异地通办,更好保障参保人员公平享受各项社会保险待遇。

国家的指导意见和各地的实施办法对规范新就业形态劳动者的社会保险能够发挥积极作用,但是,改革力度还不够大,在实际操作上仍然有许多缺陷,与互联网和大数据的发展水平不对应,与新就业形态劳动者的流动性不对应,现有的社会保险无法在全省各地转移接续,更无法在全国转移接续。本研究项目负责人是一所高校的教师,持有的社保卡是省级社保卡,但是无法在高校所在地(地级市)的药店使用,而该地级市的社保卡是可以使用的,这个情况确实令人惊讶啊!高校的教师都面临社会保险卡异地无法使用的情况,新就业形态劳动者自然也会遇到。所以,国家的指导意见和各地的实施办法在实际操作上肯定会碰到各种困难,无法彻底解决新就业形态劳动者社会保险的转移接续问题。建立网上社保平台促进社会保险全国统筹势在必行。

本研究项目认为,基于新就业形态从业者加入社保的紧迫性和可行性,亟须构建新的社保管理体系。一是加强新就业形态从业者的社保顶层设计,建立"网上社保",与现有的社保管理体系实现资源与信息共享。二是实现"网上社保"全国联网,解决新就业形态劳动者因流动性大而社保难以转移接续的问题。三是鼓励新就业形态劳动者直接参保,打破以用人单位为参保主体的桎梏,或者说打破现有的职工社保与劳动关系之间的关联性,建立基于收入而非劳动关系的保险制度。新就业形态劳动者不需要以雇佣关系为前提参加社会保险,而以收入为参保依据,并根据"网上社保平台"登记的收入按照一定比例缴费参保,享受与缴费相对应的待遇水平。考虑到新就业形态劳动者收入波动的问题,也可设置缴费基础的上下限,针对特殊时期、特殊困难群体的参保问题,还可通过社会救助等制度帮助其参保,当然,也可以采取社会保险费补贴等措施支持新就业形态劳动者参保。四是保证"网上社保"与线下社保的法律效力等效。"网上社保"要与现有的社保管理体系相衔接,使其在法律层面具有同等效应(李长江等,2021;严妮等,2020)。

四、指导和监督平台企业执行劳动法律法规制度

制度如果不执行就是摆设,没有监督就难以执行,只有加强对平台企业执行劳动法律法规制度的指导和监督,才能彻底保障新就业形态劳动者劳动权益。

一是国家部委要督促平台企业完善劳动管理制度。企业是社会经济活动的基本单元,是市场经济发展的重要力量,也是构建和谐社会的重要阵地,企业和谐劳动关系是社会和谐的重要组成部分。但是,企业的本质是趋利性,一切有利于企业发展的方式和方法,企业管理者都想用之,如果没有外部力量的监督,企业可以为所欲为甚至为非作歹。因此,必须加强指导和监督平台企业执行劳动法律法规制度。全国人大、国家部委和地方政府制定劳动法律法规制度之后,应该通过各种形式明确告知平台企业并指导平台企

业规范劳动管理制度。

二是要加强部门协作,加大执法力度。新就业形态是一种正在形成、不断演化发展的就业形态,其用工方式灵活,就业群体规模庞大,涉及部门单位众多,要统筹考虑当前经济水平、就业形势、民生需求、区域差异以及新旧制度衔接等问题。人力资源和社会保障部、国家发展改革委、交通运输部、应急部、国家医保局、最高人民法院、市场监管总局等部委要加强协调合作,形成齐抓共管、各司其职、各负其责的治理局面。新就业形态中,平台处于绝对强势地位,劳动者处于绝对弱势地位,劳动者维权难度大,因此,要不断加大对平台的监管力度,对严重违反《中华人民共和国劳动法》、损害劳动者合法权益的行为要坚决查处。对恶意逃避法律监管、对抗监管的行为要从严处罚。

三是要充分发挥人大代表桥梁纽带作用。人大代表来自人民,服务于人民、扎根于人民,与人民群众有着天然的、紧密的联系。要切实发挥人大代表特别是基层人大代表的建言献策作用,鼓励人大代表深入新就业形态工作一线,与新就业形态劳动者交朋友,及时反映新就业形态群体心声。在各级人大代表推选过程中,充分考虑新就业形态劳动者的代表推选工作。完善基层代表工作站制度,发挥人大代表工作站平台作用,定期组织听取新就业形态群体及相关部门意见建议,更好发挥其党同人民群众的桥梁纽带作用。要加大对新就业形态劳动者的法律宣传培训,不断加强劳动者自我保护意识和维权意识。要加强平台企业的劳动争议调解机制建设,在符合条件的平台企业、产业园区设立劳动争议调解组织,将此项内容纳入人大执法检查工作之中。

四是要加强社会监督力量,完善社会监督制度。全国人大、国家部委和地方政府是指导和监督平台企业执行法律法规制度的直接责任人。随着政府机构的改革不断深入,政府机构人员不断精减,指导监督力量有限,需要借助第三方社会服务力量参与指导和监督,这也是市场经济高度发达的根本要求——减少政府的直接干预,充分发挥市场配置的基础作用和更好发挥政府的作用。因此,要鼓励社会民间团体和组织、行业协会、专业性公司和事务所等各种社会力量积极参与监督平台企业执行劳动法律法规制度。要通过政府采购形式,引入社会力量的服务。要完善社会监督制度,规范社会力量的监督行为,合理使用社会服务,充分发挥社会力量的监督作用。

第四节 工会提升维护劳动权益和民主管理的协商力

工会协商力是指员工所感受到的工会在参与企业民主管理以及协调解决劳动纠纷、维护劳动者权益过程中所发挥的作用力。虽然大部分新就业形态劳动者没有加入工会,很多劳动者也不知道如何加入工会以及了解工会的作用与地位,但是作为工人权益的维护者和民主管理的参与者,工会不能不作为而是要主动作为,要积极主动为新就业形态劳动者维护合法的劳动权益,要积极主动与平台企业协商并参与企业的民主管理。本研究项目的实证分析表明,工会协商力对劳动关系满意度的路径系数在"五力"当中排列第三位,其回归系数在"五力"当中排列第五位。虽然工会协商力对劳动者的劳动关系满意度具有显著性的正向影响,但是劳动者对工会的期待没有其他方面强烈。这个现象与新就业形态职业或岗位的分散特点有关,许多劳动者尤其新生代劳动者并不知晓工会的作用和地位。即使如此,工会是劳动者自己的组织,所有的劳动者都有权利加入工会组织,获得工会的关爱。因此,各级工会要积极主动,急劳动者之所急,想劳动者之所想,完善新就业形态劳动者入会制度和入会渠道。可以建立适应新就业形态职业或岗位分散特点的企业工会、行业工会、基层社区工会、地区性工会或全国性工会等工会组织。要创新工会服务方式,提供人性化的服务。要加强与企业的沟通,创新民主管理方法。

一、改革工会组织制度,创新企业网上工会平台

根据《中华人民共和国工会法》(以下简称工会法),能够参加和组织工会的劳动者应当是企业、事业单位及机关的员工,并且具有工资收入,与用人单位建立劳动关系,这些规定导致新就业形态劳动者目前很难加入,因为他们的计件报酬很难确定为工资收入,绝大部分劳动者没有与平台企业或平台服务商家签订劳动合同。这样的规定只能适用于传统就业模式的企事业单位的职员,新就业形态劳动者对这样的规定完全不适应。但是,新就业形态劳动者群体数量已经超过中国劳动力总量的10%,而且逐年增加,数量如此庞大的劳动力群体加入工会被传统的工会制度所限制是无法理解和接受的,工会组织制度改革势在必行。

根据新就业形态劳动过程的互联网化特征,创建企业网上工会是一项符合实际情况的工会组织形式。一是企业是劳动力使用的主体。根据工会法企业肩负创建工会组织的主体责任。除被第三方明确雇用的劳动者外(如劳务派遣的劳动者,其与劳务派遣公司具有标准的劳动合同),其他所有的劳动者都可以被吸纳加入企业网上工会。当然,劳动者只能加入一个企业网上工会,方便日后工会管理工作的开展。二是每一个企业都有现成的平台,在平台上增加网上工会的相关功能是一件容易办到的工作。企业网上工会的管理者召开会议、举办活动、收缴会费以及其他的管理工作都可以通过自身的平台开展,非常方便。三是企业网上工会组织者能够及时获得劳动者的意见和建议。劳动者若有诉求时会在企业工会网上进行登记,那么工会管理者就能及时与劳动者进行沟通协商并快速作出答复。四是企业可以通过网上工会站点提供相应的服务,例如业务培训服务,也可以提供其他的学习资料、音乐视频、互动环节等服务,提高劳动者的参与率,丰富他们的业余生活。

二、搭建工会基层社区,创建企业工会的新模式

平台企业的业务遍布全国,劳动者分散在各个街道和社区,企业网上工会建起以后,可以通过搭建工会基层社区平台开展各项实地服务,使工会基层社区成为企业网上工会提供各项服务的重要实体,成为企业网上工会的重要的基层组织。

一是平台企业根据业务在全国的分布情况按照"总部-省-市-县-街道(社区)"管理层级搭建工会基层社区的管理组织结构。当然,也可以再精减管理层级,如"总部-县-街道(社区)"。企业网上工会的组织结构与实体的组织结构相对应。

二是设置合理的工会组织结构。企业网上工会和实体工会的结构对应,工会的各个层级设置工会主席、副主席,其中主席和一个副主席为专职,其他的副主席和委员都为兼职,并通过选举办法选举产生,实行任期制。

三是各级工会的活动经费实行预算制。对工会的常规性活动经费,如特困劳动者的慰问、节假日的福利、工会的业务活动等,根据不同地区的情况设置相应的标准或者统一标准。对工会的其他活动经费,平台企业鼓励各级工会开展形式多样的活动。还要根据活动的形式和内容进行科学合理的经费预算和奖励。

三、拓展现有工会作用,服务新就业形态劳动者

平台企业搭建工会是工会法的本质要求,但是,也有许多平台企业基于各种原因无法搭建工会组织,这种情况下就需要现有的各级工会拓展服务,把新就业形态劳动者纳入自己的服务对象中来。甘肃省武威市总工会的"红色驿站"的成功经验值得借鉴。武威市总工会在凉州区设立了"红色驿站",配备了沙发、床、微波炉、热水器等设施,为来往的货车司机提供了温暖舒适的休息场所,同时,武威市总工会还在"红色驿站"开展了货车司机党建试点。武威市总工会依托"红色驿站"和货车司机微信群,广泛听取大家的困难诉求和意见建议,打通联系货车司机群体的"最后一公里",在改善货车司机从业环境的同时,增强了他们的主人翁意识,激发他们融入、参与基层社会治理的动力。[1]

新就业形态具有去组织化特点,在劳动者权益保护上存在薄弱环节,因此,要进一步扩大现有工会组织服务对象的覆盖面,将新就业形态劳动者纳入工会的服务对象。一是根据当地新就业形态的发展情况,首先将重点人群纳入服务对象,如货车司机、快递员、护工护理员、家政服务员、商场信息员、网约送餐员、房产中介员、保安员等群体,这是中华全国总工会办公厅印发的《推进货车司机等群体入会工作方案》中明确指出的八大群体。二是根据新就业形态的劳动特征创新服务内容和服务方式,如休息室、停车场、劳动工具维修,等等。三是提高新就业形态劳动者的组织化程度。可以按片区组织,也可以根据劳动者不同身份组织,以各种形式把劳动者组织起来,便于开展各项针对性服务,也更容易听取他们的意见和建议,更重要的是劳动者遇到劳资问题时可以找到相应的组织寻求帮助。

四、全总和省总工会指导企业完善民主管理制度

根据《工会法》,工会的职能主要包括四个:一是要维护职工群众的合法权益;二是动员和组织广大职工群众参加建设和改革,努力完成经济和社会发展任务;三是要发挥职工群众参政议政的民主渠道作用,代表和组织职工参与国家和社会事务管理,参与企、事业和机关的民主管理;四是要帮助职工不断提高思想道德素质和科学文化素质,建设有理想、有道德、有文化、有纪律的职工队伍。其中,维护职工群众的合法权益和参与企业的民主管理,是企业工会的两个最基本的职能,也是最主要的职能。

目前,许多平台企业并没有建立工会,许多劳动者也没有加入工会,即使一些企业建立了工会,如"饿了么"外卖平台,也没有充分发挥工会的民主管理职能,仅仅为劳动者提供了一些关怀性服务,组织了一些工会活动,劳动者真正履行工会代表职责并参与企业

---

[1] 任延昕.甘肃"红色驿站":搭起货车司机的"暖心之家"[EB/OL].[2022-12-24]. https://www.163.com/dy/article/HPC6F2V80534697A.html

民主管理的非常少见,从各大平台网站的宣传资料可见一斑,从被调查的劳动者口述内容也可以确认这个现实是客观存在的,所以,平台企业管理中需要加强工会的民主管理制度的建设与运营。然而,平台企业自身是不会主动构建工会的民主管理制度的,只有全国总工会或省总工会才能直接指导平台企业加强民主管理,因为平台企业的总部一般都设在北京、上海、杭州、广州、深圳、成都等直辖市和省会城市,建议全国总工会和省总工会直接指导平台企业民主管理制度的建设,规范平台企业民主管理模式。

第五节 平台企业提升执行劳动法规制度的管理力

企业管理力是指企业根据国家的劳动相关法律法规,并根据本单位的实际情况对劳动合同进行管理的方式方法的总和,是员工感受到的企业协调劳动关系和处理劳资冲突的作用力。本研究项目的实证分析结果表明,企业管理力对劳动者的劳动关系满意度的路径系数在"五力"当中排列第五位,其回归系数在"五力"当中排列第四位,两个系数都呈现显著性影响,说明企业管理力对劳动关系满意度具有影响但不大,其中原因在前文已经进行了分析。我们在访谈过程中发现,许多劳动者认为签订的劳务协议就是劳动合同,实际上并不是劳动合同,对处理劳动关系冲突没有作用,而且是一个格式条款,劳动者只能被动接受,所以,劳动者在评价企业管理力对劳动关系满意度的影响时得分较低。即便如此,解铃还须系铃人,平台企业或平台服务的商家(统称为企业)是劳资双方中的重要一方,相对劳动者来说,在劳动关系中处于优势地位,甚至是强势地位,对构建和谐劳动关系起着关键性作用,因此,加强和完善企业的劳动关系管理十分重要。

根据和谐劳动关系影响因素对劳动关系满意度的路径系数和回归系数,企业要在心理契约、权益保障、工作安全、技能开发、薪酬福利、工作时间、考核机制方面加强管理。就业环境、社会保障和劳动合同等三个方面与国家和地方的管理政策、劳动法律法规和社会经济发展水平等宏观方面联系更加紧密,所以,就业环境、社会保障和劳动合同等方面的管理措施建议已在政府指导力当中分析,在此不再赘述。当然,企业在就业环境、社会保障和劳动合同等方面也要跟进管理,

一、构建平台企业劳动者命运共同体的组织文化

新就业形态的劳动关系复杂多样,具有劳动合同关系的和去劳动合同关系的同时存在,而且去劳动合同关系的占绝大多数,去组织化、弹性化、兼职化、虚拟化的劳资关系普遍存在。起初与劳动者签订了劳动合同的一些平台企业在市场竞争的压力下也开始在新聘的劳动者身上启用去劳动合同关系的劳务合作协议,所以,去劳动合同关系化是当前平台企业与劳动者建立劳资关系的普遍形式。尽管到目前为止,关于新就业形态企业与劳动者之间的关系要不要签订标准的劳动合同来确立标准的劳动关系,全世界各国都没有统一的标准做法,这个争论在前文已经进行分析。然而,劳动者是平台企业的合作方这个关系是无法否定的,任何平台企业都要认可这个关系,既然是双方合作,平台企业和劳动者的利益就一致,平台企业和劳动者就是命运共同体。

那么,平台企业如何构建与劳动者的命运共同体呢?具体措施很多,其中最重要的

一条也是各种措施采取的前提,就是要构建企业劳动者命运共同体的企业文化。一是精神文化层面,要在企业的使命、愿景和战略中体现企业劳动者命运共同体的价值观,要在各层级管理者和劳动者群体中广泛宣传企业劳动者命运共同体的信念,建立关系型心理契约,旗帜鲜明地反对交易型心理契约。二是制度文化层面,重点体现在绩效考核和薪酬管理制度上。要完善基本薪酬、绩效薪酬和福利等各项制度,保障劳动者的安全感,提升劳动者的积极性。其他的制度如产权制度、工作制度、责任制度、特殊制度和企业风俗,等等,也要体现企业劳动者命运共同体的企业文化特色和企业的实际情况。三是物质文化层面,要在产品包装的设计、工作场所的布置、劳动者的服饰、商标商号、媒体传播、纪念品等方面体现企业劳动者命运共同体的企业文化。四是行为文化层面,无论是管理者还是劳动者,言谈举止和服务过程中要体现命运共同体的企业文化。

二、落实劳动管理法规,保障劳动者的劳动权益

随着社会主义市场经济的发展,中国的劳动管理政策和法规也在不断完善,《劳动法》《劳动合同法》《工会法》等法律法规相继出台,有效地指导了中国企事业单位的劳动关系管理,维护了劳动者的合法权益。新就业形态的发展,出现了许多与传统就业模式不同的发展特征,劳动关系管理面临诸多难题和困境,对传统的劳动法律法规提出了严峻挑战。为了促进新就业形态可持续发展和维护劳动者的合法权益,中国政府根据新就业形态的发展特征,近三年以来陆续出台了维护劳动者合法权益的相关指导意见和管理规定,譬如,《关于维护新就业形态劳动者劳动保障权益的指导意见》(人社部发〔2021〕56号)、《国务院办公厅关于支持多渠道灵活就业的意见》(国办发〔2020〕27号)、《关于进一步加强劳动人事争议协商调解工作的意见》(人社部发〔2022〕71号)、《关于落实网络餐饮平台责任切实维护外卖送餐员权益的指导意见》(国市监网监发〔2021〕38号)、《互联网信息服务算法推荐管理规定》、《电子劳动合同订立指引》(人社厅发〔2021〕54号)等,各级地方政府也相继出台了具体的实施细则和办法。所有这些政策文件都显示了中国各级政府高度重视新就业形态劳动者的合法权益保障。平台企业只要按照这些政策文件和地方政府的实施办法执行,劳动者合法的劳动权益就能够得到相应保障。

当然,平台企业可能会碰到执行方面的具体问题和难题,尽管如此,在执行的过程中要与政府相关部门进行沟通,破解难题,解决问题。因此建议:一是平台企业的高层管理者思想上要高度重视劳动关系管理的规范性,制定和重视人才发展战略,尊重人才,重视人才,稳定队伍,把构建和谐劳动关系作为企业可持续稳定发展的中心工作;二是平台企业要成立政策法务部,专门研究和解答国家和地方政府的政策文件和法律法规,为企业制定和执行规范的劳动关系管理制度献计献策,履行好政策法务方面的参谋职能;三是与政府相关部门共同研究劳动权益的具体标准和要求,虽然新就业形态的劳动权益具有与传统就业模式下的劳动权益有一定的差异,目前也没有统一的标准,但是,不同就业模式下的劳动权益还是具有基本的标准和要求,生存权、发展权、收益权、知情权、话语权等权益的基本标准和要求是一致的;四是要及时化解劳资矛盾,妥善回应和解答劳动者的关切,防止出现重大的社会危机,存在劳资矛盾不可怕,可怕的是没有及时与劳动者进行平等的沟通和协商,妥善处理劳资矛盾,结果酿成重大的社会危机。

三、改善员工的劳动条件,保障员工的工作安全

劳动条件,主要是指用人单位为劳动者顺利完成约定的工作任务提供必要的物质、技术和安全卫生条件,如必要的劳动工具、机械设备、工作场地(即工作地点)、劳动经费、辅助人员、技术资料、工具书以及其他一些必不可少的物质、技术条件和其他工作条件。相对传统就业模式的劳动条件,新就业形态的劳动条件可以相对宽松些,但是,也必须根据自身的特点提供必要的劳动保护和劳动教育,确保劳动者的工作安全。

用人单位主要做好四个方面的安全保障。一是劳动工具的安全保障。如果是企业提供劳动工具,包括免费使用和租赁使用,劳动工具必须符合质量要求,并定期进行检修和维护。如果是劳动者自己提供,必须提出劳动工具的安全标准和要求。二是劳动时间的安全保障。要让劳动者有相对宽松的劳动时间,避免劳动紧张,减少危害。如果是平台系统算法确定劳动时间则必须更加人性化。譬如《浙江省维护新就业形态劳动者劳动保障权益实施办法》第十七条规定:企业应当发挥数据技术优势,合理管控劳动者在线工作时长,对于连续工作超过 4 小时的,应当设置不少于 20 分钟的工间休息时间。三是劳动保险的安全保障。签订正式劳动合同的,企业要按规定缴纳工伤险和医疗保险。没签订正式劳动合同的,企业要与劳动者协商缴纳人身意外伤害险和其他必需的险种。四是技术条件的安全保障。劳动者入职前,企业必须检查劳动者相应的技能情况,入职后也要定期进行抽检;劳动者入职后,要经常性提供技术安全的教育培训,线上线下有机结合。

四、加强员工的教育培训,提升员工的技能素养

除了上述技术安全的教育培训外,业务能力和综合素质的教育培训也十分重要。一是教育培训是提升企业效率的重要手段。教育培训可以提高劳动者的技能,改善劳动者的工作态度,从而提升人力资源的质量,提高企业的效率。二是教育培训是搞好劳动关系管理的重要方式。教育培训有助于提升劳动者的忠诚度,有助于建立关系型的劳资关系,有助于劳动力的稳定。三是教育培训是提升企业竞争力的重要途径。企业之间的竞争归根结底是人才的竞争。通过教育培训不仅可以提升企业人力资源的质量,还可以挖掘劳动者的潜能,发现潜在的关键性人才,从而重用之,提升人才的核心竞争力。四是教育培训是劳动者劳动权益保障的本质要求。接受文化教育,是马克思主义倡导的一项基本的劳动权益。为劳动者提供教育培训,就是履行劳动权益保障的一项重要措施。

关于平台企业如何搞好教育培训,这是一个仁者见仁、智者见智的问题,社会上为企业提供教育培训项目的咨询公司很多,企业也有自己的培训项目,各具特色,各有优势,彼此间争议很大,因为没有一个教育培训项目效果明显,根本原因是所有的教育培训项目不是从长计议的、持续性的闭环项目。本研究项目在此不提供具体的教育培训建议,只阐述两个观点:观点一,众所周知,高校的实力是依靠长期的文化沉淀取得的,教育是一项长期事业,企业要能在人才方面取得竞争优势,必须坚持长期的系统的教育培训观,这是本研究项目团队长期思考得出的一个基本思想;观点二,本研究项目团队认为平台企业高层管理者高度重视劳动者的教育培训是关键影响因素,因为,许多平台企业高

层管理者并不认为新就业形态劳动者是自己的员工,而是合作者。如果这样认为,就不可能搞好教育培训,也就不可能构建企业劳动者命运共同体,也就不可能创造人才竞争的优势,最终不可能提升企业的竞争力。

五、完善利益分配的制度,丰富员工的薪酬福利

传统就业模式下,员工的薪酬结构比较完善,包括基本薪酬、绩效薪酬和福利。不同薪酬的功能不一样,其中,基本薪酬和福利主要是提升劳动者安全感和提升员工幸福感的保健因素,计件工资、奖金和长期薪酬等是提升劳动者积极性的激励因素。相对来说,新就业形态的薪酬结构就非常单一,主要是计件工资和奖金,没有基本薪酬,更没有长期薪酬,福利项目少甚至没有。如此单一的薪酬结构,既不利于提升劳动者的安全感和幸福感,也不利于劳动者的就业稳定。这样的薪酬结构虽然有助于调动劳动者的积极性,但容易使劳动者对自己所从事的工作感到厌倦。本研究项目团队在实地调查中发现,绝大部分劳动者对自己从事的工作没有长期打算,若有更好的就业机会就会离开当前的工作,根本没有忠诚度。因此,新就业形态劳动者的薪酬结构非常有必要进行调整和完善。关于计件工资和奖金,目前平台企业都有比较好的做法,而重点要调整和完善的薪酬结构是基本薪酬、长期薪酬和福利项目。

首先,应该设置基本薪酬。基本薪酬的标准要根据劳动最低工作量来确定,一般不低于当地的最低生活标准。根据最低生活标准来推算劳动最低工作量的标准。

其次,可以设置长期薪酬,尤其是基层管理者及以上的劳动者。能晋升为基层管理者及以上的劳动者,往往是业绩比较优秀的劳动者。通过长期薪酬的设置,既可以稳定这些优秀的职员,也可以调动普通劳动者的积极性。长期薪酬应具有激励作用,长期薪酬的时间不应太长,以3~5年为宜,比较适合新就业形态的劳动特点。

最后,可以设置法定以外的福利项目。签订了标准劳动合同的劳动者除了法定的福利项目外,也可以设置法定以外的福利项目。对没有签订标准劳动合同的劳动者,需要设置法定之内和法定之外的福利项目,这样可以提升劳动者的安全感和幸福感,提升他们的忠诚度。福利项目的多少和数量,要根据企业的实际情况来确定,但不能没有。

六、健全和规范劳动标准,实施人性化考核机制

工作时间和考核机制是密切相关的,确定合理的工作时间与制定规范的考核机制应相辅相成,故将工作时间和考核机制放在一起进行分析。

本研究项目团队调查发现,新就业形态劳动者普遍工作时间长,约70%的网约配送员、快递小哥、网约车司机平均每天工作时间在8~10个小时,而其月平均收入在6000~8000元,最高收入组大概在12000元,但其工作时间每天必须达到11个小时以上,当然,这里所指的工作时间包括劳动者接下一单的等待时间。新就业形态劳动者为什么需要这么长的工作时间呢?其实问题的关键在于新就业形态劳动成果的考核机制太过于注重绩效。新就业形态劳动者的收入主要来源于计件工资和奖金,而平台企业对计件工资标准和获得奖金的要求进行了严格的规定。像网约配送员、快递小哥、网约车司机这类劳动者,平台企业规定了每天最低在线时间和最低任务接单量,在高峰时期必须在

线,如果要获得奖金,接单任务量必须达到一定的要求。这样的考核机制和薪酬制度迫使劳动者不得不延长在线工作时间,争取更多的任务接单量。结果是,劳动者辛辛苦苦获得了一定的收益,但是身体疲倦、心态焦虑,基本上没有幸福指数可言。新就业形态劳动者虽然有获得感,但没有幸福感,也没有安全感。这些现象已经引来大家的同情、感叹和关注,也希望能够唤醒平台企业管理者漠视的心灵。

当前,关于新就业形态的劳动标准仍然是一个未知数,政府相关职能部门、平台企业、社会民间团体和组织、行业的技术专家、劳动者本人,等等,都没有形成统一的认识。即使如此,作为劳动的使用部门——平台企业,以及作为劳动管理的政府部门,应该去研究新就业形态的劳动标准问题,这不仅是平台企业和政府劳动管理部门的固有的责任和本职工作,而且是促进新就业形态可持续发展以及促进社会进步的一个创新性活动。新就业形态的劳动标准与传统就业模式的劳动标准确实有较大差异,传统就业模式的劳动标准是经过几代人的探索和研究才形成的,如五天工作制、40个小时的周工作时间、工作条件、劳动安全标准等,这些劳动标准已经载入劳动相关法律法规当中。然而,新就业形态的劳动标准到目前为止没有统一标准,许多方面仍然是个空白。传统的劳动相关法律法规对除标准雇佣关系以外的新就业形态劳动关系管理规制力又十分有限,甚至无法规制。作为为社会发展和进步作出重要贡献的新就业形态劳动者,与其他行业的劳动者一样,劳动权益都应该得到尊重和保障。所以,劳动相关的政府职能部门要牵头着手研究新就业形态的劳动标准,平台企业要根据本行业的共同特征研究具体的劳动标准,从而用于制定更加具有社会公平的、合理的、规范的考核机制。如果有了劳动标准,新就业形态劳动者就可以与其他就业形态的劳动者一样,体面劳动,快乐工作,劳动权益也能够得到根本保障,真切享受到社会进步的文明成果,获得感、幸福感和安全感才能真正得到有效提升。

附 件

中国新就业形态企业劳资关系调查量表

> 您好!
>   这是一份学术调查问卷,目的是了解我国新形态企业劳资关系现状。本问卷由两部分组成,第一部分是基本情况调查,第二部分是量表判定。请根据您的实际情况及感受,在相应位置打√。问卷采用无记名填写。
>   调查者郑重承诺:本次调查所得资料仅用于学术研究,不对外公布被调查的企业名称和个人相关资料。
>   希望能够得到您的大力支持与合作,向您表示真诚感谢!

第一部分　基本资料

1. 您的性别
□男　　　　　　　□女

2. 您的年龄
□20岁以下(含)　　□21—25岁　　□26—30岁　　□31—35岁
□36—40岁　　　　□40—45岁　　□46—50岁　　□50岁以上

3. 您的最高学历
□高中或中专以下　□大专或高职　□大学本科　　□硕士及以上

4. 您所从事的是
□兼职　　　　　　□专职

5. 您所在行业
□快递运输、收发　□网络教育培训　□餐饮外卖　　□网约车、代驾
□网络社交　　　　□电商购物　　　□网络摄影、音视频制作
□网络直播　　　　□网约写作　　　□网络游戏　　□平台网络服务
□IT与软件开发　　□大数据、云计算、人工智能等专业人士
□平台企业　　　　□其他_____(请注明)

6. 您在本企业的工龄
□1年以内(含一年)　□1~3年　　　□3~5年　　　□5~10年
□10年以上

第二部分 问卷调查(全部是单选题)

题 项	非常同意	同意	中立	不同意	非常不同意
1. 我对目前的薪酬水平满意					
2. 我对目前的福利水平满意					
3. 我对目前的激励奖赏制度满意					
4. 我认为单位按时发放了薪水					
5. 我对单位的管理费计提标准感到满意					
6. 我们单位依据政策法规按时足额为员工缴纳了医疗保险					
7. 我们单位依据政策法规按时足额为员工缴纳了养老保险					
8. 我们单位依据政策法规按时足额为员工缴纳了工伤保险					
9. 我们单位依据政策法规按时足额为员工缴纳了失业保险					
10. 我们单位依据政策法规按时足额为女性员工缴纳了生育保险					
11. 我们单位依据政策法规按时足额为员工提供了住房补贴					
12. 当前的宏观经济环境对我所从事的工作有利					
13. 网络信息技术的发展对我所从事的工作有影响					
14. 国家相关政策的鼓励对我所从事的行业有影响					
15. 我与客户之间关系融洽					
16. 我认同本单位的工作氛围					
17. 我工作的单位制定了比较完善的劳动争议解决机制					
18. 我工作的单位非常重视和谐劳动关系的保护					
19. 如果我的劳动权益遭到侵害,可以通过多种渠道进行诉求					
20. 我工作的单位的民主管理制度健全					
21. 我对单位的工会工作感到满意					
22. 我具备当前工作所需的相关技能证书					
23. 单位经常安排我参加培训					
24. 单位给我制定了明确的职业发展规划					

(续表)

题　　项	非常同意	同意	中立	不同意	非常不同意
25.我的工作技能不断得到提升					
26.当我碰到工作难题时,单位会及时给我提供指导					
27.我从来没有考虑过辞去现在的工作					
28.我认为单位的各项管理制度都得到严格执行					
29.我对当前我所在的单位感到满意					
30.我对单位经营效益状况感到满意					
31.我的单位发展势头好					
32.我可以在上班时间自由处理与工作无关的事情					
33.我可以自己决定上下班的时间					
34.我的工作时间是不会变化的					
35.我可以自由决定我每天的工作量					
36.现在的工作能够让我平衡工作与家庭生活的矛盾					
37.我能够确保足够的休息时间					
38.单位与每一个招聘的员工都签订了劳动合同					
39.单位与我签订的劳动合同合法有效					
40.我对单位的劳动合同履行情况感到满意					
41.单位与我签订了集体劳动合同					
42.我对于劳动合同签订的期限感到满意					
43.我所服务的单位劳动安全卫生设施符合国家标准					
44.我所服务的平台对我们提出的安全问题会迅速处理					
45.我所服务的单位没有发生过职业危害事故					
46.我对当前所从事工作的安全性感到满意					
47.我所从事的职业不会消失,能够长期有					
48.我对平台企业设计的顾客星级评分标准感到满意					
49.我对平台企业根据不同高峰时段分配业务的管理感到满意					
50.我对平台企业根据已完成工作量分配业务的管理感到满意					
51.我对平台企业根据在线时长分配业务的管理感到满意					
52.平台企业改变考核办法时会与我们员工进行沟通					
53.我们单位的绩效考核是公平的					
54.我们单位构建了相对公平的晋升机制					

(续表)

题 项	非常同意	同意	中立	不同意	非常不同意
55.上下级员工间能平等相处					
56.我的工作环境比较安全					
57.我们单位为全员缴纳社保					
58.我们单位不会无理由裁员					
59.对所获得的酬劳,我感到满意					
60.相对同行,我们单位的福利待遇还算好的					
61.我对现在的工作环境感到满意					
62.我们感觉到单位的业务比较好					
63.我会一直在本单位工作					
64.在本单位工作,我感到有面子					
65.我们能及时知晓本单位的重要决策					
66.我们单位没有对员工言论进行过度控制					
67.我们单位允许员工参加重要决策					
68.我们自己可以决定怎样完成工作任务					
69.工会的作用大					
70.我们有多种渠道向上级反映自己的建议和意见					
71.我认为自己的就业机会比较多					
72.我所服务的平台升职上岗均实行公开、公平、公正的竞争					
73.我与平台签订了劳动合同(或协议),并且得到有效执行					
74.我经常有机会接受实用的技能培训					
75.当前工作在性别、年龄、学历、地域、身体残疾、民族等方面无歧视					
76.我认同我所从事的职业地位,包括经济收入、社会声誉等					
77.当前的工作符合我的职业追求目标和向往					
78.我认为现在的工作能够发挥自己所长					
79.我认同当前工作所要求的工作态度和工作方式					
80.即使有更好的机会转换职业,我也不会放弃现在所从事的职业					
81.我们能遵守本单位的规章制度					
82.我们认为员工的素质对单位重要					

(续表)

题　　项	非常同意	同意	中立	不同意	非常不同意
83.我们能理解本单位的各项决策					
84.我们不会将个人情绪带到工作中					
85.我们有明确的个人奋斗目标					
86.我和本单位签订了正规的劳动合同					
87.本单位劳动合同的签订程序合法					
88.本单位能严格执行劳动合同的内容					
89.我能及时收到劳动合同内容变更通知					
90.我能就劳动合同内容与本单位进行沟通协商					
91.我们单位工会机构是健全的					
92.我们单位工会的管理制度是健全的					
93.工会能为我们争取合理的薪资报酬					
94.在解雇员工问题上工会有能力与本单位进行协商					
95.工会能为我们争取更好的工作条件					
96.我们认为目前的劳动法律法规是完善的					
97.政府能公正地运用劳动法律法规处理劳资纠纷					
98.政府处理劳资纠纷的方式方法是有效的					
99.政府对单位的劳资问题会进行检查					
100.我们认为政府重视失业员工的安置与再就业					
101.当前劳动关系维权机构是健全的					
102.维权组织工作人员能以积极态度应对劳动纠纷					
103.维权组织工作人员有很高的专业素养					
104.维权组织能公平公正地解决劳动纠纷					
105.维权组织能加快劳动纠纷的处理					
106.我所从事的工作具有挑战性					
107.我的努力与我从单位获得的相当					
108.我所在的单位有委员会机构可以直接表达员工意见					
109.我认为目前的绩效薪酬制度令人满意					
110.我认为本单位获得工作的机会是均等的					

本项目组成员再次向您表示衷心的感谢！

参 考 文 献

八部门关于维护新就业形态劳动者劳动保障权益的指导意见[EB/OL]. https://www. mohrss. gov. cn/xxgk2020/fdzdgknr/zcfg/gfxwj/ldgx/202107/t20210722_419091. html,2021-07-16.

巴德,2007. 人性化的雇佣关系:效率、公平与发言权之间的平衡[M]. 解格先,马振英,译. 北京:北京大学出版社.

班小辉,2019. "零工经济"下任务化用工的劳动法规制[J]. 法学评论,37(3):106-118.

北京市就业工作领导小组关于印发《关于促进新就业形态健康发展的若干措施》的通知[EB/OL]. [2021-09-24]. http://www. gov. cn/xinwen/2021-09-24/content_5639115. htm.

贝佛特,巴德,2015. 看不见的手看不见的目标:聚焦工作场所法律与公共政策[M]. 乔晓芳,叶鹏飞,译. 北京:中国工人出版社.

曹佳,2020. 平台经济、就业与劳动用工[M]. 北京:研究出版社.

常凯,2016. 雇佣还是合作,共享经济依赖何种用工关系[J]. 人力资源(11):38-39.

常凯,2013. 劳动关系的集体化转型与政府劳工政策的完善[J]. 中国社会科学(6):91-108.

常凯,2005. 劳动关系学[M]. 北京:中国劳动社会保障出版社.

常凯,郑小静,2019. 雇佣关系还是合作关系?——互联网经济中用工关系性质辨析[J]. 中国人民大学学报,33(2):78-88.

陈加州,凌文轻,方俐洛,2003. 企业员工心理契约的结构维度[J]. 心理学报(3):404-410.

陈微波,2016. 共享经济背景下劳动关系模式的发展演变——基于人力资本特征变化的视角[J]. 现代经济探讨(9):35-39.

程名望,史清华,2010. 就业风险、就业环境、就业条件与农村剩余劳动力转移——基于沪鲁晋364份务工样本的实证分析[J]. 管理评论(12):11-19.

程宣梅,朱述全,陈侃翔,谢洪明,2023. 共享经济视角下企业市场进入的内在机制研究——一项基于共享出行行业的定性比较分析[J]. 南开管理评论,26(1):82-93,117,94-95.

程延园,2011. 劳动关系[M]. 北京:中国人民大学出版社.

崔勋,张义明,王庆娟,2011. 关于企业雇佣质量的思考[J]. 中国人力资源开发,(11):10-15.

道格林,德格里斯,波谢,2020. 平台经济与劳动立法国际趋势[M]. 涂伟,译. 北京:中国工人出版社.

邓雪,曾新宇,2020. 人工智能视域下劳动法困境及对策研究[J]. 山东工会论坛,26

(4):102-109.

第 50 次《中国互联网络发展状况统计报告[R].中国互联网信息中心,http://www.cnnic.net.cn/n4/2022/0914/c88-10226.html

丁晓东,2018.平台革命、零工经济与劳动法的新思维[J].环球法律评论,40(4):87-98.

窦步智,2012.转型期企业劳动关系评价理论与实证研究[D].南京师范大学.

范围,2019.互联网平台从业人员的权利保障困境及其司法裁判分析[J].中国人力资源开发,36(12):134-143.

冯向楠,詹婧,2019.人工智能时代互联网平台劳动过程研究——以平台外卖骑手为例[J].社会发展研究(3):61-83,243.

葛萍,2017.新就业形态下工会维权探析[J].山东工会论坛,23(6):1-7.

关博,2019.加快完善适应新就业形态的用工和社保制度[J].宏观经济管理(4):30-35.

《管理学》编写组,2019.管理学[M].北京:高等教育出版社.

国家发展改革委体制改革综合司,2022.加快完善社会主义市场经济体制[J].习近平经济思想研究(4),徐善长,王任飞,张璐琴,许华勇执笔。

国家信息中心分享经济研究中心.中国共享经济发展报告(2021)[R/OL].[2021-05-13]. https://www.ndrc.gov.cn/xxgk/jd/wsdwhfz/202102/t20210222_1267536.html.

韩文龙,刘璐,2020.数字劳动过程中的"去劳动关系化"现象、本质与中国应对[J].当代经济研究(10):15-23.

何勤,2019.大数据驱动的平台型组织灵活就业人员绩效管理创新研究[J].北京联合大学学报(人文社会科学版),17(1):78-84.

何勤,邹雄,李晓宇,2017.共享经济平台型灵活就业人员的人力资源服务创新研究——基于某劳务平台型网站的调查分析[J].中国人力资源开发(12):148-155.

贺秋硕,2005.企业劳动关系和谐度评价指标体系构建[J].中国人力资源开发(8):75-79.

胡乐明.构建和谐劳动关系 扎实推动共同富裕[N].光明日报,2021-10-12(11)。

胡艳红,2003.大学生择业效能感的因素分析及其与职业兴趣、职业价值观的关系研究[D].陕西师范大学.

霍恩比,2016.牛津高阶汉英双解词典(第5版)[M].北京:商务印书馆.

霍夫曼,卡斯诺查,叶,2015.联盟:互联网时代的人才变革[M].路蒙佳,译.北京:中信出版社.

纪雯雯、赖德胜,2016.网络平台就业对劳动关系的影响机制与实践分析[J].中国劳动关系学院学报,30(4):6-16.

江峰,刘文华,2017.劳动关系法治化治理专题-边界型民事雇佣劳动法律规制研究[J].中国劳动(7):15-21.

金荣标,2015.平等权视域下非标准劳动关系的法律规制——劳动关系统一立法的视角[J].求实(8):75-82.

柯振兴,2019.美国网约工劳动关系认定标准:进展与启示[J].工会理论研究(6):57-64.

赖德胜,石丹淅,2013.我国就业质量状况研究:基于问卷数据的分析[J].中国经济问题(5):39-48.

蓝定香,朱琦,王晋,2021.平台型灵活就业的劳动关系研究——以外卖骑手为例[J].重庆社会科学(10):60-69.

李斌,汤秋芬,2018.资源、秩序与体验:工作时间与工作满意度研究[J].湖南师范大学社会科学学报,47(6):106-113.

李长江,方占广,谌昱,2019.我国不同行业制造企业的结构性劳动关系比较:以东部沿海地区为例[J].企业经济(4):45-52.

李长江,王媛,2021.中国新就业形态和谐劳动关系的形成机制与管理策略[J].浙江师范大学学报(社会科学版),46(1):62-70.

李长江,2020.新时代中国制造企业结构性和谐劳动关系研究[M].长春:吉林大学出版社.

李长江,赵慧祎,2013.构建企业和谐劳动关系的"五力"联动管理之我见[J].宁波大学学报(人文科学版),26(6):106-111.

李海舰,赵丽,2023.数字经济时代大型平台企业新业态从业人员的劳动权益保障[J].改革(1):95-108.

李婧,2012.网络维权与中国公民社会的建构[D].暨南大学.

李晓华.时间更具弹性、场所更具灵活性、内容更具多样性,新就业形态"新"在哪里[N].人民日报,2021-08-24(9).

李欣欣,肖骏,2020.基于OKR的公司内部创新团队绩效管理实践研究[J].价值工程,39(9):109-110.

李瑜青,陈琦华,2008.企业和谐劳动关系的指标分析[J].毛泽东邓小平理论研究(9):44-49.

李志错,2022.组织行为视角下互联网平台劳动关系从属性展开的新进路[J].河北法学,40(2):98-115。

梁伟军,胡世文,谢若扬,2019.非正规就业农民工体面劳动、职业安全与健康[J].西北农林科技大学学报(社会科学版),19(2):45-56,64.

林嘉,2021.新就业形态劳动法律调整探究[J].中国劳动研究(00):1-26.

刘剑,2015.实现灵活化的平台:互联网时代对雇佣关系的影响[J].中国人力资源开发(14):77-83.

刘军,刘小禹,白新文,2007.雇佣关系变迁及其影响因素的实证检验[J].经济科学(2):68-76.

刘军,刘小禹,任兵,2007.员工离职:雇佣关系框架下的追踪研究[J].管理世界(12):88-95,105.

柳旭.变革的就业观念与不变的生活向往[N].中国社会报,2013-06-17(003).

鲁建敏,2009.职业能力、职业价值观及人格对职业兴趣影响的实证研究[D].合肥工业大学.

吕景春,李梁栋,2019.公有资本、"劳动平等"与和谐劳动关系构建——基于马克思劳资关系及其相关理论的拓展分析[J].南开经济研究(6):3-17.

马述忠,郭继文,2020.数字经济时代的全球经济治理:影响解构、特征刻画与取向选择[J].改革(11):69-83.

毛艾琳,2022.新就业形态劳动者权益保障问题研究——基于平台责任的理论思考[J].长白学刊(1):90-97.

孟泉,2021.路径依赖与"落地空间"——平台用工治理的困境与策略[J].中国劳动关系学院学报,35(6):9-21.

孟泉,2020.新就业形态与回归基本面[J].中国人力资源开发,37(6):3.

莫荣、鲍春雷,2021.促进零工经济劳动力市场规范发展研究[J].中国劳动(4):5-15.

莫生红,2008.企业劳动关系和谐度评价指标体系及评价模型的构建[J].统计与决策(14):73-75.

帕克,埃尔斯泰恩,邱达利,2021.平台革命:改变世界的商业模式[M].志鹏,译.北京:机械工业出版社.

齐久恒,2016.透析中国公民社会组织生发的解释性框架及信任化危机[J].云南行政学院学报,18(4):99-104.

齐久恒,2014.中国公民社会组织发育的深层困境——基于文化视角的洞悉[J].西北师范大学报(社会科学版),51(5):93-99.

钱培坚.全国首家网约送餐行业工会成立"娘家人"为外卖小哥挡风遮雨[N/OL].[2018-01-04].http://acftu.workercn.cn/32/201801/04/180104071201790.shtml.

钱志新.数字新经济的几个核心概念[N].新华日报,2018-05-08(8).

任欢.不断增强新就业形态劳动者的获得感、幸福感[N].光明日报,2021-07-20(03).

任延昕.甘肃"红色驿站":搭起货车司机的"暖心之家"[EB/OL].[2022-12-24].https://www.163.com/dy/article/HPC6F2V80534697A.html

(日)仲琦、车红霞(译),2019.共享经济下新就业形态的日本法律规制和劳动者保护[J].中国劳动(6):61-75.

谌利民,王皓田,郝思思,2019.以平等为核心构建新时期农民工和谐劳动关系[J].宏观经济研究(9):168-175.

石艳,刘晋祎,2022.新技术新业态新模式下灵活就业人员参与社会保障的主要困境和对策研究[J].经济师(2):12-13,16.

世界银行.2019世界发展报告——工作性质的变革[R].http://www.worldbank.org/content/dam/wdr/2019/WDR-2019-CHINESE.pdf,2019-05-15.

数字经济及其核心产业统计分类(2021)[EB/OL].(2021-06-03).http://www.stats.gov.cn/xxgk/tjbz/gjtjbz/202106/t20210603_1818135.html.

苏晖阳,2020.新型用工劳动关系的法律规制研究[J].中国人力资源开发,37(5):70-86.

谭海波,王英伟,2018.分享经济的监管困境及其治理[J].中国行政管理(7):20-24.

唐鑛、李彦君、徐景昀,2016.共享经济企业用工管理与《劳动合同法》制度创新[J].中国劳动(14):41-52.

陶志勇,2018.新就业形态从业人员权益保障问题探析[J].中国工人(6):48-49.

田思路、刘兆光,2020.人工智能失业:社会化挑战与法律应对[J].重庆社会科学(10):32-43.

佟新,2022.数字劳动:自由与牢笼[M].北京.中国工人出版社.

涂伟,2021.新就业形态下劳动权益保护的主要国际趋势及对我国劳动立法改革的启示[J].中国劳动(1):64-74.

王浩,罗军,2009.心理契约研究综述与展望[J].科技进步与对策,26(9):155-160.

王娟,2019.高质量发展背景下的新就业形态:内涵、影响及发展对策[J].学术交流(3):131-141.

王全兴,唐伟森,2016.我国社会法基础理论的研究路径选择[J].江淮论坛(6):118-123.

王全兴,王茜,2018.我国"网约工"的劳动关系认定及权益保护[J].法学(4):57-72.

王天玉,2020.非正规就业工伤保险 解绑劳动关系"现实很骨感"[J].劳动保护(3):56.

王天玉,2019.互联网平台用工的合同定性及法律适用[J].法学(10):165-181.

王天玉,2017.集体合同立法模式的悖论与出路[J].社会科学战线(12):214-221.

王维,2022.着力加强新就业形态劳动者的权益保护[J].人大研究(7):54-57.

王显勇,夏晴,2018.共享经济平台下的网约工纳入工伤保险的理论依据与制度构想[J].中国劳动(6):49-53.

王永乐,李梅香,2006.民营企业劳动关系影响因素的实证分析[J].中国劳动关系学院学报(02):22-27.

韦杰,2023.不完全劳动关系视野下新就业形态劳动者权益保障研究[J].学术论坛,46(3):124-132.

魏巍,2018.非典型雇佣关系的影响因素及优化研究[D].首都经济贸易大学.

魏巍,2019.新就业形态中非典型雇佣关系优化与制度创新[M].北京:中国财富出版社.

魏永奇,2022.平台经济下新就业形态劳动者权益保护[J].商业经济(3):152-154,188.

文军,刘雨婷,2021.新就业形态的不确定性:平台资本空间中的数字劳动及其反思[J].浙江工商大学学报(6):92-106.

闻效仪,2018.正确认识和把握共享经济对劳动关系的影响[J].工会博览(10):22-23.

闻效仪,2020.建立行业集体协商的劳动权益保障新机制[J].工会博览(28):25-26.

吴清军,陈轩,王非,杨伟国,2019.人工智能是否会带来大规模失业?——基于电商平台人工智能技术、经济效益与就业的测算[J].山东社会科学(3):73-80.

吴清军,李贞,2018.分享经济下的劳动控制与工作自主性——关于网约车司机工作的混合研究[J].社会学研究(4):137-245.

吴清军,杨伟国,2018.共享经济与平台人力资本管理体系——对劳动力资源与平台工作的再认识[J].中国人力资源开发,35(6):101-108.

吴清军,张艺园,周广肃,2019.互联网平台用工与劳动政策未来发展趋势——以劳动者身份判定为基础的分析[J].中国行政管理(4):116-123.

习近平科学指引扎实推动共同富裕[EB/OL].http://cpc.people.com.cn/n1/

2022/0520/c164113-32426289. html? vfrom＝cms,2022-05-20.

习近平,2021.扎实推动共同富裕[J].求是(20):4-8.

肖魏,2019.灵活就业、新型劳动关系与提高可雇佣能力[J].复旦学报(社会科学版),61(5):159-166.

谢富胜,吴越,王生升,2019.平台经济全球化的政治经济学分析[J].中国社会科学(12):62-81,200.

谢建社,谢宇,2023.新就业形态劳动者劳动关系认知及其权益保障[J].学术研究(3):62-67.

谢增毅,2018.互联网平台用工劳动关系认定[J].中外法学,30(6):1546-1569.

徐新鹏,袁文全,2023.新就业形态下灵活就业群体劳动权益保障研究[J].中州学刊(1):61-69.

闫宇平,2021.中国新就业形态劳动关系研究[M].北京:中国工人出版社.

严妮,黎桃梅,周雨,李梦婷,王世娇,2020.新就业形态下平台经济从业者社会保险制度探析[J].宏观经济管理(12):69-76,84.

杨浩楠,2022.共享经济背景下我国劳动关系认定标准的路径选择[J].法学评论,40(2):100-112.

于米,陈星汶,2012.追求管理规范性与灵活性的平衡：BUDD模型的启示与借鉴[J].中国人力资源开发(3):23-30.

余钧,范柏乃,2021.数字经济发展亟需提升安全风险治理能力[J].浙江经济(11):10-11.

虞华君,刁宇凡,2011.企业和谐劳动关系调查与评价体系研究[J].中国劳动关系学院学报(3):42-46.

袁凌,魏佳琪,2011.中国民营企业劳动关系评价指标体系构建[J].统计与决策(4):34-36.

袁赛,2017.新就业形态劳动者权益保障形势与对策探讨[J].湖北第二师范学院学报,34(7):46-49.

袁文全,徐新鹏,2018.共享经济视阈下隐蔽雇佣关系的法律规制[J].政法论坛,36(1):119-130.

张成刚,冯丽君,2019.工会视角下新就业形态的劳动关系问题及对策[J].中国劳动关系学院学报,33(6):106-114.

张成刚,2018.共享经济平台劳动者就业及劳动关系现状——基于北京市多平台的调查研究[J].中国劳动关系学院学报,32(3):61-70.

张成刚,2020.就业变革：数字商业与中国新就业形态[M].北京:中国工人出版社.

张成刚,2018.新就业形态的类别特征与发展策略[J].学习与实践(3):14-20.

张成刚,2021.新就业形态劳动者的劳动权益保障：内容、现状及策略[J].中国劳动关系学院学报,35(6):1-8,120.

张宏如,李祺俊,高照军,2019.新就业形态员工心理资本、目标导向对创业行为倾向的影响[J].福建论坛(人文社会科学版)(11):161-170.

张宏如,刘润刚,2019.新就业形态多中心协同治理的模式创新[J].南通大学学报(社会科学版),35(6):102-107.

张衔,谭光柱,2012.我国企业劳动关系和谐度的评价与建议——基于问卷调查的实证分析[J].当代经济研究(1):75-81.

张宪民,严波,2017.互联网新业态平台企业就业形态调查及探析[J].中国劳动(8):14-19.

张钰,金伟,2021.新就业形态劳动者权益保护研究——以外卖平台为例[J].经济与社会发展,19(1):61-66.

赵放,刘雨佳,2020.人工智能时代我国劳动关系变革的趋势、问题与应对策略[J].求是学刊,47(5):58-65.

赵海霞,2007.企业劳动关系和谐度评价指标体系设计[J].中国人力资源开发(7):85-89.

浙江省人力资源和社会保障厅 浙江省发展改革委 浙江省交通运输厅 浙江省应急管理厅 浙江省市场监管局 浙江省医保局 浙江省高级人民法院 浙江省总工会关于印发《浙江省维护新就业形态劳动者劳动保障权益实施办法》的通知[EB/OL].[2021-10-22].http://rlsbt.zj.gov.cn/art/2021/10/22/art_1229506775_2370277.html.

郑梭南等,译,2004.工作与生活的平衡(《哈佛商业评论》精粹译丛)[M].北京:中国人民大学出版社.

中共中央著作编译局,1995.马克思恩格斯全集:第1卷[M].北京:人民出版社.

中国信通院.全球数字经济发展白皮书(2022年)[R/OL].[2022-12-07].http://www.caict.ac.cn/kxyj/qwfb/bps/202212/P020221207397428021671.pdf

中国信通院.中国数字经济发展报告(2022年)[R/OL].[2022-07-08].http://www.caict.ac.cn/kxyj/qwfb/bps/202207/P020220729609949023295.pdf

中华人民共和国人力资源和社会保障部.2021年度人力资源和社会保障事业发展统计公报 http://www.mohrss.gov.cn/SYrlzyhshbzb/zwgk/szrs/tjgb/202206/t20220607_452104.html

周畅,2020.中国数字劳工平台和工人权益保障[R].日内瓦:国际劳工组织工作报告,国际劳工局.

朱格峰,2021.共享经济高质量发展研究[D].江西财经大学.

朱婉芬,2019.新就业形态下灵活就业人员研究综述[J].工会理论研究(4):30-38.

朱智文,张博文,2010.中国和谐劳动关系评价指标体系构建及实证分析[J].甘肃社会学(01).

BAIYERE A, ISLAM A K M N, Mäntymäki M. Duality of Work in Sharing Economy-Insights from Uber[Z]. americas conference on information systems,2019.

A European agenda for the collaborative economy[EB/OL]. https://www.europarl.europa.eu/RegData/etudes/BRIE/2016/593510/EPRS_BRI(2016)593510_EN.pdf.

AJUNWA I, GREENE D, 2018. Chapter 3 Platforms at Work: Automated Hiring Platforms and Other New Intermediaries in the Organization of Work[J]. Research in the Sociology of Work(33):61-91.

ALOISI A,2016. Commoditized Workers. Case Study Research on Labor Law Issues Arising from a Set of "On-Demand/Gig Economy" Platforms[J]. Comparative Labor Law & Policy Journal,37(3):653-687.

AMERIKANER M, ELLIOT D, SWANK P,1988. Social interest as a predictor of vocationalsatisfaction[J]. Individual psychology, 44(3):316-323.

BARZILAY A R, BEN-DAVID A, 2017. Platform Inequality: Gender in the Gig-Economy[J]. Seton Hall Law Review, 47(2):394-431.

BAUER T N, et al, 2010. Applicant reactions to selection: development of the selection procedural justice scale (spjs)[J]. Personnel Psychology, 54(2):388-420.

BERG J, FURRER M, HARMON E, 2018. Digital Labour Platforms and the Future of Work-Towards Decent Work in the Online World, International Labour Office, Geneva: ILO.

BERG J,2015. Income Security in the On-Demand Economy: Findings and Policy Lessons from a Survey of Crowdworkers [J]. Comparative Labor Law&Policy Journal, 37(3): 543-576.

BLOMME R J, TROMP D M, VAN RHEEDE A, et al,2010. The use of the psychological contract to explain turnover intentions in the hospitality industry : A research study on the impact of age categories and gender on turnover intentions of highly educated employees[J]. International Journal of Human Resource Management, 21(1): 144-162.

GILSON B. What factors make a Good Labor Relation Program? [R/OL]. https://www. fedsmith. com/2006/04/21/what-factors-make-good-labor-relations/

BOLI J, THOMAS G M,1997. World culture in the world polity: a century of international non-governmental organization[J]. American Sociological Review, 62(2): 171-190.

BOTSMAN R,2015. The sharing economy:dictionary of commonly used terms[J]. Collaborative consumption(12):23-49.

BROWN G E,2016. An Uber Dilemma: Employees and Independent Contractors in the Sharing Economy[J]. Labor and Employment Law,75(15).

CAMPBELL I, PRICE R, 2016. Precarious Work and Precarious Workers: Towards an Improved Conceptualisation[J]. Economic and Labour Relations Review, 27 (3):314-332.

O'Brien C, et al,2015. The concept of worker under Article 45 TFEU and certain non-standard forms of employment, European Commission.

CHERRY M, MIRIAM A, et al,2017. Dependent Contractors in the Gig Economy: A Comparative Approach[J]. American University Law Review,66(3):635-689.

COLLIER R B, DUBAL V B, CARTER C, 2017. Labor Platforms and Gig Work: The Failure to Regulate[J]. Social Science Electronic Publishing.

COLQUITT J A., SCOTT B A., et al, 2006. Justice and personality: using integrative theories to derive moderators of justice effects[J]. Organizational Behavior and Human Decision Processes, 100(1):110-127.

CONNELLY C E, GALLAGHER D G,2004. Emerging trends in contingent work research[J]. Journal of management,30(6):959-983.

COWHERD D M, LEVINE D I, 1992. Product quality and pay equity between Lower-level employees and top management: An investigation of distributive justice theory[J]. Administrative Science Quarterly, 37(2): 302-320.

DAUGAREILH I, et al, 2019. The platform economy and social law: Key issues in comparative perspective, ETUI, Brussels.

De GROEN W P, KILHOFFER Z, LENAERTS K, MANDL I, 2018. Employment and working conditions of selected types of platform work[M]. Luxembourg: Publications Office of the European Union.

DeRoss Jr J, 2017. Misclassification of Employees as Independent Contractors in Indiana: A State Legislative Solution[J]. Indiana Law Review(50): 676.

De STEFANO V, ALOISI A, 2018. Fundamental labor rights, platform work and human-rights protection of non-standard work[Z]. Bocconi Legal Studies Research Paper No. 3125866.

EARL A, KATHERINE E A, 2015. Interest congruence and job satisfaction: a quantitative review[D]. University of Illinois at Urbana-Champaign.

EDWARDS J C, RUST K G, et al, 2003. Business ideologies and perceived breach of contract during downsizing: The role of the ideology of employee self-reliance[J]. Journal of Organizational Behavior, 24(1): 1-23.

Eurofound, 2018. Employment and working conditions of selected types of platform work, Publications Office of the European Union, Luxembourg.

European Foundation for the Improvement of Living and Working Conditions. Quality of work and employment in Europe: Issues and challenges, Luxembourg: Office for Official Publications of the European Communities, 2002.

FELSON M, SPAETH J L, 1978. Community Structure and Collaborative Consumption: A Routine Activity Approach[J]. American Behavioral Scientist, 21(4): 614-624.

FENWICH C, NOVITZ T, 2010. Human Rights at Work: Perspectives on Law and Regulation[M]. London: Hart Publishing.

FRIEDMAN G, 2014. Workers without Employers: Shadow Corporations and the Rise of the Gig Economy[J]. Review of Keynesian Economics, 2(2): 171-188.

GITTELL J H, 2006. Layoffs and Organizational Resilience: lessons for workers, managers, and investors[J]. Perspectives on Work, 10(1): 6-8.

HABIBI M R, DAVIDSON A, LAROCHE M, 2017. What Managers Should Know about the Sharing Economy[J]. Business Horizons, 60 (1): 113-121.

HALL J B, KRUEGER A B, 2018. An Analysis of the Labor Market for Uber's Driver-Partners in the United States[J]. ILR Review, 71(3): 705-732.

HARRIS S D, KRUEGER A B, 2015. A Proposal for Modernizing Labor Laws for Twenty-First-Century Work: The "Independent Worker". discussion paper, The Hamilton Project, The Brookings Institution.

HOLGATE J ABBOTT S, et al, 2012. Equality and diversity in employment relations: do we practise what we preach? [J]. Equality, Diversity & Inclusion, 31(4):

323-339.

JOYCE S, STUART M, FORDE C, VALIZADE D, 2019. Work and Social Protection in the Platform Economy in Europe[J]. Advances in Industrial and Labor Relations(25):153-184.

KAREN D H, LOWE G S, SCHELLENBERG G, 2003. Men's and Women's Quality of Work in the New Canadian Economy. Canadian Policy Research Networks (CPRN).

KORSGAARD M A, ROBERSON L, RYMPH R D, 1998. What motivates fairness? the role of subordinate assertive behavior on managers' interactional fairness[J]. Journal of Applied Psychology, 83(5): 731-744.

KUHN K M, MALEKI A, 2017. Micro-entrepreneurs, dependent contractors, and instaserfs: Understanding online labor platform workforces[J]. Academy of Management Perspectives, 31(3):183-200.

KURIN J, 2017. A Third Way for Applying U. S. Labor Laws to the Online Gig Economy: Using the Franchise Business Model to Regulate Gig Workers[J]. Journal of Business & Technology Law, 12(2):193-226.

LEE J, LEE D, 2009. Labor-management partnership at Korean firms: Its effects on organizational performance and industrial relations quality[J]. Personnel Review, 38(4):432-452.

LEHDONVIRTA V, 2018. Flexibility in the gig economy: managing time on three online piecework platforms[J]. New Technology Work & Employment, 33(1):13-29.

Leitfaden für eine gewinnbringende und faire Zusammenarbeit zwischen Crowdsourcing-Unternehmen und Crowdworkern[OB/DEL]. https://crowdsourcing-code. com/media/documents/Code_of_Conduct_DE. pdf

LIND E A, TYLER T R, 1988. The Social Psychology of Procedural Justice[M]. New York: Plenum Press.

LOWE G S, SCHELLENBERG G, 2001. What's a Good Job? The Importance of Employment Relationships. Canadian Policy Research Networks (CPRN) Research Report.

MCMULLEN K, SCHELLENBERG G, 2003. Job Quality in Non-profit Organizations, Canadian Policy Research Networks (CPRN) Research Report.

MELTZ N M, 1989. Job Security in Canada[J]. Relations Industrielles, 44(1): 149-160.

MEMON N J, JENA L K, 2017. Gender Inequality, Job Satisfaction and Job Motivation: Evidence from Indian Female Employees [J]. Management and Labor Studies, 42(3):253-274.

MILGROM P, HOLMSTROM B, 1994. The Firm as Incentive System[J]. American Economic Review, 84(4):972-991.

MILLWARD L, HOPKINS L, 1998. Psychological Contracts, Organizational and Job Commitment[J]. Journal of Applied Social Psychology, 28(16): 1530-1556.

MINTER K,2017. Negotiating labor standards in the gig economy: Airtasker and Unions New South Wales[J]. The Economic & Labour Relations Review,28(3): 438-454.

MÄNTYMÄKI M , BAIYERE A , ISLAM A K M N,2019. Digital platforms and the changing nature of physical work: Insights from ride-hailing[J]. International Journal of Information Management, 49(0):452-460.

MURAVEN M, BAUMEISTER R F, 2000. Self-regulation and depletion of limited resources: Does self-control resemble a muscle? [J]. Psychological Bulletin, 126(2):247-259.

NIVEN P R, LAMORTE B,2016. Objectives and Key Results: Driving Focus, Alignment, and Engagement with OKRs[M]. New York: WILEY.

Non-standard employment around the world: Understanding challenges, shaping prospects, International Labour Office-Geneva: ILO. 2016.

OECD,2019. Going digital: shaping policies, improving lives, Paris, OECD Publishing[R]. https://doi.org/10.1787/9789264312012-en,2024-12-26.

OFFER M,1999. Making vocational choices: A theory of vocational personalities and work environments [J]. BRITISH JOURNAL OF GUIDANCE & COUNSELLING, 27(1):153-154.

OSTERMAN P,2012. Good jobs three reasons there aren't more[J]. Boston Review, 37(2):48-52.

PARNELL J A, SULLIVAN S E,1992. When money isn't enough: The effect of equity sensitivity on performance-based pay systems[J]. Human Resource Management Review, 2(2): 143-155.

PEARCE II J A, SILVA J P,2018. ,The Future of Independent Contractors and Their Status as Non-employees: Moving on from a Common Law Standard[J]. Hastings Business Law Journal(14):7-8.

PFEFFER J , BARON J N,1988. Taking the Workers Back Out: Recent Trends in the Structuring of Employment[J]. Research in Organizational Behavior(10):257.

PLOUFFE C R, GRÉGOIRE Y,2011. Intraorganizational employee navigation and socially derived outcomes: conceptualization, validation, and effects on overall performance[J]. Personnel Psychology,64(3):693-738.

PORTER L W, PEARCE J L, TRIPOLI A M, et al,1998. Differential perceptions of employers' inducements: implications for psychological contracts[J]. Journal of Organizational Behavior,19(1):769-782.

PRICE J A,1975. Sharing: The Integration of Intimate Economies[J]. Anthropologica, 17(01):3-27.

RENN R W, ALLEN D G, HUNING T M,2011. Empirical examination of the individual-level personality-based theory of self-management failure[J]. Journal of Organizational Behavior, 32(1):25-43.

RON BEAN,1994. Coparaive. Industrial relations anintroduction to crossnational perspectives[M]. 2nd. London:Routledge.

ROSENBLAT A, STARK L,2016. Algorithmic Labor and Information Asymmetries: A Case Study of Uber's Drivers[J]. Social Science Electronic Publishing(10): 3758-3784.

SALAMON M, 1998. Industrial relations: theory and practice[M]. London: Prentice Hall.

SCHAUB M,TOKAR D M,2005. The role of personality and learning experience in social cognitive career theory [J]. Journal of Vocational Behavior,66(2):304-325.

SCHLINGHOFF A, BACKES-GELLNER U,2002. Publikationsindikatoren und die Stabilität wirtschaftswissenschaftlicher Zeitschriftenrankings [J]. Schmalenbachs Zeitschrift Für Betriebswirtschaftliche Forschung, 54(4):343-362.

SMITH,PATRICIA C,et al,1969. The measurement of satisfaction in work and retirement:a strategy for the study of attitudes[J]. Attitude Measures,45(4):194.

SPECTOR P E, FOX S,2003. Reducing subjectivity in the assessment of the job environment: development of the Factual Autonomy Scale (FAS)[J]. Journal of Organizational Behavior, 24(4):417-432.

SWEENEY P D MARQUETTE U, et al,1993. Workers' evaluations of the "ends" and the "means": an examination of four models of distributive and procedural justice[J]. Organizational Behavior and Human Decision Processes, 55(1):23-40.

TORRESE E S,2010. The Spanish Law on Dependent Self-Employed Workers: A New Evolution in Labor Law[J]. Comparative Labor Law&Policy Journal, 31(2): 231-248.

TUCKER S, CHMIEL N, TURNER N, et al,2008. Perceived Organizational Support for Safety and Employee Safety Voice: The Mediating Role of Coworker Support for Safety[J]. Journal of Occupational Health Psychology, 13(4): 319-330.

TURNLEY W H,FELDMAN C,1999. The impact ofpsychologicial contract violation on exit,voice,loyatly,and neglect[J]. Human relations(52):895-922.

Uber (2019) Prospectus UBER TECHNOLOGIES, INC. , as filed with the Securities and Exchange Commissionn April 11, 2019. https://www. sec. gov/Archives/edgar/data/1543151/000119312519103850/d647752ds1. htm.

WARECH M A, SMITHER J W, REILLY R R, et al,1999. Self-monitoring and 360-degree ratings[J]. The Leadership Quarterly, 9(4):449-473.

WUHAN UNIVERSITY PUBLIC INTEREST AND DEVELOPMENT LAW INSTITUTE. Refer to the report on universal periodic review and Chinese civil society [EB/OL]. (2016-11-28)[2018-03-05]. https://www. nchrd. org/wpcontent/uploads/2016/11/FULL-FINAL-REPORT_NGO-UPR-Midterm. pdf.

ZANONI P,2018. Chapter 6 Labor Market Inclusion Through Predatory Capitalism? The "Sharing Economy," Diversity, and the Crisis of Social Reproduction in the Belgian Coordinated Market Economy[J]. Research in the Sociology of Work(33): 145-164.

结语和致谢

本著作作者长期关注中国新就业形态的发展及其劳动关系的演进,也持续关注并紧跟国际上有关新就业形态劳动关系的研究进展。正是基于对中国新就业形态劳动关系问题的长期关注以及致力于研究和服务新就业形态可持续、健康、高质量发展的家国情怀,本著作作者2020年以"中国新就业形态和谐劳动关系的形成机制与实现路径"为题申请了国家社会科学基金,并成功获批(项目批准号:20BGL142)。为了完成这项国家课题,研究团队自立项以来展开了广泛的实地调查和深度访谈,举办多次小型座谈会,参加相关学术会议。在相关专家的启发和指导下,在研究团队的努力下,本课题终于可以画一个小句号,并提前一年结题。本著作是在此项国家课题总结性成果修改的基础上完成的。虽然研究成果存在许多不足之处,需要完善的地方很多,但也倾注了本项目团队成员的心血。本项目研究团队忠于职守、戒骄戒躁、尽心尽力开展了各项研究活动,终于可以稍作停息。

诚然,随着信息通信技术和互联网技术的快速发展,新经济、新业态、新模式将不断涌现,并借势腾飞,新就业形态类型也将不断变化,新就业形态劳动者群体数量也将快速增长。也许,再过十年二十年,当前的新就业形态可能成为普遍性的、大众性的、经常性的就业形态,而十年二十年后的新就业形态就不是当前的新就业形态,而是其他类型的新就业形态,新就业形态是一个发展性的就业形态。新就业形态劳动者对美好生活的需求,既表现出质的有效提升又表现出量的合理增长,要求越来越高,新就业形态劳动关系所面临的新问题十年二十年以后可能会再现,但不一定是当下暴露的问题。因此,对新就业形态劳动关系的研究是一个持续的、长远的、发展性的过程。非常肯定的是,本著作仅仅是新就业形态劳动关系领域众多研究成果中之微弱的只言片语。本著作作者将与社会各界仁人志士继续关注和研究新就业形态的相关问题,尤其是劳动关系管理问题,特别是新就业形态劳动者当家作主制度体系和劳动权益保障问题。让我们共同努力,一起向未来。学术路径曲曲,唯奋发而不敢取直!

本著作参考和引用了许多学者的观点,在此,作者向这些学者表达最崇高的敬意和感谢!

没有家人的理解与支持,本著作亦无法顺利完成,在此,向家人表达感谢!

由于作者水平有限,本著作可能存在许多纰漏和不正确之处,敬请各位专家、同仁和读者批评指正。本著作的学术责任完全由作者承担,与他人无关。